Ulrike Bergmann **Johanna Schopenhauer**

Ulrike Bergmann

›Lebe und sei so glücklich
als du kannst‹

Johanna Schopenhauer

Romanbiographie

RECLAM
LEIPZIG

Besuchen Sie uns im Internet:
www.reclam.de

© Reclam Verlag Leipzig 2002
1. Auflage, 2002
Umschlaggestaltung: Kurt Blank-Markard unter Verwendung von
Caroline Bardua: Johanna Schopenhauer mit Tochter Adele (Stiftung
Weimarer Klassik / Goethe Nationalmuseum, Aufnahme: S. Geske)
Autorenfoto Umschlagklappe: Autorin privat
Gesetzt aus Rotis serif
Satz: Reclam Verlag Leipzig
Druck und Bindung: Westermann Druck, Zwickau
Printed in Germany
ISBN 3-379-00787-0

Inhalt

Prolog

»Das niedrig gewachsene, schmalschultrige, breithüftige und kurzbeinige Geschlecht das schöne nennen, konnte nur der vom Geschlechtstrieb umnebelte männliche Intellekt: in diesem Triebe steckt nämlich seine ganze Schönheit. Mit mehr Fug könnte man das weibliche Geschlecht das unästhetische nennen. Weder für Musik, noch Poesie, noch bildende Künste haben sie wirklich und wahrhaftig Sinn und Empfänglichkeit; sondern bloße Äfferei aus Behuf ihrer Gefallsucht, ist es, wenn sie solche affektieren und vorgeben.«[1]

Bei Lektüre dieser berühmt-berüchtigten Bemerkung Arthur Schopenhauers wundere ich mich über den großen Philosophen, der trotz seines frauenfeindlichen Rufs, den er zum guten Teil solchen Äußerungen verdankt, Beziehungen zu Frauen hatte. Noch im Alter entwickelte er eine zarte Neigung zu der Bildhauerin Elisabeth Ney, als sie seine berühmte Büste schuf. Weshalb sprach er Frauen in aggressiv-unterkühlter Manier jedes ernsthafte künstlerische Interesse ab? Hatte er nicht schon als junger Doktor der Philosophie die Erkenntnis gehabt: »Wenn man seinen Gegner dahin gebracht hat, dass er grob wird: dann ist er gewiss, selbst nach seinem eignen Urteil, geschlagen.«[2] Fühlte er sich etwa von einem Weib besiegt? Wen hatte er vor Augen, frage ich mich. Denn er war ein Philosoph, der im »Buch der Welt« zu lesen verstand. Und die unmittelbare Anschauung war ihm immer Gegenstand seiner philosophischen Erkenntnis. Gerade bei Arthur Schopenhauer ist es legitim, der Frau nachzuspüren, deren Namen er in seinen Schriften verschweigt und die ihn doch so nachhaltig prägte, dass sie zum Hauptgegenstand seiner Reflexionen über das weibliche Geschlecht wurde.

Schopenhauer selbst sprach ihn gegenüber Elisabeth Ney aus, als er seine Heftigkeit gegenüber Frauen daraus herleitete, dass er eine abscheuliche Mutter gehabt habe. Dabei tat Johanna Schopenhauer ihrem Sohn, der nach eigenem Bekunden sehr unter seinem Vater gelitten hatte, zweifellos viel Gutes, indem sie ihn aus dem väterlich verordneten Kaufmannsberuf befreite, zu dessen Ausübung er sich auch nach dem Tod seines Vaters noch verpflichtet fühlte.

In den Augen seiner Zeitgenossen war Arthur Schopenhauer fast bis an sein Lebensende lediglich der Sohn seiner Mutter, der damals berühmten Schriftstellerin Johanna Schopenhauer. Nach seiner Meinung hatte sie ein glänzendes Leben geführt. In Weimar sei sie von Schöngeistern umschwärmt worden, während er als stummer Zaungast ihren Soireen beigewohnt habe. An sie muss er gedacht haben, als er im lange nach ihrem Tode erschienenen zweiten Band der *Parerga und Paralipomena*, im Kapitel »Ueber die Weiber« befand: »Das Weib im Occident, namentlich was man die Dame nennt, befindet sich in einer fausse position: denn das Weib, von den Alten mit Recht sexus sequior genannt, ist keineswegs geeignet, der Gegenstand unserer Ehrfurcht und Veneration zu seyn, den Kopf höher zu tragen, als der Mann, und mit ihm gleiche Rechte zu haben. Die eigentliche Europäische Dame ist ein Wesen, welches gar nicht existieren sollte; sondern Hausfrauen sollte es geben und Mädchen, die es zu werden hoffen, und daher nicht zur Arroganz, sondern zur Häuslichkeit und Unterwürfigkeit erzogen werden.«[3] Seiner mütterlichen Muse, die er nach dem Tod seines Vaters beherrschen wollte, nach deren Anerkennung er sich sehnte, deren hervorragende Intelligenz und Verstandesgaben er anerkannte und die er trotz der eingangs zitierten Bemerkung für eine gute Schriftstellerin hielt, begegnen wir in fast allen seinen Äußerungen über *die Weiber*: Mutterliebe bleibe oft aus, wenn die Kinder erwachsen sind, »zumal wenn die Mutter den Vater nicht geliebt hat«.[4] – »Die wirkliche Mutter wird nach dem Tode des Mannes oft zur Stiefmutter.«[5] Überall finden wir ihr abschreckendes Bild. Sie ist die Witwe, die das vom Vater erworbene Vermögen »mit ihre[m] Buhlen« verprasst.[6] Den Gedanken an eine späte Ehe gibt er mit der Frage auf: »Hat etwa meine Mutter meinen Vater gepflegt, da derselbe krank gewesen?«[7]

Arthur Schopenhauer hatte seine Mutter auch im buchstäblichen Sinn stets vor Augen. Bis zu seinem Tod hing in seinen jeweiligen Wohnungen ihr Pastellbildnis. Als seine neun Jahre jüngere Schwester Adele ihn im Jahr 1842 in seinem mit geliehenen Möbeln ausgestatteten Logis in Frankfurt am Main besuchte, war sie darüber sehr erstaunt. Zuerst schwieg sie über das Gemälde. Doch dann schrieb sie an Arthur: »Der Mutter Bild, das ich bei Dir gesehen, ist mir so total fremd, dass ich's deshalb Dir immer nicht abgefordert hab, der Ausdruck desselben ist mir zu widerlich, um es einer Bibliothek zu schenken, sogar dem Großherzog mag ich *das* Bild nicht hinterlassen.«[8]

Es gibt noch andere Porträts von Johanna Schopenhauer. Eines stammt von Gerhard von Kügelgen, den sie am Grabe Fernows kennen lernte, ihres hochverehrten Freundes und Mentors, dem sie so viel verdankte. Es zeigt eine noch jugendliche Frau, dunkelhaarig, mit Perlenkette, eine Dame der Gesellschaft. Vornehm. Kultiviert. Sie wirkt empfindsam. Johanna Schopenhauer war siebenundvierzig Jahre alt, als das Gemälde 1814 vollendet wurde. Im Mai jenes Jahres kam es zum endgültigen Bruch zwischen ihr und Arthur. Johanna zog die Konsequenzen aus den unerfreulichen Szenen mit ihrem Sohn und stellte ihm den Scheidebrief aus, um unbehelligt mit dem Juristen und Schriftsteller Müller von Gerstenbergk zu leben. Über die tieferen Ursachen des Zusammenpralls der Willenspotenzen von Mutter und Sohn wird heute noch gerätselt. Immerhin waren sie, trotz der weltanschaulichen Differenzen und des denkbar gegensätzlichsten Lebensstils, nicht so grundverschieden, wie man vielleicht annehmen könnte. Zwischen ihnen gab es durchaus charakterliche Gemeinsamkeiten. Überdies hatten die willensstarke Mutter und der ebenso willensstarke Sohn das gleiche praktische und philosophische Problem: die Befriedigung des Willens, die Johanna Schopenhauer in ihren Romanen und in einem kleinen, sehr bescheidenen (nicht für den Druck bestimmten) Essay über die Sehnsucht indes als spezifisch weibliches Problem der in ihren Augen liebesbedürftigeren und liebesfähigeren Frauen sieht, die auf dem Weg zu einer von fremdem Willen unabhängigen Existenz sind. Mutter und Sohn kommen zum gleichen Ergebnis, dass der Wille auf Erden keine endgültige Befriedigung finden könne. Hier scheiden sich dann ihre Wege: Der geniale Arthur analysiert die inneren Bedingungen seiner Leibes- und Lebenserfahrung und macht in seinem philosophischen System den unbefriedigten Willen zum Gesetz der Welt, während Johanna die Ursache in den sozialen Verhältnissen ihrer Zeit erblickt, mit denen sie und ihre Geschlechtsgenossinnen sich arrangieren mussten, wollten sie nicht untergehen.

Johanna Schopenhauer ging infolge des Zerwürfnisses mit Arthur als Rabenmutter in die Geschichte ein. Allerdings gab und gibt es andere Meinungen, die die Mutter für großherzig halten und dem Sohn die Schuld für die Entzweiung geben.
Die von einigen Verehrern ihres Sohnes kultivierte Vorstellung von ihr als einer der verrufensten Mütter der neueren Geistesgeschichte hat sich im Wesentlichen bis auf den heutigen Tag erhalten. Zumindest wird sie als kühle, egoistische – auch oberflächliche – Frau gesehen, die für Arthurs unglücklich-distanziertes Verhältnis zum Leben und für Adeles trauriges Schicksal verantwortlich gemacht wird. Im Hin-

blick auf ihre Tochter wird ihr vorgeworfen, sie habe deren Vermögen veruntreut, Adeles glänzende Anlagen erstickt, sie außerdem mit ihrem Geliebten verheiraten wollen, um ihn so zu halten. Zudem habe sie ihr Kind als Haushälterin, Hausdame, Gesellschafterin, nach dem Ende ihrer Weimarer Zeit gar als unterhaltsame Hofnärrin missbraucht.

Ein Gemälde der Malerin Marie Caroline Bardua aus dem Jahre 1806 zeigt Johanna mit großem Dekolleté vor einer Staffelei und dahinter stehend ihre Tochter Adele. Es war ein Schicksalsjahr. Das Jahr der blutigen Schlacht von Jena und Auerstedt, die Tausende das Leben kostete. Und es war das Jahr der glücklichen Selbstfindung einer nach den Anschauungen der Zeit bereits ausgelebten neununddreißigjährigen Witwe, die ihren Salon noch während des Schlachtengetümmels gründete. Adele war damals ein Kind. Ihr Bildnis soll geschönt sein. Doch Johanna Schopenhauer wurde ungewöhnlich lebensecht getroffen, wie ihre nächste Umgebung bemerkte. Sie wirkt sehr selbstbewusst, frisch und tatkräftig. Erst kurz zuvor war die verwitwete Kaufmannstocher und Enkelin eines Schuhmachers nach Weimar gekommen, aus »reinem eigenem Antrieb«,[9] wie sie ganz naiv meinte. Die heute noch offene, im 18. Jahrhundert insbesondere auch von Kant diskutierte Frage, inwieweit dem Menschen die Freiheit und Fähigkeit gegeben sei, sein Leben selbst zu bestimmen, interessierte sie dabei ebenso wenig wie andere philosophische Probleme, durch deren Erörterung sich eine Frau der Lächerlichkeit preisgegeben hätte. Schon aus diesem Grund fand ein philosophischer Gedankenaustausch zwischen Mutter und Sohn nicht statt. Sehr zum Leidwesen Arthur Schopenhauers, der, vom Intellekt seiner Mutter beeindruckt, die Ansicht seiner Zeitgenossen, die Frau sei das mit dem schwächeren Verstande ausgestattete Geschlecht, nicht teilte. In seiner Philosophie ordnete er der Frau sogar das Primat des Intellekts zu, was in der Philosophiegeschichte wohl beispiellos sein dürfte; freilich wird bei Schopenhauer der Intellekt vom Willen dominiert.

Obwohl Johanna Schopenhauer einfach ihr Leben genießen wollte und sich mit den Grundfragen der menschlichen Existenz nicht theoretisch beschäftigte – für ihre metaphysischen Bedürfnisse hatte sie ohnehin ihren Glauben an Gott –, begann sie sich erfolgreich für »praktische Philosophie« zu interessieren. Sie fand eine brauchbare Methode, um ihre leidvollen Erfahrungen zu bewältigen und ihr Leben neu auszurichten. Johanna Schopenhauer streifte ihre Vergangenheit ab, die sie aber im Gedächtnis behielt – später machte sie ihre traumatischen Erlebnisse zum Gegenstand ihrer Romane und erzählerischen Werke –, und richtete ihr Leben nach neuen Maßstäben aus, indem sie den Entsagungsgedanken der Weimarer Klassik aufgriff. Dabei mag sie sich an den Satz Epiktets gehalten haben: »Also übe dich in dem, was dir möglich ist.«[10] Auf bemerkenswerte Weise kontrastiert sie hier mit bedeutenden Frauen ihrer Generation, wie beispielsweise Dorothea Schlegel und deren zeitweiliger Schwägerin Caroline Schlegel-Schelling, die beide dem Kreis der Jenaer Frühromantik zugerechnet werden. Während Johanna Schopenhauer sich den Entsagungsgedanken aneignete und dabei ein selbstständiges, auf maßvollen Genuss gerichtetes Leben führte, gingen die heute viel bewunderten, emanzipierten Anhängerinnen der Romantik den umgekehrten Weg. In der Poesie oder in Briefen – Caroline Schlegel-Schelling hinterließ kein schriftstellerisches Werk im eigentlichen Sinne, jedoch literarisch bedeutsame Briefe – redeten sie von Glück und Hoffnung auf Liebe. Sie wiesen Entsagung als Zumutung von sich, gestalteten ihr Leben aber im Grunde genommen konventionell. Sobald sie sich mit einem Mann in Liebe verbunden hatten, verzichteten sie weitgehend auf Selbstständigkeit im Leben und Denken. Wurde einmal der Versuch unternommen, die romantischen Vorstellungen zu leben, so endete das Vorhaben rasch in einem bürgerlichen Trauerspiel wie bei der Günderode, die sich wegen ihres Geliebten, des Heidelberger Altertumsforschers Friedrich Creuzer, umbrachte. Ein Opfer ihrer romantisch übersteigerten Liebessehnsucht wurde auch Johanna Schopenhauers Tochter Adele, die schließlich als verbitterte »alte Jungfer« endete.

In Weimar begannen Johannas glücklichste Jahre. Sie lebte im Mittelpunkt eines geselligen Kreises, den Goethe besonders schätzte. Als Johanna Schopenhauer einen Monat vor ihrem Tod dem Verleger Sauerländer den geplanten zweiten und dritten Band ihrer Memoiren anbot, schrieb sie über ihr gesellschaftliches Leben: »Mein Salon, der wöchentlich zweimal sich bei mir versammelte, eine Gesellschaft wie sie so leicht sich nicht wieder zusammenfinden wird. Goethe, Wieland, Fernow, Heinrich Meyer, Falk, St. Schütze, Fürst Pückler, Grimm, Kügelgen, Zacharias Werner, Zelter, ein Namensregister dass ich um das dreifache verlängern könnte. Alle bedeutenden Fremde[n], die einige Tage in Weimar verweilten, ließen sich bei mir einführen.«[11] Hinzuzufügen ist noch, dass sie schon in Danzig, in Hamburg und auf ihren zahlreichen Reisen mit berühmten Persönlichkeiten, wie Justus Moser, Klopstock, Tischbein, Lady Hamilton und Lord Nelson, zusammentrat und unter ihren Bekannten zahlreiche damals Prominente zu finden sind. Auch dürfte ihr Salon, wo Goethe vor dem Ofenschirm anzutreffen war, in ganz Deutschland einzigartig gewesen sein.
Noch einmal erlebte sie eine große romantische, wenn auch letztlich unbefriedigende Liebe zu dem vierzehn Jahre jüngeren Gerstenbergk.

In späteren Jahren entdeckte sie ihr literarisches Talent und wurde, ehe Annette von Droste-Hülshoff und Bettina von Arnim in den dreißiger Jahren des 19. Jahrhunderts ihr Werk begannen, die bedeutendste deutsche Schriftstellerin des zweiten und dritten Jahrzehnts. Noch knapp einhundert Jahre nach Erscheinen ihres ersten Romans *Gabriele* galt sie als Schöpferin der »Entsagungsromane«. Danach wurde sie in den Literaturgeschichten nicht mehr erwähnt. Erst seit etwa anderthalb Jahrzehnten beginnt man nicht nur in der Frauenforschung ihre literaturhistorische Bedeutung (wieder) zu erkennen. Johanna Schopenhauer verfasste neben kleineren Arbeiten eine Biographie, Reisebeschreibungen, Schriften zur Kunst, Erzählungen und Novellen sowie vier mehrbändige Romane, die, wie sie im Vorwort zu ihrem Roman *Gabriele* bekennt, eigenes Erleben widerspiegeln. In diesem Roman schildert sie, die als Bürgerliche dem geselligen Treiben in Weimar durchaus kritisch gegenüberstand, mit bestechend klarer Beobachtungsgabe und anschaulich wie sonst nirgendwo in der Literatur dieser Zeit die gesellschaftliche und intellektuelle Kultur jener Jahre auf Landgütern, in kleinen Residenzstädten und in den böhmischen Bädern. Mit der Lebensgeschichte der jungen Gabriele von Aarheim vor dem Hintergrund der Napoleonischen Kriege griff sie, wie andere deutsche Schriftstellerinnen nach ihr, das Thema der Resignation bzw. der Entsagung auf, das Madame de Staël mit *Corinna oder Italien* behandelte und das Goethe zu seinem großen Thema machte. Der »Schopenhauersche Entsagungsroman« bezog die Begriffe Wille und Schmerz auf die Existenz von Frauen und war der Versuch eines weiblichen Bildungsromans analog zu Goethes *Wilhelm Meisters Wanderjahre oder Die Entsagenden* und den *Wahlverwandtschaften*. In *Gabriele* geht es um den Weg einer Frau, die Selbstbestimmung beansprucht, und um die Unmöglichkeit, diesen Anspruch im Rahmen des weiblichen Rollenbildes zu verwirklichen.

Die vorliegende Biographie ist der Versuch einer Annäherung an Leben und Werk Johanna Schopenhauers unter Verwendung der verfügbaren historischen Belege. Dabei soll das Eigentümliche ihres Lebens sichtbar gemacht werden: wie sie sich entwickelte und welche Wandlungen sie durchlief; in welche Krisen sie geriet und wie sie darin wuchs oder scheiterte; welche Leistungen ihr gelangen, welche Impulse von ihr ausgingen und auf welche Herausforderungen sie zu antworten suchte. Bei der Verwertung der historischen Belege, der Textmaterialien und Quellen, welche die Grundlage dieses Buches bilden, habe ich mich bemüht, sowohl das Außergewöhnliche als auch das Gewöhnliche herauszustellen und die Beziehungen zwischen den dramatischen Ereignissen im Leben Johanna Schopenhauers und den Geschehnissen am Rande des Alltags aufzuzeichnen, um an den Abstand zum 18. und frühen 19. Jahrhundert, aber auch an die Kontinuitätslinien zu erinnern. Durch die Vernichtung ihres eigentlichen Nachlasses durch Adele, etwa Arthurs Briefe an Johanna, von denen nur Fragmente erhalten geblieben sind, wird der Briefwechsel zwischen Mutter und Sohn leider oft zu einem Monolog Johanna Schopenhauers, aus dem lediglich Schlussfolgerungen über Arthur Schopenhauers Äußerungen gezogen werden können. Ebenso gibt es keine eindeutigen schriftlichen Belege, dass Johanna Schopenhauer die Tagebücher ihrer fünfzehnjährigen Tochter nicht las. Zum einen war sie über die in den Tagebüchern exzessiv erörterte Leidenschaft Adeles zu Heinke nicht von Anfang an im Bilde und entdeckte sie erst drei Jahre später zufällig. Zum anderen hätte Johanna Schopenhauer, wenn sie die Korrespondenz ihrer Tochter gewohnheitsmäßig kontrolliert hätte, ihrer (inzwischen allerdings fast dreißigjährigen) Tochter gegenüber nicht betont, dass sie einen für Adele bestimmten Brief selbstverständlich nicht gelesen, jedoch wegen des unpassenden Formats geöffnet habe, um ihn ihr nachsenden zu können.

Im Hinblick auf Gerstenbergk ist die Quellenlage nicht nur wegen der Vernichtung seiner Korrespondenz und nahezu sämtlicher Briefe Johanna Schopenhauers an ihn durch Adele nach dem Tode ihrer Mutter äußerst dürftig. Auch über Gerstenbergks amtliche Verrichtungen ist wenig bekannt. Durch Kriegseinwirkung wurden 1945 Aktenbestände (u. a. des Staatsministeriums) vernichtet, so dass Gerstenbergks amtliche Tätigkeit weitgehend unzugänglich bleibt. Aus einer im Nachlass des Großherzogs Karl Friedrich befindlichen Akte konnte die Kanzlerschaft Gerstenbergks jedoch etwas aufgehellt werden, wenngleich der Skandal am Ende seiner Laufbahn weiter im Dunkeln bleibt. Immerhin war dieser so groß, dass alle ihm zustehenden Adelsrechte eingefordert werden sollten, wie sich aus einer im Nachlass der Großherzogin Maria Pawlowna ermittelten Akte ergibt.

Die für diese Biographie gewählte erzählerische Form erschien mir insoweit angemessen, als alles Erzählte Elemente enthält, die uns vom Roman her vertraut sind. Wir alle gestalten unser Leben, wie es abläuft, in unserer Phantasie neu, und wenn wir das tun, benutzen wir Erzählmuster – insbesondere Konfliktlösungen und Schlüsse –, die jenen in Romanen ähneln. Johanna Schopenhauer dachte an ihr Leben »durch« Romane und andere literarische Formen. In ihren Briefen konstruierte sie ihr Leben als Erzählung. So stilisierte sie sich zum Beispiel in ihrem großen Bericht über die Schlacht von Jena und Auerstedt und die nachfolgende Brandschatzung und Plünderung Weimars durch französische Soldaten zur Heldin einer historischen Tragödie. Und ihre Herzensangelegenheiten, die sie in ihren Memoiren der Welt ersparen wollte, breitete sie ungeniert in Romanen und Novellen aus. Die erzählerische Form macht Johanna Schopenhauer zu dem, was sie war: die Heldin ihres Bildungsromans.

I JUNGFER JEANNETTE

Ohne Sitten
ist kein Mädchen wohl gelitten,
still und tugendhaft zu sein
macht die kleinen Mädchen fein!

Artig leben
bei dem kleinsten Fehltritt beben,
dies kommt frommen Mädchen zu:
Himmel hilf, daß ich es tu!

Gottlob Wilhelm Burmann,
Die Sitten, 1777

1 Das Bildnis der heiligen Cäcilia

Das Jahr 1785 hat einen grimmig kalten Winter gebracht. Von Januar bis März bedroht eine Bärenkälte alles Leben in der erstarrten Natur. Vereiste Vögel stürzen bei strahlendem Sonnenschein vom Himmel. Der Frost spaltet Bäume. Wölfe aus den umliegenden Wäldern heulen dicht vor den Toren der Stadt. Auf den Wällen werden die Schildwachen alle Viertelstunden abgelöst; sie würden sonst erfrieren. Bis in den April hinein verlässt ohne dringenden Anlass kaum jemand sein Haus, und wer es tut, nimmt den Schlitten, um über den bergehoch auf den Danziger Straßen und Gassen liegenden Schnee fortzukommen. Die wenigen Reisenden jagen, tief in ihre Pelze gehüllt, auf Schlitten über das Eis der von der Quelle bis zur Mündung zugefrorenen Weichsel oder über die unpassierbaren Fahrwege nach Oliva, Warschau, Berlin. In diesem selbst für den hohen Norden ungewöhnlich eisigen Frühjahr ersehnen die meisten Menschen den Frühling noch ungeduldiger als sonst. Einer der Ungeduldigsten aber ist Heinrich Floris Schopenhauer, denn in der Blumenzeit will er Hochzeit machen.

Trotz des beißend kalten Apriltages steckt seine junge Braut im kurzärmeligen Hauskleid, über das sie sommers wie winters eine saubere Schürze bindet. Wahrscheinlich verzichtet sie wie üblich auf wärmende Unterkleidung und ist darunter mit nichts als Unterröcken, Hemden und Strümpfen ausstaffiert, denn »Beinkleider«, die als Attribute der Herrschaft gelten, sind sittsamen Frauen und Mädchen allenfalls auf Reisen oder im Alter erlaubt. Erst in neun Jahren werden in Frankreich die Frauen der Oberschicht damit beginnen, allmählich fleischfarbene, aus Seide gewirkte Pantalons unter ihren Kleidern zu tragen. Bis dahin machen allein die außerhalb der Gesellschaft stehenden, als unsittlich verschrienen Balletttänzerinnen eine Ausnahme. Sie haben die verpönten Hosen zu tragen, die bei ihren Sprüngen allerdings unsichtbar bleiben müssen. Selbst die Mägde greifen nur zu Hosen, wenn sie die Fenster putzen.

Das nach den Gesetzen der Schicklichkeit bekleidete junge Mädchen lehnt am rechten Fenster der Beletage des Hauses Heiligengeistgasse 81. Es ist ihr Elternhaus. Das nicht sehr prächtige, aber mit seinen vier Geschossen und zwei Kellern doch für die Familie und das Handelsgeschäft des Vaters ausreichend geräumige Gebäude steht mitten in der Danziger Rechtstadt, zwischen der Englischen Kirche und dem aus der zweiten Hälfte des 16. Jahrhunderts stammenden imposanten Schiffergildenhaus. Wie die Häuser der Chodowieckis und Schopenhauers, die sich beide ebenfalls in dieser Straße befinden, und die meisten Danziger Bürgerhäuser hat das Gebäude drei Fenster an der Frontseite. Die Heiligengeistgasse drängt sich mit den anderen Straßen dieses Viertels um die mächtige Marienkirche und führt zu einem Tor, durch das man auf die Lange Brücke tritt, ein hölzernes Kai am Danziger Hafen, auf dem zur Landseite hin Buden stehen. Früchte, Blumen und allerlei andere Waren werden hier feilgeboten. Der Hafen an der Mottlau ist einer der größten in Europa. Jährlich ankern hier über tausend Schiffe. Aus dem Wasser erhebt sich die Speicherinsel mit ihren über dreihundert Speichern, in denen hauptsächlich polnisches Getreide gelagert wird. Tagsüber herrscht hier reges Treiben. Nach Einbruch der Dunkelheit jedoch müssen alle die Insel schleunigst verlassen. Dann wird die Zugbrücke hochgezogen. Städtische, scharf abgerichtete Hunde werden losgelassen, um das Hab und Gut der Kaufleute zu bewachen. Die umherstreifende Meute zerfleischt jeden Dieb, der sich in der Hoffnung auf reiche Beute eingeschlichen haben sollte. Aber auch so mancher mit den hiesigen Gebräuchen nicht vertraute Zecher büßt mit Verstümmelung und Tod, wenn er seinen Rausch hier ausschläft und das Gelände nicht rechtzeitig verlässt. Die hier ziemlich breite, von Schiffen und Barken befahrene Mottlau fließt in die Weichsel, die bald darauf in die Ostsee mündet. Die Meeresnähe ist sogar im Hause Heiligengeistgasse 81 noch spürbar. An ganz windstillen Abenden können die Bewohner das Raaren der See, ein aus der Tiefe aufsteigendes Gebrause, hören. Und bei jeder heftigen Brise wackelt auf der Giebelspitze eine metallene Schildkröte mit ihren vergoldeten Pfoten und nickt mit dem Kopf. Jetzt ist die Wetterfahne fast ganz von vereistem Schnee verdeckt, wie auch die in der Nähe stehenden alten, kahlen, unter der weißen Last fast berstenden Kastanienbäume. In wenigen Wochen schon werden sie mit ihrem grünen Blätterdach Schatten vor der glühenden Mittagshitze spenden, wenn im Beischlag, einem für das Danziger Stadtbild typischen terrassenförmigen Treppenaufgang, die jüngeren Töchter der Familie spielen.

Die achtzehnjährige Johanna Trosiener erwartet die Teestunde im Kreise der Familie. Sie fröstelt. Schon lange muss sie sich hier ans Fenster gestützt haben, ist ihr Rücken doch völlig starr vor Kälte und Anspannung. Sie freut sich auf nichts mehr im Leben. Noch nicht einmal auf die wärmende Frühlingssonne, die binnen weniger Tage das Eis schmelzen und die erstarrte Natur zum Leben erwachen lassen wird und die früher eine unbestimmte Erwartung nach etwas Schönem und Aufregendem in ihr weckte. So wie früher würde nichts mehr sein. Ihre Liebe, ihre Hoffnung, ihr Glück waren am Widerstand des Vaters zerbrochen.

Hinter ihr stehen, von ihr völlig unbemerkt, ihre sechzehn und fünfzehn Jahre alten Schwestern Charlotte und Annette. Schon einige Zeit beobachten sie, wie die anmutige, kleine Gestalt auf die prächtigen Eisblumen am Fenster starrt. Ach!

Ganz leise stöhnt sie auf. Ob sie wohl den Frühling herbei-
seufzen will, durchfährt es Annette. Eine Verhaltensweise,
die noch vor einiger Zeit bei den Empfindsamen nicht ungewöhnlich gewesen wäre. Merkwürdig blass sieht ihre große
Schwester aus. Wo sie doch eine glückliche Braut ist, die ein
beneidenswert glanzvolles Leben vor sich hat, wie die Eltern
sich immer wieder versichern. Auch Charlotte möchte zu
gerne wissen, was mit Johanna ist. Seit einiger Zeit ist sie
sehr abweisend und verschlossen. Johanna fixiert immer
noch die Eisblumen. Ihre Gedanken sind bei ihrem Hoch-
zeitstag, der mit dem Fortschreiten des Frühjahrs unerbittlich
näher rückt. Sie sieht sich unter Beifall und vor den Augen
zahlreicher Neugieriger aus dem Wagen steigen, um mit ihrem Bräutigam in das Hochzeitshaus geleitet zu werden.
Wenn sie dann endlich bleich und zitternd am Arm ihres zukünftigen Mannes inmitten von vier Brautführern, alle in
feierlichen Anzügen, mit Degen, Haarbeutel, weißen Glacé-
handschuhen und dem Hut unterm Arm, auf den improvisierten Altar zuschreitet, wird sie die unzarten Bemerkungen
der Gäste hören. Anschließend wird das Hochzeitsmahl mit
der versammelten Verwandtschaft stattfinden. Es wird mehrere Stunden dauern, wobei der Wein in Strömen fließen
wird. Spätestens dann werden die Zungen der älteren Herren
gelöst sein. Einige Witze, die sie bei solchen Gelegenheiten
schon gehört hat, fallen ihr ein. Sie errötet vor Zorn, was die
Schwestern im fahlen Dämmerlicht des späten Nachmittags
jedoch nicht erkennen können. Und zur Stunde des Aufbruchs werden sie und Schopenhauer von der ganzen Gesellschaft unter dem Gejohle des vor dem Hause wartenden
Volkes in einer von Fackeln erhellten Prozession zu Schopenhauers Haus geführt werden. Anschließend – das Anschließende vermag die Braut sich dann nicht mehr so genau
auszumalen. Die Frauen werden sich ihrer bemächtigen,
während die Männer sich um den Bräutigam kümmern. Johanna bebt kaum merklich. Glücklicherweise werden die an-

getrunkenen Männer nicht mehr ihre an den Unterschenkeln befestigten Strumpfbänder lösen, die sie an diesem Tag tragen wird. Dem rohen, alten Brauch soll genügt werden, indem eine ältere Frau aus ihrer Verwandtschaft eine Rolle Band einfach unter die Männer wirft, die sich dann nach Herzenslust bedienen können.

Noch geistesabwesend, gerade als ein letzter Sonnenstrahl ihre hellbraunen Locken streift, dreht sie sich um und erblickt ihre Schwestern. Die Kleinen wollen sich wohl heimlich die glückliche, beneidenswerte Braut anschauen. Ein wenig hochmütig, mit stocksteifem, sehr aufrechtem Rücken stelzt sie an ihnen vorbei durch die schlecht beheizte Stube. Glücklich, ja sehr glücklich. Was wissen ihre Schwestern schon vom Leben? Sie hatte die Sache ganz allein mit sich abgemacht. Mit rot geweinten Augen hatte sie ihrem Vater gehorcht, der die Besitzverhältnisse streng im Auge hat. Ihr Vater war im Recht. Ihm schuldet sie nach weltlichen und religiösen Gesetzen kindlichen Gehorsam. Und dass Ehen, die ohne elterlichen Segen zustande kämen, sehr unglücklich sein würden, hatte ihr schon vor Jahren die Mutter versichert, deren Freundin durchgebrannt war und sich noch mit der Schürze bekleidet heimlich trauen ließ. Niemand hätte kindlichen Ungehorsam geduldet. Sie wäre eine Aussätzige geworden. Für immer ausgestoßen aus ihrer Familie, ohne Verwandte und Freunde. Und wovon hätte sie leben sollen?

Moralische Unterstützung, ein literarisches Vorbild, ein Mädchen, das gegen ihren Vater rebelliert hätte und mit ihrem Geliebten glücklich geworden wäre, hätte die eifrig lesende Johanna in der Literatur ihrer Zeit vergebens gesucht. Weder Gellert noch Lessing und auch nicht die jungen Autoren des Sturm und Drang standen in einem Konflikt mit dem Vater auf Seiten des Mädchens. Und der Verfasser des *Émile ou De l'éducation* (dt. *Emil oder Über die Erziehung*) und der *Julie ou La nouvelle Héloïse* (dt. *Julie oder Die neue Heloise*), der in ganz Europa als Verfechter der Liebesehe berühmte Rousseau, denkt sich seine Sophie als Mädchen, das sich nur in einen Mann nach dem Geschmack ihres Vaters verlieben kann, oder er lässt, wie bei Julie, den kindlichen Gehorsam über die erotische Leidenschaft siegen. Johanna bereute noch im Alter, unfreiwillig auf Julies Spuren gewandelt zu sein. »Leben muß man und lieben; es endet Leben und Liebe,/ Schnittest du, Parze, doch nur die beiden Fäden/zugleich«, schreibt die Siebzigjährige,[1] die sich in ihren Jugenderinnerungen im Übrigen sehr bemüht, ihre schmerzlichen, in ihren Romanen und Novellen immer wieder ausgesprochenen Empfindungen herunterzuspielen.

Die kleine erfundene Szene am Fenster könnte sich zur Verlobungszeit Johanna Trosieners tatsächlich so zugetragen haben. Nach eigenem Bekunden war Johanna nach dem Zerbrechen ihrer ersten Liebe sehr unglücklich. Und gewiss wird sie sich über die Hochzeitsfeierlichkeiten derartige Gedanken gemacht haben. Ob ihr Vater ihre erste Liebe zerstörte, ist nicht ganz sicher, aber sehr wahrscheinlich. In ihren Memoiren schweigt Johanna sich hierüber wie auch über die Person ihres Geliebten aus. Für das Eingreifen des Vaters sprechen neben seiner besitzorientierten Einstellung und der üblichen Heiratspraxis der Konvenienzehen auch Johanna Schopenhauers finstere Vatergestalten in ihren Romanen – denen nicht nur Heinrich Floris Schopenhauer, sondern auch ihr Vater Züge verliehen hat. Ferner spricht dafür ihre kaum verschleierte Abneigung gegen den Vater in ihren Jugenderinnerungen, die nach dem Tod Johannas von der Tochter Adele unter dem Titel *Jugendbilder und Wanderleben* herausgegeben und bis heute immer wieder neu aufgelegt werden. Zudem ist der Konflikt zwischen Gefühl und Unterwerfung unter das Gesetz der standesgemäßen Heirat das unerschöpfliche Thema ihrer Romane und Novellen. In ihrem Erstlingsroman *Gabriele* wird die erste Liebe von Auguste, Gabrieles Mutter, durch das brutale Eingreifen des Vaters vereitelt. Johannas stimmige Schilderung der Begebenheiten deutet darauf hin, dass hier eigenes Erleben eingeflossen ist. In fast allen ihren erzählerischen Werken behandelt Johanna Schopenhauer immer wieder die Schwierigkeit, Wünsche von Vater und Tochter in Einklang zu bringen. Ihre Heldinnen, und wohl auch Johanna, entwickeln dabei Techniken, etwa sich den Geliebten – unerreichbar und gut aufgehoben – im Himmel zu denken, um mit dem unfreiwilligen Verzicht und den damit verbundenen Schuldgefühlen gegenüber dem Geliebten und Aggressionen gegen den Vater fertig zu werden. Widerstand zu leisten kommt ihren Heldinnen erst gar nicht in den Sinn. Bei Gabriele hätte Widerstand auf jeden Fall ihr Ende bedeutet. Sie wäre von ihrem Vater vergiftet worden. Allenfalls erlaubt Johanna einer Heldin, so im Roman *Die Tante*, noch die Flucht in die Krankheit als passive Form des Widerstandes. Erst nachdem Johanna Schopenhauer von ihrem späteren Lebensgefährten Müller von Gerstenbergk verlassen wurde, verschiebt sich der Akzent. Im Mittelpunkt stehen jetzt ihre Erfahrungen mit Gerstenbergk. Ihre Heldinnen werden mutiger. Die Liebesgeschichte scheitert in ihren beiden letzten Romanen *Sidonia* (in der zweiten Fassung/*Sämtliche Schriften*) und *Richard Wood* dann nicht mehr am Vater, sondern am Charakter des Geliebten und den äußeren Umständen.

Zurück zum Frühjahr 1785, als Johanna Trosiener sich in ihrer trostlosen Gemütsverfassung anschickt, dem vom Vater vorgezeichneten Pfad zu folgen. Johanna ist ihrem fast zwanzig Jahre älteren Bräutigam, der vor den Augen der Eltern heftig um sie warb, für seine zartfühlende Vorgehensweise beim Heiratsantrag sehr dankbar. Er hatte sich Johannas Einverständnis durch David Lehmann, den Bruder der

Mutter, verschafft, bevor er am 10. April, einem Sonntag, bei den Eltern um Johannas Hand anhielt. Durch seine unkonventionelle Vorgehensweise wurde ihr Stolz nicht verletzt. Schließlich ging es allem Anschein nach um ihr künftiges Glück oder Unglück. Gewöhnlich taucht der Freier nämlich ohne Wissen des Mädchens bei den Eltern auf, das sich dadurch zum Verhandlungsgegenstand herabgewürdigt sieht. Johanna hatte den offiziellen Antrag Schopenhauers sogleich angenommen, ohne die übliche Bedenkzeit von drei Tagen abzuwarten. Sie wusste wohl, dass der reiche, hochfahrende Patrizier eine der glänzendsten Partien der Stadt war und alle Erwartungen ihrer Eltern übertraf. Nun schickt der aufmerksame Bräutigam jeden Tag einen kostspieligen Strauß seltener Blumen und andere kostbare Geschenke. Sie fühlt sich geschmeichelt. Als Braut steht sie plötzlich im Zentrum der Aufmerksamkeit. Überdies wird sie beneidet, was ihr durchaus gefällt. Zum Glück ist der genaue Hochzeitstermin noch nicht festgesetzt.

Heinrich Floris Schopenhauer vermag indessen seine Leidenschaft kaum noch zu zügeln. Mit viel Mühe und ohne Rücksicht auf die Kosten erwirkt er heimlich, ohne Wissen seiner Braut, die Erlaubnis, die Trauung ausnahmsweise gleich nach dem Verlesen des ersten Aufgebots von der Kanzel vornehmen zu lassen. Eiligst werden die finanziellen Angelegenheiten geregelt und der Ehevertrag aufgesetzt. Bereits fünf Wochen nach der Verlobung findet die Hochzeit statt. Am Pfingstmontag, dem 16. Mai 1785, fährt Johanna, ganz in weißen Musselin gekleidet, im Haar einen Myrtenkranz, gemeinsam mit ihrem ungeduldigen Bräutigam zu dem auf halbem Weg nach Langfuhr gelegenen uralten Kirchlein Aller Gottes Engel. Dort wird das Brautpaar von Eltern und Geschwistern erwartet. Nach der Trauung begibt die Gesellschaft sich zu Schopenhauers zwischen Striess und Oliva gelegenem Gut. Das Vorhaus und die Zimmer sind mit Blumen und Kränzen geschmückt. Im Garten zeigen sich die Spitzen der ersten Schneeglöckchen, während die schattigen Stellen noch weiß sind. Am sonnigsten Platz sind die Knospen der Hagebuttenhecke schon fast aufgebrochen, als in dieser vorfrühlingshaften Idylle Johanna Schopenhauers Eheleben beginnt.

***

Johanna Henriette Trosiener wurde am neunten Tag des Monats Juli, an einem Mittwoch, im Jahre 1766 geboren. In diesem Jahr unternahm die fünfundzwanzigjährige Angelika Kauffmann, die zur berühmtesten Künstlerin ihrer Zeit und zu Johannas Jugendidol werden sollte, etwas sehr Ungewöhnliches. Sie erwirkte das Einverständnis ihres Vaters, eines unbedeutenden Malers, dem sehr an der Karriere seiner Tochter lag, und reiste in Begleitung einer Gönnerin nach London, um dort ohne väterliche Aufsicht zu leben und zu arbeiten. Johannas Geburtsjahr war auch das Jahr, in dem in Österreich die Hexenprozesse verboten wurden.

Nicht nur der Zeitpunkt der Geburt beeinflusst die Lebensumstände, sondern auch der Ort und die Familie, in die man hineingeboren wird. Johanna erblickte das Licht der Welt in ihrem Elternhaus. Kein Sonnenstrahl drang in die abgedunkelte Wochenstube ein, die nicht nur düster, sondern auch gefahrvoll für Mutter und Kind war. Im 18. Jahrhundert waren die hygienischen Verhältnisse selbst im wohlhabenden Bürgertum dürftig. Entsprechend hoch war die Mütter- und Säuglingssterblichkeit. Johannas Mutter überlebte ihre sechs Entbindungen, hatte jedoch bei ihren Kindern weniger Glück. Den erstgeborenen Sohn und Erben hatten die Eltern bereits verloren. Und der gerade geborene Säugling war kein vollwertiger Ersatz. Wurden doch der Name, das Geschäft, der bürgerliche Wohlstand der Familie nur durch einen männlichen Erben erhalten. Dem Vater war die Geburt des Kindes an einem der zwei wöchentlichen Posttage nicht ganz angenehm, da sie ihn in seinen Geschäften störte. Johanna erhielt in den folgenden sieben Jahren noch drei Schwestern: Elisabeth Charlotte, getauft 1768; Anna, auch Annette genannt, geboren im Jahr 1769; und Juliane Dorothea, geboren 1773. Am 17. April 1771 war ein weiteres Mädchen tot zur Welt gekommen.

Die Mutter, Elisabeth Trosiener, geborene Lehmann, ist die Tochter des Kaufmanns und Apothekers Georg Lehmann und dessen Frau Susanna Concordia Lehmann, geborene Neumann. Geschwister der Mutter sind, außer dem Bruder David Lehmann und einer namentlich nicht bekannten Schwester, deren Tochter Susanne und Johanna »von Jugend auf als Schwestern mit einander«[2] leben, nicht bekannt. Elisabeth Trosiener heiratet mit achtzehn Jahren den über fünfzehn Jahre älteren Kaufmann Christian Heinrich Trosiener. Bei Johannas Geburt ist sie einundzwanzig Jahre alt. In *Jugendbilder und Wanderleben*, dem einzigen unmittelbaren Zeugnis von Johannas Kindheit und Jugend, stilisiert Johanna Schopenhauer später aus der Sicht des Alters und der um Selbstrepräsentation bemühten Schriftstellerin ihre Mutter nach dem von Rousseau geprägten Frauenideal. Danach war Elisabeth Trosiener ein »kleines, zierliches Figürchen« mit »niedlichsten Händchen und Füßchen, ein[em] Paar große[r], sehr lichtblaue[r] Augen, eine[r] sehr weiße[n] feine[n] Haut und schöne[m] lange[n] lichtbraune[n] Haar«,[3] dabei sanft und lieb im Charakter. Die Kindfrau schickt sich in die cholerischen Ausbrüche ihres Mannes, der die häusliche Machtausübung nicht so vollendet beherrscht wie der gräfliche Hausvater in Gellerts viel gelesenem Roman *Das Leben der schwedischen Gräfin von G...*, der »die Gutheit und Menschenliebe selbst [war], und dennoch war er im Hause so gefürchtet, daß der kleinste Wink an seine Leute die Wirkung des nachdrücklichsten Befehls tat«.[4] Gelegentlich besteht Johannas schüchterne kleine Mutter auf ihrer eigenen Meinung. So stillte sie Johanna gegen den Rat der Ärzte selbst – wie Johannas Vater darüber dachte, wissen wir nicht – und überließ sie nicht einer Säugamme, wie bei Kindern der mittleren und gehobenen Stände üblich.

Elisabeth Trosiener hat einen wachen Verstand und eine rege Auffassungsgabe. Dessen ungeachtet ist ihre Bildung – wie damals bei Frauen üblich – gering. Lesen und Rechnen für den Hausgebrauch und ein wenig Klavierspielen. Ihre einzige Lektüre neben Gellerts *Schwedischer Gräfin* ist Hermes fünfbändiges, sehr erfolgreiches Werk *Sophiens Reise von Memel nach Sachsen*, dessen Handlung hauptsächlich in Danzig und Königsberg spielt und dessen Heldin, die zwischen zwei Männern zu entscheiden hat, am Ende von allen verlassen dasteht.

Die Danziger Gegend verließ Johannas Mutter nur einmal in ihrem Leben zu einer größeren Reise von zweiundzwanzig preußischen Meilen (etwa 165 km) nach Königsberg. Den Anlass dieser Fahrt kennen wir nicht, doch unternahm die junge Frau sie noch vor Johannas Geburt.

Elisabeth Trosiener liebt es, sich aufzuputzen. Die Kleider, Blonden und Hauben bezieht ihr Mann, der seine Frau gern hübsch angezogen sieht, aus Lyon. Und die im Zeitalter des Rokoko so beliebten künstlichen Blumen, die aus Eierhäutchen und Seidenwürmerkokons gefertigt werden, kommen aus Italien. Johannas Mutter hat indessen wenig Gelegenheit, sich in ihrem modischen Putz zur Schau zu stellen. Der Sitte entsprechend spielt sich ihr Leben fast ausschließlich im Haus ab. Theaterbesuche, selbst Spaziergänge, sind ohne männliche Begleitung für eine anständige bürgerliche Frau des Mittelstandes undenkbar. In der Öffentlichkeit zeigt sie sich deshalb stets zusammen mit ihrem Ehemann. Niemals betritt sie einen Laden, um Einkäufe zu erledigen. Mit kleineren Besorgungen beauftragt sie ein Dienstmädchen. Auf Verlangen schicken die Kaufleute Waren zur Auswahl ins Haus. Für alle bedeutenderen Anschaffungen einschließlich des Mastochsen, der zum Winter geschlachtet wird, ist ohnehin der Diener Adam zuständig. Adam besorgt noch so manches andere Detail im Hauswesen, übrigens nach Johannas Erinnerung als einziger im Haus immer zur vollsten Zufriedenheit des Vaters. Das gelang noch nicht einmal der sanftmütigen Mutter, die sich doch ganz nach dem Willen ihres Mannes richtete. Nach Johannas Eindruck gefiel ihrer Mutter, die nach damaligem Verständnis keine tüchtige Hausfrau war, diese Aufteilung der Verantwortung für den Haushalt. Verbrachte sie ihre Tage doch am liebsten vor dem Nähtisch, um dort mit viel Geschick allerlei Dinge anzufertigen. Und wie mühevoll ist die Hauswirtschaft! Immerhin wird der gesamte häusliche Bedarf im Hause hergestellt. Dazu gehört das Nähen von Wäsche und Kleidung ebenso wie das Backen von Brot und Kuchen, das Herrichten aller Vorräte für den Winter, das Dörren von Früchten oder das Einmachen von Kompott und Gelee. Fleisch wird auf die unterschiedlichste Weise haltbar gemacht, Vorräte an Butter und Eiern angelegt. Selbst Talglichter, das übliche Beleuchtungsmittel, und Seife werden im Haus hergestellt. Die Äpfel, Kartoffeln, die Fässer mit gepökeltem Rind- und Schweinefleisch, die Würste, Buttertöpfe, Fässer und Krüge mit Gurken und anderem Gemüse, die Schränke voller Büchsen mit Eingemachtem, die Stellagen mit Eiern, die Kaffee- und Zuckersäcke müssen ständig kontrolliert werden. Die Scheuertage und die große Wäsche sind gefürchtet und beschwerlich. Eine der mühseligsten Arbeiten aber ist das Licht- und Feuermachen. In einer Zeit, in der es weder Feuerzeuge noch Zündhölzer gibt, werden in einem viereckigen länglichen Kästchen aus Weißblech, das meist auf einem Sims über dem Herd steht, vier Gegenstände aufbewahrt, die gebraucht werden, um Feuer zu entzünden: ein Stahl, ein Stück Feuerstein, Schwefelfaden und Zunder, das ist eine durch

Sengen alter Strumpfsocken entstandene braunschwarze, trockene Masse. Stahl und Feuerstein werden dann über dem so genannten Zunderkasten so lange aneinander geschlagen, bis einer der heraussprühenden Funken hineinfällt. Dieser Funke muss kräftig angeblasen werden, bis an dem dagegen gehaltenen Schwefelfaden eine Flamme entseht, mit der das bereitstehende Talglicht entzündet wird. Nun ist Feuer für das Anheizen der Öfen vorhanden. Manchmal, wenn Schwefeldampf in die Kehle kommt, löscht unwillkürliches Husten und Niesen die Flamme wieder aus, und die ganze Prozedur beginnt von vorn.

Johannas Vater ist bei ihrer Geburt sechsunddreißig Jahre alt. Christian Heinrich Trosiener entstammt mütterlicherseits einer Arbeiterfamilie, väterlicherseits einer Handwerker- und Bauernfamilie. Er ist der Sohn des Schuhmachers und Hökers Christian Trosiener aus dem Dorf Altschottland bei Danzig, dessen Vater wiederum der aus Ostpreußen stammende Landwirt Christoph Trosiener war. Im Jahr 1760 wurde Johannas Vater Danziger Bürger und lebt seitdem als mittelständischer Kaufmann in der noch vom mittelalterlichen Zunftwesen und bedeutenden Ostseehandel geprägten alten Hansestadt, deren Niedergang jedoch schon begonnen hat. Er ist zu einem der vier Quartiermeister des Fischerquartiers und zum Kirchenvorstand an St. Johann gewählt worden. Als Quartiermeister ist er Mitglied der dritten Ordnung, der vorwiegend kleine Kaufleute und Handwerker angehören. Für kurze Zeit wird er sogar Ratsherr werden. Christian Heinrich Trosiener besitzt keine gelehrte Bildung, hat aber Reisen unternommen, wie es der Kaufmannsberuf mit sich bringt. Er war in Moskau, wo der Schwerpunkt seiner Geschäftsbeziehungen liegt, in Warschau und in Sankt Petersburg. Auch in Frankreich hat er mehrere Jahre zugebracht. Neben seiner Muttersprache spricht er Französisch, Polnisch und Russisch. Er ist ein geistig und körperlich gewandter Mensch.

Johannas Eltern haben in ihrer Jugend eine Phase relativer Stabilität erlebt. Vom Siebenjährigen Krieg blieb Danzig verschont. Und es traten keine Seuchen auf, die die Bevölkerung bedrohten. Gut ein halbes Jahrhundert vor Johannas Geburt grassierte noch die Pest, die im 18. Jahrhundert in Europa keineswegs ausgerottet war, sich jedoch auf östliche Randländer, wie Deutschland, die skandinavischen Länder, Russland, auf den Balkan und die Türkei, beschränkte. Anfang des 18. Jahrhunderts war sie in ganz Norddeutschland als Folge des Nordischen Krieges aufgetreten. Als Hafenstadt bleibt Danzig besonders gefährdet. Noch 1776 verfasste der in Danzig lebende Arzt Dr. Nathanael von Wolf die Schrift *Unterricht fürs Volk gegen die Pest*. Die Furcht vor dieser Seuche ist in der Bevölkerung groß und wird bis ins 19. Jahrhundert hinein lebendig bleiben – nicht ohne Grund. Trotz aller Quarantänebestimmungen bricht die Pest immer wieder in einigen südlichen Hafenstädten aus, wie 1835 in Marseille und in Nizza. Johanna wird nach der Schlacht von Jena und Auerstedt die »schrecklichste aller Plagen«[5] fürchten und sehr froh sein, als endlich fast alle Verwundeten fortgeschafft werden. In den Pestjahren 1709 und 1710 war über ein Drittel der Danziger Bevölkerung gestorben.

Kriegerische Verwicklungen folgten. Zwei Jahrzehnte später, im polnischen Thronfolgekrieg (1733–35), setzte der Rat der Stadt Danzig auf die falsche Seite und gewährte Stanislaus Leszcinski Schutz hinter Danzigs Mauern. Die Bevölkerung musste anschließend die Belagerung durch russische und sächsische Truppen erdulden. Die Stadt wurde beschossen und zahlreiche Menschen getötet oder verstümmelt. Johannas Vater erlebte die Belagerung als Sechsjähriger im Hause seiner Großmutter mit.

Die wirtschaftliche Lage Danzigs verschlechterte sich infolge dieser Ereignisse dramatisch. Auf Krieg und Belagerung folgten eine Inflation und eine allgemeine Münzverschlechterung. Die Stadt Danzig bekämpfte sie vergebens mit zahlreichen Münzedikten, die den Zweck hatten, das gute Geld in der Stadt zu halten und die schlechten Münzen nicht in die Stadt fließen zu lassen. Auch der vom »Fugger von Danzig«, der kein anderer war als Johannas künftiger Schwiegervater Andreas Schopenhauer, vorfinanzierten Prägung neuer Münzen blieb der Erfolg versagt. Vielleicht weil der freie Geldverkehr weiterhin behindert wurde, wie einige Bankiers, unter ihnen Andreas Schopenhauer, meinten.

Als Johanna geboren wurde, dauerten die wirtschaftlichen Schwierigkeiten noch an. Die im polnischen Erbfolgekrieg erheblich zerstörte Stadt war zwar wieder aufgebaut worden, doch der Handel gedieh nur noch leidlich. Er erreichte nicht mehr die Blüte, die er einmal im 17. Jahrhundert gehabt hatte, als Danzig eine der reichsten Städte Europas gewesen war. Zudem brauten sich über Polen dunkle Wolken zusammen, das politisch und wirtschaftlich zunehmend verfiel. Danzig, seit der Lossagung vom Deutschen Ritterorden im Jahr 1454 zwar politisch selbstständig, aber unter polnischer Oberhoheit, blieb deshalb auch von den Auswirkungen dieses Verfalls nicht verschont, der Polen zur Beute seiner Nachbarn zu machen drohte. Als Johanna noch ein kleines Kind war, beherrschte weite Teile der Bevölkerung bereits die Furcht vor den Preußen. Die einfachen Leute, vor allem die jungen Männer, argwöhnten, im Falle einer Besetzung der Stadt durch die Preußen zu den Soldaten gepresst zu werden. Die Patrizier bangten um ihre politische Freiheit, um ihre Macht. Trosiener hingegen fürchtete keine Preußen in Danzig. Er sorgte sich aus wirtschaftlichen Gründen um die politische Entwicklung, da er, wie die anderen Kaufleute auch, auf den freien Handelsverkehr zwischen Danzig und den Ostseeländern angewiesen war. Um dem wirtschaftlichem Niedergang zu begegnen, tendierte er mit einigen anderen Bürgern, die sich in dem 1771 gegründeten Geselligkeitsverein für Kaufleute, »Bürgerliche Ressource«, zusammenfanden, wahrscheinlich schon damals zu einem Anschluss an Preußen.

Johanna wurde in den ersten Lebensjahren Hänschen genannt. Ihrer Mutter gefiel dieser Kosename, den sie in Königsberg bei einem kleinen Mädchen zum ersten Mal hörte.
Vielleicht bekam Johanna dadurch ein wenig das Gefühl
vermittelt, in der Wertschätzung der Mutter einem Jungen
nicht nachzustehen oder zumindest das gleiche Interesse wie
ein männliches Kind beanspruchen zu dürfen. Im Allgemeinen erregte zu dieser Zeit ein Knabe mehr Aufmerksamkeit.
Ihm, von dem eine Mutter sich oftmals eine bessere Zukunft
erhoffte, brachte sie vor allem liebevolle Zuwendung entgegen. Der im Knaben verkörperte künftige Mann beschäftigte
die mütterliche Phantasie, was sich auch in der Kleidung
ausdrückte. Das Kind wurde dann oft nicht nach dem Vorbild des Vaters gekleidet, vielmehr lief es in seinen ersten
sechs Lebensjahren als Ungar oder Tiroler umher, manchmal
als Hamlet oder, wie Johannas Vettern, als Großsultan und
holländischer Matrose. Von Johanna erwartete Elisabeth Trosiener nichts Ungewöhnliches. Sie kleidete ihre Tochter konventionell. Johanna spielte in ihrer Puppenecke mit ihren
Schwestern im Kattunkleid, über das eine weiße Leinenschürze gebunden war. Auf dem Kopf trug sie ein gepudertes Toupet, auf dem die Haube, Flor-Dormeuse genannt, saß.
Als sie älter war, wurde sie nach der damaligen französisch
orientierten Mode Jeannette gerufen. Zur Mutter, die sich
neben der Kinderfrau Kasche um die Mädchen kümmerte,
wird Johanna ihr Leben lang ein inniges Verhältnis haben.
Hingegen war ihre Beziehung zum Vater wahrscheinlich nicht
erst in späteren Jahren distanziert. Der Vater war als unangefochtener Herrscher im Hause für die Kinder unerreichbar.
Wenn er nach Hause kam, mussten sie sich in ihre Puppenecke zurückziehen und still sein. Christian Heinrich Trosie

ner dürfte sich für Johanna und ihre Schwestern vor allem unter Bildungsaspekten interessiert haben. So lernte das Kind auf sein Betreiben von der kaschubischen Kinderfrau Kasche die polnische Sprache noch vor dem Deutschen, weil er der Überzeugung war, die schwere Aussprache des Polnischen erleichtere das Erlernen von Fremdsprachen. Diese Ansicht ist insofern bemerkenswert, als die Verwandtschaft von Sprachkenntnissen bei Mädchen keineswegs angetan war, was Johanna noch zu spüren bekommen sollte.

Johanna gewöhnte sich schon früh an Leute anderer Herkunft, Sprache und Religion. Im Elternhaus herrschte weitgehend religiöse Toleranz. Hier lernte sie Russen, Kapuziner und Karmeliter kennen. Ihre späteren Lehrer waren ein lutherischer Theologe und ein anglikanischer Geistlicher. Vom Beischlag aus und bei Spaziergängen sah sie reiche Polen und polnische Juden, Niederländer, meist Mennoniten – ein buntes Völkergemisch, zu dem auch die halbwilden Schimskys, die Flößerknechte, gehörten. Es handelte sich um polnische Leibeigene, die wie Galeerensklaven gehalten wurden und hauptsächlich Roggen und Weizen verschiffen mussten. Die Schimskys kamen ab Ende Mai, wenn die Weichsel nach der Schneeschmelze genügend Wasser führte, und blieben bis in den Herbst hinein. Sie ruderten auf großen Holztriften von Polen nach Danzig. Hier wurde die Ware, in der Regel Getreide, entladen, man zerschlug die Triften und verkaufte das Holz. Dann kehrten die Schimskys in Holzpantinen wieder in die Heimat zurück.

Mit drei oder vier Jahren kam Johanna in die wenige hundert Meter entfernte Kleinkinderschule, zu der das Jungfermädchen Agathe sie zweimal täglich, vormittags und nachmittags, brachte und von der sie sie wieder abholte. Die Schule wurde von der Mutter und zwei Schwestern des berühmten Kupferstechers Chodowiecki betrieben. Dort lernte Johanna zusammen mit anderen Jungen und Mädchen stillzusitzen und auf spielerische Weise Französisch. Durch Buchstabenausmalen prägten die Kinder sich das Alphabet ein. Gegen Ende der Kleinkinderschule, als Johanna fast sieben Jahre alt war, kam Chodowiecki zu Besuch. Seine Reise hielt er in dem aus 108 leicht getönten Federzeichnungen bestehenden *Skizzenbuch einer Reise von Berlin nach Danzig* fest, das heute noch sein berühmtestes Werk ist. Blatt 24 (das Johanna Schopenhauer nicht zu Gesicht bekommen wird), mit dem Titel *Chodowiecki begrüßt seine Mutter*, vermittelt einen Eindruck von der Kleinkinderschule, die sich in einem rückwärtigen großen Zimmer des ersten Obergeschosses befindet. Das Zimmer dient auch als Wohnraum, wie die Möblierung erkennen lässt. Neben vielen Kinderstühlchen befinden sich in dem Raum ein Bett an der linken Wand, ein ovaler Tisch mit heruntergeklappter Platte, ein Lehnstuhl, ein Cembalo rechts an der Wand sowie ein kleiner Eckschrank, dessen Schmuck aus Wandzeichnungen besteht. Durch Chodowiecki kam Johanna in engere Berührung mit der bildenden Kunst, für die dem Kind anhand des von gekrönten »Kunstsammlern«, wie Rudolf von Habsburg, Peter dem Großen und Napoleon, begehrten Altarbildes *Das Jüngste Gericht* von Hans Memling erstmals ein Gefühl vermittelt worden war. In Johannas Elternhaus gab es weder Gemälde noch Stiche. Im reichen Bürgertum hingegen wurde die Kunst mit mehr oder weniger Sachverstand durchaus gepflegt. So besaß ihr späterer Schwiegervater Andreas Schopenhauer eine umfangreiche Gemäldesammlung, die der Gelehrte Johann Bernoulli während eines Danzig-Aufenthalts im Jahre 1777/78 zu Gesicht bekam. Über sie urteilte er: »Die Gemälde sind sehr zahlreich und sowohl in den Vorsälen und an den Wänden der Treppen als in den Zimmern verteilet. Viele hängen auch etwas im Finstern, daß man sie nicht wohl erkennen kann. Die Namen der Urheber sind schwer anzugeben, weil sie dem Besitzer selbst nicht bekannt sind. Er richtet sich beim Ankauf bloß nach einem gewissen Gefühl, und ich muß gestehen, daß, was ihm gefallen hat, mehrenteils auch Kennern gefallen mag.«[6]

Johanna lernte Chodowiecki in der Schulstube seiner Mutter kennen. Natürlich wusste sie damals noch nichts von den kleinformatigen, psychologisch feinfühligen und sehr lebendigen Arbeiten, insgesamt etwa zweitausend Radierungen, vor allem Buchillustrationen, die seinerzeit in ganz Deutschland begeisterte Aufnahme fanden. Als der Künstler die Schulstube zeichnete, packte Johanna die Neugierde. Trotz Mandeln, Rosinen und Thorner Pfefferkuchen, die die Kinder zum Stillsitzen bewegen sollten, blieb sie nicht auf ihrem Platz. Sie ging zu Chodowiecki und sah ihm über die Schulter. »Von diesem Augenblick an ging all mein Wünschen und Trachten auf Zeichnen und Malen aus«, schreibt sie sechzig Jahre später in ihren Memoiren.[7] Und weiter heißt es: »In jener Stunde war die in meiner noch so unentwickelten Kinderseele tief schlummernde Neigung zur bildenden Kunst zum ersten Mal erwacht, die mein ganzes langes Leben hindurch mein Trost und meine Freude blieb und nur mit diesem erlöschen wird.«[8] Von der trostlosen Situation vieler junger Mädchen, die nichts anderes als eine Konvenienzehe oder ein verachtetes Dasein als alte Jungfer im Kreise der väterlichen Familie erwarten durften, ahnte sie ebenso wenig wie von ihrem eigenen künftigen Los als Ehefrau. Johanna widmete sich der Malerei aus reiner Freude und mit der Begeisterung eines siebenjährigen Kindes, dem Papier, Bleifedern und ein Nürnberger Farbenkasten geschenkt wurden.

Ihre weitere Bildung wurde dem Kandidaten Kuschel, einem aus dem Handwerkerstand stammenden angehenden lutherischen Theologen, anvertraut, der sich wie viele Theologen in dieser Zeit als Hofmeister verdingen musste.

Bevor eine alte Frau Johanna das Wäschestopfen beibrachte, unterrichtete Kuschel vormittags eine Stunde Deutsch, Ge-

schichte und Geografie. Dr. Jameson, der in unmittelbarer
Nachbarschaft wohnende, aus Schottland stammende angli-
kanische Geistliche der englischen Gemeinde, kümmerte sich
ebenfalls um Johannas Bildung. In den Jugenderinnerungen
wird er ein wenig zu Yorick, Pseudonym von Laurence Sterne
und autobiographische Figur in den Romanen *A Sentimental Journey through France und Italy* (dt.: *Eine empfindsame
Reise durch Frankreich und Italien*) und *The life and Opi-
nions of Tristram Shandy Gentleman* (dt. *Leben und Meinungen des Tristram Shandy*) stilisiert. Jameson-Yorick verdankte Johanna viel. Von ihm lernte sie Englisch, und er
machte sie mit einem Gutteil der englischen Literatur bekannt, etwa mit Milton, mit Youngs *The Complaint or Night
Thoughts on Life, Death and Immortality* und vor allem mit
William Shakespeare, der damals in Deutschland gerade erst
entdeckt wurde.

Für Johannas Entwicklung noch wichtiger aber war Jamesons Einstellung zur Mädchenbildung. Die Bildung der weiblichen Jugend war in Danzig, wie überall in Deutschland,
reine Privatangelegenheit, beherrschte aber die öffentlichen
Diskussionen. Denn im 18. Jahrhundert bestimmte die Ausbildung der Persönlichkeit, zunächst religiös motiviert als
Verantwortung vor Gott, dann als Selbstkontrolle, Erziehung
und Selbsterziehung, zunehmend das Thema der bürgerlichen Emanzipation. Die Utopien der Aufklärung hießen
Toleranz statt Glaubenskrieg, produktive Arbeit statt Verschwendung, Frieden und Handel statt Raub und Krieg,
Ansehung der Person nach ihrer Leistung statt nach Herkunft und Stand, Entfaltung der Empfindungsfähigkeit. Für
Mädchen und Frauen bedeutete dies für eine kurze Zeitspanne den theoretisch anerkannten Anspruch auf Teilhabe
an Wissen und Bildung. Die »gelehrte Frau« nach dem Vorbild der 1713 geborenen Danziger Arzttochter Luise Adel-
gunde Victoria Gottsched, geb. Kulmus, die Maria Theresia

1749 bei einer Audienz in Schönbrunn als die »gelehrteste Frau von Deutschland«[9] ehrte, wurde öffentlich propagiert. In Danzig bekannt war auch die Jungfer Salamon, die zwischen 1755 und 1760 Erzählungen verfasste und Übersetzungen veröffentlichte, wofür sie dann Ehrenmitglied der Deutschen Gesellschaft zu Jena wurde. Zwischen 1760 und 1790 trat indes ein Wandel ein. Die männlichen Pädagogen wollten Mädchen zwar bilden, wollten aber keine gebildeten Frauen. Die gelehrte Frau wurde gehasst und gesellschaftlich der Verachtung preisgegeben. Stattdessen forderten die deutschen Pädagogen die Bildung der Frau im Sinne Rousseaus zum »unverbildeten« Naturwesen, das Kenntnisse lediglich zum Nutzen und Gefallen der Männer erwerben sollte. Campe und den Philanthropen ging es dabei nicht um Schulprogramme, sondern um die Herrschaft über den Geist der Frau. Vor dem realen Hintergrund einer gewissen Abhängigkeit junger bürgerlicher Intellektueller von Damen der Aristokratie, die sich in den Salons und an den Höfen des Rokoko jungen Talenten zuwandten, wurde die Frage der Dominanz mit wahrhaft pädagogischem Ingrimm erörtert. Wer ist abhängig? Wer dominiert, die Frau oder der Mann? In diesem Zusammenhang bemerkenswert ist auch, dass Rousseau, Herder, Goethe und Schiller beispielsweise als junge Männer für ihre Entwicklung höchst bedeutsame Verbindungen mit älteren Frauen eingingen. Rousseau hatte nach Madame de Warens noch viele mütterliche Beschützerinnen. Madame Busch war Herders angebetete mütterliche Freundin in Riga. Ähnlich erging es auch Goethe und Schiller mit Frau von Stein und Frau von Kalb, wobei Letztere insofern eine Ausnahmestellung innehatte, als sie eine Zeit lang Schillers erklärte Mätresse war. Bei dem Hass auf die »gelehrte Frau« mag die Furcht vor Frauen und die Angst, der Mann würde ein Opfer der Frau, die Hauptrolle gespielt haben. Vielleicht waren es aber auch mehr ökonomische Gründe, etwa die Furcht vor aufkommender Konkurrenz in den ohnehin überlaufenen akademischen Berufen, die den Männern ein unverhüllt aggressives Auftreten in der Bildungsfrage nahe legten. Oder war Eifersucht die Ursache für die Raserei der Pädagogen? Weil Frauen auf selbstbestimmten Wissenserwerb pochten, womit sie männlichen Machtansprüchen nicht mehr so leicht zugänglich wären?

Zurück zu Johanna. Jameson und auch der Kandidat Kuschel waren aufgeschlossene Vertreter der Aufklärung. Sie machten keinen Unterschied zwischen Mädchen- und Knabenbildung und fragten nicht, ob ein Mädchen bestimmte Kenntnisse brauchte. So wollten sie das unzweifelhaft intellektuell hochbegabte Kind – Arthur Schopenhauer bewundert zeitlebens den großen Verstand seiner Mutter und glaubte, seine Intelligenz von ihr geerbt zu haben – zum Griechischunterricht überreden. Doch Johanna lernte kein Griechisch. In ihren Jugenderinnerungen wird sie die Erfahrungen, die sie machte, als sie von Jameson Englisch lernte, folgendermaßen beschreiben: »Ein Mädchen und Englisch lernen! Wozu in aller Welt sollte das ihr nützen? Die Frage wurde täglich von Freunden und Verwandten wiederholt, denn die Sache war damals in Danzig etwas Unerhörtes. Ich fing am Ende an, mich meiner Kenntnis der englischen Sprache zu schämen, und schlug deshalb einige Jahre später es standhaft aus, auch Griechisch zu lernen, so sehr ich es innerlich wünschte und so freundlich auch Jameson deshalb in mich drang. Der Widerwille gegen den Gedanken, für ein gelehrtes Frauenzimmer zu gelten, lag damals wie eben noch jetzt in meiner jungen Seele ...«[10]

Die Einstellung ihres Vaters hierzu erwähnt sie nicht. Sie dürfte aber den Ausschlag gegeben haben. Christian Heinrich Trosiener stand auf der Höhe seiner Zeit. Man darf annehmen, dass er der neuesten pädagogischen Mode folgend Nützlichkeitserwägungen den Vorzug gab und Johanna dem Spott der Verwandten überließ.

Johannas Erziehung erhielt ab dem neunten Lebensjahr dann auch eine betont weibliche Note. Nach dem Willen des Vaters nahm sie mit zwölf anderen jungen Mädchen aus gutbürgerlichen Danziger Familien Unterricht bei Mamsell Ackermann, einer ehemaligen Untergouvernante einer schwedischen Prinzessin. Nach dem gewohnten Vormittagsunterricht lernte sie nun nachmittags zwischen vierzehn und neunzehn Uhr neben Französisch vor allem Anstandsregeln wie den Knicks beim Eintreten und das kunstgerechte Servieren des Tees. Übungen in Schönschreiben wechselten mit ihrem Vater zugedachten Filetarbeiten* ab.

Johanna war sechs Jahre alt, als ein politisches Ereignis eintrat, das ihre Jugend und Kindheit überschattete. Am 5. August 1772 rückten die Preußen ein. Mit der ersten Teilung Polens hatte Preußen das bischöfliche Ermland, das Netzegebiet und die Woiwodschaften Marienburg, Kulm und Pommerellen erhalten und beeilte sich mit der Inbesitznahme des geraubten Landes. Friedrich II. erließ am 3. September 1772 sein Patent. Schon Mitte September erreichten die ersten Truppen die Grenzen des Danziger Stadtgebiets und errichteten ihre schwarz-weißen Grenzpfähle.

In Schidlitz, wo Trosiener ein Gartenhäuschen besaß, verlief die Grenze mitten durch den Ort. Der preußisch besetzte Teil von Schidlitz gehörte jetzt zusammen mit den Dörfern Stolzenberg, Altschottland und St. Albrecht zu den preußischen »Kombinierte[n] Städten Stolzenberg«. Das Gartenhaus der Trosieners war auf Danziger Gebiet verblieben. Es lag schräg gegenüber der Hauptwache. Daneben stand das Zollhaus. Diese ländliche Sommerfrische war eine der Freuden von Johannas früher Kindheit. An heißen Sommertagen, wenn in

---

* Handarbeitstechnik, bestehend aus dem Knüpfen des Filetgrundes und dem Besticken dieses Grundes.

der Stadt drückende Schwüle herrschte, die noch durch ihre Lage, in einem zur See hin halb offenen Kessel, verstärkt wurde, flohen die Frauen und Kinder der wohlhabenden Bürger vor der Sommerhitze in ihre Landhäuser in Langfuhr, Strieß und Oliva. Die Männer blieben in der Stadt, um ihren Geschäften nachzugehen. Elisabeth Trosiener zog alljährlich mit ihren Töchtern in die Vorstadt Schidlitz. Im 18. Jahrhundert besaßen hier viele Kleinbürger und Handwerker Gärten. Die Trosieners schienen Glück gehabt zu haben. Sie mussten nicht wie so viele den preußischen Zoll passieren, um im Sommer zu ihrem Garten zu gelangen. Johanna erinnert sich noch als Zweiundsiebzigjährige an die empörende Behandlung, die sich die Bevölkerung von den Preußen gefallen lassen musste. »Jeder Fußgänger wurde vor dem Akzisegebäude angehalten und mußte es als eine große Gefälligkeit erkennen, wenn man, um sich zu überzeugen, daß er nichts Akzisebares bei sich führte, mit Durchsuchung seiner Taschen ihn verschonte. Mietkutschen und Equipagen wurden ebensowenig als Fuhrmanns und Bauernwagen mit genauster Durchsuchung verschont. Damen und Kinder mußten zuweilen im heftigsten Platzregen aus ihrem Wagen steigen und unter dem Hohngelächter ihrer Peiniger geduldig unter freien Himmel es abwarten, bis es ihnen gefiel die Visitation auch der verborgensten kleinsten Räume im Wagen langsam zu vollenden. Dann begann noch die Durchsuchung der Personen; die damals Mode gewordenen Poschen der Damen, eine Art leichterer Reifröcke, die freilich aus sehr geräumigen Taschen bestanden, denen man ihren Inhalt von außen durchaus nicht ansehen konnte, waren dem französischen Gesindel [französische Zöllner im Dienste Preußens] ein Gegenstand des Argwohns; keine Dame durfte sich weigern, ihre Poschen vor den Augen desselben auszuleeren, wenn sie nicht der beleidigendsten Behandlung sich aussetzen wollte. Mit Dienstmädchen und Frauen aus den geringeren Ständen verfuhr das freche Volk noch weit schonungsloser.«[11]

In ihren auf preußischem Gebiet gelegenen Landhäusern mussten die Danziger jederzeit mit Haussuchungen nach Schmuggelware rechnen. Im Lande Friedrichs II. spürten nämlich Kaffeeschnüffler noch in den verborgensten Winkeln dem Geruch des frisch gebrannten Kaffees nach, da innerhalb Preußens nur gebrannter Kaffee verkauft werden durfte. Obwohl die Trosieners in ihrer Sommerfrische Schikanen der Zöllner und Kaffeeschnüffler nicht zu befürchten brauchten, verleideten die Preußen ihnen dennoch das Gartenhäuschen, lag doch hinter einer niedrigen Hecke ein Exerzierplatz. Sie sahen, wie die Preußen Rekruten drillten, hörten das Schreien, Schimpfen und Fluchen der Offiziere, sahen blutjunge Offiziere alte Soldaten auspeitschen. Auch das Treiben am Zollhäuschen war aus nächster Nähe zu verfolgen. Als die Preußen sich anschickten, mit Deserteuren das berüchtigte und meist tödlich endende Spießrutenlaufen zu veranstalten, verließ Elisabeth Trosiener mit ihren Kindern fluchtartig das Häuschen. Künftig mussten die Mädchen den Sommer in der Stadt verbringen.

Preußen hatte eine großzügige Auffassung von seinen Rechtsansprüchen. Selbst der Danziger Hafen wurde besetzt, da er als Besitz des Klosters Oliva betrachtet wurde, das Preußen neben Quadendorf, Münchengrebin und Gemlitz als eine der in Pommerellen liegenden Besitzungen des Bischofs von Cujavien durch den Teilungsvertrag zugefallen war. Die bisher an Danzig entrichteten Hafenabgaben erhob nun Preußen. Auch dadurch wurde das Danziger Wirtschaftsgebiet zerrissen. Außerdem forderte Preußen vom Danziger Stadtgebiet noch die Halbinsel Hela, den Holm, die Scharpau und das Fahrwasser. Nach wiederholten Vorstellungen des Rates der Stadt Danzig wurden die Scharpau und die Halbinsel Hela bald wieder geräumt, während sich die Streitigkeiten über den Hafen lange Zeit hinzogen und einen heftigen Wirtschaftskrieg auslösten. Der schwache Versuch Danzigs, den preußischen Handel zu schädigen, indem preußischen Schiffen die Durchfahrt verwehrt wurde, blieb erfolglos. Die Preußen fanden andere Wege und erzwangen von den Danzigern durch eine strenge Abriegelung der Stadt von ihrem Umland die Durchfuhr von Gütern des täglichen Bedarfs für die preußischen Vororte Danzigs. In der Hoffnung, sich die Stadt früher oder später einverleiben zu können, nahmen sie die Stadt in den Würgegriff und erdrosselten mit ihren Zöllen die Danziger Wirtschaft langsam, aber sicher.

Das mittelständische Handelshaus Trosiener wurde in seinem Lebensnerv getroffen. Im Gegensatz zu Andreas Schopenhauer, der von 1746 bis 1749 unfreiwillig der dritten Ordnung angehörte und politisch nicht engagiert war, versuchte Johannas Vater, als Mitglied der dritten Ordnung und einer der hundert Vertreter der Bürgerschaft, politischen Einfluss zugunsten Preußens auszuüben. Seine Möglichkeiten waren allerdings begrenzt. Er war vom Rat abhängig, der die Mitglieder der dritten Ordnung aus den Bürgern der Rechtstadt wählte, die ihrerseits Einfluss auf die Zusammensetzung des Rates hatten. Trosiener konnte Anträge einbringen, hatte den wichtigsten Gesetzen zuzustimmen und war an der Verwaltung der Stadt beteiligt. Die Aufsicht über die Verwaltung, die Verteidigung, das Kirchen- und Schulwesen, die innere und äußere Politik sowie die wirtschaftliche Entwicklung behielt der Rat der Stadt. Der bestand aus vier Bürgermeistern, vierzehn Ratsherren der Rechtstadt, fünf Ratsherren der Altstadt und dem Syndikus. Trosieners Meinung war äußerst unpopulär. Sie stieß auf erbitterten Widerstand in der durch das preußische Vorgehen schwer gedemütigten Bevölkerung. Noch im Alter wird Johanna, die sich selbst als stolze Republikanerin sieht, merkwürdig ungenau bleiben, als es darum geht, seine politische Position zu beschreiben. Dabei handelte ihr Vater eigentlich pragmatisch und aus der Sicht eines Kaufmanns und Familienvaters sehr realistisch und vernünf-

tig. Vielleicht meinte Johanna, das Ansehen ihres Vater
schonen zu müssen, dessen vorgeblich republikanische Gesinnung sie mehrfach in ihren Erinnerungen hervorhebt, um
sich selbst in eine bürgerstolze Tradition zu stellen. Trosieners Ansichten wurden von der künftigen Entwicklung bestätigt. Nach 1793, als auch Danzig von den Preußen besetzt
wurde, blühte die Stadt erneut auf. Die hinderlichen Zölle
entfielen. Die Stadt erhielt wieder ein einheitliches Wirtschaftsgebiet. Diese positive wirtschaftliche Entwicklung nur
war indes um den Preis der politischen Selbstständigkeit zu
haben. Die alte Johanna Schopenhauer, obwohl wegen der
günstigen Folgen für Danzig längst mit der preußischen Besetzung versöhnt, berichtet von dem ihr nach wie vor peinlichen antirepublikanischen Engagement ihres Vaters aus der
Perspektive des unwissenden Kindes: »Zu sehr ungewohnter
Stunde, denn Morgenbesuche waren damals durchaus nicht
gebräuchlich, war ein Freund unseres Hauses gekommen, der
Mann einer der liebsten Freundinnen meiner Mutter, und
hatte ihr etwas erzählt, das ich nicht verstand, worüber sie
aber vor Schrecken totenbleich wurde und sich kaum auf-
recht halten konnte. Herr M… sprach noch viel, meine Mutter geriet darüber mit ihm in Streit, sie, die nie stritt! Es kam
mir vor, als habe er etwas über den Vater gesagt, das sie nicht
zugeben wollte, zuletzt wies sie ihm mit großer Heftigkeit die
Tür und ersuchte ihn, sie künftig mit seinen Besuchen zu
verschonen; er ging und ich blieb starr vor Erstaunen über
das nie zuvor Erlebte.

Jetzt kam auch Jameson und Onkel Lehmann, der Bruder
meiner Mutter; auch Kandidat Kuschel, der aber heute mich
kaum bemerkte, soviel ich mir Mühe gab, mich ihm bemerkbar zu machen. Alle drei versammelten sich um meine
Mutter in angelegenlichst eifrigen Gespräch, mir wurde aber
angedeutet mich zu Kasche zu begeben, und ich mußte gehorchen, so sehr die Neugier mich plagte. Ich hätte zu gern
erfahren, warum meine Mutter sich darüber so erzürnte, daß

Herr M… behauptet hatte: mein Vater trüge seinen Mantel auf beiden Achseln; wie sollte er ihn denn sonst tragen?«[12]

Dieser Vorfall erschütterte nachhaltig das Vertrauen des Kindes in die Redlichkeit und Autorität des Vaters. Äußern durfte sie ihre Zweifel nicht. Was blieb, war eine tiefe Unsicherheit. Die ständigen Klagen der Erwachsenen, der Mutter und des Dienstpersonals über die schlechten Zeiten verängstigten das Mädchen vollends. Hinzu kam, dass Johanna miterleben musste, wie der Mob einen preußischen Kaffeeschnüffler erschlug, der sich auf Danziger Stadtgebiet gewagt hatte. Um das Kind von diesen schrecklichen Erlebnissen abzulenken, erzählte Kandidat Kuschel immer wieder von den Römern, in späteren Jahren auch von den aufständischen Amerikanern, für die sich Lehrer und Schülerin glühend begeisterten. Johannas Kindheitshelden waren neben den amerikanischen Freiheitskämpfern die Römer Mucius Scävola, Brutus, Virginius und Senatoren, die sich in stoischer Gelassenheit von ihren Feinden auf dem Marktplatz erschlagen ließen. Dankbar suchte Johanna Zuflucht in einer Phantasiewelt, in der durch Aktivität Erfolge errungen wurden oder die Ohnmächtigen in aussichtsloser Lage wenigstens Stolz und Würde zu bewahren wussten, indem sie das einzig Mögliche taten und sich demonstrativ selbst aufgaben. Auf Johanna machte diese Strategie tiefen Eindruck. Sie wird sie in ihren Romanen auf die Situation der Frauen beziehen, die sie zu ebenso mutigen wie kompromisslosen Heldinnen macht, und damit den »Schopenhauerschen Entsagungsroman« kreieren.

Dem Kind indes war an großen Demonstrationen der Gesinnung, an Selbstaufgabe wenig gelegen. Als ihr eine holprige Übersetzung von Rollins *L'Histoire Romaine* in die Hände fiel, verkroch sie sich mit den vier dicken Oktavbänden zur Sicherheit gleich auf dem Dachboden. Keinesfalls wollte sie nochmals als gelehrtes Frauenzimmer verhöhnt werden.

Um allen Anschein von Gelehrsamkeit zu vermeiden, wird sie solche Vorsichtmaßnahmen ihr Leben lang beibehalten.

Wie jedes Kind im Europa des 18. Jahrhunderts war auch Johanna von Pocken oder Blattern bedroht. Eine lebensgefährliche und entstellende Infektion, an der fünf Sechstel aller Menschen erkrankten. In Europa starben jährlich schätzungsweise vierhunderttausend Menschen, meist Kinder, aber auch alte Leute. Ein prominentes Opfer dieser Krankheit war König Ludwig XV. von Frankreich. Dabei war die Blatterninokulation, bei der Pocken von erkrankten Menschen auf Gesunde übertragen wurden, schon seit Jahrhunderten bekannt. In China und Indien wurde sie allgemein praktiziert. Im Abendland wurde diese Methode von Lady Wortley-Montagu, die sie in der Türkei kennen gelernt hatte, Anfang des 18. Jahrhunderts eingeführt. Sie fand vor allem Anhänger in England und an europäischen Höfen. Nach verbreiteter, althergebrachter Ansicht waren die Blattern bei Kindern ein normaler Entwicklungsvorgang. Alle Versuche, den oft tödlichen Verlauf der Pockenerkrankung durch die Impfung mit Menschenpocken abzumildern (das Jennersche Verfahren mit Kuhpocken war noch nicht erfunden), wurden als gottversuchende, vorwitzige und frevelhafte Wagestücke verurteilt und von der Kanzel herab bekämpft. Goethe, der im Jahr 1758 an Pocken erkrankte, deren Spuren noch im Alter sichtbar gewesen sein sollen, schreibt zur Blatterninokulation in *Dichtung und Wahrheit*: »Die Einimpfung derselben ward bei uns noch immer für sehr problematisch angesehen, und ob sie gleich populare Schriftsteller schon faßlich und eindringlich empfohlen, so zauderten doch die deutschen Ärzte mit einer Operation, welche der Natur vorzugreifen schien. Spekulierende Engländer kamen daher aufs feste Land und impften gegen ein ansehnliches Honorar die Kinder solcher Personen, die sie wohlhabend und frei von Vorurteil fanden. Die Mehrzahl jedoch war noch immer dem alten Unheil ausgesetzt; die

Krankheit wütete durch die Familien, tötete und entstellte viele Kinder, und wenige Eltern wagten es, nach einem Mittel zu greifen, dessen wahrscheinliche Hülfe doch schon durch den Erfolg mannigfaltig bestätigt war.«[13]

Allerdings war eine solche Impfung nicht frei von Gefahren. So konnte der ungeschwächte Virus durchaus auch einen schweren Krankheitsverlauf auslösen oder die Syphilis übertragen, woran im 18. Jahrhundert niemand dachte. Johannas Vater war neuen Ideen gegenüber aufgeschlossen. Er überwand als einer der Ersten in Danzig die Vorurteile und wollte die drei älteren Töchter impfen lassen. Damit war es aber noch nicht getan. Ein Arzt musste gefunden werden. Die damaligen Danziger Ärzte waren alt und in ihren vorgefassten Meinungen ergraut. Neuerungen kamen für sie nicht in Frage. Dann führte Jameson Dr. Nathanael Matthaeus von Wolf bei den Trosieners ein. Er hatte nicht nur *Unterricht fürs Volk gegen die Pest* geschrieben, sondern auch mehrere Schriften zur Blatternimpfung verfasst. Als früherer Leibarzt des Fürstbischofs von Posen, August Alexander Czartoryski, und des Krongroßhetmans Hieronymus Augustin Fürst v. Lubromirski war er ein weit gereister und erfahrener Mann, der zudem ein breites Spektrum naturwissenschaftlicher Interessen pflegte. Dieser aufgeschlossene Arzt erklärte sich bereit, die Kinder zu impfen.

Für Johanna und ihre Schwestern Charlotte Elisabeth und Annette begann die Prozedur mit Fasten. Fortan durften sie nichts weiter als Wassersuppe, Tee ohne Milch, Weißbrot, Zwieback und Johannisbeergelee zu sich nehmen. An einem unfreundlichen Apriltag des Jahres 1775 fuhren die Kinder dann gemeinsam mit ihren Eltern, dem Doktor von Wolf, der Kinderfrau Kasche und dem Jungfermädchen Florentine in einen der abgelegensten Winkel der Stadt. Dort wurden sie auf einem Hühnerhof vor einem alten, halb verfallenen Haus abgesetzt. Dem Haus durften die Mädchen sich nicht nähern, aus Furcht, von den im vierten Stock liegenden Blatternkindern angesteckt zu werden, was Dr. von Wolf für lebensgefährlich hielt. Die Kinder warteten inmitten von Gänsen, Enten und Ferkeln, zitternd vor Kälte und Angst. Dr. von Wolf brachte dann jedem der Mädchen mit einer in Blatterneiter getauchten goldenen Nadel acht kleine Wunden bei – an jeder Hand zwischen Zeigefinger und Daumen zwei Wunden und nochmals zwei auf jedem Knie, wobei für jede der acht Wunden neuer Eiter von den Blatternkindern zu holen war. Der Wundarzt Nixius, ein angesehener Mann, den der Astronom Bernoulli für den geschicktesten Chirurgen Danzigs hielt, musste vierundzwanzigmal in den vierten Stock hinaufsteigen. An der Haustür nahm Florentine ihm die Nadel ab, um jeder Ansteckungsgefahr vorzubeugen. Florentine überreichte sie der einige Schritte weiter hinten stehenden Kasche, von dieser erhielt sie, ebenfalls in einiger Entfernung, Johannas Mutter, die sie dann endlich Dr. von Wolf übergab. Zu Hause mussten die Mädchen dann weiter strenge Diät halten und von morgens bis abends spielen oder anderweitig in Bewegung bleiben. Zuletzt wurde ihnen etwas Bouillon verabreicht, um die Blattern zum Ausbruch zu bringen. Bei Johannas Schwestern verlief die Pockenerkrankung dann sehr leicht. Johanna aber erkrankte schwer. In ihren Erinnerungen schreibt sie: »Zum Umsinken kraftlos, vermochte ich mich kaum auf den Füßen zu erhalten, und doch musste ich den Tag über außer dem Bette bleiben; glühend im heftigsten Fieber sank ich ermattet auf dem Fußboden zusammen, meiner Mutter und Kasche wollte darüber das Herz brechen, doch Doktor Wolf riß mich empor, nahm mich auf den Arm und lief, bei Hitze und bei Kälte, bei Regen und bei Sonnenschein, die Lange Brücke mit mir auf und ab. Fast bewusstlos hing ich still wie ein Lamm ihm über die Schulter, während unter lautem Bedauern die uns begegnenden Leute uns nachsahen.«[14] Als die Kur anscheinend doch noch glücklich endete, wurde Dr. von Wolf zum Modearzt.

Nach einiger Zeit jedoch erkrankte Johanna gefährlich an einem »Nervenfieber«. Der Vater war noch auf einer Geschäftsreise in Frankreich, und die Mutter wagte ohne seine Einwilligung nicht, Dr. von Wolf zu holen. Die herbeigerufenen Hausärzte führten die Erkrankung auf die Blatterninokulation zurück. Sie rieten der Mutter, ihr Kind ruhig im Herrn entschlafen zu lassen. Zur großen Freude der Mutter erwachte Johanna nach vierundzwanzigstündigem Schlaf wieder, war allerdings völlig entkräftet und infolge Nervenschwäche fast taub. Die Genesung war langwierig. Erschöpft, wie sie war, konnte sie nur wenige Stunden im Bett sitzen. Sie benötigte Wochen, um wieder gehen zu lernen. Auch vermochte sie keinen Besuch zu ertragen. In dieser Situation brauchte sie eine Beschäftigung, die ihr Freude machte und sie fesselte. Allein ihr Lehrer Kuschel erkannte Johannas Bedürfnisse. Aus der seit 1680 bestehenden Bibliothek der Sankt-Johannis-Kirche entlieh er die gerade erschienenen Bände der berühmten *Physiognomischen Fragmente, zur Beförderung der Menschenkenntniß und Menschenliebe* von Johann Kaspar Lavater, die dort ziemlich unbeachtet herumstanden. Dem ersten, 1775 erschienenen Prachtband folgten in den nächsten vier Jahren noch drei weitere Bände. Das Werk fand internationale Verbreitung. Französische, englische und holländische Ausgaben erschienen. Lavater wurde weltberühmt. Bis weit ins 19. Jahrhundert hinein war sein Name ein Begriff für Physiognomik.

Im geselligen Verkehr war die Lavatersche Lehre hochwillkommen, bot sie doch reichlich Stoff zur Unterhaltung. Die Physiognomik wurde zu einer Art Gesellschaftsspiel. Sie bot Anlass, Vergleiche zu ziehen, sich zu necken und sich in tiefsinnige Grübeleien über das Aussehen des Gegenübers zu verlieren. Dabei wurde noch nicht einmal die Sittsamkeit verletzt, denn unschicklich tiefe Blicke in fremde Augen waren nicht nötig. Schon im Profil soll sich nach Lavaters Auffassung das innerste Wesen des Menschen offenbaren.

Die zehnjährige Johanna beschäftigte sich vor allem mit den Kupferstichen, um derenwillen Kandidat Kuschel ihr das Werk gegeben hatte. Bis dahin hat sie lediglich Illustrationen in Raffs Naturgeschichte, einige verstreute Bildchen in Büchern und Chodowieckis Illustrationen im Gothaer Kalender, den sie jedes Jahr von Jameson bekam, und – wie schon erwähnt – Chodowieckis Zeichung und das berühmte Altarbild gesehen. Die nächsten Wochen waren mit dem Betrachten der Kupfer ausgefüllt. Als Johanna schließlich wieder vollkommen gesund war, wurde der Unterricht wieder aufgenommen. Kuschel und Dr. Jameson versuchten das in den letzten Monaten Versäumte nachzuholen, während Johanna vor allem bemüht war, aus der Beschäftigung mit Lavaters Werk Nutzen zu ziehen. Sie begann mit dem Silhouettieren, einer modischen Kunst, die in dieser bilderlosen Zeit einem großen Bedürfnis entgegenkam und im Zuge von Lavaters Physiognomik breiteste Kreise erfasste. Sie ersetzte das teure Miniaturbild und wurde mit Leidenschaft betrieben. Silhouettenschneider zogen von Jahrmarkt zu Jahrmarkt und fanden großen Zuspruch. Amateure versuchten es in der heimischen Stube. Johanna begann zunächst mit dem Zeichnen von Schattenrissen. Jameson hatte ihr eigens dafür chinesische Tusche und einen Storchenschnabel aus England kommen lassen. Onkel Lehmann half ebenfalls. Er heftete den Bogen an die Wand und hielt den Kopf der Person fest, die Johanna zeichnete. Dann versuchte sie es mit Scherenschnitten, die ihr gut gelangen.

Bald genügte Johanna das Anfertigen von Scherenschnitten nicht mehr. Als Jameson ihr einen kolorierten, nach einem Gemälde von Angelika Kauffmann gestochenen Kupferstich der Schutzpatronin der Musik, der heiligen Cäcilia, brachte, versuchte sie, diesen zu kopieren. Es misslang. Sie begriff, dass eine gründliche Ausbildung erforderlich war, und beschloss, nachdem sie zu ihrem großen Erstaunen erfahren hatte, dass es auch Maler*innen* gab, der in London, später in Rom lebenden Angelika Kauffmann nachzueifern.

Johannas Wunsch, Malerin zu werden, veranlasste sie zum ersten Mal, ihr Leben selbst in die Hand zu nehmen. Nach reiflicher Überlegung fasste die Zehnjährige den Entschluss, sich zu Chodowiecki in die Lehre zu begeben. Johannas kühner Plan scheiterte aber nicht an Chodowiecki. Der Künstler war nicht abgeneigt, Mädchen zu unterrichten, hatte er doch nicht nur seinen Sohn, sondern auch seine Töchter künstlerisch ausbilden lassen. Sogar deren Freundinnen ermunterte er zum Kunststudium.

Als Johannas Vater zur Messe nach Leipzig reisen wollte, um dort russische Geschäftspartner zu treffen, nahm sie ihren ganzen Mut zusammen und bat ihn inständig, sie mitzunehmen, um sie über Leipzig nach Berlin zu bringen. Die Reaktion des Vaters verletzte das Kind dann sehr tief und nachhaltig. Es war Johannas erste bittere Erfahrung im Leben. In ihren Memoiren gesteht sie: »Und jetzt noch, nach mehr als sechzig Jahren, verweile ich ungern bei der Erinnerung, wie unbarmherzig er meinen kindisch-abgeschmackten Einfall, wie er ihn nannte, verlachte.«[15] Ihre Mutter versuchte zwar, Johannas Tränen zu trocknen, doch erzählte sie es der Verwandtschaft, die das Mädchen abermals verhöhnte. Jameson blieb es vorbehalten, das Mädchen zu trösten, so gut er es vermochte. Er appellierte an ihre Vernunft und legte ihr die Gründe für die Unmöglichkeit des Vorhabens dar. Johanna ließ sich zwar halbwegs überzeugen, doch bedauerte sie bis an ihr Lebensende, dass ihr verboten worden war, Malerin zu werden.

Im Alter von dreizehn Jahren wurde Johannas Ausbildung mit der Konfirmation abgeschlossen. Sie war nun ein heiratsfähiges junges Mädchen. Ihre um zwei Jahre verfrühte Konfirmation – üblicherweise wäre sie erst im Alter von fünfzehn Jahren konfirmiert worden – hatte ein ungeschickter Heiratsantrag ihres Lehrers, Kandidat Kuschel, ausgelöst. Wie es zu diesem Antrag kam, ist umstritten. Grisebach, der leidenschaftliche Verehrer Arthur Schopenhauers, führt ihn auf Johannas Koketterie zurück. Doch müssen wir Johanna glauben, dass sie sich bei ihren harmlosen Freundlichkeiten gegenüber Kuschel nichts weiter gedacht hatte. Als der Kandidat der Theologie Johanna ungeschickt umarmte und ihr die Heirat antrug, geriet sie in Panik. Das aufgewühlte Mädchen glaubte, kein Mitspracherecht zu haben, auch dachte sie, die Hochzeit würde sofort vollzogen. Aufgeregt lief sie zu ihrer Mutter, die Kuschel ins Gebet nahm. Die Eltern taten schließlich so, als sei nichts geschehen. Johanna wurde konfirmiert, und Kuschel unterrichtete die jüngeren Schwestern weiter. Johanna begründete das Verhalten der Eltern gegenüber Kuschel mit seinen Verdiensten, die er sich bei ihrer Ausbildung erworben hatte. Doch dürfte die Furcht vor dem Gerede der Leute eine gewisse Rolle gespielt haben, wären doch andernfalls der Ruf und damit die Heiratschancen der Tochter gefährdet worden.

Nach der Konfirmation lebte Johanna im Kreise der Familie, ohne Unterricht. Über tägliche häusliche Verrichtungen erfahren wir nichts in den Memoiren. Gewiss betätigte sie sich unter Anleitung der Mutter im Haushalt. Mit der Malerei beschäftigte sie sich, so gut es ging, weiter. Onkel Lehmann besorgte ihr einen Zeichenlehrer, von dem sie allerdings nichts lernte. Sie hatte den üblichen Musikunterricht und lernte ein wenig Klavierspielen und Singen. Allzu viel Freude dürfte das unmusikalische Mädchen dabei nicht gehabt haben. Die restlichen Mußestunden verbachte sie mit wahlloser Lektüre von

Romanen, die sie sich von einer Freundin besorgte oder, wie den *Werther*, heimlich vom Schreibtisch ihres Vaters nahm.

Für die konfirmierte Johanna gestaltete sich auch der Umgang mit Jameson schwieriger. Er durfte sie zwar noch im Elternhaus besuchen, doch die üblichen abendlichen Aufenthalte bei dem Junggesellen wurden eingestellt. Das neue Leben als heiratsfähiges junges Mädchen hatte allerdings durchaus Vorzüge. Zu ihrer großen Freude durfte sie jetzt mit turmhoher Frisur, auf Stöckelschuhen und in einen Reifrock gezwängt mit den Eltern Bälle und andere Festlichkeiten besuchen. Trotzdem wird sie sich nach mehr Abwechslung gesehnt haben. Jameson brachte sie schließlich, nachdem die Eltern ihren inständigen Bitten nachgegeben hatten, in das Haus des gelbgesichtigen russischen Residenten in Danzig, General Christoph de Petersen, der nach Johannas Erinnerung offensichtlich gebürtiger Österreicher war. Für dessen junge Schwägerin Sally Cramp, eine britische Bankierstochter, wurde eine Englisch sprechende Gesellschafterin gesucht. Einmal die Woche besuchte Johanna nun Sally Cramp und die reizende junge Frau de Petersen, die mindestens dreißig Jahre jünger war als ihr Ehemann. Hier lernte Johanna die Gepflogenheiten der großen Welt kennen. Nach ihrer Einschätzung trug dies nicht wenig zu ihrer späteren gesellschaftlichen Gewandtheit bei. Auf jeden Fall dürften ihr Selbstgefühl, das Vertrauen in ihre geselligen Fähigkeiten gestärkt worden sein. Und im Hause des russischen Residenten konnte sie ihren künstlerischen Interessen frönen, denn Frau de Petersen liebte die Malerei und war eine begabte Dilettantin, die Johanna gern Malunterricht gab. Im Palais der Petersens lernte Johanna den damals berühmten Pastellmaler Darbes kennen, den Elisa von der Recke den Seelenmaler nannte. Darbes war auf dem Weg von Sankt Petersburg nach Berlin, als er bei seiner ehemaligen Schülerin einkehrte.

Johanna bemerkte die Schattenseiten der großen Welt. Sie sah, wie es unter der glänzenden Oberfläche gärte, wenn sich die Eheleute de Petersen an der Tafel begegneten, wo hinter dem Sessel Seiner Exzellenz der goldstrotzende Jäger stand und hinter der Frau de Petersen ein elegant aufgemachter Kammerdiener, wo es oft mehr livrierte Diener als Gäste gab. Erschrocken beobachtete sie, wie der eifersüchtige, zutiefst misstrauische General seinen damals noch nicht einmal zweijährigen Sohn mit Hass verfolgte, wie das Kind, starr vor Angst, von der Dienerschaft in Sicherheit gebracht wurde. Johanna machte sich Gedanken über den Preis, den Frauen für ihr luxuriöses Leben, für Titel und gesellschaftlichen Rang zu zahlen hatten.

Im Jahr 1785, als Johanna im Begriff stand, sich zu verheiraten, trennten sich die Petersens. Der inzwischen fünfjährige Alexander de Petersen wurde in eine Erziehungsanstalt nach Sankt Petersburg gebracht. Frau de Petersen ging ihrer angegriffenen Gesundheit wegen, so die offizielle Begründung, nach Paris, und Sally Cramp wurde wenige Monate später ebenfalls nach Sankt Petersburg geschickt. Kurze Zeit darauf verfrachtete man sie von dort aus nach Lissabon, um sie mit einem reichen Engländer zu verheiraten. Johanna verlor Sallys Spur lange Zeit aus den Augen – bis im August 1823, während eines Badeaufenthaltes in Wiesbaden, überraschend ein Offizier in hannoverschen Diensten in Johanna die Jugendfreundin seiner Mutter erkannte. Von ihm erfuhr sie, dass Sally sehr jung, lange vor ihrem dreißigsten Geburtstag, gestorben war.

2 Glanz und Elend einer großbürgerlichen Ehe

Die von Heinrich Floris Schopenhauer auf seinem idyllischen Landgut so erwartungsfroh begonnene Ehe bringt Glanz in das Dasein seiner verzagten Frau. Der Mann von Welt bietet Johanna ein luxuriöses Leben, das sich die nach dem Tod des Vaters im Jahr 1797 in ärmlichen, engen – auch geistig beengten – Verhältnissen lebenden Schwestern Johannas vergeblich wünschen. Juliane und die kränkliche Annette bleiben unverheiratet. Ihre Stickereiarbeiten reichen nicht, um ihren kärglichen Lebensunterhalt zu fristen, so dass sie auf die Unterstützung von Heinrich Floris angewiesen sind. Charlotte wird im Todesjahr des Vaters geschieden und führt in zweiter Ehe ein schweres, glückloses Leben.

In Danzig verbringt Johanna den Winter in Schopenhauers sehr komfortablem, nach englischem Geschmack eingerichteten Stadthaus. Mit dem herannahenden Frühling übersiedelt sie auf seinen Landsitz und bleibt bis zum Spätherbst auf dem abgeschiedenen, von Wald und einem schönen Garten umgebenen Gut. Zur Haushaltung in Oliva gehört neben zwei spanischen Schoßhündchen auch ein kleiner Zoo mit Hühnern, anderem seltenen Federvieh und acht Lämmern, die stets schneeweiß gebürstet sind und Glocken um den Hals tragen, die zusammen eine rein gestimmte Oktave ergeben. Ihr Mann lässt ihr aus der nordrussischen, am Weißen Meer gelegenen Stadt Archangelsk eine bunt bemalte, kinderleicht zu bedienende Gondel kommen, auf der sie über den Teich gleitet, um uralte Karpfen zu füttern. Die Orangerie in Oliva ist üppig ausgestattet: siebzig verschiedene Zitrusgewächse in Eichenkübeln, Hunderte edler Obstbäume und Weinstöcke an acht Fuß hohen Gerüsten.

In den Augen der Trosieners hatte Johanna großes Glück. Und in Johannas Augen? War sie angesichts ihres materiell sorglosen Daseins glücklich an der Seite ihres Ehemannes?

Heinrich Floris Schopenhauer, dessen Geburtsdatum unbekannt ist, wird am 27. Juni 1747 in Danzig getauft. Er ist der zweite Sohn des sehr reichen, im Überseehandel tätigen Großkaufmanns Andreas Schopenhauer und der Erbtochter Anna Renata, geborene Soermanns. Von seinen vierzehn Geschwistern sind die Brüder Johann Friedrich, Karl Gottfried, Michael Andreas und die Schwester Maria Renata bekannt. Wahrscheinlich stirbt die Mehrzahl seiner Geschwister sehr früh. In der Familie kommen Gemüts- und Geisteskrankheiten vor. Die Mutter wird wegen Geistesschwäche, insbesondere wegen ihrer Heftigkeit, entmündigt. Michael Andreas ist von Jugend an »blödsinnig«. Karl Gottfried ist nicht arbeitsfähig.

Der lebenstüchtige Heinrich Floris erhält seine Ausbildung zum Kaufmann in Danzig und im Ausland. Nach Johannas Überlieferung soll er nicht gelehrt, aber im weltläufigen Sinne sehr gebildet gewesen sein. In den wenigen erhaltenen Briefen von Heinrich Floris aus den letzten Lebensjahren wirkt er eher pedantisch und steif. Als junger Mann verbringt er viele Jahre in Frankreich, wo er sich zum Kaufmann ausbildet. Dort sammelt er auch erotische Erfahrungen, auf die Johanna später sein abfälliges Verhalten gegenüber Frauen zurückführen wird. In ihren Memoiren schreibt sie: »Nie erwähnte er die große Verschiedenheit unseres Alters, doch wenn er in jugendlichen Umgebungen mit andern meinesgleichen mich fröhlich umherflattern sah, bemerkte ich wohl, wie diese Erinnerung sich wenig erfreulich ihm aufdrängte. Die französischen Romane, die er mir selbst in die Hände gegeben, hatten mich belehrt, daß bei seinem vieljährigen Aufenthalte in jenem Lande manche Erfahrung ihm zuteil geworden sein müsse, die sich wenig dazu eigne, mein Geschlecht in seinen Augen zu erheben.«[1]

Heinrich Floris wird, als er von einer mehrjährigen Reise nach Holland, England und Frankreich in seine Heimatstadt zurückkehrt, wie sein Vater Seehandelskaufmann. Er nutzt die väterlichen Geschäftsbeziehungen und betreibt seit 1770 mit seinem ein Jahr jüngeren Bruder Johann Friedrich sehr erfolgreich die Firma Gebrüder Schopenhauer. Heinrich Floris versteht es auch nach den Ereignissen von 1772 zu prosperieren, während der Danziger Handel niedergeht oder ganz zusammenbricht. Hierzu bedient er sich allerdings Methoden, die ihn vor das Wettgericht bringen. Man wirft ihm vor, »daß selbige sich ein eigen Recht anmaßen, von der durch sämtliche löbliche Ordnungen festgesetzten und von anderen angesehenen Kaufleuten seit mehr als hundert Jahren beobachteten Ordnung und Gewohnheit abzuweichen«.[2] Dieses Abweichen besteht darin, dass die Firma polnische Produkte kauft, bevor sie auf den freien Markt in Danzig kommen. Heinrich Floris Schopenhauer soll für jede Last Weizen vier Gulden zahlen und für andere Waren, die er seit zehn Jahren durch direkte Vermittlung gekauft hat, eine entsprechende Summe. Die Menge soll er eidlich bestimmen. Hartnäckig weigert sich Heinrich Floris, Angaben unter Eid zu machen. Er meint, in seinem Hause Waren kaufen zu können, von wem er wolle. Das Verfahren geht sehr glimpflich aus. Ihm werden fünfzig Taler Geldbuße auferlegt.
Heinrich Floris übernimmt die Gewohnheit seines Vaters, der jedermann im Garten seines Landsitzes in Ohra und in seinen beiden ihm gehörenden Alleen zwischen Danzig und Ohra spazieren gehen lässt, und führt ebenfalls fremde Besucher durch seine Gartenanlagen in Oliva. Doch engagiert er sich darüber hinaus nicht für das Gemeinwohl, wie es sein Vater tut. Andreas Schopenhauer fördert Künstler. Von 1746 bis 1760 gehörte er dem Vorstand des Waisenhauses an.

Zweimal führte der viel beschäftigte Mann, der 1746 den Nachlass seines verstorbenen Bruders Johann Leo Schopenhauer wegen Überlastung gerichtlich abwickeln ließ, die Verwaltungsgeschäfte des Waisenhauses für ein Jahr selbst. Heinrich Floris hingegen lehnt mit entschiedener Bestimmtheit einen ihm angetragenen Vorsteherposten am »Lazareth« in Danzig ab.

Der aufrechte Republikaner ist ein unversöhnlicher Gegner der Preußen, was ihn politisch in Gegensatz zu seinem Schwiegervater bringt. Diese politischen Differenzen scheinen auf das Eheglück aber keine Auswirkungen zu haben, ist Johanna doch selbst glühende Republikanerin. In Danzig sind über sein starres Republikanertum mehrere Geschichten im Umlauf, von denen Johanna bereits als junges Mädchen gehört hat. Damals imponierte ihr Schopenhauer. Einer Anekdote zufolge kam er nach einem längeren Auslandsaufenthalt im Jahr 1773 durch Berlin. Dort hielt er sich einige Tage auf und wohnte auch einer Truppenparade bei. Der König bemerkte die stolze und elegante Erscheinung Schopenhauers unter den Zuschauern, ging auf ihn zu und fragte, woher er käme. »Aus Danzig, Majestät, bin Kaufmann.« »Hat Er auch Spaniol?« »Jawohl, Majestät.« »Bringe Er mir morgen welchen.« Heinrich Floris fand sich am folgenden Morgen um sechs Uhr in der Frühe im Kabinett des Königs ein. Friedrich II. war allein. Da Schopenhauer es für unschicklich hielt, einem Monarchen die Dose zu offerieren, schüttelte er den Tabak auf den Tisch, damit der König davon nehme. »Sein Spaniol ist gut.«[3] Friedrich II. machte eine größere Bestellung. Auf Fragen des Monarchen über Danzig, über Handelsverhältnisse der verschiedenen Länder, gab Schopenhauer freimütige Antworten. Es wurde ein lebhaftes zweistündiges Gespräch, in dessen Verlauf Friedrich II. mit der Bemerkung »Voilà les calamitées de la ville de Dansic« auf die Landkarte zeigte und Schopenhauer aufforderte, sich in Preußen niederzulassen. Schopenhauer erhielt vom König eine Konzession, die ihm Niederlassungsfreiheit zusicherte. Jedoch machte er hiervon keinen Gebrauch.

Nach einer anderen Geschichte musste Andreas Schopenhauer während der preußischen Blockade 1783 auf seinem Landgut die Einquartierung des preußischen Generals von Raumer erdulden. Der General wollte sich für die unfreiwillige, doch gastfreundliche Aufnahme bedanken und bot dem Sohn des Gastgebers, Heinrich Floris, der Besitzer einer erlesenen Pferdezucht war, freie Fourage für seine Pferde an. Die Antwort Schopenhauers fiel kurz und bündig aus: »Ich danke dem preußischen General für seinen guten Willen, mein Stall ist für jetzt noch hinlänglich versehen, und wenn mein Vorrat verzehrt ist, lasse ich meine Pferde totstechen.«[4]

Warum heiratete Johanna diesen stolzen, starrsinnigen Patrizier, den sie nicht liebte? Warum gab sie sofort ihr Einverständnis und wartete nicht einmal die übliche Bedenkzeit ab? Weil sie ohnehin keine Wahl gehabt hätte und die Bedenkzeit nur eine Farce gewesen wäre, an der sie nicht mitwirken wollte? Oder war sie vom Reichtum ihres zukünftigen Gemahls und der Aussicht auf ein Leben in den ersten Kreisen, die sie nie wieder gehabt hätte, geblendet? Wusste sie, worauf sie sich einließ?

In ihren Memoiren bestreitet Johanna jedes Kalkül. Sie behauptet, aus freiem Willen, wenngleich ohne gefühlsmäßige Anteilnahme, geheiratet zu haben. Insbesondere hätten ihre Eltern nicht auf sie eingewirkt, was einmal dahingestellt sei. Nach einem von Müller von Gerstenbergk verfassten, aber nach Adeles Angaben nicht von Johanna redigierten Artikel in Brockhaus' *Zeitgenossen* »wurde sie an Heinrich Floris Schopenhauer verheurathet, welchem ihre Aeltern und ihr väterlicher Freund [wohl Dr. Jameson] bei der allgemeinen

Achtung, die der Werbende genoss, das Glück ihres Lieblings vertrauen zu können glaubten, obgleich Schopenhauer mehr als das doppelte Alter schon erreicht hatte«.[5] Immerhin ist es sehr wahrscheinlich, dass Johanna Gerstenbergk vieles über ihr früheres Leben anvertraut hat und diese Auskünfte detaillierter und authentischer waren als ihre für breiteres Publikum bestimmten Erinnerungen. Johanna hat dann auch in *Meine Großtante. Aus den Papieren eines alten Herrn* seitenlang ausführlich dargestellt, mit welchen Mitteln die Eltern ihrer Tochter den Bräutigam aufzwangen. Nachdem die Überredungskünste eines Heeres von Verwandten, Drohungen des Vaters, sie zu verstoßen, nichts ausrichteten, fand die ungeratene Tochter sich in einem dunklen Hinterstübchen, »gestraft wie ein Kind, verhöhnt auf alle Weise, tief verletzt, gereizt und beleidigt«,[6] bei Wasser und Brot wieder.

Wie auch immer. Auch aus Johannas Version in ihren Memoiren ergibt sich, dass sie als junges Mädchen nicht wirklich frei in ihrer Entscheidung war. Denn die Achtzehnjährige befand sich in einer Zwangslage. Sie hatte praktisch keine andere Wahl, als Schopenhauers Antrag anzunehmen, wenn sie nicht weiterhin im väterlichen Haushalt leben und bis zum Tod des Vaters unter dessen Gewalt stehen wollte. Eine »Jungfer« war in jener unromantischen Zeit wenig angesehen. Oft wurden die unverheirateten Töchter sogar verachtet. Eine Bürgertochter hatte keine Alternative zur Ehe, während ein adliges Fräulein bei entsprechendem Vermögen immerhin Stiftsdame werden konnte oder durch Glück und Beziehungen vielleicht eine der raren Stellen als Hofdame ergatterte. Und wäre Johanna nicht von ihrer Verwandtschaft verhöhnt worden, hätte sie Schopenhauer nicht geheiratet? Wie hätte erst ihr cholerischer Vater reagiert, wenn sie den ebenso ehrenvollen wie wirtschaftlich nutzbringenden Antrag abgelehnt hätte? Wäre sie dann in ihrer Familie als Last nur noch geduldet worden? Ihre Situation muss auch

Johanna bewusst gewesen sein. Nach eigenem Bekunden war sie zwar niedergeschlagen und in depressiver Verfassung, aber keinesfalls realitätsblind. Sie wusste, was von ihr erwartet wurde und was sie im Falle einer Ablehnung des Antrags zu erwarten hatte. Vielleicht hat sie ihre ausweglose Situation – den Geliebten durfte sie nicht heiraten, den anderen sollte sie heiraten – noch düsterer gesehen, als sie ohnehin schon war. Jedenfalls hatten ihre Eltern es zu diesem Zeitpunkt nicht mehr nötig, sie in irgendeiner Weise zu beeinflussen.

Es gibt Hinweise, dass sie auch Erwartungen an diese Ehe knüpfte, die ihr ein glanzvolles Leben versprach. Nicht zuletzt um der Verstimmung wegen ihrer zerstörten Liebe zu entfliehen, sah sie, in völliger Unkenntnis der Persönlichkeit Heinrich Floris', auch eine Chance in dieser Ehe. Sprachen nicht alle Vernunftgründe für die Heirat? Würde ihr Mann sie nicht auf Händen tragen? Auf jeden Fall würde er sie achten. Er würde Rücksicht auf ihre Gefühle nehmen. Die Art und Weise seines Heiratsantrages hatten ihr das gezeigt. Hierin sollte Johanna sich jedoch gründlich täuschen. Sie wusste damals noch nicht, dass ihr künftiger Mann alle Frauen verachtete. Johanna ahnte nicht, was ihn zu ihr trieb. Erst als es zu spät war, erkannte sie seine Motive und seinen Charakter.

Der egozentrische, argwöhnische Heinrich Floris sieht in der jungen Frau einen schmückenden Besitz, den er begehrt. Wie einen wertvollen Ring oder Brüsseler Spitzen hat er sie mit dem Ehekontrakt erstanden, da sie anders nicht zu haben war. Heinrich Floris' Einstellung ist unter den Männern seiner Generation weit verbreitet, wenn auch wenige sich so unverblümt äußern wie beispielsweise Goethe: »Alle Weiber sind Ware, mehr oder weniger kostet / Sie den begierigen Mann, der sich zum Handel entschließt. / Glücklich ist die

Beständige, die den Beständigen findet,/Einmal sich nur verkauft und auch nur einmal gekauft wird.«[7]

Heinrich Floris bringt seiner Frau kaum Achtung und erst recht keine Liebe entgegen, an die er nicht glaubt. Es ist ihm deshalb auch vollkommen gleichgültig, ob sie ihn liebt oder nicht, sofern sie nur treu ist und ihre so genannten ehelichen Pflichten erfüllt. Die als Besitzstand behandelte Johanna empfindet dies als tiefe Herabwürdigung. Sie mag sich mit der Karschin gefragt haben: »Sind wir Weiber denn nur ein Stück Fleisch? Haben wir nicht auch eine Seele?«[8] In ihren Memoiren versucht sie wenigstens im Nachhinein den unerträglichen, kaum verschleierten »Kauf« zu revidieren, indem sie Heinrich Floris ein unausgesprochenes Interesse an ihren Gefühlen für ihn zuschreibt: »Glühende Liebe heuchelte ich ihm ebensowenig, als er Anspruch darauf machte, aber *wir fühlten* beide, wie er mit jedem Tage *mir* [Hervorhebung d. Verf.] werter wurde«, bekundet Johanna Schopenhauer in ihren Jugenderinnerungen.[9] Sie deutet an, dass sie sich, obwohl über Heinrich Floris' zynische Einstellung tief enttäuscht, zu Beginn der Ehe bemühte, ihn lieb zu gewinnen. Sie kämpfte um sein Vertrauen, seine Wertschätzung. Die junge Frau wollte es ihm recht machen, fragte anfangs stets um Erlaubnis, bevor sie ein Buch oder einen Kupferstich zur Hand nahm. Johanna passte sich bis ins Extreme an seine Wünsche an. »Nie legte ich in der Abwesenheit meines Mannes in der Nachbarschaft Besuche ab, bediente mich des mir zu Gebote stehenden Fuhrwerks nur zu kurzen Spazierfahrten, von denen ich, ohne irgendwo anzuhalten, zurückkehrte, wählte außerhalb dem weitläufigen Bezirk meines Gartens nur von der Landstraße entlegene Wege durch Wiese, Feld und Wald zu meinen größeren Spaziergängen; also riet es zu meinem Heil mir eine gewisse innere Stimme …«[10] Das alles nützte ihr jedoch wenig. Den Frauenfeind konnte sie nicht gewinnen. Ihre Bedürfnisse und Wünsche zählten für ihn nur, soweit sie seinen Interessen nicht im Wege standen und seinem Ego schmeichelten. Dabei waren dieser krasse, durchaus zeitgemäße Egoismus Heinrich Floris Schopenhauers, seine Frauenverachtung noch nicht das Schlimmste. Am meisten hatte Johanna während ihrer gesamten Ehe unter seiner starken, immer währenden Eifersucht ohne Liebe, seinem fortwährenden Misstrauen zu leiden. Unter diesen Umständen kann es dann nicht weiter verwundern, wenn Johanna die erotischen Vorlieben ihres Mannes nicht teilte. Seinen Wünschen zu entsprechen, kostete sie viel Überwindung. Eine Bemerkung in ihren Memoiren, die gleichzeitig Heinrich Floris' fehlendes Einfühlungsvermögen, seine mangelnde sexuelle Kultiviertheit offenbart, deutet dies an: »Auch unternahm er es zuweilen, meine Lektüre leiten zu wollen, ich folgte auch in dieser Hinsicht gern und willig seinem Rate, doch seine Bildung in der großen, mir noch fremden Welt, seine Vorliebe für die damalige französische Literatur, besonders für Voltaire, dessen Ruhm damals den höchsten Gipfel erreicht hatte, machte es mir schwer, bei der von ihm getroffenen Wahl meiner Bücher mich seiner Ansicht zu bequemen; es währte lange, ehe es mir gelang, sowohl ihn selbst als seine Autoren zu verstehen, wie sie verstanden werden mußten, um nicht in Ungerechtigkeit gegen beide zu verfallen.«[11] Johanna rechnet zu dieser Literatur die Sammlung erotischer Romane ihres Ehemannes, zu der auch Voltaires im 18. Jahrhundert, nicht zuletzt durch Raubdrucke, stark verbreitete Satire *La Pucelle d'Orléans* (dt. *Die Jungfrau von Orléans*) gehört haben dürfte. Die *Pucelle* wird vom zeitgenössischen Lesepublikum wegen ihres erotischen Reizes geschätzt, weshalb Carl August von Sachsen-Weimar später befürchtet, Schiller werde sich mit der Bearbeitung dieses Sujets lächerlich machen, »zumal bei Personen, die das Voltairesche Poem fast auswendig wissen«.[12] Ein Roman, der sich nachweisbar im Besitz von Heinrich Floris befand und den Johanna wie die anderen erotischen Romane auch, denen sie gemütszerstörende Kraft zuschrieb, nach dem Tod ihres Ehemannes deshalb nicht in Arthurs Händen wissen wollte, sind die in dieser Zeit beim Publikum beliebten, kopulationsfreudigen *Les amours du chevalier du Faublas* in sechs Bänden von Jean-Baptiste Louvet de Couvray. Wie sehr Johanna Schopenhauer die Frauenverachtung verabscheute, die sie hinter der Frivolität dieser Werke entdeckte, die die Liebe lächerlich machten und das Gefühlsleben zerstörten, wenn man ihnen wie Heinrich Floris Schopenhauer nachzuleben versuchte, und die sich auch in der Äußerung Voltaires zeigt, »Die Frau ist ein menschliches Wesen, das sich anzieht, schwatzt und wieder auszieht«,[13] verraten ihre Romane. Dort lässt sie Finsterlinge auftreten, die, zunächst von Vergnügungssucht, später von Ehrgeiz und Herrschsucht geprägt, in Hass und tiefer Verachtung aller Menschen, insbesondere der Frauen, erstarrt sind, nicht an die Liebe glauben und weit davon entfernt sind, sie von ihrer »abgekauften« Ehefrau zu fordern. Diese Gestalten vereint stets die gleiche Eigenschaft: Sie verehren »Voltaire und Konsorten«.[14]

Nach heutigen Maßstäben ebenso wie im Urteil Johanna Schopenhauers war ihre Ehe, der sie nicht entrinnen konnte, gleich zu Beginn gescheitert.

Die ersten beiden Ehejahre verbringt Johanna abwechselnd in Oliva und im Stadthaus in Danzig. Sie versucht, sich in eine Ehe ohne Liebe zu schicken. Genießt ihre schöne Umgebung, liest, betrachtet Kunstwerke. Sie tröstet sich mit dem Gedanken, dass es anderen Frauen nicht besser ergeht. Trotzdem hat sich der nicht einmal Zwanzigjährigen ein Gefühl tiefer Resignation und des Lebensverzichts bemächtigt. Ziel ihrer Bestrebungen ist allein noch die fortgesetzte Zufriedenheit ihres Mannes mit ihr, da ihrer Überzeugung nach hiervon der Fortbestand ihrer Ehe abhänge. Die junge Frau fühlt sich in ihrer lieblosen Ehe sehr einsam, zumal sie keine Aufgabe hat, die sie ausfüllt. Der Aufenthalt auf dem idyllischen, abgelegenen Gut Oliva verstärkt dieses Gefühl noch, besonders an Wochentagen, die sie dort allein verbringt. An den Wochenenden erscheint ihr Mann zu Pferde, oft mit Gästen, meist Geschäftsfreunde. Aber auch zwei Berühmtheiten der Zeit lernt Johanna hier kennen: den Organisten, Komponisten kirchlicher Werke und Musikschriftsteller Abbé Georg Joseph Vogler, zu dessen Schülern ihr späterer Weimarer Gast Carl Maria von Weber und Giacomo Meyerbeer zählten, und den in den achtziger Jahren weltberühmten französischen Luftschiffer Blanchard. Im Jahr 1785 hatte Blanchard mit einem Fesselballon den Ärmelkanal überquert. Johannas Wunsch, an einer Ballonfahrt teilzunehmen, stößt allerorten auf Widerspruch. Die Reaktionen erinnern sie an die bittere Erfahrung, als sie Schülerin Chodowieckis hatte werden wollen.

Schopenhauers Gäste bringen etwas Abwechslung in Johannas ebenso luxuriösen wie freudlosen Alltag. Sie macht die Honneurs des Hauses und glänzt zur Freude ihres Ehemannes mit englischen und französischen Sprachkenntnissen. Montags verlassen Schopenhauer und seine Gäste dann das Gut. Johanna ist wieder allein mit den Bediensteten, ohne Aufgaben und ohne Gesellschaft.

Ihre Freude ist groß, als Heinrich Floris ihr eines Tages eine gemeinsame Reise ankündigt. Es ist eine Sondierungsreise. Heinrich Floris Schopenhauer möchte sich für den Fall einer preußischen Besetzung Danzigs einen Wohnsitz in England suchen. Am Johannistag des Jahres 1787, gegen elf Uhr abends, brechen die Eheleute auf. Die Wege sind schlecht. Von den Pferden mühsam durch tiefen Sand gezogen, zuckelt die reichlich mit Proviant, Wein und den Luxusartikeln Orangen und Zitronen beladene Kutsche Richtung Berlin. Auf der angesichts der schlechten Wege auch für damalige Verhältnisse sehr langsamen Reise passierten sie armselige

Städte und Dörfer. Und in ebenso armseligen Quartieren übernachten sie. Endlich in Berlin angekommen, steigt das Paar im Gasthof »Zur goldenen Sonne«, dem besten Berlins, ab. Die Stadt erscheint Johanna öde und menschenleer. Die vielen Neubauten erinnern sie an Theaterkulissen. Während der wenigen Tage, die sie in Berlin verbringen, unternehmen die Schopenhauers einen Ausflug nach Potsdam. In jener Zeit eine Tagesreise durch knietiefen märkischen Sand. Potsdam wimmelt von Militär. Die junge Frau kann in der Stadt keine Spur bürgerlichen Wohlstandes entdecken. In Sanssouci bestaunen die Eheleute nicht nur den Park, sondern auch den Sessel Friedrichs II., in dem der Monarch ein Jahr zuvor verstorben ist. Bei den Danzigern hatte die Todesnachricht eine allgemeine Jubelstimmung ausgelöst, die weder Johannas Vater noch ihr Ehemann teilten. Christian Heinrich Trosiener äußerte seine Gefühle aber wohlweislich nicht. Der strikt republikanische, vom König faszinierte Heinrich Floris empfand jede freudige Äußerung über den Tod Friedrichs II. als unwürdige Ungerechtigkeit.

Von Berlin aus reist das Paar nach Hannover, wo Heinrich Floris wegen beginnender Schwerhörigkeit den königlich britischen Leibarzt Johann Georg Ritter von Zimmermann konsultiert. Zimmermann ist Modearzt der guten Gesellschaft. Sogar Friedrich II. und Katharina von Russland, die ihn in den Adelsstand erhob, suchten seinen medizinischen Rat. Der Arzt rät Schopenhauer zu einer Kur in Bad Pyrmont. Dort sieht Johanna Zimmermann wieder. Der kluge Psychologe und leidenschaftliche Gegner der Aufklärung, der zudem ein glühender Anhänger der preußischen Monarchie ist, zählt die Dichter Bodmer und Wieland zu seinen Freunden, und er ist mit Herder, Lenz und Goethe bekannt. Berühmt wurde er mit seinem vierbändigen, 1784/85 erschienenen Werk *Betrachtungen über die Einsamkeit*, das Johanna gerade gelesen hatte. Zimmermann, der sich in Bad

Pyrmont intensiv um hohe und höchste Herrschaften kümmert, findet dennoch Zeit, öfter bei den Schopenhauers einzukehren. Die einundzwanzigjährige Johanna, die der große Altersunterschied zu ihrem vierzigjährigen Ehemann sehr stört, fühlt sich von dem eitlen, neunundfünfzigjährigen Arzt angezogen, den ein ähnliches Schicksal wie Heinrich Floris erwartet. Zimmermann sollte mit den Jahren immer reizbarer, depressiver und starrsinniger werden, weshalb seine Freunde sich zurückzogen. Den Freiherrn von Knigge verwickelte er in einen langen Rechtsstreit. Zimmermann starb 1795 im Zustand schwerer Depression. In Bad Pyrmont fühlt sich die in ihrer Ehe vereinsamte Johanna von Zimmermann verstanden und anerkannt. Ein Gefühl, das sie in ihrer Ehe schmerzlich vermisst. Vor allem diese angenehme Begegnung mit Zimmermann und ihre schönen Erinnerungen an Jameson nähren bei ihr schon früh die Überzeugung, in der Welt der Dichter und Denker Anerkennung und Wertschätzung zu finden, eine Einsicht, die für ihr weiteres Leben nicht ohne Folgen bleiben sollte und durch den Anklang, den sie bei einer anderen Badebekanntschaft findet, noch verstärkt wird. Sie promeniert mit dem Osnabrücker Staatsmann und Historiker Justus Möser, dessen von seiner Tochter Jenny von Voigts in den Jahren 1774 bis 1778 herausgegebene *Patriotische Phantasien* ihm noch heute einen bescheidenen Platz in der Literaturgeschichte sichern.

Der fünfundfünfzigjährige Berliner Buchhändler, Schriftsteller, Vorkämpfer der Aufklärung und mit Lessing befreundete Verfasser der 1775 erschienenen Parodie *Freuden des jungen Werthers* Christoph Friedrich Nicolai ist ebenfalls eine Pyrmonter Bekanntschaft Johannas. Er besucht das Ehepaar häufiger, weil er sich von Heinrich Floris Schopenhauer angezogen fühlt.

Über Kassel, Frankfurt am Main, Gent, Antwerpen, Lille und Brüssel führt die Reise schließlich nach Paris. Das Paar steigt unterwegs oft bei Geschäftsfreunden Schopenhauers ab. In Brüssel bemerkt Johanna erstaunt, dass die Bankiersgattinnen den Vormittag im Kontor verbringen und die geschäftlichen Unterredungen mit Heinrich Floris führen, während die Geschäftsinhaber schweigend zuhören.

In Paris bleiben die Schopenhauers vier Wochen. Höhepunkt des Aufenthalts ist das Namensfest des Königs, das zum letzten Mal in Versailles gefeiert wird, was die Beteiligten natürlich nicht wissen. Johanna begegnet in Paris noch einmal ihrer früheren Zeichenlehrerin, der völlig verarmten ehemaligen Gattin des russischen Residenten in Danzig, Frau de Petersen, der nach der Trennung von ihrem Ehemann lediglich ein Bild Darbes' in einer schäbigen Wohnung geblieben ist. Johanna dürfte sich ihre Gedanken über das Los der geschiedenen Generalsgattin gemacht haben, denn im Falle einer Scheidung hätte sie vermutlich ein ähnlich hartes Schicksal erwartet.

Von Paris führt die Reise weiter nach Calais, von wo aus man nach England übersetzt.

Irgendwann unterwegs, spätestens in England, bemerkt Johanna, dass sie schwanger ist. Ihr erfreuter Mann will dem erhofften Sohn und Erben nun verständlicherweise die englische Staatsbürgerschaft sichern, die jeder in England Geborene erhält, und wünscht, dass Johanna ihre Niederkunft in England abwarte. Johanna jedoch will nach Hause zu ihrer Mutter. Doch sie hat keine Wahl. Heinrich Floris bestimmt, dass die Niederkunft in England abgewartet werden solle. »Erst nach sehr harten Kämpfen mit mir selbst, die ich ganz allein bestand, gelang es mir, mein inneres Widerstreben zu besiegen, die bange Sehnsucht nach der beruhigenden Gegenwart, der wohltätigen Pflege meiner Mutter in jener mir immer näher rückenden schweren Stunde«, schreibt Johanna in ihren Memoiren.[15] Und sie fügt hinzu: »So ergab ich mich denn endlich auf leidlich gute Art dem Willen meines Mannes, dem ich außerdem, was mich selbst allein betraf, eigentlich nichts Vernünftiges entgegenzustellen wußte.«[16] Bald jedoch ist sie mit ihrer Lage versöhnt. Johanna, die nur schwer Anschluss an Frauen findet und zeitlebens nur eine einzige Freundin aus ihrer Jugendzeit hat, findet überraschenderweise mütterliche, hilfsbereite Frauen, die ihr beistehen wollen. In ihrem Kreis, zu dem auch ein deutscher Arzt gehört, fühlt sie sich wohl. Die Monate September und Oktober vergehen angenehm. Im November überkommt Heinrich Floris Schopenhauer im düsteren, nebligen London plötzlich eine unerklärliche, panikartige Angst um die werdende Mutter, die ihn nicht loslässt. Unerbittlich verlangt er von Johanna die sofortige Rückreise nach Danzig – angesichts der ungeheuren Strapazen, der holprigen Straßen und winterlichen Witterungsbedingungen ein lebensgefährliches Unterfangen für die im siebten Monat schwangere Johanna und den ungeborenen Arthur. Da sie sich aufs Heftigste widersetzt, überlässt ihr Mann die Entscheidung Dr. Hunter. Der berühmte Londoner Arzt befindet nach Johannas Erinnerung, »daß für Frauen in meinem Zustande Bewegung sehr heilsam wäre, und daß wir folglich, sobald es uns bequem sei, die Reise nach dem Kontinent antreten könnten«.[17] Noch im November verlassen die Schopenhauers London. Ende November sind sie in Dover. Der ängstlich besorgte Heinrich Floris lässt in dem für Johanna hergerichteten Lehnstuhl einen Matrosen hochziehen, um die Haltbarkeit der Seile zu prüfen, während Johanna im eisigen Nachtwind vor dem Paketboot wartet. Nach vierstündiger Überfahrt und überstandener Seekrankheit gewinnt sie noch einige Stunden Zeit zum Ausruhen, bevor die Reise weitergeht. Dann brechen sie auf in Richtung Lille. Lüttich, Aachen und Düsseldorf sind die weiteren Stationen der Reise. Über Geröll, durch Schlamm und knietiefen Kot quälen sie sich durch Westfalen auf dem kürzesten Weg nach Berlin. Sie übernachten in verqualmten Bauernkaten und Dorfschenken. Am letzten Tag des Jahres 1787 schließlich erreichen die Eheleute wohlbehalten Danzig. Nicht zuletzt dieses strapaziöse Reiseerlebnis mag die unterwegs oftmals einer Ohnmacht nahe Johanna Schopenhauer zu der folgenden Betrachtung in der Novelle *Erste Liebe* (in der Gesamtausgabe unter dem Titel *Herbstliebe* veröffentlicht) bewogen haben: »Und gewiss würde die Zahl der unglücklichen Ehen, aber auch der Ehen überhaupt, weit geringer ausfallen, wenn jedes verlobte Paar, als eine Art Noviziat, ehe es vor dem Altar sich auf immer miteinander verbände, eine gemeinschaftliche Reise von einigen Monaten antreten müßte, statt jener, die zufolge dem Gebrauch unserer Zeit, gleich nach dem Hochzeitstage gewöhnlich unternommen wird.«[18]

Am 22. Februar 1788 wird Arthur Schopenhauer im Stadthaus der Eltern in Danzig geboren. Der stolze Vater, so will es eine Anekdote, betritt mit den Worten »Ein Sohn geboren!«[19] erhitzt sein Kontor. Das versammelte Personal verharrt in ehrerbietigem Schweigen. Nur der Buchhalter erhebt sich feierlich, um im Namen der Versammelten dem strengen, heftigen Prinzipal zu gratulieren. Er tut dies mit vernehmlicher Stimme. Dann verneigt er sich und fügt halblaut hinzu: »Wenn er dem Papa ähnlich sieht, muß er ein schöner Pavian werden!« Der Buchhalter hatte die Gefahr richtig eingeschätzt. Der kräftig gebaute, lebhaft dreinblickende Mann mit dem breiten Gesicht, dem energischen Unterkiefer und der leicht aufwärts strebenden Nase war inzwischen ziemlich schwerhörig. Heinrich Floris gibt seinem Sohn vorsichtshalber den Namen Arthur, weil die Schreibweise im Englischen und Französischen dieselbe ist. In Danzig hatte ein betrügerischer Kaufmann den Namen Jakob James Jacques zu Gaunereien genutzt und falsche Wechsel ausgestellt. Die zukünftige Firma des Sohnes sollte gegen solche Eventualitäten gesichert sein.

Mutter und Sohn haben Glück. Sie überstehen das Wochenbett und bleiben gesund. Über die frühe Kindheit Arthurs wissen wir wenig. Johanna schreibt in ihren Memoiren: »Wie alle jungen Mütter spielte auch ich mit meiner neuen Puppe, war fest überzeugt, dass kein schöneres, frömmeres und für sein Alter klügeres Kind auf Gottes Erdboden lebe als das meinige, und hatte am Tage wie in der Nacht kaum einen anderen Gedanken als meinen Sohn Arthur.«[20] Arthur verbringt die ersten Lebensjahre hauptsächlich in der Obhut seiner Mutter. Seinen Vater sieht er meist am Wochenende, wenn Heinrich Floris nach Oliva geritten kommt. Nach den Gepflogenheiten der Zeit beginnen die Väter sich ohnehin erst näher für ihre Kinder zu interessieren, wenn sie mit etwa acht Jahren ein verständiges Alter erreichen. Dann hat die Mutter, die bis dahin die Erziehung ihrer Kinder leitet, zurückzutreten.

Zweifellos war Johanna eine zärtliche Mutter, die sich liebevoll um ihren Sohn kümmerte. Arthur verschaffte der in jeder Hinsicht unausgefüllten jungen Frau die lang entbehrte Aufgabe. Noch im Alter, als sie ihren Sohn bereits dreimal enterbt hat, erinnert sie sich gern an diese Zeit. Ihre Erfahrung als junge Mutter scheint sie in *Gabriele* idealisiert zu haben. Hier findet die mit einem Finsterling unglücklich verheiratete Auguste ihre Erfüllung in der Mutterschaft: »Nun hatte sie ein lebendiges Wesen, das sie umfassen und beglücken konnte, mit all der bis jetzt tief verborgenen Liebe, die der Grundton ihres Daseins war. Sie lebte nun nicht mehr ohne Plan und Zweck auf dieser Welt; sie wußte jetzt für wen sie lebte, und trug nicht mehr bloß ergeben, sondern freudig alle anderen Zumutungen des ihr im übrigen noch immer nicht freundlicher gewordenen Geschicks.«[21] Im Gegensatz zur Romanfigur, die eine Tochter hat, auf die der Vater »nie mit Liebe, oft mit verbißnem Zorn«[22] herabblickt, dürfte die von Heinrich Floris ersehnte Geburt eines Sohnes Johannas ehelichen Status stabilisiert haben. Und dass Arthurs Existenz seine Mutter ein wenig mit der unglücklichen Ehe aussöhnte, erscheint auch durch Johannas Überzeugung plausibel, Arthur verkörpere ihre glücklichere Zukunft. Noch 1807 schreibt sie an Arthur, allein von ihm und Adele erwarte sie Ersatz für ihre verlorene Jugend. Er war »einst meine einzige Hoffnung, die schönste Freude meines Lebens«,[23] äußert sie einmal lange nach dem Zerwürfnis mit ihrem Sohn in einem Brief. Bis ans Ende ihrer Tage wird Johanna deshalb bei Arthur auf die Einhaltung seiner »Kindespflichten«[24] als Bedingung für eine Versöhnung pochen.

Veständnis und Zuwendung in ihrer gleichwohl immer noch sehr schwierigen Ehesituation erfährt sie von der Mutter und von ihrer Schwester Charlotte. Daher ist es für Johanna ein schwerer Schlag, als ihre Familie 1789 fortzieht. Ihr Vater ist einer der Anführer der preußischen Partei. Er muss seine Ämter niederlegen, nachdem er mit dem von ihm mitveranlassten Antrag des Hohen-, Breiten- und Fischerquartiers, der am 24. Januar 1788 in der dritten Ordnung eingebracht wurde, gescheitert ist. Hinter dem Antrag steht die »Bürgerliche Ressource« mit ihren mehr als zweihundert Mitgliedern, die zum Sammelbecken einer ausgesprochen preußischen Partei geworden ist. Durch den Antrag sollte der Anschluss an Preußen vorbereitet werden, ist die Lage für die mittelständischen Kaufleute doch allzu drückend geworden. »Hängt unsere Fortdauer von der Konkurrenz der Handlung mit den benachbarten preußischen Untertanen allein ab, so müssen wir zu derselben zu gelangen suchen, und führt uns kein Nebenweg dahin, so viele wir deren zu betreten versucht haben, so müssen wir den offenen gehen und – mag er immer bei dem ersten Anblick das Gefühl eines Republikaners empören – Untertanen eines Königs zu werden versuchen, unter dessen Zepter sich unsere nächsten Nachbarn besser befinden als wir.«[25] Christian Heinrich Trosiener verkauft Haus und Geschäft in der Heiligengeistgasse und pachtet Stutthof, die größte städtische Domäne, die etwa fünf preußische Meilen, etwa achtunddreißig Kilometer, von Danzig entfernt liegt. Das alte, weitläufige, von einem großen Garten umgebene Herrenhaus steht in der Mitte der Danziger Nehrung, die sich zwischen der Ostsee und einem Weichselarm bis zum Frischen Haff erstreckt. Zum Herrenhaus gehören zwei Höfe und große Nebengebäude. Es grenzt an das Dorf Stutthof, das neben den Nehrungsdörfern zur Domäne gehört. Zwischen dem Dorf Stutthof und der Ostsee grasen in einem sehr schönen, lichten Fichtenwald Kühe die Waldkräuter ab. Bernstein wird an den Strand gespült. Fische, vor allem Dorsch, Steinbutt, Lachs und Stör, beschert das Meer im Überfluss. Schon eine Meile hinter Stutthof wird Kaviar hergestellt. Dessen Qualität reicht allerdings nicht an den russischen Kaviar heran. Auf der anderen Seite der Weichsel erstreckt sich fruchtbares Ackerland.

Regelmäßig von Mai bis Anfang Juni besucht Johanna mit dem kleinen Arthur ihre Eltern und Schwestern. In Stutthoff genießt sie die Idylle, wenn sie der Nachtigall lauscht, die es im Raum Danzig nur in dieser Gegend gibt. Hier lernt Johanna aber auch die Kehrseite des Landlebens kennen. Alte, noch aus dem Mittelalter stammende Gerechtigkeiten liegen auf der Domäne. Leibeigene müssen sich zur Erntezeit aus weit entfernten Dörfern einfinden. Durch die Fronarbeit bleibt die eigene Ernte liegen, was Johanna sehr empört. Und jeden Sonnabend reinigen Frauen und Mädchen den Hof vor dem Herrenhaus, während der Fronknecht mit der Karbatsche daneben steht. Ihr Vater meint allerdings nicht zu Unrecht, den Bauern fiele es leichter, ihre Steuern durch Arbeit statt mit Geld abzutragen. Johanna lässt sich jedoch nicht überzeugen.

Zur Überraschung Johannas kümmert sich ihre Schwester Charlotte, die ohne praktische Vorkenntnisse ist, sehr eifrig um den Gutsbetrieb. Die Pacht des Stutthofes stellt Christian Trosiener vor vielfältige Aufgaben. Die Bewirtschaftung von zehn Huben Land, die Bierbrauerei und Schnapsbrennerei, der Betrieb einer Mühle und der damit verbundene Absatz dieser Produkte erfordern Umsicht und Tatkraft, soll die Pachtsumme herausgewirtschaftet werden und am Ende ein befriedigender Gewinn stehen. Auch das Einziehen der Scharwerksgelder* aus den Nehrungsdörfern muss überwacht werden. Vor allem aber die Brauerei und die Brennerei sind für den wirtschaftlichen Erfolg des Pächters maßgeblich. Wie sich die Pacht unter Christian Trosiener entwickelte, ist nicht bekannt. Als er starb, hinterließ er seine Familie jedoch in dürftigen Verhältnissen.

Danzig geht weiter dem wirtschaftlichen Niedergang entgegen. Immer mehr mittelständische Kaufleute und kleine Ladenbesitzer müssen schließen und verlassen die Stadt, während einige alte, reiche Familien, allen voran Heinrich Floris Schopenhauer, weiter prosperieren.

In dieser bedrückenden Situation verlässt Dr. Jameson, um den es nach dem Wegzug der Trosieners und anderer Bekannter einsam geworden ist, Danzig. Er schifft sich nach Schottland ein. Johanna fühlt sich ohne ihren einstigen Lehrer, der in kritischen Situationen auch ihr kluger Eheberater war, sehr verlassen. Wann immer möglich, besucht sie jetzt ihre Familie auf Stutthof. Selbst im tiefsten Winter fährt sie mit Arthur im Schlitten über die zugefrorene Weichsel.

Beim letzten Namensfest des Königs am 25. August 1787, dem Johanna in Versailles beiwohnte, waren schon die ersten Anzeichen der Revolution spürbar gewesen. Seit Mitte

---

* Durch Geldzahlungen abgegoltene Frondienste dienstpflichtiger Scharwerker (Fronden).

des 18. Jahrhunderts wurde ihr geistiger Nährboden in Frankreich vorbereitet. Die Philosophen der Aufklärung ersetzten das Kriterium des Guten durch das Kriterium des Zweckdienlichen. In den Salons diskutierte man freimütig über die Ursprünge der Gesellschaft, die beste Regierungsform und die Menschenrechte, wobei die Menschenrechte mit Männerrechten gleichgesetzt wurden. Das französische Wort l'homme drückt dies unmißverständlich aus. Große Erwartungen prägten die Jahre vor der Revolution. Und nicht nur in Frankreich. Kant schreibt 1788 in seiner *Kritik der praktischen Vernunft*: »Zwei Dinge erfüllen das Gemüt mit immer neuer und zunehmender Bewunderung und Ehrfurcht, je öfter und anhaltender sich das Nachdenken damit beschäftigt: Der bestirnte Himmel über mir, und das moralische Gesetz in mir.«[26] Goethe und Schiller treten für die Freiheit und Würde des Menschen ein. Auch sie denken vor allem an Männer. Einige mutige Engländerinnen und Französinnen jedoch beziehen diese Werte auf Frauen, stellen politische Ansprüche und büßen dafür mit dem Leben.

Klopstock dichtet im Jahr des Ausbruchs der Französischen Revolution (1789) im liberalen Hamburg: »Frankreich schuf sich frei. Des Jahrhunderts edelste/Tat hub/Da sich zu dem Olympus empor.«[27] Nicht auf dem Olymp, aber erhoben über die Gegenwart ihrer ehelichen Misere, ihrer Einsamkeit nach dem Wegzug ihrer Familie und Jamesons fühlt sich Johanna durch dieses Weltereignis, das ihre Phantasie beflügelt. Die französischen Revolutionäre treten an die Stelle der Römer und Amerikaner ihrer Kindheit. Ein unbestimmter Traum von Freiheit erfasst auch sie, ohne dass sie eine politische Bewertung ihrer Lage vornimmt und an Konsequenzen denkt. Für Johanna ist es ein Tagtraum, der sie für einen Moment ihr unglückliches Leben vergessen lässt. Dass auch Frauen fraternité und égalité für sich in Anspruch nehmen und dafür gleichberechtigt auf dem Schafott enden, erfährt

Johanna nicht, ebenso wenig wie viele andere deutsche Frauen. Aber selbst wenn sie von diesen mutigen Frauen gewusst hätte, wäre deren Weg doch nur etwas für Selbstmörderinnen gewesen. Johanna und viele andere kreative Frauen ihrer und der nachfolgenden Generation wollen leben. Sie wollen arbeiten. In Deutschland werden sich deshalb intellektuell und künstlerisch begabte Frauen noch lange Zeit gegen die Konvention ihren eigenen Weg bahnen müssen, ohne allzu sehr anzuecken, wollen sie ihre Begabung entfalten. Johanna wird diesen Weg schließlich gehen.

Für eine kurze Zeitspanne verändert die Revolution im fernen Paris sogar Johannas Eheleben. Zum ersten Mal scheint Heinrich Floris sie ernst zu nehmen. An einem heißen Sommertag im Juli 1789, der zugleich ein Posttag ist, reitet er nach Oliva, um seiner überraschten Frau von der Erstürmung der Bastille zu berichten. Die Eheleute kommen endlich miteinander ins Gespräch. Zum ersten und letzten Mal vereint in gemeinsamer Glut, die sich bezeichnenderweise auf die Politik richtet, blickt das Paar von nun an mit gespannter Aufmerksamkeit nach Paris auf die Nationalversammlung. Jetzt liest Johanna sogar Zeitungen, die sie sonst beiseite geschoben hat. Ihr Vater, dem sie früher posttäglich die *de Leyde* vorlesen musste, hatte ihr das Zeitungslesen verleidet. Nun fiebert Johanna jeder neuen Nummer der *Staats- und Gelehrten Zeitung des hamburgischen unparteyischen Correspondenten* entgegen. Das 1731 gegründete Blatt berichtet unkommentiert über die Tagesereignisse. Es ist die meistgelesene Tageszeitung Europas.

Gemeinsam lesen die Ehegatten auch den *Moniteur*, aus dem Johanna manchmal ihrem Ehemann und einigen vertrauten Freunden vorliest. Das Hauptaugenmerk des *Moniteur* liegt naturgemäß auf den Verbrechen des Ancien Régime. Als begeisterte Anhänger der Revolution lassen die Schopenhauers sich nicht von einzelnen Gräueltaten der Revolutionäre beeindrucken. Nicht nur der Pariser Mob, auch Johanna und Heinrich Floris Schopenhauer singen in seltener Übereinstimmung im vertrauten Kreis »Ah, ça ira, ça ira! Les aristocrates à la lanterne«.[28]

Johannas Einstellung zur Französischen Revolution wird sich, wie bei vielen ihrer Zeitgenossen, später grundlegend wandeln. In ihrem Bericht über eine gemeinsame Frankreich-Reise im Jahre 1804 verurteilt sie nachdrücklich die Bluttaten, die im Namen von Freiheit, Gleichheit und Brüderlichkeit begangen wurden. Und Arthur Schopenhauer entwickelt wahrscheinlich aufgrund der Eindrücke von den noch frischen Spuren der Massenmorde, die er in jenem Jahr überall in Frankreich vorfindet, eine lebenslange Abneigung, ja sogar Furcht vor Revolutionen.

In Danzig jedoch trägt die noch revolutionsbegeisterte, nach außen indes damenhaft zurückhaltende Johanna wie andere großbürgerliche Damen, auch wenn diese den Zeitereignissen gleichgültig gegenüberstehen, Modeschmuck, der die führenden Revolutionäre verherrlicht. Johannas Fächer ziert Mirabeaus Porträt, und auf ihrem Armband prangt das Konterfei Lafayettes.

Im fernen Paris bringt das Jahr 1793 nach Schauprozessen das Todesurteil und die Hinrichtung für Ludwig XVI. und Marie Antoinette. Im März 1793 erleidet die bisher in der Kriegführung im Ersten Koalitionskrieg (1792–97) unerwartet erfolgreiche junge Republik bei Neerwinden die erste Niederlage. Die so genannte Schreckensherrschaft etabliert sich, die dem inneren und äußeren Staatsnotstand mit Fanatismus und Härte begegnet. Im Juli beginnt der Justizterror durch das Revolutionstribunal. Die Menschenrechte sind durch radikale Gesetze und Terror praktisch abgeschafft. Kommissare des Wohlfahrtsausschusses ersticken Aufstände und Unruhen in den Departements. Viele Anhänger der Revolution wenden sich schaudernd ab.

Die Schopenhauers dürften derweil mit den politischen Ereignissen in ihrer Heimat vollauf beschäftigt gewesen sein. Die alte Republik Danzig geht unwiderruflich unter. Preußen hat bei der zweiten polnischen Teilung unter anderen auch die Gebiete Danzig und Thorn erhalten. Die Besetzung Thorns erfolgt bereits im Januar des Jahres 1793 und ruft bei den Danzigern Bestürzung hervor. Dennoch glauben sie, ihre Selbstständigkeit behalten zu dürfen, werden aber bald eines Besseren belehrt. Die preußischen Truppen unter dem Oberkommando des Generals von Raumer, den Schopenhauer zehn Jahre zuvor bei der preußischen Blockade Danzigs beleidigt hat, sammeln sich bei Oliva, St. Albrecht und Quadendorf. Sie nähern sich der eingeschlossenen Stadt. Am 8. März 1793 stehen sie vor den äußersten Toren. Am 11. März 1793 fasst der Rat den einstimmigen Beschluss, die Stadt der Oberhoheit des Königs von Preußen zu unterstellen. Verhandlungen, aufständische Stadtsoldaten und Matrosen zögern die Besetzung Danzigs noch bis zum 4. April 1793 hinaus. Danach ziehen die Preußen ohne größeren Widerstand in die Stadt ein.

Auf die preußische Besetzung hat sich Heinrich Floris Schopenhauer schon lange vorbereitet. Ohne Rücksicht auf seine Häuser, Sammlungen und sonstigen Besitzungen ist er in diesem Fall entschlossen, die Stadt mit Frau und Sohn für immer zu verlassen. Auch die angesehene, blühende Firma Gebrüder Schopenhauer würde er aufgeben, auf deren Rechnung drei eigene Schiffe fahren. Im Jahr 1791 noch war für 10 000 Gulden der Totenkopfspeicher gegenüber dem Buttermarkt gekauft worden. Zurück bleiben nun auch seine alten Eltern, die er nie wiedersieht.
Binnen vierundzwanzig Stunden ist der Entschluss ausge-

führt, den die lebenshungrige, abenteuerlustige Johanna Schopenhauer rückblickend zu dem ihren macht. Nach Gerstenbergks Schilderung in Brockhaus' *Zeitgenossen* soll Johanna Schopenhauer sogar die treibende Kraft gewesen sein. Sie habe ihren Mann an seinen Entschluss erinnert. »Ihr Muth belebte und stützte den seinen.«[29] Indessen erscheint Adeles Version wahrscheinlicher. Die Angaben der Tochter in *Jugendleben und Wanderbilder* deuten jedenfalls darauf hin, dass Johanna, die sich noch nicht einmal von ihrer Familie verabschieden konnte, der endgültige Abschied aus Danzig und die damit verbundene Trennung von der Familie, die ihr Halt gab und ihre einzige Stütze war, nicht leicht fiel. Auch mag der Gedanke, in Zukunft in einer großen fremden Stadt zu leben, wo sie niemanden außer ihrem Ehemann kennen würde, zu dem sie ein ängstlich-gespanntes Verhältnis hat, ihre zwiespältigen Gefühle verstärkt haben. Um ihr den Abschied zu erleichtern, soll Heinrich Floris ihr gestattet haben, alle vier Jahre die Heimat zu besuchen. Wenige Stunden vor der Besetzung der Stadt verlässt die Familie Danzig. Johanna, Heinrich Floris und Arthur übernachten auf dem Schopenhauerschen Landgut in Oliva. Am folgenden Tag reisen sie mit der Eilpost Richtung Hamburg ab.

3 Hamburg

Hamburg ist eine von krassem Nützlichkeitsdenken geprägte Kaufmannsstadt. »Hätten Staatsverwaltung, Rechtsübung, Religion und Krankheiten nicht besondere Leute nothwendig gemacht, die Kenntnis dieser Dinge als ein eigenes Studium getrieben, und durch ihre höheren Einsichten der Welt ihre Unentbehrlichkeit dargethan hätten: so würde man in Hamburg vermuthlich von keinem Gelehrten etwas wissen. Der erwerbende Bürger würde sie vorlängst schon als unnütze Glieder des Staats angesehen haben, die sich von seiner Mühe sätigen wollten, und er hätte sie nicht zu seinen Mitbürgern aufgenommen, wenn er ihrer nicht dringend bedurft hätte«, schreibt Jonas-Ludwig von Hess im Jahr 1811.[1] Die gesamte Stadtpolitik ist von diesem Geist durchdrungen, wie ein prägnantes Beispiel zeigt, das den mangelnden Kunstsinn der tonangebenden Patrizier offenbart: Die Domkirche ist stark baufällig. Obwohl die Wiederherstellung allein Kosten verursachen würde, die die wohlhabende Stadt durchaus aufbringen könnte, bricht man das Bauwerk in den Jahren 1805/06 kurzerhand ab. Die wertvollen Kunstschätze werden zu einem kleinen Teil an andere Kirchen verschenkt, zum größten Teil aber – so der Hochaltar des Doms und der Thomasaltar von Meister Francke mit Ausnahme weniger Tafeln – verschleudert oder vernichtet. Selbst die Grabplatten führt man einem nützlichen Zweck zu. Sie werden für den Sielbau verwendet. In späteren Jahren sollte noch eine Reihe weiterer mittelalterlicher Kirchen und Klöster dem Verfall preisgegeben werden. Diese Pfeffersackmentalität, die der Stadt auch sonst nicht immer zum Wohl gereicht hat, beherrscht von alters her die Stadtpolitik. So vergab Hamburg im 17. Jahrhundert nach jahrhundertelangen kriegerischen Auseinandersetzungen mit Dänemark, das inzwischen in arge finanzielle Bedrängnis geraten war, die einmalige Chance auf Unabhängigkeit. Innenpolitische Querelen und Kleinkrämerei verhinderten, dass die Hamburger in den wohlgefüllten Stadtsäckel griffen und die geforderte Geldsumme zahlten. Erst im Gottorfer Vergleich von 1768 erreichte die Stadt durch Verzicht auf Rückzahlung des größten Teils der inzwischen auf 4 Millionen Taler angewachsenen Schulden und Rückgabe der ihr verpfändeten Gebiete an das Haus Holstein die Unabhängigkeit. Gegen Ende des 18. Jahrhunderts ist die nunmehrige Freie Reichsstadt ein äußerlich und innerlich gefestigtes Gemeinwesen. Mit dem Hamburger Hauptrezess von 1712 besitzt sie für lange eine der besten reichsstädtischen Verfassungen in deutschen Landen, die nach den Worten des Arztes Johann Jacob Rambach weder ganz aristokaratisch noch ganz demokratisch, noch ganz repräsentativ, sondern alles zusammen ist. Der Hamburger Hauptrezess garantiert den inneren Frieden und immunisiert die Mehrheit der Hamburger Bevölkerung gegen die Französische Revolution. Von den Ereignissen in Frankreich begeistert sind allein die aufgeklärten Geister an den Teetischen der Reimarus, Sievekings und Voghts. Der Wahl-Hamburger Klopstock verherrlicht nicht nur in mehreren Oden die Revolution, sondern feiert mit seinen Freunden am 14. Juli 1790, dem Jahrestag des Bastillesturms, im Sievekingschen Garten ein Freiheitsfest, das sogar im Ausland Aufsehen erregt und die Teilnehmer dem Verdacht aussetzt, sie seien Jakobiner. Die Begeisterung dieser vornehmen Revolutionsanhänger währt indessen nicht allzu lange. Als 1792 in Paris die ersten jakobinischen Verfolgungen beginnen, wenden sie sich von der Revolution ab. Klopstock schickt das ihm verliehene französische Bürgerdiplom zurück.

Die meisten Hamburger stehen der Französischen Revolution jedoch nicht nur von Anbeginn ablehnend gegenüber, sondern fühlen sich den bis vor kurzem unter einem absolutistischen Regime lebenden Franzosen auch überlegen. Sind sie nicht schon lange unabhängige Republikaner? Besonders stolz ist man auf Hafen und Handel. Wichtig für Hamburg ist deshalb das Verhältnis zu Preußen, das die Stadt in der Vergangenheit mehrfach in ihrem Unabhängigkeitsstreben unterstützt hat. Obwohl Hamburg im 18. Jahrhundert mit dem von Schweden an Preußen gekommenen Stettin sowie der Eröffnung des Seehafens Swinemünde Konkurrenz bekommt und sich die in Preußen entstandenen Zuckerfabriken und Kattundruckereien für die hamburgischen Fabriken unangenehm bemerkbar machen, besteht eine Interessengemeinschaft. Hamburg lehnt sich an das erstarkte Preußen an. Preußen schätzt die Klugheit und Erfahrung der Hamburger auf wirtschaftlichem Gebiet. Friedrich II. erbat sich mehrfach Gutachten etwa über die Förderung der Messen in Frankfurt an der Oder oder über die Hebung des Handels zwischen Preußen und Hamburg. Als die Hamburger ein solches Gutachten nicht im Sinne der merkantilistischen Wirtschaftspolitik Preußens verfassten, sondern getreu dem freihändlerischen Motto der Hamburger Kaufleute »Freiheit muss die Losung werden!«, antwortete Berlin,[2] dies sei für Preußen undurchführbar. Im Jahr 1793 ist das Verhältnis zu Preußen dann nicht mehr ungetrübt. Nach der Besetzung Danzigs haben die Hamburger Angst vor preußischen Eroberungsplänen. Viele befürworten für den Fall, dass Hamburg seine Selbstständigkeit nicht würde behaupten können, den Anschluss an Dänemark, das weitgehend Pressefreiheit gewährt und vor allem eine verhältnismäßig liberale Handelspolitik betreibt.

Heinrich Floris' Kalkül geht zunächst auf. Die Zeiten sind für sein Geschäft außerordentlich günstig. Wirtschaft und Handel bieten dem Seehandelskaufmann ein reiches Betätigungsfeld. Zwar macht der Binnenhandel in den neunziger Jahren noch den Löwenanteil des Gesamthandels aus, doch der überseeische Handel hat bereits begonnen. Der Kontinentalhandel, so mit Russland, blüht. Wichtigster Handelspartner wird aufgrund günstiger Handelsverträge Frankreich, das die bis dahin an erster Stelle stehenden Niederlande ablöst. Nach der Unabhängigkeit der Vereinigten Staaten von Amerika sichern sich die geschäftstüchtigen Hamburger trotz des scharfen Wettbewerbs ihren Anteil am aufblühenden Überseehandel. Auch wenn die politischen Ideen der Französischen Revolution wenig Anklang finden, interessiert man sich in Hamburg doch lebhaft für die wirtschaftlichen Folgen dieses Ereignisses. Sieveking hält trotz seiner Abneigung gegen das Jakobinertum weiterhin am Verkehr mit Frankreich fest. Selbst der Reichskrieg gegen Frankreich hindert ihn daran nicht. Sich und anderen Großkaufleuten erschließt er dadurch zum Verdruss der Konkurrenz im übrigen Deutschland eine Goldgrube. Die von Neidern geschürte Volksstimmung, die ihn für die unsichere Lage Hamburgs verantwortlich macht, veranlasst ihn 1793, seine anfängliche Revolutionsbegeisterung in der Schrift *An meine Mitbürger* zu verteidigen. Auch vor dem Rat, der sich juristisch korrekt an die Reichsverfassung hält und Sieveking verhört, muss er sich verteidigen. Da die Beziehung zu Frankreich sich in den folgenden Jahren überaus vorteilhaft auf den Hamburger Handel auswirkt, ist die Stimmung bald sehr franzosenfreundlich. Die Konjunktur wird noch mehr angeheizt, als Frankreich im Jahr 1795 Holland erobert und die Batavische Republik gründet. Dadurch ist der Zugang zum Rhein versperrt. Der gesamte Handelsverkehr von Westdeutschland und der Schweiz wird von nun an über Bremen und Hamburg abgewickelt, wobei Hamburg jetzt den Platz Amsterdams einnimmt. Die Stadt wird dadurch Einfuhrhafen amerikanischer Waren auf dem Kontinent. Darüber hinaus zieht sie den holländischen Ostindien- und Levantehandel an sich. Der gewaltige Aufschwung steigert den Geldverkehr. Die Kapitaleinlagen in der Hamburger Bank erreichen ungeahnte

Höhen. Hamburg wird zum bedeutendsten Finanzmarkt des Kontinents. Diese ausgezeichneten Bedingungen wirken sich offenbar sehr vorteilhaft auf Schopenhauers Firma aus. Schon Ostern 1796 zieht die Familie vom Altstädter Neuen Weg in das Haus Am neuen Wandrahm 92, in eine gegen Ende des 18. Jahrhunderts von wohlhabenden Kaufleuten bevorzugte Wohngegend. Das Schopenhauersche Haus beherbergt wie üblich Wohn- und Geschäftsräume. Im Vorderhaus befinden sich die Kontor-, Repräsentations- und Wohnräume. Dahinter liegen Mittel- und Hinterhaus mit Böden, Speichern und Lagerkellern, die zum Fleet hinausgehen, auf dem die Waren vom Elbstrom an die Speicher herangeführt werden. Im Vorderhaus gibt es Deckengemälde, Bett- und Wandschränke, große Dielen und mit Marmorfliesen bedeckte Vorplätze. Das Haus ist schön möbliert. An den Wänden hängen zum Teil kostbare Gemälde. Eine Bibliothek ist ebenfalls vorhanden. Die Wohn- und Repräsentationsräume bestehen aus zehn Zimmern, vier Kabinetten, vier Kammern und einem prachtvollen Saal mit Holztäfelung, kunstvoll gearbeiteten Glasfenstern und kostbarer Stuckatur. Bei den Abendgesellschaften, die das Ehepaar gibt, finden hier weit über einhundert Menschen Platz.

Spätestens jetzt ist Heinrich Floris in Hamburg etabliert. Dennoch erwirbt Schopenhauer nicht das Hamburger Bürgerrecht, was ihm ohne weiteres möglich wäre. Trotz Eigentumserwerb und florierendem Unternehmen bleibt er Ausländer mit dem rechtlichen Status eines Beisassen. Die Gründe hierfür liegen auf der Hand. Heinrich Floris, der mit der Zahlung des Abzugsgeldes seiner Verpflichtungen gegenüber Danzig enthoben ist, will zwar mit der preußisch gewordenen Stadt nichts mehr zu tun haben und setzt keinen Fuß mehr in seine Heimat, zu der er noch menschliche und vermögensrechtliche Bindungen hat, aber seine umfangreichen Besitzungen in Danzig haben sich durch Todesfälle in der Familie noch vermehrt: Am 23. Dezember 1793 ist sein

Vater verstorben, sein Bruder und früherer Kompagnon Johann Friedrich erliegt im April 1794 im Alter von fünfundvierzig Jahren einem Schlaganfall, sein Bruder Karl Gotthilf stirbt am 10. März 1795 nach einem ausschweifenden Leben vierunddreißigjährig an der »Auszehrung«. Bereits 1794 wurde eine Reise Johannas nach Danzig notwendig, um die Erbschaftsangelegenheiten zu regeln. Nach Gerstenbergks Artikel in *Zeitgenossen* soll sie damals Häuser und Landsitz – Letzteren an ihre spätere Weimarer Bekannte, die Gräfin Henckel von Donnersmarck – verkauft haben. Bei dieser Gelegenheit dürfte Johanna ihre Familie wiedergesehen haben.

Die Hoffnung, wieder in die Heimat zu ziehen, scheint Schopenhauer indes nicht aufgegeben zu haben, veränderten sich die politischen Verhältnisse im Gefolge der Französischen Revolution und der Koalitionskriege doch ständig. Zudem konnte Hamburg ebenfalls ein Opfer Preußens werden.
Seit 1793 fühlen die Hamburger sich nicht mehr sicher vor dem Zugriff Preußens, und 1796 machen Gerüchte, dass Preußen sich mit Hamburg arrondieren wolle, erneut die Runde. Der Großkaufmann will beweglich bleiben. Als Beisasse kann er Handel treiben sowie Grund und Boden erwerben. Unter diesen Umständen eine Einbürgerung zu betreiben, die mit erheblichen Kosten verbunden ist, machte für Heinrich Floris wenig Sinn.

Die Schopenhauers haben doppeltes Glück, blüht doch nicht nur Hamburgs Wirtschaft, sondern auch das kulturelle Leben. Für Johanna, die aus dem kulturell sehr rückständigen Danzig kam, muss dies ein Bildungserlebnis ersten Ranges gewesen sein. Die Hamburger Bühne erlebte unter dem genialen Friedrich Ludwig Schröder ihre glanzvollste Zeit. Schröder war mit mehrjährigen Unterbrechungen von 1771 bis 1816 Theaterdirektor. Die Schopenhauers trafen während seiner zweiten Amtszeit in Hamburg ein. Im Jahr ihrer Ankunft gründete er die Pensionsanstalt des Hamburgischen deutschen Theaters, die zum ersten Mal in Deutschland die Schauspieler sozial absicherte. Schröders zweites Direktorat endet 1798. Danach verfiel das Theater wieder der Mittelmäßigkeit, von den glänzenden Gastspielen abgesehen, die Iffland um die Jahrhundertwende gab. Als Schröders dritte Amtszeit begann, waren die Schopenhauers schon nicht mehr in Hamburg. Johanna konnte in den ersten fünf Jahren ihres Aufenthalts unter Schröders Leitung Shakespeares Dramen sowie Werke von Goethe, Lessing und Schiller sehen. Das Hamburger Theater galt in dieser Zeit als das beste in Deutschland und wurde zudem sogar von den Hamburgern angenommen, was nicht immer der Fall gewesen war. Der geniale Theaterpraktiker Lessing, der zwischen 1767 und 1769 Dramaturg an dem von zwölf wohlhabenden Hamburgern gepachteten Deutschen Nationaltheater war und dessen *Hamburgische Dramaturgie* wegweisend für die Theaterarbeit wurde, scheiterte am fehlenden Kunstverständnis der Hamburger. »Ich ziehe meine Hand von dem Pfluge eben so gern wieder ab, als ich sie anlegte ... Der süße Traum, ein Nationaltheater hier in Hamburg zu gründen, ist schon wieder verschwunden; und so viel ich diesen Ort nun habe kennen lernen, dürfte er wohl auch gerade der letzte seyn, wo ein solcher Traum in Erfüllung gehen wird.«[3] Allerdings bleibt rätselhaft, woher Lessing die Überzeugung nahm, ausgerechnet in Hamburg mit seinen ehrgeizigen Plänen zu reüssieren, fand doch schon die Neuberin, die sich von 1728 bis 1740 mit ihrer Truppe, der damals besten in Deutschland, in Hamburg aufhielt, nicht immer das rechte Verständnis, so dass Konzessionen an den Publikumsgeschmack notwendig wurden. Den gerade erst abgeschafften Harlekin beispielsweise musste sie auf Druck des Publikums wieder einführen. Überhaupt hatte das Publikum einen ausgeprägt derben Geschmack. Die italienische Oper konnte sich deshalb nicht halten und verfiel zusehends. Stattdessen gab es zotige Schaustücke mit Marschbauern, Fischern, Jahrmarkt- und lokalen Straßenszenen, wobei sich die italienischen Arien auf wunderliche Weise mit plattdeutschen mischten. Am Ende des 18. Jahrhunderts ist davon nichts mehr zu spüren. Die deutsche Oper steht in hoher Blüte. Es gibt gute Aufführungen von Mozarts *Zauberflöte*, der *Entführung aus dem Serail* und des *Don Giovanni*. Neben den Symphonien und Oratorien Haydns sind Klavierkonzerte und Symphonien Mozarts zu hören.

Ab 1795 gibt es ein französisches Theater, wenig später auch ein englisches Theater am Großneumarkt. Der französischen Schauspielertruppe richtet ein reicher Privatmann auf dem von ihm gekauften Gelände an der Drehbahn ein schönes Theater für Oper, Operette und Vaudeville ein. Dort ist Madame Chevalier der Star. Johanna erwähnt sie im Entwurf zu ihren Memoiren. Sophie Reimarus äußert sich über sie mit dem hanseatischen Blick für das Kommerzielle: »Madame Chevalier verdreht unseren jungen Leuten die Köpfe und hat gerade den Zeitpunkt getroffen, wo einige junge Leute Geld zu verschleudern haben.«[4] Die vom Publikum vergötterte, launenhafte Künstlerin ist 1796 von der Pariser Opéra comique nach Hamburg gekommen. Als prominenten Verehrer hat sie den Begründer der Hamburger Armenanstalten und Mittelpunkt der Flottbecker Geselligkeit, Baron Voght, der ihr ein Reitpferd schenkt. Madame Chevalier verbringt drei Jahre in Hamburg. Danach geht sie nach Sankt Petersburg und wird die Geliebte des Zaren Paul I. Kotzebue trifft sie am Zarenhof. In seinem Memoirenbuch *Das merkwürdigste Jahr meines Leben* beschreibt er sie als meisterhafte Intrigantin. Nach der Ermordung des Zaren wird sie des Landes verwiesen und lebt in verschiedenen Städten Deutschlands. Schließlich kehrt sie nach Paris zurück, wo sich ihre Spur verliert.

Johanna dürfte die Anwesenheit der französischen Emigranten zu Beginn ihres Aufenthalts in Hamburg als große Bereicherung empfunden haben. Nach Einsetzen der jakobinischen Verfolgungen im Jahr 1792 siedelten sich französische Firmen an. Doch der Großteil der ersten Emigranten – Adlige, Hofleute, Beamte, Offiziere und wohlhabende Bürger – gab sein Geld mit vollen Händen aus und beeinflusste nachhaltig Mode und Geselligkeit. Die frisch eingetroffenen Schopenhauers fanden ein völlig unhanseatisches, elegantes geselliges Treiben der Franzosen vor, an dem die sonst so steifen Hamburger der guten Gesellschaft sich lebhaft beteiligten. Die leichtlebige Atmosphäre erleichterte es dem Ehepaar, sich den geselligen Verkehr, der im Geschäftsinteresse Schopenhauers erforderlich war, so angenehm wie möglich zu machen.

Die beschwingte Lebensart, das französische Flair dieser ersten Hamburger Jahre bewirkten, dass Johanna sich bald nicht mehr so fremd fühlte und regen Anteil am geselligen Leben der Freien Reichsstadt nahm.

Keine zwei Jahre später hatten die Franzosen ihr Vermögen verprasst und mussten nun als Gastwirte oder Handwerker ein Auskommen suchen. Andere betätigten sich als Vorleser und Erzieher auf den holsteinischen Gütern. Und noch immer strömten zahlreiche Flüchtlinge aus den Rheingegenden, aus Brabant, aus Holland, aus Schweden und Irland und vor allem aus Frankreich herbei. Die Geächteten der gesetzgebenden und der konstituierenden Versammlung, des Konvents, konnten ihr Vermögen oft nicht retten. »Alles ist hier voll von armen Leuten, unter drei Menschen, die man sieht, ist gewiß ein Franzose. Sie überteuern alles so, daß fast nichts zu haben ist«, schreibt Frau Reimarus am 30. März 1795.[5] »So sieht man Bischöfe, Herzöge, Grafen abgehärmt und gebeugt umhergehen, und hört gleichgültig die Namen Rochefoucauld, Lameth, Choiseul, Vergennes, Aiguillon und andere berühmte und bekannte der Art«, vermerkt ihr Bruder Hennings 1795 im *Genius der Zeit*.[6] Der Herzog von Rochefoucauld fand bei Sieveking einige Matratzen, die ein Schiffskapitän verkaufen wollte. Zwei davon arbeitete er sich auf, die anderen verkaufte er. Im August 1797 gingen die ersten Emigranten nach Frankreich zurück. Die Mieten blieben weiterhin sehr hoch. Und alle Lebensmittel außer Getreide kosteten das Doppelte. Die meisten Emigranten kehrten 1799 heim, nachdem Napoleon Erster Konsul geworden war. Im neuen Jahrhundert ebbte die Begeisterung für Frankreich ab. An ihre Stelle trat eine auf wirtschaftlichen Interessen beruhende Freundschaft zu England und eine scharfe Kritik an Napoleon, der den Hamburgern mit der Kontinentalsperre das Leben sauer machte.

Nachdem die Schopenhauers sich mit dem Kauf ihres großbürgerlichen Hauses im Jahre 1796 endgültig in Hamburg etabliert haben, ist der Grundton der Hamburger Geselligkeit wieder auf hanseatisch soliden Luxus und materiellen Lebensgenuss gestimmt. Dies bedeutet oft genug Essen und Trinken im Überfluss und den Spieltisch. Die großen Kaufmannsfamilien Parish, Godeffroy und Voght wetteifern im Aufwand, für den Hannchen Sieveking gewissermaßen die Parole ausgibt, wenn sie an ihre Freundin Magdalene Pauli über den Flottbecker Kreis des Barons Voght schreibt: »Nichts geht doch über das Gefühl eines Haufen einig fühlender Menschen, die sich miteinander des Lebens freuen und es auf rechte Weise genießen.«[7] Auf rechte Weise genießen bedeutet in Hamburg stets dem Nützlichen, vor allem dem Geschäft dienen, was der musisch veranlagten Johanna widerstrebt. In einem der ersten Briefe aus Weimar nach ihrer Übersiedlung an ihren in Hamburg verbliebenen Sohn schreibt sie: »Meine Lage ist hier würcklich ganz angenehm, auch Du würdest Dich sehr glücklich darinn fühlen, die

Hamburger würden nicht sehr bezaubert davon seyn …«[8] Zu ihrem Weimarer Zirkel meinte sie ein wenig später: »Wie klein würde dies alles in den Augen der großen Welt, oder der eleganten Hamburger erscheinen?«[9] In einem anderen Brief an Arthur heißt es: »Aber es ist nicht der Ofenschirm [den sie mit Goethe bastelte; Anm. d. Verf.], es ist die ewige einzige Kunst, die ewig die Form wechselt und doch stets eine und dieselbe bleibt die uns zusammenführt, und daß mir das Glück ward die Kunst zu fühlen zu lieben, und auch nicht ganz ungeschickt zu üben, das ist's, was mich jezt in der Liebe dieser vorzüglichen Menschen so glücklich macht, klugen vernünftigen Menschen muß unser Beginnen fast thöricht vorkommen, wenn so ein Senator oder Burgermeister sähe wie ich mit Meyer Papierschnitzels zusammenleime wie Göthe und die anderen dabey stehen und eifrig Rath geben, er würde ein recht christliches Mitleid mit uns armen kindischen Seelen haben …«[10]

Im geistig anspruchsvollen Reimarus-Kreis und bei den Sievekings ist kein steifer Prunk zu finden. Trotzdem herrscht auch hier das Nützlichkeitsdenken vor. Im Sievekingschen Haus, das Johanna im Entwurf zu ihren unvollendeten Memoiren erwähnt und das eine der ersten Adressen Hamburgs ist, spielt das repräsentative Element durchaus eine gewisse Rolle. Die Sievekingsche Geselligkeit auf Neumühlen beruht zum großen Teil auf Verpflichtungen des kaufmännischen Betriebes. Täglich kommen Fremde in das Kontor Sievekings, dem sie lästig werden und der sie auf den Sonntag nach Neumühlen einlädt. Hier verkehren die Mitglieder der Hamburger Patriziergesellschaft sowie alle bedeutenden Fremden und viele andere Besucher Hamburgs. Wahrscheinlich war auch Johanna dort gelegentlich Gast, obwohl die damals noch junge, unbekannte Frau in den zahlreichen Zeugnissen über die Sievekingschen Gesellschaften nirgends erwähnt wird. Bei den berühmten Gesellschaften in Neumühlen, auf denen Klopstock, Gleim, Basedow, der Komponist Reichhardt, der dänische Dichter und Schiller-Verehrer Baggesen, Elisa von der Recke, Wilhelm von Humboldt und Talleyrand erscheinen und deren Gastgeberin Johanna Sieveking, geborene Reimarus, ist, werden oft siebzig bis achtzig Couverts in zwei Speisesälen aufgelegt, was häufig nicht einmal für alle Gäste reicht. Viele der Eingeladenen kennen sich nicht und werden einander auch nicht vorgestellt. Oftmals sind sie selbst der Gastgeberin unbekannt. Die Tafel ist gut, fein, reichlich, aber nicht übermäßig. »Jeder fordert sich Wein, welchen er will, und teilt denen mit, die mit ihm gleichen Geschmack haben. Jeder macht den Wirt mit der Schüssel, die er vorlegt, und mit der Bouteille, die er sich geben ließ. Jeder steht vom Tische auf, geht zu den Andern, zu Mehreren, zu Allen, wie es ihm einfällt, und solange es ihm gefällt. Jeder verläßt den Tisch ganz, wann es ihm gefällt. Er geht dann in den Garten, besieht Kupferstiche, Gemälde, durchblättert Bücher, setzt sich mit einem Buche an einem Lieblingsort, oder fährt gar stillschweigend in die Stadt zurück«, beschreibt ein Besucher das Treiben.[11] Das bunte Gemisch der Gäste – Bankiers, Prinzen ohne Land, juwelenbehangene Holländerinnen, englische Juden, französische Emigranten, Gelehrte etc. – bestaunt auch der mit Johannas späterem Mentor Fernow befreundete Archäologe und nachmalige Förderer ihres literarischen Ruhms Karl August Böttiger. Als er die Sievekingsche Gesellschaft anlässlich eines Hamburg-Aufenthalts im Jahr 1795 besucht, ist der »ehrliche Büsch«[12] anwesend, den Johanna im Entwurf zu ihren Erinnerungen erwähnt. Professor Büsch ist bei der Ankunft der Schopenhauers bereits sechsundsechzig Jahre alt. Er ist einer der fleißigsten und vielseitigsten Volkswirtschaftler seiner Zeit und gilt als liebenswürdiger Mensch. Ursprünglich hatte er Theologie studiert, wurde aber Mathematiklehrer am Hamburger Gymnasium. Im Jahr 1767 gründete er die Handelsakademie, an der unter anderem Alexander von Humboldt studierte. Büsch unternahm Reisen durch Deutschland und Nordeuropa. Seine finanzpolitischen Vorschläge erregten Aufsehen. Er veröffentlichte eine Unzahl von Schriften und engagierte sich im kommunalpolitischen Leben Hamburgs.

Weiterhin erwähnt Johanna den Baron Staël-Holstein, den sie vielleicht hin und wieder bei den Sievekings antraf. Der Ehemann der Madame de Staël und ehemalige schwedische Gesandte in Paris war ungeachtet seiner reichen Frau in Geldnot wie viele Emigranten. Glücklicherweise konnte ihm der befreundete Sieveking mit einem über lange Jahre gewährten großzügigen Kredit aushelfen. Als Sieveking bei seiner diplomatischen Mission 1796 in Paris Unterstützung brauchte, konnte oder wollte ihm Staël-Holstein, der erneut schwedischer Gesandter in Paris geworden war, nicht helfen.

Ein häufiger Gast bei den Sievekings war der von Napoleon geadelte, von Johanna im Entwurf ihrer Memoiren erwähnte Graf Reinhard. Er stammte aus Württemberg. In der Revolution schloss er sich der Gironde an. Zunächst Hauslehrer in Bordeaux, ging er später nach Paris. Dort schlug er die diplomatische Laufbahn ein und arbeitete zunächst im Außenministerium. Als Gesandter vertrat er Frankreich in London, Neapel, Florenz, der Schweiz, Jassy, Kassel, Dresden. Reinhard begeisterte sich für deutsche Literatur, übersetzte Kants Schrift *Zum ewigen Frieden* ins Französische und dichtete selbst. Von 1795 bis 1797 und von 1802 bis 1804 vertrat er Frankreich bei den Hansestädten. Er schloss sich dem Kreis um Sieveking und Reimarus besonders eng an. Als ihm 1796 die Anerkennung als französischer Gesandter durch den Hamburger Senat mit Rücksicht auf Reichspflicht, England und Russland versagt wurde, hielt er sich außer in Bremen auch längere Zeit in Altona auf. Er wollte seinen Freunden in Neumühlen nahe sein. Auf dem Landsitz der Sievekings heiratete er am 12. Oktober 1796 Christine Reimarus, die

Tochter von Dr. Reimarus. Graf Reinhard beteiligte sich intensiv am politischen, kulturellen und gesellschaftlichen Leben Hamburgs. Auf großen Geselligkeiten dürfte er Johanna hin und wieder begegnet sein.

Ein anderer von Johanna genannter Gast im Hamburger Gesellschaftsleben, dem sie bei den Sievekings vielleicht ebenfalls gelegentlich begegnete, war der in Bautzen geborene Professor Meißner, den seine Zeitgenossen als Verfasser schwülstiger Romane kannten.

Hausherr auf Neumühlen ist Georg Heinrich Sieveking. Im Ankunftsjahr der Schopenhauers in Hamburg war er zweiundvierzig Jahre alt und hat soeben zusammen mit dem Altonaer Schriftsteller und Herausgeber des *Altonaischen Merkurius*, Pieter Poel, und mit Johann Konrad Matthießen den prachtvollen Landsitz am hohen Elbufer zu Neumühlen erworben. Später wird Sieveking alleiniger Eigentümer. Der Hamburger »Rothschild« und gemäßigte Anhänger der Französischen Revolution ist einer der einflussreichsten Männer Norddeutschlands. Im Jahr 1796 haben die Hamburger dem ehemaligen »Jakobiner« seinen Fauxpas vergeben. Sieveking wird an der Spitze einer kleinen Delegation, zu der auch Domherr Meyer gehört, nach Paris entsandt, um die enormen wirtschaftlichen und politischen Schwierigkeiten zu überwinden, die Hamburg mit Frankreich hat. Er löst die Aufgabe mit viel Geschick und wird als Dank bei der Rückkehr von der Kommerzdeputation ehrenvoll empfangen. Sieveking fördert Wissenschaftler und Künstler, unterstützt die französischen Emigranten und die Hamburger Armen.

Die geistig beherrschende Figur in Hamburgs guter Gesellschaft ist Klopstock. Obwohl vermutlich die wenigsten Hamburger mit seinen religiös-pathetischen Messiasgesängen etwas anfangen können, verehren sie ihn doch herzlich. Als der Dichter am 14. März 1803 stirbt, wird er unter großer Anteilnahme der Bevölkerung – an die zehntausend Menschen folgen seinem Sarg – unter dem Geläut der sechs Hamburger Hauptkirchen mit einer Ehrenwache von einhundertundzwei Mann zu Fuß und zu Pferd und unter dem Geleit aller Gesandten, Senatoren, Kaufleute in Ottensen unter der Klopstock-Linde beigesetzt. Im Jahr 1793 war er bereits neunundsechzig Jahre alt. Er wohnt in der Königstraße, in unmittelbarer Nähe des Jungfernstiegs, und hat sich vor dem Dammtor einen Garten gepachtet. Zwei Jahre zuvor hatte er sich noch einmal in zweiter Ehe mit der dreiundzwanzig Jahre jüngeren Elisabeth von Winthem verheiratet. Sie ist eine Nichte »Cidlis«, seiner im Kindbett verstorbenen, angebeteten ersten Ehefrau Meta Moller. Trotz ihres freundlichen Wesens wurde die dicke, gleichwohl hübsche Frau von Sophie Reimarus aus weltanschaulichen Gründen nicht geschätzt. Über Johannas Verhältnis zu ihr und zu Klopstock, dessen Werke sie seit ihrer Kindheit kannte, ist nichts Näheres bekannt. Vermutlich gefiel ihr der tabakschmauchende Dichter, der bei anregenden Gesprächen schnell Feuer fing und sich in Gegenwart von Frauen besonders wohl fühlte.

Anscheinend war Johanna auch mit Dr. Johann Albert Heinrich Reimarus bekannt, den sie im Entwurf ihrer Memoiren erwähnt. Der idealistisch gesinnte Dr. Reimarus war ein viel beschäftigter Arzt mit weitgefächerten Interessen. Er machte wichtige Entdeckungen auf dem Gebiet der Medizin. Durch Blatternimpfungen rettete er vielen Kindern das Leben. Er erkannte den Nutzen von Belladonna bei Augenoperationen, beschäftigte sich mit Blitzschutzvorrichtungen, Tierphysiologie, schrieb wirtschaftliche und philosophische Abhandlungen. Er war Mitbegründer der Hamburgischen Gesellschaft zur Förderung der Künste und Gewerbe. Seine Ehefrau Sophie stand dem berühmten Teetisch vor, dessen Mittelpunkt Reimarus' unverheiratete, mit Lessing befreundete

Schwester Elise ist. Wegen ihres Anteils an Jacobis Disput mit Moses Mendelssohn soll sie von dem Philosophen Hamann boshaft »Delia an der Elbe« genannt worden sein. Schon der Vater der Geschwister, der am Akademischen Gymnasium tätige Theologe Hermann Samuel Reimarus, hatte einen Zirkel gebildet, an dem auch der Dichter Brockes und der Baumeister Sonnin teilnahmen. Aus der Feder Hermann Samuel Reimarus' stammte die ungedruckte *Apologie oder Schutzschrift für die vernünftigen Verehrer Gottes*, die Lessing später in den Wolfenbütteler *Fragmenten eines Ungenannten* in Auszügen veröffentlichte, um einen überzeugenden Verteidiger des Glaubens zu präsentieren. Reimarus hatte behauptet, die arbeitsscheuen Apostel hätten den Leichnam Jesu gestohlen und die Auferstehungsgeschichte erlogen, um von den Gläubigen wie zu Lebzeiten des Messias weiter beköstigt zu werden.

Abends versammelte sich am Teetisch der Damen Reimarus in zwangloser Form ein Kreis von Vernunftmenschen, während der viel beschäftigte Mann meist im angrenzenden Bibliothekszimmer bei offenen Türen arbeitete, sodass er sich an der Unterhaltung beteiligen konnte. Diese Form der Geselligkeit, der intimen, geistvollen Gespräche in behaglicher Atmosphäre, dürfte der hochbegabten Johanna am meisten zugesagt haben, wenngleich der dort herrschende freie, rationalistische Geist der Aufklärung ihr sicherlich weniger gefiel, verabscheute sie ihn doch bei ihrem Mann sichtlich. Bei der Taufe seiner Tochter Christine fand Dr. Reimarus, das kalte Wasser sei das Heilsamste dabei. Trotzdem dürfte der Teetisch der Sophie Reimarus, einer entschiedenen Verfechterin der Aufklärung, deren Urteile über Menschen, mit deren Benehmen sie unzufrieden war, sehr hart ausfiel, in gewisser Weise Vorbild für Johannas späteren Weimarer Salon gewesen sein, mit dem Letztere ihr erstes Betätigungsfeld und endlich die ersehnte Anerkennung finden sollte. Die drei

Damen Reimarus, Sophie, Elise und Dr. Reimarus' Tochter aus erster Ehe, Hannchen Sieveking, zeigten Johanna, deren Lebensproblem nicht zuletzt darin bestand, ihre Begabung zu entfalten, ohne verlacht zu werden, wie Frauen ihre geistigen Talente im geselligen Rahmen zur Geltung bringen und sich damit ein anerkanntes Wirkungsfeld schaffen konnten.

Außerdem fand sie durch die lebhafte Teilnahme am geselligen Treiben einen gewissen Abstand zu ihrer ehelichen Misere. Johanna fand Zugang zu Künstlern und Kunstgelehrten und lernte Johann Heinrich Wilhelm Tischbein sowie Professor Waagen kennen, den Vater des ersten Direktors der Berliner Gemäldegalerie. Von ihm lernte sie »sehen«.

4 Die letzten Ehejahre

Noch einmal wird Johanna Mutter eines Kindes. Die Ankunft der kleinen Louise Adelaide am 12. Juni 1797 im Haus der Schopenhauers, »wie der accoucheur, in meiner Gegenwart, meinen Vater durch Rauchen unter deßen Nase, weckte, u. ich eine von der neuen Schwester mitgebrachte große Tüte Marzipan erhielt«, steht dem Erstgeborenen, Arthur, noch im Alter lebhaft vor Augen.[1] Kurz darauf nimmt Heinrich Floris seinen neunjährigen Sohn, der »ein tüchtiger Kaufmann und zugleich ein Mann von Welt und feinen Sitten werden« soll,[2] mit nach Le Havre. Dort will er Arthur für zwei Jahre bei der Familie eines Geschäftspartners in Pflege geben, damit der Knabe Französisch und »im Buch der Welt zu lesen«[3] lerne. Johanna bleibt mit der kleinen Adele in Hamburg. Die Zeit in Le Havre, die Arthur im Schoße der Familie Gregoires de Blesimaire verlebt, wird für Arthur Schopenhauer in der Rückschau zum »weitaus frohesten Theil«[4] seiner Kindheit. Denn in Hamburg hatte sich Arthur nicht sehr wohl gefühlt. Die neue fremde Umgebung, die gespannte, lieblose Atmosphäre zwischen seinen Eltern, der dem Familienleben abträgliche gesellige Verkehr, unter dem auch die Kinder der Sievekings, Paulis und der anderen Großkaufleute litten, ließen in dem zarten Knaben ein Gefühl der Fremdheit, Angst und Verlassenheit aufkommen. »Als sechsjähriges Kind fanden mich die vom Spaziergang heimkehrenden Aeltern eines Abends in der vollsten Verzweiflung, weil ich mich plötzlich von ihnen für immer verlassen wähnte«, erinnert sich der unglückliche Schopenhauer später seiner frühen Hamburger Zeit.[5] Seine Angstgefühle, die ihn ein Leben lang begleiten, führt er aber nicht auf mangelnde mütterliche Fürsorge zurück, sondern auf seinen vom Vater ererbten Charakter. Schopenhauer litt ähnlich wie Heinrich Floris nicht nur unter Argwohn, reizbarer Heftigkeit und Stolz, sondern auch unter einem beständigen Angstgefühl, das er mit seiner ganzen Willenskraft bekämpfte.

Aus dem Briefwechsel der Eltern mit dem Sohn in Le Havre sind lediglich drei sehr kurze Briefe des Vaters und ein etwas längerer Brief der Mutter erhalten. Johannas Ton in diesem Brief vom 8. April 1799, in dem sie Arthur den Tod seines Freundes Gottfried Jänisch mitteilt, ist vernünftig, freundlich ermahnend, aber einfühlsam, wie es dem Bedürfnis des elfjährigen Kindes wohl entspricht. Auf den ersten Blick deutet nichts auf den künftigen Konflikt zwischen ihr und Arthur hin. Bei näherem Hinsehen offenbart dieser Brief jedoch, dass Johanna infolge ihrer Abhängigkeit von Heinrich Floris selbst unbewusst und ungewollt die Grundlagen für Arthurs inbrünstige Vaterverehrung, die sich später verhängnisvoll auf die Beziehung zwischen Mutter und Sohn auswirken sollte, mitlegte. Zu seinen Lebzeiten ist Heinrich Floris in allen Angelegenheiten die letzte Instanz für Sohn und Mutter. Er gewährt oder versagt die Wünsche und Bitten. Vor allem überwacht er sämtliche Ausgaben. Johanna, die in wichtigen Angelegenheiten nichts zu sagen hat, leitet ihre mütterliche Autorität von ihrem Ehemann her. Wenn es um Erziehungsfragen geht, stellt sie sich, wie von Frauen ihrer und nachfolgender Generationen erwartet, ganz hinter ihn. Im Umgang mit Arthur vertritt sie uneingeschränkt den Machtanspruch ihres Gatten. Sie gebraucht ihre intimere Beziehung zu dem Kind, um die väterliche Macht, nach ihrem Verständnis durchaus zum Besten ihres Sohnes, durchsetzen zu helfen: »Dein Vater erlaubt Dir, die eilfenbeinerne Flöte für einen Louis d'or zu kauffen; ich hoffe, daß Du einsiehst, wie gut er gegen Dich ist, er bittet sich dagegen aus, daß Du Dir daß einmaleins recht angelegen seyn läßt. Das ist nun wohl das Wenigste, was Du thun kannst, um ihm auch zu zeigen, wie gerne Du alles thust, was er wünscht.«[6] Der strenge Vater gibt Arthur in seinen Briefen bündige Anweisungen in freundlich gehaltenem Ton und zeigt sich wegen der Rückreise des Sohnes besorgt, da die politische Situation angespannt ist.

Im August 1799 kehrt Arthur nach über zweijährigem Aufenthalt aus Le Havre zurück. Die Reise ist nicht ungefährlich. Arthur tritt die Rückfahrt allein mit der Schiffsbesatzung auf einem einmastigen Küstensegler an. Er durchfährt den von der englischen Flotte kontrollierten Ärmelkanal und erlebt mit, wie die Mannschaft eines anderen Schiffes an Bord genommen wird. Nach über einer Woche kommt er in Hamburg an. Aus dem Jungen ist ein kleiner Franzose geworden. Da sich Johanna noch in Danzig aufhält, nimmt ihn Heinrich Floris allein in Empfang. »Unbändig freute sich mein guter Vater, als er mich plaudern hörte wie wenn ich ein Franzose wäre: die Muttersprache dagegen hatte ich dermaßen verlernt, daß man sich darin nur mit größter Schwierigkeit verständlich machen konnte«, erinnert sich Arthur rückblickend in seinem Curriculum Vitae.[7] Mit seinem Freund Anthime entspinnt sich ein lebhafter Briefwechsel. Johanna, ganz die liebevoll sorgende Mutter, malt nach ihrer Rückkehr ein Porträt Arthurs, das zusammen mit einer Brieftasche nach Le Havre geschickt wird.

Das Jahr 1799 war in jeder Hinsicht ein gutes Jahr für Johanna, die Heinrich Floris für eine Weile nach Danzig hatte entfliehen können. Johannas Reise, die nach Adeles Version in *Jugendleben und Wanderbilder* in diesem Jahr sowieso angestanden hätte, verband das Angenehme mit dem Notwendigen. Johannas Schwiegermutter, wegen ihrer Heftigkeit für wahnsinnig erklärt, vegetierte in einer Stube im Gartenhaus ihres ehemaligen Landgutes in Ohra dahin. Und das, obwohl Heinrich Floris seine Mutter finanziell unterstützte, denn die ihr noch verbliebenen Einkünfte aus den Ländereien in Ohra waren unzureichend. Heinrich Floris war tief besorgt, als er erfuhr, dass »die Regierung heillos mit ihr«[8] umging. Seine persönliche Anwesenheit wäre dringend erforderlich gewesen. Dennoch blieb er starrköpfig. Selbst unter diesen Umständen wollte er Danzig nicht mehr betreten. Johanna musste stattdessen seiner Mutter beistehen.

Im Jahr 1799 wird der Ehevertrag geändert. Über die Gründe ist nichts bekannt – vielleicht wollte sich Heinrich Floris für Johannas tatkräftige Unterstützung seiner Mutter bedanken. Er lässt nunmehr seine Frau an seinem Vermögen partizipieren. Das Ehepaar lebt auf »Hamburger Weise«[9] in Gütergemeinschaft. Der neue Güterstand kommt Johanna allerdings erst als Witwe zugute. Sie wird neben ihren Kindern erbberechtigt und erhält beim Tode ihres Ehemannes ein Drittel des Schopenhauerschen Vermögens. Zu Heinrich Floris' Lebzeiten verbleibt das Verwaltungsrecht und die alleinige Verfügungsgewalt über das Vermögen bei ihm, der nach geltendem Recht Geschlechtsvormund seiner Frau ist. Johanna ist wie alle Frauen rechtlich unmündig. Rechtsgeschäfte und Rechtshandlungen vor Gerichten und Behörden können zu dieser Zeit nach den meisten Rechtsordnungen nur durch einen Mann oder mit Zustimmung eines Mannes vorgenommen werden, den unverheiratete, nicht mehr unter der väterlichen Gewalt stehende Frauen sich auswählen können. Verheiratete Frauen haben diese Wahlmöglichkeit nicht. Sie sind nicht nur ökonomisch und sozial, sondern auch rechtlich vollkommen von ihrem Ehemann abhängig.

Der Hamburger Wirtschaft bringt das Jahr 1799 keinen Segen. Durch den Staatsstreich Napoleons und die kriegerischen Verwicklungen wird der Export fast vollständig lahm gelegt. Es herrscht allgemeine Verwirrung. Fortwährend steigen und sinken die Preise. Spekulationen verursachen eine schwere

Handelskrise, in deren Verlauf binnen sechs Wochen 136 Unternehmen mit einer Schuldenlast von 37 Millionen Mark Banko in Konkurs gehen. Ob und in welcher Höhe Heinrich Floris Vermögensverluste hinzunehmen hat, ist nicht bekannt. Im Sommer des Jahres 1800 hat sich die Lage jedenfalls wieder so weit gebessert, dass eine längere Bäder-, Bildungs- und Besichtigungsreise unternommen wird. Für Johanna ist es nach dreizehn Jahren die erste große Reise, die sie in Begleitung ihres Ehemannes unternimmt. Am 16. Juli 1800 gegen 12 Uhr besteigt die Familie einschließlich der dreijährigen Adele eine Kutsche und reist von Hamburg in Richtung Karlsbad. Als in Celle die Achse bricht, begibt man sich auf Besichtigungstour. »Erstlich brachte uns unser Führer nach dem Schlosse, auf welchem die unglückliche Königin Mathilde von Dänemark von ihrem Gemahl geschickt wurde, weil sie im Verdacht des Ehebruchs mit einem Altonaer Predigers Sohn, nahmens Struensee stand; wir sahen ihre Zimmer u. Meublen, selbst das Bett worinn sie ihr Leben, wahrscheinlich durch Gift endigte«, notiert der zwölfjährige Arthur in seinem Reisetagebuch.[10] Danach besuchen sie noch das Zucht- und Tollhaus. Die Reise führt weiter über Göttingen und Kassel, wo man unter anderem die Bildergalerie und die Malerakademie besichtigt und das Schlafzimmer und Bett des Landgrafen bestaunt, »welches letztere nicht einmal seidene Küssen hat«.[11] Am Nachmittag des 29. Juli kommen sie in Eisenach an, der letzten Station vor Weimar. »Den folgenden Tag brachten wir in Weimar zu, wo wir das Vergnügen hatten, den höchstinteressanten Herrn Bertuch kennen zu lernen. Er führte uns nach der Maler-Akademie, wo Mädchen u. Knaben nach Gyps zeichnen. Auch besahen wir das Schloss, welches, da es nicht mehr im heutigen Geschmack ist, umgeändert wird. Danach giengen wir in den Park, wo wir Schiller begegneten«, berichtet Arthur.[12] Den nächsten Tag verbringen sie in Jena. Von hier führt die Route über Schleiz, Franzensbad nach Karlsbad, wo sich die Familie vom 5. bis zum 28. August aufhält. Dort fasst man den Entschluss, nach Prag und weiter nach Wien zu reisen. Aus Prag schickte man Stafetten nach Wien, um Pässe zu erhalten. Als diese nicht eintreffen, reiste man nach Dresden weiter. Über Zossen, wo gute Freunde besucht werden, geht die Reise weiter nach Berlin. Heinrich Floris betritt also wieder preußischen Boden. Von dort geht es in kleinen Tagesreisen zurück nach Hamburg, wo man am 17. Oktober 1800 eintrifft, gerade noch rechtzeitig zum Besuch von Lady Hamilton in Begleitung ihres Ehemanns und ihres Geliebten. Die berühmten Besucher befinden sich auf der Rückreise nach England, wohin Lord Horatio Nelson, unter dessen Kommando 1798 die französische Flotte bei Abukir geschlagen wurde, beordert worden ist. Mit dem ihnen eigenen Sinn für das Nützliche übersehen die Hamburger das Unschickliche dieses Dreiecksverhältnisses, kann doch die Unterstützung Englands im Bestreben, die Unabhängigkeit der Stadt zu erhalten, auf keinen Fall schaden. Lady Hamilton, die im Januar eine Tochter bekommt, die nach Nelsons Vornamen Horatia getauft wird, Sir William Hamilton und Lord Nelson werden begeistert empfangen. Im *Altonaischen Mercurius* vom 23. Oktober steht: »Gestern ist der berühmte Lord Nelson mit dem Gesandten Hamilton und dessen Gemahlin von Dresden, von dort sie die Reise zu Schiffe, die Elbe herunter gemacht haben, hier angelangt. Abends erschien Lord Nelson in dem hiesigen Französischen Schauspielhause und wurde mit lebhaftesten Beyfall des Publicums begrüßt.«[13] Auch der früheren Dienstmagd Emma Hamilton, die am Hofe von Neapel als Vertraute von Königin Karoline großen politischen Einfluss erlangt hat, wird gehuldigt. Bei einem Abendessen mit Nelson, Lady Hamilton und Damen der Hamburger Gesellschaft trägt Klopstock seine im November 1800 vollendete Ode *Die Unschuldigen* vor, die vom Vergessen des Krieges auch mit Hilfe von Rot- und Weißwein handelt. Die Freunde haben schon vergessen. Sollte das poetische Ich sich erinnern, ist es selbst schuld. »Aber kein Streit ist über tiefes Schweigen,/Kriegselend, von dir! Ach wenn Erinnrung/Deiner mich entheiterte; dann wär' ich der/Schuldige, sie nicht!/Müßte, mich selber strafend, mir den Anklang/Mit der Siegerin dann verbieten, der es/In dem heißen Kampf für die schöne Röthe/Wäre gelungen.«[14] Unter dem Eindruck von Emma Hamiltons Vorführungen, sie spielte Niobe und anderes schweigend und sang die Nina, fügt Klopstock folgende Zeilen an, die er nicht veröffentlichte: »Niemals verdient' ich dann von ihnen, was mir/Jüngst die Zauberin gab, da Niobe sie/Stumm, mir spielte, mir, in dem Grame singend,/Spielete Nina.«[15]

Schon wenige Monate später hat Nelson Gelegenheit, sich bei den Hamburgern zu bedanken. Im Jahr 1801 besetzen die Dänen das reiche Hamburg unter dem Vorwand, die Nordseeküste vor den Engländern zu schützen. Die Beschießung Kopenhagens unter dem Kommando Nelsons beendet kurze Zeit später das dänische Intermezzo.

Arthurs Erziehung zum Kaufmann und Nachfolger ist ein Hauptanliegen des Vaters. Entsprechend sorgfältig und energisch geht Heinrich Floris zu Werke. Arthur wird nach der Rückkehr aus Frankreich in die Privaterziehungsanstalt von Dr. Runge gesteckt, wie es sich für Söhne der kaufmännischen Oberschicht gehört. Der pietistisch geprägte Runge bringt das von ihm errichtete Knabeninstitut nicht zuletzt dadurch zur Blüte, dass er sich als geborener Hamburger ganz auf seine Klientel einstellen kann.

Schon früh nimmt der Knabe an geselligen Vergnügungen teil, wird ins französische Theater mitgenommen oder tanzt wie seine Schulkameraden auf Bällen mit den Gattinnen und Töchtern der Großkaufleute. Die fünfunddreißigjährige Johanna ist in einer Zeit, die als Schönheitsideal das sehr junge, zarte Mädchen hat, anscheinend nicht mehr begehrt. Im Tagebuch von Arthurs Schulfreund Lorenz Meyer, einem

Neffen des Domherrn, wird Johanna, die am 6. Januar 1802 einen Ball bei Böhls besucht, jedenfalls ungalant erwähnt: »NB Eigentlich tanzte ich die 2. Ecossaise mit Madame Schopenhauer. Mad. Böhl schanzte sie mir auf.«[16]

Arthurs starke geistige Interessen erwecken in ihm den brennenden Wunsch, ein Studium aufzunehmen. Der enttäuschte Vater kann seine entschiedene Abneigung gegen diesen Wunsch nicht überwinden. Erst die ständigen Bitten seines Sohnes und das Zeugnis Runges, dass Arthur vielversprechende Geistesanlagen besitze, lassen den Vater sehr widerwillig darauf eingehen. Er beschließt, Arthur eine Domherrenstelle zu beschaffen. Johanna, die Arthurs Wünsche unterstützt, beginnt daraufhin, ihre Fäden zu knüpfen. Heinrich Floris kann sich jedoch nicht entschließen, die Sinekure für Arthur zu kaufen. Johanna klagt im Jahr 1807: »Ach, lieber lieber Arthur, warum mußte damahls meine Stimme so wenig gelten, was du jezt wünschest war ja einst mein wärmster Wunsch, wie thätig strebte ich drauf los ihn auszuführen, troz allem was man mir entgegen sezte war ich doch durchgedrungen, aber wir beyde wurden auf eine grausame Art getäuscht, wir wollen drüber schweigen.«[17]

Heinrich Floris sucht Arthur durch eine List beizukommen. Er stellt ihn vor die Wahl, entweder an einer anderthalbjährigen Reise seiner Eltern durch halb Europa teilzunehmen, dann aber den Kaufmannsberuf zu ergreifen, oder, falls er Gelehrter werden wolle, zurückzubleiben und das Hamburger Gymnasium zu besuchen. Arthur kann der Verlockung nicht widerstehen. Er entscheidet sich für die Reise und gegen das ersehnte Studium. Seine Entscheidung sollte erst zwei Jahre nach dem Tod des Vaters revidiert werden.

Arthurs unter den Augen der Eltern geschriebenes Reisetagebuch offenbart ein distanziertes Verhältnis zu sich selbst, zur Welt und zum Leben überhaupt. Der Sohn verteidigt sich und seine Bedürfnisse, indem er sich absondert. Sein Verhältnis zum Vater, dem er unausgesprochene Vorwürfe macht und passiven Widerstand entgegensetzt, bleibt weiterhin gespannt. Im Verlauf der Reise verhärtet es sich sogar noch. Und seine Mutter ist ihm keine Hilfe. Sie, die auf das Wohlwollen ihres Ehemannes angewiesen ist und sich in kritischen Situationen dem Willen Heinrich Floris' beugen muss, verhindert diese unselige List Schopenhauers nicht. Sie hätte es wohl auch nicht vermocht, falls sie es um ihres Sohnes willen gewollt hätte. Nachdem Arthur seine Wahl getroffen hat, steht sie ganz auf der Seite ihres Gatten. Heinrich Floris' unglückliche Verknüpfung von Gelehrtendasein mit Enthaltsamkeit und Kaufmannsberuf mit sinnlichem Genuss hinterlässt bei Arthur unauslöschliche Spuren. Für alle Zukunft prägt sich dieses Denkmuster bei ihm ein. Lebenslust, Sinnlichkeit bedeuten für Arthur Niederlage. Selbstbestätigung schließt in seinen Augen notwendigerweise den sinnlichen Genuss aus und ist nur durch Askese zu erlangen. Für den sehr sinnlich veranlagten Arthur bahnt sich, durch seine pietistisch geprägte Erziehung noch verstärkt, sein nie gelöster Lebenskonflikt an, der sich in einer Hauptaussage seiner Philosophie niederschlägt, alles Leben sei Leiden.

Politische Wirren, Kriege und dauernde Kriegsgefahr machen die in Aussicht genommene Vergnügungsreise über Holland nach Frankreich, England, Belgien, Paris, nach Südfrankreich, in die Schweiz, nach Wien, Dresden und Berlin zu einem Abenteuer weit über das im Postkutschenzeitalter übliche Maß hinaus. Mehrmals muss die Abreise verschoben werden. Am Dienstag, dem 3. Mai 1803, gegen zwölf Uhr mittags, besteigen Johanna, Heinrich Floris und Arthur endlich ihre zweisitzige Kutsche, in der sie während der nächsten anderthalb Jahre viele Stunden auf engstem Raum verbringen werden, während die knapp sechsjährige Adele in Hamburg in Pflege bleibt. Auf dem Kutschbock hockt ihr

französischer Bediensteter. Am ersten Tag ihrer Reise erreichen sie gegen Abend Lüneburg. Schon um vier Uhr in der
Frühe besteigen sie erneut ihren Reisewagen, um am zeitigen
Abend in Bremen zu sein. Dort besuchen sie einen Geschäftsfreund Schopenhauers. Überhaupt werden, wann immer es sich einrichten lässt, auf dieser bis ins kleinste Detail
geplanten Reise Geschäftsfreunde besucht. Ansonsten interessiert Heinrich Floris sich vor allem für Gärten und Natura-
lienkabinette, während Johanna, die ihre Malutensilien da-
beihat, in erster Linie an Kunst denkt und sich in Paris mit
Miniaturmalerei unter Anleitung des Künstlers Augustin befasst, aber auch Interesse an Blumen zeigt. Alle drei besuchen, wann immer ihnen die Gelegenheit geboten wird,
Opern und Theateraufführungen.

Schon bald wird die Reise von der drohenden Kriegsgefahr
überschattet. Der geplante Frankreich-Aufenthalt droht ins
Wasser zu fallen, als die Schopenhauers am 9. Mai 1803 in
holländischen Zeitungen von der Abreise des englischen und
des französischen Ministers lesen. Sie wagen dennoch die
Reise nach Calais, wo sie sich am 24. Mai nach England ein-
schiffen. Unterwegs nimmt ihr Schiff Reisende auf, die ursprünglich mit dem französischen Paketboot übersetzen wollten, das den Hafen jetzt nicht mehr verlassen darf.

In England wird Arthur für drei Monate in das Internat des Re-
verend Lancaster in Wimbledon gegeben, um seine Sprachkenntnisse zu vervollkommnen, vor allem aber, um das un-
entbehrliche Rüstzeug eines Kaufmanns, »gut, schnell und
deutlich zu schreiben«,[18] zu erwerben. Währenddessen reisen
Johanna und Heinrich Floris durch Schottland. Aus dieser Zeit
sind elf Briefe der Eltern erhalten. Bemerkenswert an den väterlichen Briefen ist der zunehmend gereizte Ton, der auffäl-
lig mit Heinrich Floris' freundlichen Briefen aus dem Jahr
1799 kontrastiert. Hauptinhalt sind Befehle, Ermahnungen
und Kritik. Die Details des Umgangs überlässt er wiederum der

Mutter. So schreibt er am 26. Juli 1803: »Heute am 8. Tag hat die Mutter dir einen langen Brief erlaßen, den ich dir bitte, sehr ernstlich zu behertzigen, sonsten ich äußerst aufgebracht seyn würde, denn schreiben du durchaus lernen mußt in gantzer Vollkommenheit.«[19] Johannas Briefe sind im Ton wärmer abgefasst. Immerhin bemüht sie sich, auf Arthur einzugehen, der sich in dem bigott geführten Internat einsam fühlt und langweilt. Sie gibt Ratschläge und gesteht ihm, dass es ihr jahrelang nicht besser ergangen sei. Im Übrigen werde der Internatsaufenthalt seine Umgangsformen, mit denen sie nicht zufrieden ist, sehr zugute kommen. In einem anderen Brief zieht sie Arthur in aller Selbstverständlichkeit ins Vertrauen und berichtet über ihre Misstimmung: »… schreibe nur recht bald, Du weist wohl der Vater macht sich gern Sorgen wenn er keine hat … Von uns kann ich Dir wenig melden, ich bleibe fleißig zu Hause weil ich nicht weiß wo ich hingehen soll, dabei declamiere ich das beliebte Verbum, je m'ennuie, tu t'ennuies etc. und zur Gemühtsergözung spiele ich die Sonaten, die mir alle Tage besser gefallen.«[20] Obwohl sie den Sohn zum Komplizen ihres Unmuts über Heinrich Floris zu machen pflegt, verweigert sie ihm echte Solidarität. Sie verschleiert das mangelnde Verständnis des Ehemannes für die Persönlichkeit des Sohnes und verschanzt sich hinter Heinrich Floris: »… denn es ist unsere Pflicht und unser Wille, alles zu Deiner Vervollkommnung beyzutragen, was in unsern Kräften steht …«[21] Vor Arthur steht sie als zweitrangiger, gleichfalls verständnisloser Elternteil da, ein schwankendes Schilfrohr im Wind, vor dem er kaum Respekt hat und dem er, was vielleicht noch wichtiger ist, kein Vertrauen entgegenbringt. Arthur kann zu seiner Mutter aus diesem Grunde kein wirkliches Vertrauensverhältnis entwickeln. Johanna, die notgedrungen eine bessere Ehefrau als Mutter ist, steht dann auch nur scheinbar auf Arthurs Seite, als sie ihm freundschaftlich rät, sich Mühe zu geben, wenn er an der weiteren Reise teilnehmen möchte. Sie stehe sonst für nichts. Sie kann oder will sich nicht allzu tief in Arthurs Persönlichkeit einfühlen, was auch an den Vorstellungen der Zeit liegt, die das Kind zum Objekt autoritärer Eltern macht. So begreift sie auch nicht, dass ihm eine mechanische Übung wie das Schönschreiben so schwer fällt, weil er sich mit ganzer Seele gegen den aufgezwungenen Kaufmannsberuf sträubt.

Die Europareise endet am 25. August in Berlin, wo man sich bald trennt. Heinrich Floris, der immer noch starrköpfig einen Bogen um Danzig macht, reist über Braunschweig nach Hamburg zurück. Johanna fährt mit Arthur und Adele, die, nach dem Ausgabenverzeichnis Schopenhauers zu schließen, wo Transportkosten für Adele vermerkt sind, zuvor nach Berlin gebracht worden ist, nach Danzig. Für Arthur beginnt nun der Ernst des Lebens. Er wird in der Marienkirche konfirmiert. Bei dem angesehenen Danziger Handelsherrn und Begründer der späteren Handelsakademie, Kabrun, muss er anschließend für drei Monate in die Lehre gehen. Die Briefe vom 23. Oktober und 20. November 1804, die Heinrich Floris Arthur nach Danzig schreibt, enthalten eine Kette von Rügen und Ermahnungen. Sie zeigen einen nörglerischen, ewig krittelnden Vater, der mit seinem Sohn äußerst unzufrieden ist. Heinrich Floris misstraut ihm so sehr, dass er Johanna nicht recht glauben will, als sie ihm schreibt, Arthur sei ein besserer Jüngling geworden. Im Dezember 1804 kehrt Johanna mit den Kindern nach Hamburg zurück. Für Arthur ist der Himmel endgültig eingestürzt, muss er doch ab dem 1. Januar 1805 bei Senator Jenisch, einem der angesehensten Kaufleute Hamburgs und strengen Lehrherrn in die Lehre gehen.

Auch Heinrich Floris' Gemütszustand verdüstert sich zusehends. Schon auf der Reise hatten sich erste Anzeichen von Erschöpfung und Resignation gezeigt. Als er mit seiner Familie den in Mode gekommenen, aber wegen der Jahreszeit nicht ungefährlichen Abstecher nach Chamonix hatte unternehmen wollen, war er bald umgekehrt, weil er das Vorhaben zu beschwerlich fand. Mutter und Sohn indessen hatte das Abenteuer gelockt. Sie hatten sich über die noch winterlichen Pässe am Fuße des Montblanc gewagt. Wieder zurück in Hamburg, machen Reisestrapazen, eingebildete oder tatsächliche Vermögensverluste (vielleicht die Gelder in Spanien, die Adele ihren Bruder zu retten auffordert [12. Mai 1819]), lange Abwesenheit von seinem Geschäft in schwierigen Zeiten und nicht zuletzt Arthurs anhaltender Widerwille gegen die kaufmännische Laufbahn Heinrich Floris schwer zu schaffen. Seine Gereiztheit nimmt in seinen letzten Lebensmonaten pathologische Züge an. Die Rechnung eines Möbelschreiners soll ihn in so hochgradige Erregung versetzt haben, dass er einen Geschäftsfreund, mit dem er in London noch zusammengetroffen ist, nicht erkennt und ihm die Tür weist. »Ich kenne Sie nicht! Es kommen so viele, die sagen, ich bin der und der – ich will nichts von Ihnen wissen«, soll er nach dem Bericht seines Gehilfen geäußert haben.[22] Johanna nimmt in dieser Zeit die gesteigerte Gereiztheit ihres Mannes hin, wie sie es immer getan hat. Sie versucht, ihr gewohntes Leben weiterzuführen. Der gesellige Verkehr liegt im Interesse des Handelsgeschäfts und ist, wie bei großen Handelshäusern üblich, zum großen Teil Zwangsgeselligkeit. Muss sie nicht der Welt zeigen, dass alles in Ordnung ist? Was sollte sie sonst auch tun, um ihrem Mann Halt zu geben? Hat nicht Heinrich Floris bislang seine Depressionen und Ängste durch entschlossenes Handeln in den Griff bekommen? Arthur wird ihr Verhalten viele Jahre später, als die Beziehung zu seiner Mutter unwiderruflich zerstört ist, mit folgenden Worten kommentieren: »Ich kenne die Weiber. Einzig als Versorgungsanstalt erachten sie die Ehe. Da mein eigener Vater siech und elend an seinen Krankenstuhl gebannt war, wäre er verlassen gewesen, hätte nicht ein alter Diener sogenannte Liebespflicht an ihm erfüllt.

Meine Frau Mutter gab Gesellschaften, während er in Einsamkeit verging, und amüsierte sich, während er bittere Qualen litt. Das ist Weiberliebe!«[23]

Heinrich Floris' Krankheit endet tödlich. Am 20. April 1805 stürzt er absichtlich oder im Zustand geistiger Verwirrung – bis heute sind die Todesumstände ungeklärt – aus dem obersten Stockwerk seines Hinterhauses ins Fleet. Johanna und Arthur glauben an Selbstmord. Die Todesanzeige, die Johanna in der *Staats- und Gelehrten Zeitung des Hamburgischen unparteiischen Correspondenten* vom 24. April 1805, einem Mittwoch, aufgibt, begnügt sich mit den Worten: »Ich erfülle hierdurch die traurige Pflicht, meinen Verwandten und Freunden den Todesfall meines Mannes, Herrn Heinrich Floris Schopenhauer, durch einen unglücklichen Zufall verursacht, anzuzeigen, unter Verbittung aller Beileidsbezeugungen, die meinen Kummer nur vermehren würden.«[24]

II FRAU HOFRÄTIN SCHOPENHAUER

Dienen lerne beizeiten das Weib nach ihrer
                                        Bestimmung;
Denn durch Dienen allein gelangt sie endlich zum
                                        Herrschen,
Zu der verdienten Gewalt, die doch ihr im Hause
                                        gehöret.
        Johann Wolfgang von Goethe,
        Hermann und Dorothea, 7. Gesang, Vers 114 f.

Charakter im Großen und Kleinen ist, daß der
                                        Mensch
demjenigen eine stete Folge gibt, dessen er sich
                                        fähig fühlt.
        Johann Wolfgang von Goethe,
        Maximen und Reflexionen

Die reine Bildungslust, jedem einwohnend
auf eine friedliche Ausgleichung sittlicher
Verhältnisse hinstrebend, sie ists, die sich
gesellig am freudigsten offenbart.
        Johann Wolfgang von Goethe
        an Nees von Esenbeck, 11. 9. 1826

5 Feuertaufe

Als Erbin von einem Drittel des Schopenhauerschen Nachlasses ist Johanna jetzt finanziell unabhängig. Aber noch
kann sie über die Erziehung ihrer unmündigen Kinder nicht
entscheiden. Sie will sich von niemandem dreinreden lassen.
Johanna schöpft ihre rechtlichen Möglichkeiten aus, leistet
den Witweneid und wird »Obervormünderin«[1] von Adele und
Arthur. Dadurch erlangt sie nicht zuletzt das sehr weit-
gehende Verwaltungsrecht über das Vermögen ihrer Kinder.
Jetzt erst kann sie die Liquidation des vorläufig weiterge-
führten Handelshauses in die Wege leiten. Noch im Todesjahr
ihres Ehemannes beschließt sie, die Firma Heinrich Floris
Schopenhauer allmählich durch seinen langjährigen ersten
Gehilfen, den Kaufmann Wilhelm Ganslandt, liquidieren zu
lassen.

Johannas Entscheidung war durchaus vernünftig und zum
Wohl aller Erben. Sie hatte weder Neigung noch Fähigkeiten
zum Kaufmannsberuf. Für die nächsten sieben Jahre, bis
Arthur seine Lehre beendet hätte, wäre sie bei einer schwierigen allgemeinen Wirtschaftslage vollkommen von Ganslandt abhängig gewesen. Johanna hätte sich auf ein unüber-
schaubares Risiko eingelassen, was gewiss nicht im Interesse
ihrer Kinder lag. Daneben spielen persönliche Motive eine
wichtige Rolle. Sie wollte ihre unglückliche Vergangenheit
hinter sich lassen. Knapp vier Monate nach dem Tod von
Heinrich Floris verkauft sie deshalb das Haus Am Neuen
Wandrahm. Sie zieht ans andere Ende der Stadt, in eine Wohnung im Haus Kohlhöfen Nr. 87. Es ist eine Übergangslö-
sung.

Johanna ist nach den Vorstellungen der Zeit nicht mehr jung. Mit achtunddreißig Jahren bereits im fortgeschrittenen Matronenalter, darf sie vom Leben nicht mehr viel erwarten. Auch äußerlich ist sie eine Matrone. Aus dem zierlichen jungen Mädchen ist eine füllige Frau geworden. Zudem ist sie durch eine hervorstehende linke Hüfte entstellt. Die allgemeine Lebenserwartung ist trotz der Fortschritte in der Medizin und den Naturwissenschaften nach wie vor gering. Die wenigen Jahre, mit denen sie noch rechnen kann, will sie möglichst angenehm verbringen und für sich nutzen. Sie will ihre Talente entfalten, von denen ihr bis dahin allein ihre geselligen Fähigkeiten bewusst sind. Und sie will ihren Bildungshunger stillen. Diese Absichten widersprechen jedoch den Gepflogenheiten der Epoche. Der Platz einer Witwe ist im Schoße der Familie, an der Seite ihrer Kinder – der siebenjährigen Adele und des siebzehnjährigen Arthur –, denen sie sich, möglichst unter männlicher Anleitung, ausschließlich zu widmen hat. Da Johanna in Hamburg keine Verwandten hat, wäre es deshalb nur natürlich gewesen, wenn sie zurück nach Danzig gegangen wäre, wo ihre Mutter und ihre Schwestern, die anderen Verwandten und die Verwandtschaft Heinrich Floris Schopenhauers leben. Oder sie hätte in Hamburg bleiben und Arthurs Ausbildung zum Kaufmann überwachen können. Auch diese Lösung hätte allgemeinen Beifall gefunden.

Den Entschluss, sich bei der Verwirklichung ihrer Wünsche und Vorstellungen nicht länger von Konventionen fesseln zu lassen, sie aber zu nutzen, wenn es angezeigt wäre, fasst sie allein. Wir wissen nicht, wann die entschiedene Republikanerin sich entschloss, Hamburg zu verlassen und fortan in Weimar zu leben. Die kleine ländliche Residenzstadt ist ein von Standesdünkel und Kleinbürgergeist durchdrungener Krähwinkel, wo Bürgerliche durch den Adel niedergehalten werden. Johanna ignoriert dies ebenso wie die Misthaufen auf den Straßen. Denn nur hier kann sie ihren ehrgeizigen

Plan verwirklichen, eine Begegnungsstätte für Goethe und die anderen in Weimar lebenden Schöngeister zu schaffen.

Bekannt ist, wie sie ihren Entschluss ausführte. Nach Ablauf des Trauerjahres unternimmt sie eine Erkundungsreise nach Weimar. Adele und Arthur bleiben bei der Dienerschaft, als Johanna im Mai 1806 die Kutsche besteigt. Sie fährt jedoch nicht allein. Sehr zum Missfallen ihres Sohnes nimmt sie Ratzky, den Lebensgefährten ihrer Schwester Charlotte, mit, der nach Hamburg gekommen ist, um irgendwie sein Glück zu machen. Er gewinnt Johannas Gunst, die einen männlichen Reisebegleiter braucht, während ihre Danziger Verwandtschaft von Ratzky nicht sehr angetan ist. Johanna reist über Lüneburg, Hannover, Kassel, Eisenach und Gotha, wo es ihr ausnehmend gut gefällt. Die Reise lässt sie aufleben. Ihrem weiterhin als Lehrling auf dem Kontor arbeitenden Sohn schreibt sie aufmunternd: »… habe Dich, mein lieber Arthur, habe ich oft zu uns gewünscht, denn nie hat mir eine Reise mehr Vergnügen gemacht.«[2]

Am Abend des 14. Mai 1806 kommt Johanna in Weimar an, inzwischen unschlüssig, ob sie nicht Gotha vorziehen solle. »Jetzt kann ich noch nichts entscheiden«, berichtet sie am 16. Mai Arthur, »doch gefällt es mir recht gut … ich denke, wenigstens 14 Tage hier zu bleiben, in der Zeit werde ich wohl mit mir und meinen Wünschen aufs reine seyn, ich glaube, ich werde hier Hütten bauen.«[3] Sogleich nimmt Johanna den gesellschaftlichen Verkehr auf und knüpft Bekanntschaften. Zu ihren ersten Bekannten in Weimar zählt neben der hamburgischen Familie Kühn ihr Landsmann Falk. Ihn kennt sie möglicherweise schon aus Danzig. Er ist zwei Jahre jünger als sie. Nachdem er sich mit einer wohlhabenden Frau verheiratet hatte, kam er vor neun Jahren nach Weimar, um sich hier als Privatgelehrter niederzulassen. Seit 1801 ist der nicht unumstrittene Autor von Satiren, Fabeln und polemischen Versen auch häufiger Gast bei Goethe, dessen naturwissenschaftliche Interessen er teilt und den er im Kampf gegen Kotzebue unterstützt. Goethe schätzt Falks fundiertes Urteil, lehnt seine Kritiken aber als »Personalsatyre«[4] ab. Seit 1803 arbeitet Falk außerdem als Rezensent der *Jenaer Allgemeinen Literaturzeitung*. Sie gehört Bertuch, den Johanna schon seit ihrer Reise nach Karlsbad im Jahr 1800 kennt. Er ist der einzige Großkaufmann in Weimar.

Weitere Bekannte Johannas sind die Ridels. Amalie Ridel, geborene Buff, ist die Schwester von Charlotte Buff, in mancherlei Zügen Vorbild für die Lotte in Goethes *Die Leiden des jungen Werther*. Ihr Ehemann ist der Sohn eines Hamburger Senators, der nach einem Jura- und Philosophiestudium in Göttingen, einem Praktikum am Reichskammergericht in Wetzlar, als Lizentiat der Rechte nach Weimar kam, wo er so viel Anklang fand, dass er Prinzenerzieher wurde und bis 1799 den Erbprinzen Carl Friedrich heranbildete. Seit 1801 sitzt er in der Kammerverwaltung, wo er Sitz und Stimme hat. Der Kunstgelehrte Fernow, zu dem Johanna eine tiefe Freundschaft entwickeln sollte, gehört ebenfalls zu ihren ersten Bekannten in Weimar.

Anfangs liebäugelt Johanna mit dem Kauf eines Hauses in der Vorstadt. Doch dann entschließt sie sich, eine Wohnung an der Esplanade nahe dem Theater zu mieten, im Hause der Hofrätin Ludecus, einer Schwester Kotzebues, die unter dem Pseudonym Amalie Berg sehr schlichte, moralisierende Frauenromane wie *Luise oder die unseligen Folgen des Leichtsinns* veröffentlicht. Die Wohnung besteht aus vier Zimmern, einigen Räumen im ersten Stock, einem kleinen Garten für Adele und einem Nebengelass. Johanna zahlt 170 Taler Miete.

»Equipage brauche ich nicht«, schreibt sie ihrem Sohn, »es giebt hier Miehtwagen und Porteschaisen, so viel man braucht. Der Ton in Gesellschaft ist äußerst gebildet, Ridels thun was sie können für mich, gestern brachten wir einen angenehmen Abend mit Falk und Fernow den Du kennen mußt, bey ihnen zu. Goethe u. Wieland habe ich noch nicht gesehen, ersterer ist in Jena, letztern treffe ich wahrscheinlich Donnerstag bei Md. Kühn. Im Teater bin ich einmahl gewesen, es gefällt mir sehr; die Truppe ist ungefähr wie in München, ein schönes harmonirendes Ganzes, Costüm und Dekorationen sehr schön und herrliche Musick.«[5]

Am 26. Mai berichtet sie Arthur mit großer Zuversicht: »Der Umgang hier scheint mir sehr angenehm, und gar nicht kostspielig, mit wenig Mühe und noch weniger Unkosten wird es mir leicht werden, wenigstens einmahl in der Woche die ersten Köpfe in Weimar, und vielleicht in Deutschland, um meinen Theetisch zu versammeln, und im ganzen ein sehr angenehmes Leben zu führen. Die Gegend um Weimar ist nicht ausgezeichnet schön, aber recht hübsch, aber der Park ist würcklich sehr schön … Mit Wieland soll ich Morgen bei Ridel zusammen seyn und obendrein *l'Hombre* mit ihm spielen, den ganzen Abend werd ich denken *Oh Lord oh Lord, what an honour is this*. Goethe sollte ich heute sehen, er wollte mich selbst in der Bibliothek herumführen, leider ist er gestern sehr krank geworden, aber doch ohne Gefahr.«[6]

Johanna kehrt über Jena und Braunschweig nach Hamburg zurück. Sehr eilig hat sie es nicht, plant sie doch bei gutem Wetter eine Besteigung des Brockens. Im Herbst will Johanna dann mit Adele in Weimar ein neues Leben beginnen.

Auch Arthur ist nach dem Tode des Vaters frei. Zwar ist er noch minderjährig, doch behandelt seine Mutter ihn als jungen Erwachsenen, der für sich selbst verantwortlich ist. Niemand hindert ihn jetzt mehr, die Gelehrtenlaufbahn einzuschlagen, aber er rafft sich zu keinem Entschluss auf. Arthur bleibt aus freien Stücken hinter dem verhassten Hauptbuch auf dem Kontor des Großkaufmanns Jenisch. Angesichts seines brennenden Studienwunsches gleicht dies einer Selbstaufopferung, unter der Arthur seelisch leidet. Immer tiefer versinkt er in Depression und Lethargie.

Johanna sorgt sich um ihren Sohn. Sie fürchtet, sein Zustand sei das erste Anzeichen einer vom Vater ererbten Gemütskrankheit, gegen die sie machtlos sei.

Dass Heinrich Floris' Tod dem Sohn Gewissensqualen verursacht, kann Johanna sich nicht vorstellen. Hat Arthur nicht ebenso wie sie unter seinem Vater gelitten? Sie selbst empfindet keine Schuld. Sie hält sich für berechtigt, ihre »zu teuer erkaufte Unabhängigkeit«[7] zu genießen. Der Tod ihres Mannes hat ihre Meinung über ihn, der sie und alle Frauen verachtete, nicht geändert. Zu tief gingen die erlittenen Kränkungen. Nichts kann sie versöhnen: weder Heinrich Floris' kultivierter Lebensstil, der ihr bedeutende Bekanntschaften ermöglichte, nach denen sie seit ihrer Jugend strebte, noch die luxuriöse Umgebung, die Möglichkeit, ihren Bildungs- und Kunstinteressen nachzugehen statt sich im Haushalt zu verausgaben, oder die nur wenigen Frauen gegebene Möglichkeit, halb Europa zu sehen. Obwohl sie sich bemüht, Heinrich Floris gerecht zu werden, kommt sie immer wieder auf seine dunklen Seiten zurück. So schreibt sie ihrem Sohn einmal: »Ich weiss, was es sagen will, ein Leben zu leben, welches unserem inneren widerstrebt.«[8] Bei anderer Gelegenheit wird sie von verlorener Jugend sprechen, wenn sie die Jahre an der Seite Heinrich Floris Schopenhauers meint. Noch lange blickt sie mit Abscheu auf ihre Ehe zurück. Knapp anderthalb Jahrzehnte nach dem Tod ihres Mannes äußert sich Johanna über ihren verstorbenen Ehemann auf eine Weise, die der Tochter fast das Herz bricht. Seine düsteren und lächerlichen Seiten finden Eingang in ihre Romane. Erst im Alter, nach der Trennung von Gerstenbergk, sollte sie ihre Ehe milder beurteilen. In ihren für die Öffentlichkeit bestimmten Memoiren bemüht Johanna sich schließlich, keinen Schatten mehr auf ihren verstorbenen Ehemann fallen zu lassen, was ihr niemals ganz gelingt.

Johanna ist zu sehr mit ihren Angelegenheiten beschäftigt und zu wenig an Politik interessiert, um die Gefahr zu bemerken, die sich über Weimar zusammenbraut. Seit der Gründung des Rheinbundes durch Napoleon, der das Heilige Römische Reich deutscher Nation sprengte, grenzt Sachsen-Weimar an französisch beherrschtes Territorium. Das Herzogtum, das sich seit den Tagen Friedrichs II. traditionell an Preußen orientierte, stellt sich auch diesmal auf seine Seite. Preußen hat in Verkennung seiner Lage eine Koalition mit Russland und Sachsen geschlossen. Es fordert Frankreich ultimativ zum Abzug aller französischen Truppen rechts des Rheins auf und verlangt die Auflösung des Rheinbundes. Carl August will sich nicht taktisch verhalten, wie ihm vielfach geraten worden ist. So versucht er erst gar nicht, seine verwandtschaftlichen Beziehungen zum russischen Herrscherhaus – die Frau des Erbprinzen ist eine Schwester des Zaren – zu nutzen, um durch Vermittlung Russlands Weimar eine weitgehend unabhängige Existenz zu sichern. Mit seiner eigenwilligen Politik sollte der Herzog sein Land an den Rand des Abgrunds bringen. Im Herbst 1806 liegt Weimar mitten im Krisengebiet. Niemand erwartet jedoch, dass der Krieg, der noch auf Schlachtfelder beschränkt ist, sich um Weimar herum abspielen wird.

Vor der Folie ihrer Kriegserlebnisse versteht Johanna später ihr politisches Desinteressse nicht mehr, bekennt sie in ihrer Biographie Fernows. Dabei kümmerten sich Privatleute im Zeitalter der Kabinettskriege kaum um Politik. Persönliche und politische Belange waren noch weitgehend getrennt. Hielt man sich von den eigentlichen Schlachtfeldern fern,

hinderte der Krieg die persönliche Bewegungsfreiheit nicht
allzu sehr. Auf ihrer Europareise hatte Johanna dies selbst erlebt. Niemand scherte sich darum, ob der Staat, dem man angehörte, Krieg führte oder nicht. So lebte Alexander von
Humboldt auch während des Krieges, den sein preußischer
Heimatstaat gegen Frankreich führte, in Paris, wohin der
preußische Staat ihm seine Staatspension anstandslos über-
wies.

Die letzten Tage vor ihrer Abreise nach Weimar verbringt
Johanna Schopenhauer in trüber Stimmung. Auf ihr lastet
nicht nur die Trennung von ihrem Sohn, sondern auch der
Abschied von ihren Hamburger Freunden und Bekannten.
Am Tag zuvor erhält sie noch Empfehlungen Tischbeins, der
am Jungfernstieg im Hotel »Zum römischen Kaiser« wohnt.
Er wird ständig von kunstfreundlichen Menschen besucht,
die unter anderem seine Sammlung von Antiken und itali-
enischer Meister bewundern. Tischbein lebt hier seit 1799.
Damals kam er aus Italien, das er wegen der politischen Verhältnisse verlassen musste. Goethe, der Tischbein früher intensiv förderte und ihm auch ein Stipendium für einen Ita-
lien-Aufenthalt vermittelte, hat seit der gemeinsamen Reise
nach Neapel ein gespanntes Verhältnis zu dem Maler. Johanna will trotzdem Tischbeins Bekanntschaft mit Goethe
aus den italienischen Tagen und seine Beziehungen zum weimarischen Hof – er ist mit der Herzoginmutter Anna-Ama-
lia und deren Hofdame Fräulein von Göchhausen bekannt –
nutzen. Der Maler empfiehlt Johanna Goethe mit den Worten: »Unnöhtig ist es zu schreiben, da Md. Schoppenhauer
Weimar zu Ihren auffenthaltsordt um Goehtens willen
wehle(t), das sie die persoh(n)lige beckandtschfft wünscht.
Und überfließig ist es, für sie bey Ihnen um Gefälligkeit zu
bitten, da man im voraus überzeicht ist, das jeder Gute, der
nach dem schönen tracht, freindlich von Ihnen aufgenomen
werdt. W. Tischbein. Hamburg d. 20. Sept. 1806. Herrn Ge-

heimen Rath von Goehte Weimar.«[9] Am nächsten Tag, es ist ein Sonntag, steigt sie in die Kutsche, ohne sich von ihrem Sohn zu verabschieden. Stattdessen hinterlässt sie den folgenden Brief, den sie am Samstagabend geschrieben hat.

»Du bist eben fortgegangen, noch rieche ich den Rauch von deinem Zigarro, ich weiß daß ich dich in langer Zeit nicht wiedersehen werde. Wir haben den Abend recht froh miteinander hingebracht, laß das der Abschied seyn. Lebe wohl, mein guter lieber Arthur, wenn du diese Zeilen erhältst, bin ich vermuhtlich nicht mehr hier aber auch wenn ich es auch wäre, komm nicht, ich kann das Abschiednehmen nicht aushalten. Wir können einander ja wiedersehen, wenn wir wollen, ich hoffe es wird nicht gar zu lange währen, so wird auch die Vernunft erlauben es zu wollen. Lebe wohl, ich täuschte Dich zum ersten mahl, ich hatte die Pferde halb sieben bestellt, ich hoffe es wird Dir nicht zu wehe thun daß ich dich täuschte ich that es um meinetwillen, denn ich weis wie schwach ich in solchen Augenblicken bin, und wie sehr mich jede heftige Rührung angreift. Lebe wohl, Gott segne Dich.

Deine Mutter J. Schopenhauer.

schreibe mir doch ja nächsten Mittwoch.«[10]

Vierzehn Tage vor der Doppelschlacht bei Jena und Auerstedt, als ganz Weimar mit Fluchtvorbereitungen beschäftigt ist und allerorten Bestürzung herrscht, trifft Johanna am Abend des 28. September mit Adele und ihrem französischen Dienerehepaar Sophie und Johannes Duguet in dieser von Kriegstruppen am meisten bedrohten Gegend ein. Schon auf der Reise ist sie Truppenkontingenten begegnet. In Halle erfährt sie, dass sie auf dem Weg nach Weimar weder Pferde noch Unterkünfte finden wird, »weil alles voll Soldaten liege«.[11] Sie übernachtet und nimmt am anderen Tag Fuhrmannspferde, die sie auf einem anderen Weg nach Weimar bringen. In Weimar steigt sie im Gasthof »Zum Erbprinzen«

ab, in dem sie schon früher logiert hat. Dort findet sie einen Brief ihres Sohnes vor, der ihr »den ersten Morgen in Weimar recht angenehm« macht.[12] In dem Gasthof, der inzwischen viele Generäle und Fürstlichkeiten beherbergt und ihr dadurch unbequem wird, bleibt sie, bis ihre Wohnung eingerichtet ist, die sie dann am 8. Oktober 1806 bezieht. Am 9. Oktober 1806, nach der französischen Besetzung Ansbachs und Bayreuths, erklärt Preußen Frankreich den Krieg. Herzog Carl August von Sachsen-Weimar, der zu den wenigen Fürsten gehört, die dieses gewagte Unternehmen unterstützen, dient fortan als General der Kavallerie im Heer der Preußen.

Napoleon hat seine Truppen noch im Süden Deutschlands stehen. Sogleich rückt er nach Thüringen vor. Bei Schleiz kommt es am 9. Oktober zu einem Zusammenstoß. Prinz Louis Ferdinand, den Goethe wenige Tage zuvor noch in Jena besucht hat, fällt am 10. Oktober in der Schlacht von Saalfeld. Am 14. Oktober kämpft die preußische Hauptarmee bei Auerstedt gegen den französischen Marschall Davout, während Napoleon die zweite preußische Heeresgruppe bei Jena angreift. Wie vorauszusehen war, siegen in beiden Schlachten die Franzosen.

Bereits am 6. Oktober schrieb Johanna, dass sie mitten im Kriege sei, aber guten Mutes. »Ich bitte Dich nochmahls, lieber Arthur, sey meinetwegen ruhig, wenn ich auch in einiger Zeit nicht schreibe da die Posten so unrichtig gehen, an mir soll es nicht liegen, aber Briefe blieben jetzt leicht liegen, oder gehen verloren. Für meine Person riscire ich nichts, oder mache mich beim kleinsten Anschein von Gefahr davon, von unserem Vermögen ist hier nichts als die Möblen die man mir nicht nehmen wird, Silber und Juwelen kann ich leicht in Sicherheit bringen.«[13]

Am 11. Oktober kamen König Friedrich Wilhelm III. und Königin Luise von Preußen nach Weimar, wo der König sein

Hauptquartier errichtete. Am 12. Oktober wurde das Feldlager aufgeschlagen. Der König stand hier jetzt mit 95 000 Mann. Die Berge waren von Zelten übersät. Soldaten schlugen Alleen zu Brennholz. Sie kochten Kohl und Kartoffeln und schlachteten Kühe und Ochsen, die sodann stückweise auf Pfählen ins Lager getragen wurden. Marketenderinnen zogen mit Kaffee und Branntwein umher.

An diesem Tag erhielt Johanna zunächst Besuch von Bertuch, der sie wegen der Lage beruhigt. Dann erschien ein ungewöhnlicher Gast. »Kurz darauf meldete man mir einen unbekannten, ich trat ins Vorzimmer und sah einen hübschen ernsthaften Mann in schwarzem Kleyde der sich tief mit vielem Anstande bückte und mir sagte erlauben Sie mir, Ihnen den Geheime Raht Göthe vorzustellen, ich sah im Zimmer umher wo der Göthe wäre, denn nach der steifen Beschreibung die man mir von ihm gemacht hatte konnte ich ihn in diesem Mann nicht erkennen, meine Freude und meine Bestürzung waren gleich Gros, und ich glaube ich habe mich deshalb besser genommen als wenn ich mich drauf vorbereitet hätte, wie ich mich wieder besann waren meine beyden Hände in den seinigen und wir auf dem Wege nach meinem Wohnzimmer.«[14] Goethe sprach Johanna ebenfalls Mut zu. Abends fand sich der General der Kavallerie und ehemalige Gouverneur der Stadt und Festung Danzig, Graf von Kalckreuth ein, den sie bei einem ihrer Aufenthalte in Danzig kennen gelernt hatte. Er riet ihr ebenfalls zum Bleiben.

Am 13. Oktober, einem schönen Herbsttag, besuchte Johanna in Begleitung von Adele und Rat Conta, der im selben Haus wohnte und ihr bei den kommenden Ereignissen gewandt beistehen sollte, das Feldlager. Auf dem Rückweg ging sie gegen 12 Uhr mittags zu der Hofdame Anna-Amalias. Von dem kleinen, verwachsenen, aber ungewöhnlich sprachbegabten, zuweilen recht maliziösen, vierundfünfzigjährigen

Fräulein von Göchhausen, bei dem sie schon letzte Woche mit einer Empfehlung Tischbeins gewesen war, wollte Johanna Neuigkeiten erfahren. Johanna traf beide Damen auf der Treppe an. Die Göchhausen stellte Johanna der Herzoginmutter vor, die sie in ihr Zimmer bat. »Hier kamen verschiedne Officiere, alle mit beunruhigenden Nachrichten, man hörte starck Kanonieren, das Lager, von wo ich eben kam wurde abgebrochen, alles machte sich marschfertig, wie sie fort waren muste ich mich zur Herzoginn sezen, ich blieb eine gute halbe Stunde bey ihr, wir suchten auf der Karte den Weg, den K. [General von Kalckreuth] mir vorgeschlagen hatte, die Königin war eben nach der anderen Seite hin aufgebrochen, die Herzoginn sagte mir, sie ließe alles einpacken zur Reise, und rieht mir ein gleiches zu thun, Pferde konnte sie mir nicht geben, sie hatte kaum selbst welche, auch war sie nur reisefertig nicht zur Reise entschlossen, sie wollte mir wissen lassen, wann und wohin sie gienge, so schied ich von ihr.«[15]

Für Johanna waren keine Pferde mehr zu haben. Sie hätte noch zu der alten dänischen Gräfin Bernstorff gehen können, die als Witwe des dänischen Außenministers Graf Bernstorff seit 1779 in Weimar lebte und in einem dreiflügeligen Gebäude mit zahlreicher Dienerschaft, Koch, Confiseur und Hausmusikern in jüngeren Jahren ein großes Haus geführt hatte. Bei ihr wäre Johanna sicher gewesen. Allerdings hätte sie ihre Dienstboten nicht mitnehmen können. »Wie konnte ich die treuen Menschen verlassen?«, fragte sie später Arthur.[16] Nachmittags brach das ganze Lager auf. Der König war eine Stunde zuvor mit seiner Suite abgereist. Die Soldaten zogen trommelnd durch die Stadt, versammelten sich auf dem Marktplatz und rückten bald danach ab.

Dann kam der 14. Oktober. Johanna beschrieb die Ereignisse dieses Tages am 19. Oktober in einer langen Epistel, in der sie sich zur Heldin eines historischen Dramas stilisierte. Dieser Brief ist Johannas eigentliches Debüt als Schriftstellerin. Einen ähnlich langen Brief, datiert vom 26. Oktober, schickte sie auch ihrer Cousine Susanne Labes in Danzig. Arthur schrieb sie: »Das waren schwüle Stunden, mein Arthur, die Kanonen donnerten von fern; alles war in der Stadt wie ausgestorben, die Sonne schien auf die grünen Bäume vor meinem Fenster, alles war Ruhe von außen, und welcher Sturm, welche Angst des erwartens in unserem Herzen! Doch sprachen wir gelassen und munterten ein ander auf, die gelassene Ergebung der Ludekus war unbeschreiblich tröstend, ich folgte ihr so gut ich konnte, nur durfte ich nicht auf meine Adele sehen, dann war's mit meinem Muhte aus. Adele selbst war ruhig unbefangen, ein wahres Kind, und mir ein tröstender Engel ... o mein Arthur, die Erinnerung allein macht mich jezt beben. Jezt rasten die Kanonen, der Fußboden bebte, die Fenster klirrten, o Gott, wie nahe war uns der Tod, wir hörten keinen einzelnen Knall mehr, aber das durchdringende Pfeiffen und Zischen und Knattern der Kugeln und Haubizen die über unser Haus flogen und 50 Schritte davon in Häuser und in die Erde flogen, ohne Schaden zu thun, Gottes Engel schwebte über uns, in mein Herz kam plötzlich Ruhe und Freudigkeit, ich nahm meine Adele auf den Schoos, und sezte mich mit ihr auf den Sopha, ich hoffte eine Kugel sollte uns beyde tödten, wenigstens sollte keine der andern nachweinen, nie war mir der Gedanke an den Tod gegenwärtiger, nie war er mir so wenig fürchterlich. Adele hatte sich den ganzen Tag, selbst in diesem schrecklichen Momente, nicht aus der Fassung bringen lassen, keine Thräne, kein Angstgeschrey, immer gieng sie neben mir, und wenns ihr zuviel ward küßte sie mich und drückte mich an sich, und bat mich, nicht angst zu seyn, auch jetzt war sie ganz stille, aber ich fühlte die zarten Glieder wie vom Fieberfrost beben und hörte wie ihre Zähne an einander schlugen, ich küßte sie, bat sie ruhig zu seyn, wenn wir stürben so stürben wir ja miteinander, und ihr zittern legte sich, und sie sah mir freundlich in die Augen, ich war in der That damahls weit ruhiger als ich es jezt bin da ich Dir die SchreckensSzene erzähle, Gott gab mir großen Muht, wie es mir Noht darum war.«[17]

Johanna schrieb weiter, Napoleon habe mit der Herzogin Luise gesprochen, die als Einzige von der herzoglichen Familie zurückgeblieben war. Die Herzogin hatte das Schloss für die notleidende Bevölkerung geöffnet, mit der Folge, dass alle einen ganzen Tag lang nur Kartoffeln zu essen bekamen.

Eindringlich schilderte Johanna die Schrecken der Plünderung, die Angst, die alle ergriffen hatte. Ein Opfer war eine junge Wöchnerin, die Zuflucht bei Johanna gefunden hatte. Die Frau des Steinschneiders Facius wurde mit ihrem neugeborenen Kind von den französischen Truppen aus dem Haus geworfen. Der Säugling, ein Mädchen, erhielt in Erinnerung an die Umstände seiner Geburt den Namen Angelica Bellonatia.[18]

Auch Johanna geriet durch die marodierenden Truppen in Gefahr. In allergrößter Not ging sie mit Adele und einem französischen Husaren, der ihr den Rat gegeben hatte, einen General um eine Sauvegarde zu bitten, aufs Schloss, zum Prinzen Murat. »Welch ein Gang, überall die Spuren der gestrigen Nacht; Todte, Verwundete auf der Straße, gefangene Preußen im Park vor dem SchloßPlatze wo sie noch ehegestern stolzirten, wilde, blutige Menschen, die ich nicht Soldaten nennen kann, in weißen, zerrissenen Kitteln, Mord und Tod im Gesicht, die alle Augenblicke meinen Husaren als Camerade anredeten, dazwischen die Musick, Pferde, Reuter, ein unendliches Gewühl!«[19]

Johanna wurde beim Prinzen nicht vorgelassen. Ein Schreiben, das sie nach ihrer Rückkehr sofort aufsetzte, hatte mehr

Erfolg. Ein Offizier, der sie schützte, kam in ihr Haus. Ihre Lage ging ihm zu Herzen. Als er fortmusste, brachte er einen Kommissar des Guerres, der in ihrem Haus blieb. Johanna war hierdurch aus der Not und half anderen. Sie versuchte die Not, die im Lazarett herrschte, das im Alexanderhof untergebracht war, mit ihren Mitteln zu mildern. Arthur schrieb sie: »Ich könnte Dir Dinge erzählen, wofür Dir das Haar emporsträuben würde, aber ich will es nicht, denn ich kenne ohnehin wie gerne du über das Elend der Menschen brütest, du kennst es noch nicht, mein Sohn, alles was wir zusammen sahen ist nichts gegen diesen Abgrund des Jammers. Was mich beim Anblick alles entsetzlichen was man sich denken kann noch hielt ist daß ich half wo ich konnte um den Jammer zu lindern, mein Landsmann F. gab mir die Wege an, und so habe ich mich einer Stube im Alexandershoff in der an 50 Verwundete lagen, meistens Preußen, angenommen. Ich schickte Ihnen altes Leinen zum Verbinden, Wein, Thee, der erst bey mir in einem großen Kessel gekocht wurde, Suppe, einige Buteillen Madera, wovon jeder nur ein kleines Glas bekam, und doch über dieses Labsal in lauten Jubel ausbrach und mich segnete, Brot und was ich konnte, Sophie und Duguet vertheilten es selbst, denn dem harten Inspektor konnte man nichts anvertrauen. Es war im ganzen wenig, und half doch viel, besonders da ich die erste war, ich rettete die Armen vor dem Unglück an Gott u Menschen zu verzweifeln. Göthe u andere haben davon gehört, und sind meinem Beyspiel gefolgt. Was mich am meisten freut ist eine Quantität Aepfel die ich wohlfeil kaufte, und dann unter einer Menge Verwundeter austheile, die ohne alle Erquickung vor dem KomedienHause lagen, und nach etwas kühlendem seufzten, auch zu dieser guten Idee half mir F.«[20] Der Landsmann F. ist Johannes Daniel Falk. Wegen seiner antifranzösischen Gesinnung, die er in der Zeitschrift *Elysium und Tartarus* vor kurzem noch verbreitet hat, fordert Goethe den Minister v. Voigt drei Tage nach der Schlacht von Jena und

Auerstedt auf, die Fortführung dieser Zeitschrift zu untersagen. »Die Übel sind so groß, so ein Narr kann sie noch vermehren.«[21] Falk ist gewissermaßen ein Kriegsgewinnler. Trotz seiner schlechten französischen Sprachkenntnisse und seiner antifranzösischen Gesinnung wird er Dolmetscher des Weimarer Stadtkommandanten und Geheimsekretär des französischen Generalintendanten. In Weimar wird er zu diplomatischen Missionen herangezogen. Als Legationsrat mit vierhundert Talern jährlich stolziert er in Uniform umher und glänzt auf Bällen und Redouten. Im Jahr 1813 – Weimar ist erneut Kriegsschauplatz – sollte er einen tiefen Schock erleiden, als seine vier jüngsten Kinder an einer Seuche sterben. Der Anblick der verwaisten, herumstreunenden Kinder treibt ihn zur Linderung des furchtbaren Elends. Er gründet die Gesellschaft der Freunde in der Not, der er sein Vermögen und das seiner Frau opfert. Erziehung und Unterricht der verwaisten Kinder werden sein Lebensinhalt. Es ist der Anfang der sozialen Fürsorgearbeit, die zum Modell für die Innere Mission wird.

Arthur hat indessen voll Sorge an seine Mutter geschrieben. Am 31. Oktober, als für die Bevölkerung das Ärgste überstanden ist, antwortet sie ihm: »Lieber guter Arthur, Du zitterst wie Du hörtest daß bei Auerstädt welches 3 Meilen von hier liegt eine Schlacht gefochten wäre, wie muß Dir zu muhte gewesen seyn wie Du erfuhrst daß zur nehmlichen Stunde eine zweyte noch blutigere dicht bey Weimar vorfiel.«[22]

Zu diesem Zeitpunkt wird am Verhandlungstisch eine weitere Schlacht ausgefochten. Es geht um die Existenz des Herzogtums. Als dem Hof fern stehende Bürgerliche hat Johanna über die Vorgänge im Schloss nichts Genaues in Erfahrung bringen können. Nach dem Bericht des Regierungsrats und späteren Kanzlers von Müller empfing die

Herzogin Napoleon auf der Treppe, der ihr jedoch die kalte Schulter zeigte und sich sogleich auf seine Zimmer führen ließ. Am Vormittag des 16. Oktober verlangte sie eine Audienz, die ihr auch bald gewährt wurde. Die Herzogin verteidigte die Politik und Haltung ihres Gemahls und schilderte Napoleon die verzweifelte Lage des Herzogtums. Vor allem verlangte sie die Einstellung der Plünderungen. Beim Gegenbesuch Napoleons, bei dem auch die Schwester der Herzogin, die verwitwete Markgräfin von Baden, zugegen war, gab sich der Kaiser liebenswürdig, ohne auf die bedrückende Lage Weimars näher einzugehen. Napoleon verlangte vom Herzog, dessen Aufenthaltsort unbekannt war, den Abschied aus der preußischen Armee binnen vierundzwanzig Stunden. Die Not am Hofe war groß. Während Landesvater Carl August sich als preußischer General verstand, dessen erste Pflicht es war, sein Kontingent ordnungsgemäß zu übergeben, und über Erfurt, Gotha, das Eichsfeld um den Harz herum bis nach Tangermünde zog, versuchte der Hof alles Mögliche, den Herzog zu erreichen. Er sollte bewogen werden, das Kommando niederzulegen und nach Weimar zurückzukehren. Schillers Schwager, der Geheime Rat und Oberhofmeister von Wolzogen, bat den König von Preußen in einem Brief eindringlich, den Herzog aus seinen Diensten zu entlassen, was mit – für Napoleon bestimmtem – Schreiben vom 24. Oktober aus Küstrin an die Herzogin auch geschah. Am 5. November 1806 war die Existenz des Herzogtums gerettet. Napoleon hatte seine Meinung geändert. »Denken Sie daran und schärfen Sie es auch Ihrem Herzog genau ein, daß er nur meiner hohen Achtung vor der Herzogin und meiner freundschaftlichen Gesinnung für das Haus Baden die Erhaltung seines Landes verdankt«, soll er Müller gesagt haben.[23] Höchstwahrscheinlich dürfte aber die Verwandtschaft zum russischen Herrscherhaus den Ausschlag gegeben haben, den Besiegten einigermaßen glimpflich zu behandeln. Nach dem Vertrag von Posen, der am 15. Dezember 1806 gleichzeitig mit der Beitrittserklärung zum Rheinbund unterzeichnet wird, muss Weimar eine Kontribution von 2 220 000 Franken zahlen und ein Truppenkontingent stellen. Die Kriegsschulden müssen durch Zwangsanleihen beglichen werden. Johanna Schopenhauer, die dem Land bereits ein Darlehen von 6000 Talern zur Unterstützung der Kammeroberkasse gewährt hat, wird sich als Ausländerin entschieden hiergegen verwahren, als man sie im November 1807 ebenfalls heranziehen will.

Das Haus von Johanna Schopenhauer, die sich durch den Krieg in Weimar gesellschaftlich etabliert hat, ist zu dieser Zeit das einzige, das noch Gäste empfangen kann. Nach den Erinnerungen der Malerin Caroline Bardua, die in den Tagen der französischen Besatzung ein ständiger Gast bei Johanna ist, empfängt Johanna des Öfteren Napoleons Generäle, darunter Bernadotte, den nachmaligen schwedischen König, und Marschall Ney. Sie sollen verwundert auf den schweren silbernen Armleuchter geblickt haben, den Johanna hatte retten können. Nach Hamburg frohlockt sie: »Meine Existenz wird hier angenehm werden, man hat mich in 10 Tagen besser als sonst in 10 Jahren kennen gelernt, Göthe sagte heute ich wäre durch die Feuertaufe zur Weimaranerinn geworden, wohl hat er recht. Er sagte mir, jezt da der Winter trüber als sonst heranrücke, müssen wir auch zusammen rücken, um einander die trüben Tage wechselseitig zu erheitern. Was ich thun kann, um mich froh und muhtig zu erhalten thue ich, alle Abende, so lange diese Tage des Trübsals währen, versammeln sich meine Bekannten um mich her, ich gebe ihnen Thee und Butterbrod, im strengsten Verstande des Wortes, es wird kein Licht mehr als gewöhnlich angezündet, und doch kommen sie immer wieder, und ihnen ist wohl bey mir; Meyer, Fernow, Göthe bisweilen, sind darunter, viele die ich noch nicht kenne wünschen bey mir eingeführt zu werden. Wieland hat mich dieser Tage um die Erlaubniß bitten lassen mich dieser Tage auch zu besuchen. Alles was ich sonst wünschte findet sich so von selbst, und ich verdancke es bloß dem Glücke daß meine Zimmer unversehrt blieben, und daß ich Gelegenheit fand mich so zu zeigen wie ich bin, daß meine Heiterkeit ungetrübt blieb, weil ich von Tausenden die einzige bin, die keinen herben Verlust zu beweinen hat, und nur das allgemeine Leiden kein eignes, mein Herz preßt, ich fühle es wohl, wie egoistisch alles dieses klingt, und das ist eben die entsezlichste Seite des allgemeinen Unglücks daß es auch die Besseren unter uns zu diesem Egoismus herunterstimmen kann.«[24] Zuversichtlich in die Zukunft blickend, ist Johanna Schopenhauer die Erste, die Goethe hilfreich zur Seite steht, um Christiane Vulpius, die Goethe am 19. Oktober geheiratet hat und die von der Weimarer »guten« Gesellschaft geschnitten wird, zur gesellschaftlichen Akzeptanz zu verhelfen. Als Goethe mit seiner Frau am Tag nach der Trauung bei Johanna erscheint, ist sie es, die sich Christianes freundlich annimmt. Arthur berichtet sie: »Göthe hat sich Sonntag mit seiner alten geliebten Vulpius, der Mutter seines Sohnes, trauen lassen, er hat gesagt, in Friedenszeiten könne man die Gesetze wohl vorbey gehen, in Zeiten wie die unsre müsse man sie ehren. Den Tag drauf schickte er D. Riemer den Hoffmeister seines Sohnes zu mir, um zu hören wie es mir gienge, den selben Abend ließ er sich bey mir melden, und stellte mir seine Frau vor, ich empfing sie, als ob ich nicht wüsste wer sie vorher gewesen wäre, ich dencke, wenn Göthe ihr seinen Namen giebt können wir ihr wohl eine Tasse Thee geben.«[25] Johanna Schopenhauers Haus wird in den nächsten beiden Jahren das einzige bleiben, das Christiane empfängt. Johanna, der es vor allem auf Goethes Wohlwollen ankommt, nimmt dabei in Kauf, dass einige adelsstolze Mitglieder der Weimarer Gesellschaft sie vielleicht meiden. Christiane von Goethe wird erst am 20. Dezember 1808 von den adligen Damen Weimars als Goethes Frau anerkannt, als sie die Einladung zu einer von ihr veranstalteten Teegesellschaft annehmen, an der auch Johanna Schopenhauer teilnimmt. Frau v. Wolzogen, an die sich Goethe in dieser Angelegenheit wenden wird, nachdem Christiane ihren Unmut über die Situation immer deutlicher verlauten ließ, trägt maßgeblich zum Gelingen dieses Vorhabens bei. Fortan sitzt Christiane von Goethe im Theater nicht mehr auf der Bank, sondern neben »der Schopenhauer« in der Loge. Obwohl Christiane Johannas Teegesellschaften auch allein besucht, werden die grundverschiedenen Frauen keine Freundinnen. Für Christiane, die eine warmherzige, sehr tüchtige, jedoch vollkommen ungebildete Hausmutter ist, dürfte Johanna Schopenhauers Gesellschaft zu intellektuell gewesen sein, so dass sie nur von »der Schopenhauer« spricht. Johanna ihrerseits sieht Christianes Lebenswandel, in einer Zeit, als drückende Zwangsanleihen und Einquartierungen die Menschen belasteten, mit kritischen Augen. Als die alternde, von Goethe durch monatelange Abwesenheit und seine Hinwendung zu jungen Frauen wie Minna Herzlieb, seine Leidenschaft zu Marianne v. Willemer und Sylvie v. Ziegesar vernachlässigte Christiane immer exzessiver ihrer Tanzwut, Trinkfreudigkeit und Spielleidenschaft frönt, steht Johanna Schopenhauer ihr ablehnend gegenüber. Vor allem für Christianes reichlichen Alkoholgenuss bringt Johanna, die von Jugend an mit Männern gelebt hat, »die ohne sich zu betrincken, doch mehr trancken, als sie sollten«,[26] kein Verständnis auf. Hierin stimmt sie mit den Gegnern von Goethes Frau überein. Am 25. Januar 1815 schreibt sie: »Uns hat in dieser Zeit ein großer Verlust gedroht. Frau von Goethe haben sich in dieser Zeit etwas im Rheinwein übernommen, so daß sie 3–4 Buteillen den Tag trinken …, die Folge war eine Anwandlung von Schlage, u. 14. Tage darauf eine ditto etwas stärkere. Huschke [der Arzt] sagt, der dritte und letzte würde in etwas 3 Monaten gewiss erfolgen, wenn der Rheinwein nicht im Keller bleibt, aber er wird weiter frischweg getrunken, sobald man sich nur wieder etwas erholt hat. Übrigens soll die Dame ganz verändert sein, sanft und fromm wie ein Lämmchen, dabei etwas melancholisch …«[27] Dieser beißende Spott war nicht für die Öffentlichkeit bestimmt, sondern für die sehr eng mit Johanna Schopenhauer befreundete Familie des Buchhändlers Frommann in Jena, mit der sie sehr vertrauten Umgang pflegte (wechselseitige Übernachtungen, Aushilfe bei Geldverlegenheiten und freimütiger Austausch über Politik). Pikanterweise stehen Frommanns ebenso wie Johanna mit den Goethes auf freundschaftlichem Fuß. Gegenüber ihrem großen Bekanntenkreis bleibt Johanna in ihren Äußerungen über Christiane v. Goethe zurückhaltend, obschon sie bei der Schilderung ihres schrecklichen Todes kein Blatt vor den Mund nimmt und weder Goethe noch dessen Sohn schont. In einem Brief an die Schwester der Herzogin von Kurland, Elisa v. der Recke, dessen Inhalt weithin publik wird, versucht sie der Persönlichkeit Christianes gerecht zu werden. Johanna Schopenhauer beklagt ihren Tod mit den Worten: »Die Unmäßigkeit in allen Genüssen zu einer sehr bösen Periode für unser Geschlecht hatte ihr das furchtbarste aller Übel, die fallende Sucht, zugezogen. Aber eben diese Unmäßigkeit ist vielleicht nur eine Folge ihrer auffallend starken, heftigen Natur und ihrer körperlichen Beschaffenheit. Auf jeden Fall hat sie die kurze Freude furchtbar gebüßt, und es kränkt mich, daß niemand mit Mitleid ihres Todes gedenkt, daß alles das viele Gute, welches doch in ihr lag, vergessen ist und nur ihre Fehler erwähnt werden, selbst von denen, welchen sie wohltat und die ihr im Leben auf alle Weise schmeichelten.«[28]

Goethe vergisst Johanna die Tasse Tee für seine Frau nie, wenngleich beider Verhältnis zueinander im Laufe der Jahre schwankt. Bis zu Goethes Tod bleiben sie einander, nicht zuletzt über Adele, die zum alten Goethe in sehr enger Beziehung steht, freundschaftlich verbunden. Er ist der Magnet ihres Salons, der in den nächsten Jahren zum amüsantesten und geselligsten Ort für an Literatur, Musik und Kunst interessierte Menschen in Weimar werden sollte.

6 Die ersten Jahre in Weimar

Johanna ist glücklich. »Ich lebe jezt ganz nach meines Herzens Wunsch«, schreibt sie im November 1806 ihrem tief deprimierten Sohn, den sie durch ihre Briefe mit intimen Schilderungen ihres Alltags, ihrer Gäste und der gesellschaftlichen Zustände Weimars versorgt.[1] Für Arthur, der durch die Anschaulichkeit ihrer Berichte beinahe zum Augenzeugen ihres Weimarer Lebens wird, schreibt sie Goethes neues Gedicht »Ich hab mein' Sach' auf nichts gestellt« ab oder schickt ihm eine Handzeichnung ihres berühmten Gastes.

Johannas neues Lebensgefühl und ihr Glück wurzeln aber nicht nur im außerordentlichen Erfolg ihrer bald schon legendären literarischen Abendtees, sondern auch in dem häuslichen Frieden, der sie umfängt. Es gibt kein lautes Wort, keine Eifersuchtsszenen, keine kleinlichen Bevormundungen, keinen Zwang zur Unterordnung wie zu Zeiten ihrer Ehe. Johanna genießt die Harmonie ihres häuslichen Lebens, die bald durch ihren Sohn bedroht werden sollte. In Carl Ludwig Fernow findet sie einen Freund und Vertrauten, zu dem sie eine sehr innige, platonische Beziehung unterhält.

Glücklich und selbstvergessen wie in Kindertagen, stillt Johanna ihren Bildungshunger. In ihren Mußestunden, die schon am Morgen beginnen, lernt sie eifrig und bildet sich weiter. Johannas zweiter Geistesfrühling bricht an, wie Adele später schreiben wird. Johanna Schopenhauer beginnt sich mit Lebenszuschnitt und Weltbild der Klassiker vertraut zu machen. Erst in Weimar beschäftigt sie sich intensiv mit Goethes Werken, die sie sich besorgen lässt. In dieser Zeit erarbeitet sie sich das Rüstzeug für ihre spätere schriftstelle-rische Tätigkeit, bei der sie die einmal gefundene Tagesein-teilung beibehalten und den Vormittag, nachdem sie ihre Blumen versorgt hat, für ihre schriftstellerische Arbeit reser-vieren wird. Johanna pflegt die schönen Künste. Inzwischen besitzt sie ein Klavier und nimmt, obwohl ziemlich unmusi-kalisch, gemeinsam mit der musikalisch begabten Adele Unterricht bei Klaviermeister Werner, der auch die Prinzen unterrichtet. Außerdem malt sie wieder. Ratschläge erhält sie von Goethes »Kunschtmeyer«, den Goethe außerordent-lich schätzt. Am meisten hat sie dem Kunsttheoretiker Fer-now zu verdanken. Der drei Jahre ältere, greisenhaft ausse-hende Mann, dessen Gesundheit stark angeschlagen ist, wird Johannas Lehrer. Nachdem er bereits ein großes Arbeitspen-sum hinter sich hat, unterrichtet Fernow sie allmorgendlich in der italienischen Sprache, liest mit ihr den Ariost, macht sie mit der Antike und der Lebens- und Kunstauffassung der Klassiker vertraut. Fernow führt sie wahrscheinlich auch in Kants Ästhetik ein. In *Gabriele* beispielsweise finden sich Naturbeschreibungen, die wie in Kants »Analytik des Erha-benen« (*Kritik der Urteilskraft* I, 1, 2) »die wahre Erhaben-heit nur im Gemüthe des Urteilenden [der Romanfigur], nicht in dem Naturobjekte, dessen Beurteilung diese Stimmung desselben veranlaßt«, entstehen lassen.[2]

Johanna Schopenhauers Teegesellschaften beginnen am 12. November 1806. Zu diesem Zeitpunkt – die Herzogin-mutter und ihre Enkelin, Prinzessin Karoline, sind bereits am 30. Oktober zurückgekehrt – ist die öffentliche Sicherheit und Ordnung wiederhergestellt. Die alltäglichen Verrichtun-gen werden allmählich wieder aufgenommen. Und doch ist vieles nach der großen Katastrophe verändert. Überall in der Stadt erzählt man sich Plünderungsgeschichten. Die Bürger rüsten sich zur Verteidigung. Vom Schlafzimmerfenster aus kann Johanna nachts Goethes »Kunschtmeyer« Schildwache stehen sehen. Er präsentiert ihr das Gewehr, wenn er sie erblickt. Standesunterschiede, die in Weimar sehr fühlbar sind, verlieren für kurze Zeit an Bedeutung. Die Not vereint alle. Gegenüber Fremden, mit denen man die Not geteilt hat, zeigt man sich aufgeschlossen. Damen und Herren aus dem Adel lassen sich bei Johanna einführen, die ihrerseits in adlige Häuser eingeladen wird. Zweimal wird Johanna sogar aufs Schloss gebeten, zur Herzoginmutter, die im Gegensatz zu ihrer Schwiegertochter, der regierenden Herzogin Luise, auch Bürgerliche in ihrer Nähe duldet. Johanna ist sich ihrer glücklichen Lage bewusst. Sie vermeidet sorgfältig alles, um nicht als gelehrte Frau in Verruf zu geraten. Auf ihren Teegesellschaften gibt sie sich zurückhaltend, dirigiert vom Hintergrund aus die Gespräche und passt sich äußerlich den Konventionen an, indem sie die schlichte Frau spielt. Dennoch bezeichnet Wilhelm von Humboldt sie als eine von den Damen, »die alle Wissenschaften schlingen wollen«.[3] – »Mir ist sie durch Figur, Stimme und affektiertes Wesen fatal«, schreibt er seiner Frau Caroline im November 1808,[4] der die »breite, gelehrte Dame«[5] ein Gräuel ist. Und der damals berühmte Kriminalist Feuerbach, der Johanna Schopenhauer 1815 in Karlsbad trifft, notiert sehr zur Freude ihres Sohnes in sein Tagebuch: »Hofrätin Schopenhauer, eine reiche Witwe. Macht von der Gelehrsamkeit Profession. Schriftstellerin. Schwatzt viel und gut, verständig; ohne Gemüt und Seele. Selbstgefällig, nach Beifall haschend und stets sich selbst belächelnd. Behüte uns Gott vor Weibern, deren Geist zu lauterm Verstande aufgeschoßt ist. Der Sitz schöner Bildung ist allein in des Weibes Herzen.«[6] In Weimar aber ist man von Johannas bescheidenem Auftreten beeindruckt. Besonders, weil sie dem kleinbürgerlichen Zug im geselligen Verkehr Rechnung trägt. Fortan benutzt sie den polnischen Hofratstitel ihres verstorbenen Ehemannes, dessen Gebrauch der stolze Republikaner einst verschmähte. Auch wenn in ihrem Salon zuweilen über das Räteunwesen gelästert wird, die

Gäste scherzhaft in Zierrat – das sind solche mit Titel – und in Unrat – das sind die Unbetitelten – aufgeteilt werden, strebt fast jeder in Weimar nach Titel und Ehren. Vielleicht, weil die Unterdrückung durch den Adel groß ist und Titel ein gewisses Maß an Wertschätzung seitens des Hofes verbürgen. Außerdem werden bürgerliche Inhaber des Hofratstitels hoffähig, sofern diese Auszeichnung aus Weimar stammt.

Die Teeabende finden zweimal in der Woche, donnerstags und sonntags, an den vorstellungsfreien Tagen des zu diesem Zeitpunkt noch geschlossenen Theaters statt. Goethe versäumt in den ersten Jahren selten einen Abendtee, auch wenn er das Getränk, das im Zeitalter der Kontinentalsperre ein kaum erschwinglicher Luxus ist, wenig schätzt. Umso mehr hält er von der von Johanna kultivierten Geselligkeit, »eine Art von Kunstform«.[7] Johanna Schopenhauers Gesellschaften sind die einzigen, die er regelmäßig besucht und wo man mit ihm zwanglos ins Gespräch kommen kann.
Vom Entreezimmer, wo sich meist schon eine Versammlung von Männern befindet, geht er, ohne die Anwesenden eines Blickes zu würdigen, rechts in das Teezimmer, um die Gastgeberin mit einem steifen Kompliment zu begrüßen. Hier steht der grüne, runde Teetisch, um den die Frauen sitzen. Neben Johanna sind das meist die Hofrätin Ludecus, die Witwe des verstorbenen Hofmedicus Herder, die sechzehnjährige Mlle. Conta und die fünfundzwanzigjährige Malerin Caroline Bardua, die sich zur Ausbildung in Weimar aufhält. Goethe setzt sich meist hinter Johanna, so dass er sich auf die Lehne ihres Stuhls stützen kann. Sie fängt dann ein Gespräch mit ihm an, und Goethe wird »lebendig und unbeschreiblich liebenswürdig«.[8] Links vom Entree befindet sich ein Zimmer, wo Johanna auf Meyers Rat hin für Goethe einen Zeichentisch aufgestellt und Journale bereitgelegt hat. Die drei kleinen Räume sind geschmackvoll mit Mahagonimöbeln eingerichtet, was den Besuchern auffällt, weil schöne

Möbel selbst in den Weimarer Salons und Wohnstuben der besseren Kreise eine Seltenheit sind. Elegante Accessoires ergänzen die erlesene Möblierung von Johannas Empfangsräumen. Warme Teppiche bedecken den Fußboden, seidene Vorhänge zieren die Fenster. Im Fensterraum hängen große Spiegel. Im Entree versammeln sich regelmäßig Meyer, Fernow, der Literat Stefan Schütze und Carl Friedrich Anton von Conta, der Johanna den Hof macht, bis er Weimar im Dezember 1806 verlässt. Mit dem nachmaligen Kanzler von Müller wird Conta als Legationsrat nach Warschau entsandt, später nach Wien und Paris. Der achtundzwanzigjährige Conta, dem Johanna Schopenhauer mit einem naiv-koketten Vers die Erotica von Heinrich Floris überlässt, ist ein sehr aufmerksamer, unaufdringlicher Verehrer. »Wollte ich ausgehen, so hatte ich seinen Arm, wollte ich Schach spielen, so spielte er, wollte ich mir vorlesen lassen, so las er, wollte ich Musick so sang er zur Guitarre, wollte ich quartre mains spielen so spielte er, wollte ich mahlen, so saß er mir, wollte ich allein seyn, so gieng er, solch einen Cicisbeo finde ich nie wieder«, schreibt sie unvorsichtigerweise ihrem stets misstrauischen, zur Eifersucht neigenden Sohn.[9]

Goethes Laune wechselt ständig. Wenn er nicht zu Geselligkeit aufgelegt ist, geht er an den Zeichentisch und skizziert Landschaften. Conta und die Bardua, die eine sehr schöne Stimme hat, singen Lieder von Goethe, meist zu Melodien von Zelter. Wissenschaftliche Gespräche wechseln mit seichten Plaudereien und Scherzen, die gelegentlich die Grenzen des guten Geschmacks überschreiten. Einmal – mit Ausnahme seiner Frau und Johanna sind nur Männer anwesend – fühlt Goethe sich veranlasst, die schlüpfrige Geschichte »einer Mamsell, die in die Wochen gekommen war«,[10] zum Besten zu geben. Die Gesellschaft kommt auf ihre Kosten, als die unverheiratete Bardua – für deren Ohren solche Geschichten schicklicherweise nicht bestimmt waren – eintreten will. Meist gefällt sich der Geheimrat jedoch in heiterer Ironie. Er liebt es, etwas ruhig durchzusprechen, und verabscheut Kreuz- und Quersprünge bei Unterhaltungen. Obwohl er sich bei Johanna wesentlich ungezwungener gibt als im eigenen Hause beim Empfang von Gästen, schimmert das Förmliche und Feierliche stets ein wenig durch. Als er eines Abends schottische Balladen mitbringt und eine der anwesenden Frauen bei seinem pathetischen Vortrag von unwillkürlichem Lachen überwältigt wird, hält Goethe inne, blickt zornig in die Runde und droht sichtlich verstimmt: »Dann lese ich nicht.«[11]

Die männlichen Teilnehmer halten oft Vorträge und lesen aus ihren Übersetzungen oder literarischen Werken vor, da sie bei Johanna stets ein Forum sachverständiger Zuhörer finden. Goethe bringt Stoff für Lesungen in verteilten Rollen mit, darunter Calderons *Standhafter Prinz* [in A. W. Schlegels Übersetzung], für den sich der Dichter schon seit längerem begeistert. Johanna ist begeistert von Goethes Vortrag. Calderons barocke Dichtung ist für sie jedoch Klingklang und Farbenspiel, das auf nördliche Seelen nicht so wirke, einige »Stellen darinn die gerade ins Herz dringen«,[12] abgerechnet. Ihr ist das Weltbild des Spaniers, in dem der Mensch sich an einem festen Ort im Universum weiß und seinen Bezug sowohl zur irdischen Natur unter ihm als auch zur göttlichen Natur über ihm klar erkennt, nicht zugänglich. Insbesondere ist ihr, mit ihrem ausgeprägten Realitätssinn, unverständlich, dass in diesem Stück anders als bei Shakespeare das menschliche Verhalten nicht von psychologischen oder sonstigen Realismen bestimmt wird. Daran ändert auch die Tatsache nichts, dass sie in ihrem Erstlingsroman *Gabriele*, der analoge Zugangsprobleme aufweist, eine ähnlich unbeirrbare Heldin entwirft. Johanna Schopenhauer geht es in ihrem Roman gerade um die gesellschaftlichen Bedingungen, die sie auf diese Art indirekt kritisiert.

Johanna Schopenhauer hat Erfolg auf der ganzen Linie. Zum ersten Mal gedruckt sieht sie sich mit einer Übersetzung aus dem Englischen in Bertuchs *Journal des Luxus und der Moden*. Und sie hat noch Aussichten auf dem Heiratsmarkt. Ein Frankfurter Kaufmann umwirbt sie sehr ernsthaft. Da sie aufgrund ihrer leidvollen Eheerfahrung keinerlei Heiratsabsichten mehr hegt, lehnt sie den Antrag ebenso ernsthaft ab. Von der scherzhaften Seite nimmt sie die Avancen des Kammerherrn der Großfürstin Maria Pawlowna, Ludwig Ernst Wilhelm v. Schardt. Der Bruder der Frau v. Stein soll wie alle Männer der Familie sprichwörtlich dumm gewesen sein und wenig zur Unterhaltung der Großfürstin beigetragen haben. Im Jahr 1808 wurde er schließlich vor der Zeit als Schlosshauptmann von Eisenach ehrenvoll pensioniert. Schon früher hat der verwitwete Kammerherr vergeblich versucht, eine Einladung zu Johannas Teegesellschaften zu erhalten. Jetzt umwirbt er sie unverhohlen vor aller Augen. Johanna versäumt nicht, »Freund Arthur« hiervon zu unterrichten: »Am Freytage hatte er mich und meinen ganzen Cirkel zu sich gebeten, die Bardua, seine Vertraute, mußte ihm eine Liste davon machen, wir kamen auch alle, selbst Göthe, ich machte den Thee, und er spielte die Harmonika dazu, was das gottlose Volck für eine Lust dabey hatte kannst du dir dencken, indessen war er seelen vergnügt, und ließ sich nichts anfechten. Solche kleine CotterieSpäße giebt es denn auch, und sie beleben das Ganze.«[13]

Arthur versuchte sich unterdessen im fernen Hamburg gerade selbst als Schwerenöter. Mit seinem Jugendfreund Anthime erkundet er die Geheimnisse des Alkovens. Johanna hat den unternehmungslustigen Franzosen und angehenden Kaufmann bereits Ende Mai 1806 zunächst bei Pastor Hübbe im Deichdorf Allermöhe untergebracht. Ab Beginn des Jahres 1807 wohnt er zusammen mit Arthur bei dem Assekuranzmakler Willink – sehr zur Freude Johannas, die sich eine

Aufheiterung ihres Sohnes hiervon verspricht. Gemeinsam suchen die Freunde sonntags amouröse Gelegenheiten, lauern Theatermädchen auf oder besuchen eine »industriöse Dirne«.[14] Arthurs Erlebnisse sind freilich nicht dazu angetan, seine durch die väterliche Erziehung angelegte negative Einstellung zur Sinnlichkeit zu ändern.

In seinen intellektuellen Höhenflügen ist Arthur seinem Freund unzweifelhaft überlegen. Er wendet sich deshalb diesbezüglich an den einzigen Menschen, dem er zutraut, an seinen Reflexionen teilzunehmen. Bei seiner Mutter sucht er – trotz aller Vorbehalte – Halt, Gedankenaustausch und Verständnis. Ihr teilt er seine romantisch-pessimistischen Gedanken mit, die noch ganz im Stile Wackenroders gehalten sind, dessen *Herzensergießungen eines kunstliebenden Klosterbruders* er gerade gelesen hat und die Johanna ebenfalls kennt. Wahrscheinlich schon kurz nach der Doppelschlacht von Jena und Auerstedt schreibt der unglückliche Sohn der Mutter: »Kein unendlicher Schmerz, keine ewige Freude, kein bleibender Eindruck, kein dauernder Enthusiasmus, kein hoher Entschluß der gelten könnte fürs Leben. Alles löst sich auf im Strohm der Zeit. Die Minuten, die zahllosen Atome von Kleinigkeiten, worin jede Handlung zerfällt, sind die Würmer die an allem Großen u. Kühnen zehren u. es zerstören. Das Ungeheuer Alltäglichkeit drückt alles nieder was emporstrebt. Es wird mit nichts Ernst im Leben: weil der Staub es nicht werth ist. Was sollten auch ewige Leidenschaften, dieser Armseeligkeiten wegen.«[15] Ein anderes Mal meint er, dass das Individuum das Gefängnis der Seele sei. In diesen Brieffragmenten klingen bereits Grundstrukturen der *Welt als Wille und Vorstellung* an: die Dominanz des Willens über den Menschen, die Schopenhauer später als Kants »Ding an sich« sieht und philosophisch begründet, wie auch die seltene Möglichkeit (Augenblicke des besseren Bewusstseins), sich von diesem Willen durch Religion, Kunst und Musik zu lösen.

Bei seinen Versuchen, mit der Mutter über seine Gefühls- und Gedankenwelt zu sprechen, erfährt Arthur Schopenhauer Ablehnung, die wie Gift auf die ohnehin heikle Mutter-Sohn-Beziehung gewirkt haben dürfte. Johanna verkennt den philosophischen Gehalt. Sie deutet den in ihren Augen bizarren Pessimismus als Ausfluss der Grübeleien eines pubertierenden Jünglings, der zu ihrem Verdruss den Charakter seines Vaters geerbt habe. Arthurs stets gegenwärtiger Argwohn bestätigt ihr dies nur allzu deutlich. Auch später beschäftigt sie sich nicht näher mit der Philosophie des Sohnes, was angesichts der großen intellektuellen Neugierde und Befähigung dieser Frau besonders betrüblich, auf der anderen Seite aber auch verständlich ist, passte doch Schopenhauers philosophischer Pessimismus so wenig zum Geist der Zeit mit ihrem Glauben an Fortschritt und Rationalität. Möglicherweise hatte Johannas Abneigung gegen Arthurs Anschauungen aber auch noch andere Gründe. Vielleicht störten sie einige seiner Gedanken in ihrem inneren Gleichgewicht. In ihrer 1810 geschriebenen Fernow-Biographie etwa hebt sie immer wieder die stoische Haltung Fernows hervor, die er selbst in Todesgefahr beibehalten haben soll. Ängste, Grübeleien und Zweifel existierten nicht. Vielleicht wollte die alternde Frau, die glaubte, die ihr noch verbleibenden Jahre an ihren Fingern abzählen zu können, und die zudem hoffte, »mit dem Ungeheuer Alltäglichkeit«[16] durch ihren Weimarer Lebensstil fertig zu werden, nicht an die dem menschlichen Dasein inhärente Zeit erinnert werden, die alles vergehen lässt und vor der weder Freude noch Schmerz Bestand haben. Womöglich spürte sie die Vergänglichkeit ihres Glücks und wollte nicht über die eigene unabänderliche Sterblichkeit nachdenken. Hatte sie sich nicht ihren optimistischen Jenseitsglauben aus Kindertagen bewahrt, der ihr nach dem Tod ein Wiedersehen mit dem Jugendgeliebten im Himmel verhieß? Natürlich gab es Zweifel, die ihr unbeschwertes Lebensgefühl untergruben. So soll sie Goethe bei einem Spaziergang im Botanischen Garten in Jena einmal fast toll gemacht haben, als sie ihn nach dem Ursprung der Seele fragte. Johanna bemühte sich nach Kräften, ähnlich wie Goethe, alle Eindrücke zu meiden, die sie an den Tod erinnerten. Ihren toten Ehemann sah sie nicht mehr. Und als es sich nicht umgehen lässt, eine Tote zu sehen, ist sie beim Anblick Fernows, der bei der feierlich aufgebahrten Herzoginmutter Wache steht und auf Johanna wirkt, als sei auch er tot, einer Ohnmacht nahe. Johanna muss von »Kunschtmeyer« weggeführt werden. Erst in der frischen Frühlingsluft unter knospenden Bäumen kommt sie wieder zu sich. Um sich mit dem »Strohm der Zeit«[17] auseinanderzusetzen, fehlt ihr möglicherweise der Mut, worauf bereits ihre Reaktion bei der Calderon-Lesung hindeutet. Der Todesthematik geht sie geflissentlich aus dem Weg.

Die »Grübeleien« ihres Sohnes erscheinen Johanna nutzlos und gefährlich. Seine Melancholie beunruhigt sie zutiefst, steht ihr doch das Schicksal ihres Ehemannes noch lebhaft vor Augen. Sie sorgt sich um Arthurs Wohlergehen. Immer wieder schreibt sie ihm, er solle guten Mutes sein, sich nicht beunruhigen. Johanna hofft weiter auf Anthimes günstigen Einfluss, empfiehlt Arthur die Lektüre eines Lustspiels von Schütze oder einen Besuch bei dem Maler Runge, der zu diesem Zeitpunkt aber nicht mehr in Hamburg ist. Sie versucht, seinen Blick auf die Ereignisse der Zeit zu lenken, und fordert ihn auf, ihr die Besetzung Hamburgs zu schildern. Für ihn nimmt die viel beschäftige Frau sich Zeit und verfasst lange Briefe, ohne zum Kern seines in verwickelten Schuldgefühlen und metaphysischer Unbehaustheit wurzelnden düsteren Weltgefühls vorzudringen. Sie lobt ihn für die zuverlässige Erledigung ihrer zahlreichen Besorgungen. Arthur fühlt sich aus seiner Sicht zu Recht unverstanden, was sich im Verhalten gegenüber seiner Mutter niederschlägt. Johanna, der die Spannungen im Verhältnis zu ihrem Sohn, der anscheinend im Charakter seinem Vater stark ähnelt, nicht entgehen, verschließt die Augen und setzt weiterhin auf die Zeit. Inzwischen plaudert sie in ihren Briefen weiter mit Arthur, dabei immer wieder seine Unzufriedenheit, die sie allein auf den ungeliebten Kaufmannsberuf zurückführt, antippend. Bereits am 22. Dezember 1806 berichtet sie ihm: »Lezt sprach man bey mir vom Latein, wie nohtwendig es wäre, und wie wenig es jetz gelernt würde, ich sagte, du hättest es in deiner Kindheit durchaus nicht lernen können, obgleich du lebende Sprachen sehr vollkommen begriffst, Göthe sagte, es wundre ihn nicht, es wäre ungeheuer schwer, da hülfe keine Methode, die ganze Kindheit müsse drauf zugebracht werden … ich sagte, du hättest Lust es noch zu lernen, ich wollte dir aber abrahten, das sollte ich dann auch nicht thun, sagte er, es bliebe doch immer etwas hängen, und wenn du es noch thun wolltest so wäre es sehr gut und nüzlich, obgleich du es zur Vollkommenheit nicht bringen können wirst.«[18] Im März 1807 schreibt sie ihm, ihr gehe so manches Projekt durch den Kopf. Dann bricht sie ab und meint, »daß dir in der Welt und in deiner Haut nicht wohl ist … jedem in deinem Alter so ist den die Natur nicht von Hause aus zu einem Kloz bestimmte«.[19] Sie schildert ihm ihre Begegnung mit Wieland bei der Göchhausen, wo er den beiden Frauen gegenüber klagt, seine Laufbahn verfehlt zu haben. Der weltgewandten Johanna Schopenhauer ist das unkluge Verhalten des »Dichters der Grazien« unverständlich, während Arthur davon tief bewegt wird. Wahrscheinlich veranlasst das Geständnis Wielands Arthur, sich endlich seine Wünsche einzugestehen. Am 13. April 1807 hat Johanna zwei Briefe Arthurs zu beantworten. Sie muss einsehen, dass ihr Sohn im Kaufmannsberuf todunglücklich ist. Sogleich will sie ihm helfen. Dabei geht sie sehr umsichtig zu Werke. Zunächst teilt sie ihm mit, dass sie sich sehr ernsthaft mit seiner Lage befassen werde und dabei nichts unversucht ließe, seine Wünsche zu erfüllen. Sie verhehlt ihm nicht, bei wem er sich für seine Situation zu bedanken habe. Dem zweiten Brief fügt sie ein Gutachten Fernows bei, das sich mit der Frage befasst, ob Arthur in seinem Alter noch die alten Sprachen erlernen könne. Johanna kämpft um das Vertrauen ihres Sohnes. Sie sagt ihm, dass allein sein Glück zähle, dass Vorteile, die sie sich von seiner Kaufmannslaufbahn verspreche (Versorgung von Adele und Verschönerung ihres Alters) außen vor bleiben sollten. Zu bedenken habe er, dass er zwei Jahre lang von früh bis spät in der Nacht angestrengt arbeiten müsste. Sie werde ihn auch nicht nach Weimar nehmen, da er dort zu viel Zerstreuung habe, besonders bei ihr. Die nötige Ruhe werde er in Gotha finden, wo es ein ausgezeichnetes Gymnasium gebe. Sehr realistisch führt sie ihm die beiden Möglichkeiten seiner beruflichen Existenz vor Augen. Noch einmal spricht sie in deutlichen Worten aus, dass sein Vater Arthurs Situation verursacht habe. Sie sagt aber auch: »Er wollte nur das Beste. Er kannte nur das eine. Vielleicht ist es auch das Beste.«[20] Die Entscheidung überlässt sie ihrem Sohn. Bei der Lektüre von Fernows Gutachten bricht Arthur in Tränen aus. Gegen seine sonstige Gewohnheit entschließt er sich sofort. Fernow gedenkt er bis ans Ende seiner Tage mit Achtung, Liebe und Begeisterung. Das Verhältnis zu seiner Mutter bleibt unter der Oberfläche weiterhin gespannt. Er hätte ihr für die Befreiungsaktion eigentlich dankbar sein müssen, war es aber nicht. Vielleicht auch, weil er sich von seiner Mutter verkannt fühlte und nicht in Weimar bleiben durfte. Vor allem aber, weil seine inneren Fesseln, die drückenden Schuldgefühle, mit diesem Schritt nicht beseitigt wurden.

Womöglich betrachtete Arthur seine Mutter, der er gleich nach dem Tod des Vaters vor allem in finanziellen Dingen auf die Finger sah, nicht erst nach dem Zerwürfnis, sondern schon vorher heimlich als die wahre Schuldige am Tode des Vaters. Spätestens von da an beurteilte er seine Eltern sehr parteiisch. Die großen Reisen, die Heinrich Floris jahrelang von seinem Geschäft fern hielten und zuerst den Rückgang des Familienvermögens verursacht haben dürften, das glänzende Auftreten, waren beim Vater Großzügigkeit, bei der Mutter Verschwendungssucht. Seinen öffentlichen Dank glaubte Arthur Schopenhauer schließlich dem Vater abstatten zu müssen, von dessen Erbe er lebte. Für die 1828 geplante zweite Auflage der *Welt als Wille und Vorstellung* entwirft er eine Widmung, die das ganze von Heinrich Floris verursachte Drama um die Berufswahl und Johannas Verdienste einfach ausblendet: »Dedikation. (einfach und kurz)/Piis patris manibus. Daß ich der Wahrheit leben konnte, ohne ihr Märtyrer zu werden, danke ich Dir: daß ich dem ungeheuren Triebe zu lernen, zu denken, zu forschen, folgen durfte, ... dieses alles, so Vieles und so Großes, danke ich Dir, Dir ganz allein ..., mein unvergeßlicher Vater, und trage Dir den Dank dafür, welchen Du einst vorhersahest, jetzt täglich ab.«[21]

Johanna Schopenhauer ebnet ihrem Sohn sehr umsichtig den Weg, löst seinen Lehrvertrag, organisiert den Umzug. In Gotha soll er den deutschsprachigen Unterricht der Selekta am berühmten Gymnasium illustre besuchen, das Erziehungsgeschichte schreibt. Als Deutschprofessor wirkt dort der berühmte Philologe Friedrich Jacobs, seit längerem Korrespondenzpartner Fernows und Verkörperung des Gothaer Humanismus. Kost und Logis findet Johanna für Arthur bei Professor Karl Gotthold Lenz. Bei ihm soll er etwa ein Jahr bleiben, bis er sich orientiert hat. Danach soll er in ein billigeres Privatquartier umziehen. In den alten Sprachen erhält er Privatunterricht bei Professor Doering. Arthurs Leistungen sind ausgezeichnet, wofür die Mutter ihn lobt. Nicht nur ihr, sondern auch Arthur gefällt die Stadt, in der der exzentrische Herzog August Emil Leopold von Sachsen-Gotha und Altenburg in Bürgerhäusern verkehrt und auch Bürgerliche zu

Hofbällen zulässt, ausnehmend gut. Johanna besucht die Stadt später noch häufig. Grund ist ihre enge Beziehung zu dem musisch veranlagten, hochgebildeten regierenden Herzog, wie sich aus drei Briefen eines (anonymen) Absenders aus den Jahren 1813 und 1820 ergibt. Bei dem Briefschreiber, der sich einmal Leopold nennt und wie in anderen zweifelsfrei vom Herzog stammenden Schriftstücken manchmal mit Emile, manchmal mit August Leopold unterschreibt, handelt es sich nach Inhalt, Stil und der entsprechend seiner Stimmungen und Launen wechselnden Schrift mit großer Wahrscheinlichkeit um den regierenden Herzog von Sachsen-Gotha. Auf Wunsch des Fürsten sollen die »guten Leute in Erfurt und die strengen Richter in Weimar, Gotha und Eisennach ( ) nichts von unserem fruchtbringenden Wunderverkehr wissen«,[22] so dass der Gedankenaustausch über literarische Themen, vor allem über Johannas literarische Produktion, geheim bleibt. In ihrem Memoiren wollte Johanna Schopenhauer sich dennoch über die »beiden letzten Herzöge von Gotha« äußern, wozu es nicht mehr kam. Ob sie dabei auch auf ihren »fruchtbringenden Wunderverkehr« zurückkommen wollte, ist nicht zu ermitteln. Ihre einzige Bemerkung über August Emil Leopold findet sich in *Ausflug an den Niederrhein*: »... der Herzog von Gotha, der nur keinen Fürstenhut hätte tragen sollen, um durch Geist, Gemüt und Talent die Welt zu entzücken«,[23] ist etwas rätselhaft, hatte er doch erreicht, dass Napoleon ihm 1806 1 700 000 Franken Kontribution erließ. Vielleicht hielt sie ihn für unglücklich. Das Land, dessen Regierung er hauptsächlich seinen Ministern überließ, blühte, obwohl oder gerade weil er sich uneingeschränkt seinen schöngeistigen Neigungen hingab. Der frühe Tod des Fürsten (1822), der angeblich etwas Damenhaftes an sich hatte und eine seinem beißenden Spott entsprechende Schlagfertigkeit besonders schätzte, wurde von den Untertanen aufrichtig betrauert.

In Gotha gehen die Gymnasiasten mit dem Degen spazieren, spielen und trinken reichlich. Ins gesellschaftliche Leben sind sie integriert, das – trotz seines exzentrischen Fürsten – wie in Weimar einen spießbürgerlichen Zug hat. Arthur lebt auf, gibt sich liebenswürdig, renommiert ein wenig als reicher Hamburger und nimmt an geselligen Vergnügungen teil. Häufig befindet er sich dabei in Gesellschaft von Baronen und Baronessen. Zur großen Überraschung seiner Mutter bringt er in kurzer Zeit dreiundsechzig Taler durch. Auf diese Nachricht hin, die Johanna in Jena erhält, wo sie den Sommer verbringt, fordert sie ihn zur Rechnungslegung auf. Sie, die nicht zuletzt durch ihr großzügiges Auftreten in Weimar ebenfalls in dem Ruf steht, eine reiche Hamburgerin zu sein, mahnt zur Sparsamkeit, da ihre und seine Verpflanzung viel Geld gekostet hätten. Jede unnötige Ausgabe würde sie scheuen und bitten, es ihr gleichzutun. Die Ursachen für Arthurs Verschwendung mutmaßend, glaubt sie ihn vor übermäßigem Alkoholgenuss warnen zu müssen, wobei sie auf eigene bittere Erfahrungen mit Männern aus ihrer früheren Umgebung (wohl mit ihrem Vater und ihrem Ehemann) verweist. Sie befürchtet, er könne in Gotha sexuelle Erfahrungen machen, die sich wie einst bei ihrem Ehemann nachteilig auf sein Gemütsleben auswirkten: »Du kennst die schönen Freuden des Lebens, bleibe ihnen treu und laß Dich nicht von falschen Freunden in Sümpfe führen aus denen Du hernach mit zerstörten Sinnen und zerrüttetem Gemüht herauskommst, und in neue Wirbel Dich stürzt um Dich und Deine Reue zu vergessen.«[24] Auch der adlige Umgang gefällt der Mutter nicht. Johanna schickt Arthur die erbetenen fünfzig Taler. Ein andermal sendet sie Arthur Bücher und Tee zur Probe. Gelegentlich kommt er zu Besuch, was ihr recht lieb ist, solange er seinen Disputiergeist zu Hause lässt. Aus Johannas Sicht haben Mutter und Sohn einen Modus Vivendi gefunden. Doch die Ruhe ist trügerisch. Bereits Ende Oktober/Anfang November steht fest: Arthur muss Gotha verlassen. Johanna macht ihrer Empörung mit einem großen Donnerwetter Luft. In ihren in den Sohn gesetzten Hoffnungen enttäuscht, wütend über ihre vergeblichen Bemühungen, geht sie hart mit ihm ins Gericht. Schonungslos hält sie ihm den Spiegel vor: »Du siehst, wie es mit Deiner eingebildeten Menschen- und Weltkenntniß steht, was geschehen ist sagte ich Dir vorher, aber Du trotztest auf Döhrings Vorliebe zu Dir und auf seinen Hang zum Gelde. Du siehst wie Du irrtest, wenn Dir das mit den Gegenständen die Dich zunächst umgeben geschieht, so müßtest Du doch mit Deiner Beurtheilung im Ganzen allmählich vorsichtiger werden, dies ist die erste Lection die die Dich umgebende Welt Dir giebt, sie ist hart, aber wenn Du Dich nicht änderst wird sie noch härter kommen, Du wirst vieleicht sehr unglücklich werden, und weder das Bewußtsein es nicht verschuldet zu haben, noch die Teilnahme der besseren Menschen wird Dich trösten, denn Du wirst beydes nicht haben ... Du bist kein böser Mensch, Du bist nicht ohne Geist und Bildung ..., aber dennoch bist Du überlästig und unerträglich, und ich halte es für höchst beschwerlich mit Dir zu leben, alle Deine guten Eigenschaften werden durch Deine Superklugheit verdunckelt und für die Welt unbrauchbar gemacht, blos weil Du die Wuth, alles besser wissen zu wollen, überall Fehler zu finden außer in Dir selbst, überall bessern und meistern zu wollen, nicht beherrschen kannst.«[25]

Bösartiger Gymnasiastenklatsch hatte Arthur Schopenhauers Spottgedicht auf den human gesinnten, biederen Professor Schulze verbreitet, der sich gegen die Tyrannisierung jüngerer Schüler durch ältere aus der Selekta wandte. Doering kündigte Arthur daraufhin den Privatunterricht auf.
Johanna sieht sich erneut vor die Aufgabe gestellt, ihn unterzubringen. Arthurs Vorschläge verwirft sie. München sei zu teuer, in Göttingen sei das Latein sprichwörtlich schlecht, das Karolinum in Braunschweig sei eine Ritterakademie und

Schulpforta noch ganz klösterlich. Sie stellt ihn vor die Wahl: Altenburg oder Weimar. Sie spricht sich für Altenburg aus, nicht zuletzt weil sie ihn ungern in Weimar haben will, was sie ihm nicht verschweigt, sieht sie doch »hunderte von Kollisionen voraus, in die beide geraten könnten«.[26] Für Altenburg sprechen darüber hinaus gute überzeugende Gründe: weniger Zerstreuungen als in Weimar und der Besuch des Gymnasiums, der in Weimar nicht möglich ist. Der Direktor des Weimarer Gymnasiums, ein Bruder von Professor Lenz aus Gotha, wehrt sich mit Händen und Füßen gegen die Aufnahme Arthurs, dessen Ruf ihm nach Weimar vorausgeeilt ist. In Weimar könnte Arthur nur sechs Stunden Privatunterricht von Passow erhalten, den Johanna nur mit viel Mühe dazu zu bewegen vermag. Für den Fall der Wahl Weimars hält Johanna umfangreiche Vorsichtsmaßnahmen für geboten, um sich gegen die Zudringlichkeiten ihres Sohnes zu wappnen. Sie trifft klare Abmachungen, die die Liebe erhalten und die Gemüter nicht im täglichen Kleinkrieg verbittern sollen. Arthur müsse möbliert wohnen. In ihrem Hause sei er Gast und habe sich um nichts zu kümmern: weder um die häusliche Einrichtung noch um Adeles Erziehung und Gesundheit oder um Johannas Dienerschaft. An Gesellschaftstagen könne er bei ihr essen, wenn er sich des Lamentierens über die dumme Welt und das menschliche Elend enthalten wolle. Arthur entscheidet sich für Weimar, wo seine Mutter ihn durchaus nicht haben will. »Es ist zu meinem Glück nothwendig, zu wissen, daß Du glücklich bist, aber nicht ein Zeuge davon zu seyn«, meint sie in einem Brief vom 13. Dezember.[27] Dennoch lässt Johanna ihren noch nicht volljährigen Sohn gewähren, der am 23. Dezember 1807 in Weimar eintrifft und bis zum Beginn des Studiums an der Universität Göttingen im Herbst 1809 bleibt. Als stummer Zaungast sieht er dem Treiben in Johannas Salon zu, wo er in der ersten Zeit auch Passow treffen kann, bei dem er zeitweilig sogar wohnt. Dies ändert sich jedoch bald. Johanna erwächst die peinliche Aufgabe, den Lehrer ihres Sohnes auf Goethes Geheiß wieder auszuladen. Goethe missfielen abfällige Äußerungen Passows über Schiller, mit denen der Gräzist dem Dichterfürst hatte gefallen wollen. Auch sein permanentes Schweigen, das allgemein als arrogant und belauernd empfunden wird, verdross Goethe. In Passows Gegenwart, berichtet Riemer, habe Goethe seine souveräne Gelassenheit verloren, so dass »das, was humorig und geistreich herausgekommen wäre, nur ernst trocken und einsilbig ablief«.[28] Passows Ressentiments richten sich allerdings nicht gegen Goethe, sondern gegen Johanna Schopenhauer, die er von nun an mit hasserfüllten Augen ansieht. »Sie wissen wohl, daß die bewegliche und geschwätzige Madame Schopenhauer alle Winter gewisse Repräsentationstees hält, die sehr langweilig sind …, zu denen sich aber alles Gebildete und Bildung Vorgebende drängt, weil Goethe häufig dort zu sehen war«, schreibt er seinem Bekannten Heinrich Voß.[29] Sein ungeselliges Schweigen hält er für gerechtfertigt, »weil der ewig mit aufgesperrten Maul lachende und jachternde, frivole Ton des Thees nicht in mein Fach gehört«.[30]

Als Arthur nach seinem Gothaer Debakel in Weimar eintraf, hatte er die noch völlig unbekannte zweiundzwanzigjährige Bettina Brentano verpasst, die im November 1807 bei seiner Mutter zu Gast gewesen war. Doch kam er zur rechten Zeit, um den Erotomanen und Verfasser von *Wanda, Königin der Sarmaten* und *Martin Luther, oder: Die Weihe der Kraft* zu sehen. Nach dem Tode Schillers ist Zacharias Werner Deutschlands berühmtester Dramatiker. Noch im März hatte Johanna gegenüber Arthur zur *Weihe der Kraft* gemeint: »Es fehlt dem ganzen an Haltung, es ist schade um Werner, daß er mit dem großen Talent unter den verblasenen Berlinern lebt, hierher sollte er kommen, und bey Göthen in die Schule gehen.«[31] Schopenhauer erinnert sich noch im Alter gern an den Dichter, mit dem er durch seine Mutter in nähere Berührung kam. Als Neunzehnjähriger ist er hochbeglückt über den Umgang mit Werner, für dessen Werke er schwärmt. Der Dramatiker und ehemalige Hörer Kants ist Schopenhauer gewogen und spricht mit ihm offenbar auch über philosophische Fragen. Auch Johanna scheint von dem zwei Jahre jüngeren, in Königsberg geborenen Dichter sehr angetan gewesen zu sein. Den hageren, äußerlich wenig anziehenden Werner, der unaufhörlich schnupft, nicht immer gewaschen ist und seine Kleidung vernachlässigt, quält ein stark ausgeprägtes sinnliches Verlangen. Nach allen Zeugnissen erregt ihn jedes weibliche Wesen, das in seine Nähe kommt. Diese Veranlagung wird durch eine fehlgeleitete religiöse Erziehung, die ihn schließlich zum schwärmerischen Frömmler macht, verstärkt.

Am 30. Januar 1808 erlebt Weimar die Uraufführung von Werners *Wanda*, ein Stück, das Goethe später gegenüber Kanzler von Müller einen dummen Streich nennt. Werner steht auf der Höhe seines Ruhmes. Goethe, Johanna Schopenhauer und die anderen Schöngeistern erleben in oft schönen Versen von großer Musikalität, wie sich Wanda am Hofe der Libussa in den Fürsten Rüdiger aus Rügen verliebt. Da sie ihn für tot hält, schwört sie, sich nur dem Volke zu widmen. Rüdiger ist aber keineswegs tot, sondern auf dem Wege zu ihr, deren sinnliche Schönheit ihn reizt. Da Wanda sich durch den Schwur gebunden fühlt, verweigert sie sich Rüdiger. Es kommt zum Krieg, in dem die sich sinnlich Begehrenden als Gegner aufeinandertreffen. Libussas Geist erscheint, mahnt zur Ruhe und verhindert ein Gemetzel. Dennoch lässt sich Rüdiger nach vielen Versen von Wanda umbringen, während diese mitten durch Opferflammen von einem hohen Felsen in die Weichsel springt. Danach stellen die Priester befriedigt fest: »Die Götter sind noch da!!!« Das Stück hat in Weimar großen Erfolg. Werner, der vor der Uraufführung gebetet hat, wird von hübschen Mädchen mit Blumen bekränzt. Über die anschließende Feier, die bei Johanna Schopenhauer stattfindet, erzählt Karl v. Holtei folgende Anekdote. Als Johanna am Tage der Uraufführung bei Goethe zu Gast ist, wird sie von dessen plötzlichem Ansinnen überrascht, die Feier bei ihr abzuhalten. Sie eilt nach Hause und sagt der Haushälterin Bescheid, der sie alles Weitere überlässt, da sie die Aufführung um keinen Preis versäumen will. Nachdem die Gäste sich in Johannas Haus eingefunden haben, nehmen die Damen an der improvisierten Tafel Platz, während die Herren mit Tellern herumstehen. In der Mitte sind zwei Stühle für Werner und für Goethe reserviert; dazwischen auf dem Tisch steht ein Wildschweinkopf, von dem am Tage zuvor schon gegessen wurde. Um dies zu verbergen, hat die Wirtschafterin den Kopf mit einen großen Lorbeerkranz verziert. Goethe sieht den Kranz, ruft: »Zwei gekrönte Häupter an einer Tafel? Das geht nicht!«[32], er nimmt den Kranz vom Schweinskopf und setzt ihn Werner aufs Haupt.

7 Fernow

Mitte Juni 1808 weilen Johanna, Adele und Fernow in dem reizend am Fuße des Thüringer Waldes gelegenen Liebenstein. Fernow macht dort eine Kur, die der letzte verzweifelte Versuch ist, sein Leben zu retten. Johanna hat mitansehen müssen, wie sich sein Gesundheitszustand in der letzten Zeit besorgniserregend verschlechterte. Bereits im Sommer 1807 sollte eine Kur in Karlsbad Linderung bringen. Dann diagnostizierten die Ärzte eine »Pulsadergeschwulst«,[1] die beim damaligen Stand der Medizin ein sicheres Todesurteil war.

Der Aufenthalt in Bad Liebenstein bringt nicht das erhoffte Wunder. Ganz im Gegenteil. Die anstrengenden Bäder und der Brunnen bekommen Fernow nicht, der immer matter und kränker wird. Als man Anfang August die Rückreise antritt, sind alle Pläne für Spaziergänge in Wilhelmsthal und für den Besuch der Wartburg aufgegeben. Allein in Gotha müht Fernow sich durch einige Straßen, um seinen Kindern Spielsachen zu kaufen. Von traurigen Vorahnungen gequält, fürchtet Johanna um das Leben ihres einzigen Freundes und Vertrauten. Still und in sich gekehrt sitzt sie in der Kutsche. Um sie aufzuheitern, teilt Fernow ihr seinen Plan mit, in einigen Jahren seine Autobiographie herauszubringen. Dabei erzählt er viel aus seinem Leben, das abenteuerlich genug war. Fernow stammt aus der Uckermark, wo sein Vater Knecht auf dem Gut Blumenhagen war. Seine Mutter starb, als der Knabe, das jüngste Kind einer sehr kinderreichen Familie, sechs Jahre alt war. Vom fünften bis zum zwölften Lebensjahr wurde er von der adligen Gutsbesitzerfamilie aufgenommen, die ihn gut behandelte. Neben Kleidung und Verpflegung erhielt er den ersten Unterricht. Mit zwölf Jahren kam er zu dem ehemaligen Hauslehrer der Familie, einem Notar in Pasewalk, der dem hochbegabten Knaben eine höhere Schulbildung ermöglichen sollte. Im Gegenzug hatte Fernow bis spät in die Nacht Akten zu kopieren. Dessen ungeachtet musste er an fünf Tagen der Woche an Freitischen speisen, da der Notar ihm nur an zwei Tagen zu essen gab, weil das Kind seine Arbeitskraft nicht ausschließlich ihm zur Verfügung stellte. In Pasewalk machte Fernow die Bekanntschaft eines älteren, strengen Gelehrten, der ihm Bücher aus seiner Bibliothek lieh. Wie Johanna fand Fernow großen Gefallen an Kupferstichen, die er nachzeichnen wollte. Als man ihn beim Ausschneiden der Stiche, die er heimlich sammelte, ertappte, floh er. In Anklam wurde der Vierzehnjährige für sieben Jahre in eine Apothekerlehre gegeben. Der Apotheker, ein strenger, älterer Mann, gab ihm Bücher zum Selbstunterricht im Lateinischen. Der Knabe wurde dabei knapp gehalten und schlecht gekleidet. Trotzdem war der Apotheker ihm wohl gesinnt, wie sich bei einem tragischen tödlichen Unglücksfall zeigte. Fernow hatte sich übermütig das Gewehr eines Jägers gegriffen, den er von täglichen Besuchen in der Apotheke her gut kannte. Das Kind legte an und schoss, ohne zu bemerken, dass es mit einer ungesicherten Waffe hantierte. Fernow entging der Bestrafung, da der Apotheker kurzerhand einen Selbstmord fingierte, hatte die Folgen der Tat aber im buchstäblichen Sinne ständig vor Augen. Der Nachfolger des erschossenen Jägers kam täglich in der notdürftig ausgebesserten, blutbefleckten Jacke seines Vorgängers in die Apotheke, um für seinen Herrn Besorgungen zu machen. Dieser Vorfall muss Johanna tief berührt haben. Noch viele Jahre später beschäftigt sie sich mit der Frage, wie jemand, der fahrlässig getötet hat, sein inneres Gleichgewicht wiederfindet. In ihrer 1825 entstandenen Erzählung *Der Schnee* greift sie diese Thematik auf.

Fernow blieb nach dem Ende seiner Lehrzeit noch ein halbes Jahr als Gehilfe, musste aber fliehen, da er als preußischer Untertan in den Militärdienst gepresst werden sollte. In seine preußische Heimat wagte er sich nicht mehr zurück. Er begab sich auf Wanderschaft und fand schließlich eine Anstellung in der Ratsapotheke zu Lübeck. Hier lernte er den Maler Asmus Carstensen kennen, der im folgenden Jahr zunächst nach Berlin, dann nach Rom ging. Fernow wollte ebenfalls Maler werden. Er hatte sich autodidaktisch so weit gebildet, dass er sich als Porträtmaler durchschlagen konnte. Erneut begab er sich auf Wanderschaft. Zunächst ging er nach Ratzeburg, dann nach Ludwigslust, wo er ein Mädchen aus Weimar kennen lernte, in das er sich verliebte. Er machte sich Hoffnungen und wollte nach Weimar, um sich dort zum Kupferstecher ausbilden zu lassen. Zunächst musste er sich jedoch das nötige Reisegeld verdienen. Zu diesem Zwecke verdingte er sich in Schwerin als Porträtmaler. Endlich in Weimar angekommen, wurde er von seiner ersten Liebe arg enttäuscht. Er ging nach Jena, wo er von 1791 bis 1793 bei Professor Karl Leonhard Reinhold die Philosophie Kants studierte. Bei Wielands Schwiegersohn Reinhold lernte er den dänischen Schiller-Verehrer Baggesen kennen, der Fernow antrug, ihn auf seiner Reise durch die Schweiz, Italien, Sizilien und Spanien zu begleiten. Zu Fuß machte Fernow sich auf nach Bern, wo er Lavater besuchte, der sich in Baggensens Angelegenheiten einmischte und Fernows weitere Reise vereiteln wollte. Lavater handelte dabei nicht uneigennützig, wie er vorgab, vielmehr wollte er Fernows zeichnerische Fähigkeiten für seine Zwecke ausnutzen. Die gemeinsame Reise mit Baggesen stand unter keinem guten Stern und endete bereits in Florenz. Baggesen musste aus familiären Gründen zurück nach Bern. Fernow begleitete ihn, um sich in Bern durch Porträts die Mittel für eine zweite Italien-Fahrt zu verdienen. Unterstützt durch zwei reiche Freunde Reinholds, brach er im August 1794 auf. Ende September war er in Rom angelangt. Dort wurde ihm nach intensiven Bemühungen die Begrenztheit seines künstlerischen Talents bewusst, und er verlegte sich auf die Kunsttheorie. Als Einziger erkannte Fernow den inneren Zusammenhang der Philosophie Kants mit den Kunstbestrebungen seiner Zeit, und er stellte die Philosophie in den Dienst der Kunst. Im Winter 1795/96 hielt Fernow viel beachtete kunsttheoretische Vorlesungen, die sich stark an Kants Ästhetik orientierten. Nach dem frühen Tod seines Freundes Carstensen, der in seinen Armen starb, verfasste er dessen Biographie, die erste moderne Künstlermonographie.

Goethe behagte Fernows Kunstauffassung anfangs gar nicht. Nur zögernd stimmte er im August 1802 der Berufung Fernows als außerordentlicher Professor für Ästhetik zu, die Böttiger auf Fernows Bitten hin vermittelt hatte. Der Herzog, Wieland und Minister Voigt versprachen sich regen Zulauf und wurden nicht enttäuscht. Doch als Fernow mit seiner römischen Frau und den Kindern aus Italien zurückkehrte, litt er bereits an wiederkehrenden, heftigen Fieberanfällen, vielleicht Malaria. Aufgrund seines schlechten Gesundheitszustandes – Goethe hatte inzwischen seine Vorbehalte gegen ihn aufgegeben – wurde er 1804 Bibliothekar der Herzoginmutter, was fast eine Sinekure war. Seine Aufgabe war es, ihr den Ariost vorzulesen. In diesen letzten, schweren Jahren erntete Fernow die Früchte seines römischen Aufenthalts. Seine Schriften zur Kunst und zur italienischen Sprache und Literatur erschienen in Folge: drei Bände römische Studien, die Biographie Carstensens, zwei Bände italienische Sprachlehre, zwölf Bände *raccolta di autori italiani*. Sein geplantes umfangreiches Wörterbuch der italienischen Sprache und sein theoretisches Lebenswerk, die Ästhetik für bildende Künstler, blieben unvollendet, ebenso eine Gesamtausgabe der Werke Winckelmanns.

Johanna war Fernow bis zuletzt eine treue Freundin. Einen Schatten auf ihre innige Beziehung wirft allerdings die Tatsache, dass Fernow eine hoffnungslos schwindsüchtige Frau hatte, die die Landessprache nicht verstand und niemals ausging. Wilhelm von Humboldt, der Fernow aus Rom kannte, verargte das Johanna Schopenhauer sehr. Kurz nach Fernows Tod, als Johanna Material für Fernows Biographie sammelte, um seinen Kindern eine Erziehung zu ermöglichen, schrieb Humboldt an seine Gattin: »Ich habe Dir bei Gelegenheit Fernows ... von einer gewissen Madam Schopenhauer geschrieben ... Von mir verlangte diese dann gar, daß ich ihr Notizen aus Fernows Leben liefern sollte, allein damit kam sie bei mir sehr unglücklich an. Von ihrer Verbindung mit ihm erzählte sie mir die wunderlichsten Dinge. Nie wäre eine Verbindung zwischen Personen beiderlei Geschlechts inniger gewesen, und doch hätte sie ihnen nur beiden gleiche Ehre gemacht. In dem Enthusiasmus über diese edle Verbindung vergaß sie so sehr, daß Fernow doch eine Frau gehabt hatte, und erzählte so dreist, daß als nun die Frau so krank gewesen sei, daß sie ihre Wirtschaft nicht mehr habe vorstehen können, Fernow alle Tage bei ihr gegessen, daß ich mich nicht entbrechen konnte, zu bemerken, daß es recht für die Frau gewesen sei zu sterben, da sie so verlassen gewesen sei. Hierbei stutzte sie auf einmal und lenkte ein.«[2] Humboldts Urteil, der auch sonst in seinen Briefen an Karoline von Humboldt kaum ein gutes Haar an anderen Frauen ließ – im Übrigen erlaubten sich sowohl seine Frau als auch er außereheliche Beziehungen –, war von Antipathie gegen Johanna Schopenhauer getrübt und nicht frei von Irrtümern. Noch zu Fernows Lebzeiten schrieb er über dessen Ehefrau, die Humboldt zufolge bereits 1807 verstarb, dass sie das »traurigste Schicksal gehabt«[3] habe. Indessen widerlegen Briefe Fernows an seine Frau, die er liebevoll »Mariuccia«[4] nannte, diese Aussagen. Der todkranke Fernow war sehr um das Wohl seiner Frau besorgt, zu der er in einem warmen, freundschaftlichen Verhältnis stand. Sie genoss die gleiche medizinische Betreuung wie ihr Mann. Dass Fernows Frau nicht ausging, war ein Schicksal, das sie mit vielen Frauen des Mittelstandes teilte, die eine durchschnittliche Bildung hatten und sich traditionsgemäß, wie Johannas Mutter, auf den Haushalt beschränkten. Im klassischen Weimar gab es viele Frauen, die für die gebildete Welt unsichtbar blieben, beispielsweise Wielands Frau Dorothea und auch Caroline Bertuch, die, obwohl sie ihre »Blumenfabrik« leitete und an geselligen Anlässen teilnahm, kaum wahrgenommen wurde, da sie der Sitte entsprechend im Verborgenen blühte. Vielleicht zog sich Fernows Frau auch deshalb zurück, weil sie in der gebildeten Welt nicht wohlgelitten war. Böttiger zufolge soll sich Madame de Staël bei ihrem Besuch in Weimar Ende 1803 folgendermaßen geäußert haben: »Le mal est qu'il s'est affublé de cette Italienne.«[5] Johanna Schopenhauer ist das zurückgezogene Leben von Fernows Frau jedenfalls nicht anzulasten. Befremden mag allerdings, dass sie einseitig das Wohl Fernows im Auge hatte, allein den verehrten, geliebten Mann sah und nicht an seine sterbenskranke Frau dachte, die sie nicht kannte.

Am 18. September 1808 stirbt Fernows Frau. Danach nimmt Johanna ihren todkranken Freund bei sich auf. Hier arbeitet er bis zuletzt. Am 4. Dezember stirbt er in Johannas Haus. Sein Tod erfüllt sie für lange Zeit mit tiefer Trauer. Als sich der Todestag jährt, reist sie nach Jena, um allzu lebhaften Erinnerungen zu entfliehen. Noch Jahre später kommt sie immer wieder auf Fernow zurück.

8 Ronneburg

Noch zu Fernows Lebzeiten hatte im September 1808 der Erfurter Fürstentag stattgefunden, auf dem Napoleon sich im Glanz seiner Macht präsentierte. Nachdem er in Spanien die ersten Niederlagen erlitten hatte, wollte er die Festigkeit des französischen Bündnisses demonstrieren und den »Geist von Tilsit« beschwören. Alle gekrönten Häupter Europas mit Ausnahme des österreichischen Kaisers und des preußischen Königs glaubten der Einladung folgen zu müssen. Im Gefolge befand sich auch Goethe. Die Erfurter Bevölkerung empfing den französischen Kaiser mit Begeisterung. Viele Fremde kamen in die Stadt. Auch Johanna Schopenhauer und ihr Sohn waren auf getrennten Wegen – Arthur in Begleitung Falks und Johanna in Gesellschaft einiger Weimarer Damen – nach Erfurt gereist, um sich das Schauspiel anzusehen, das Johanna in ihrem 1831 erschienenen *Ausflug an den Niederrhein und nach Belgien* anmutig schildert. Napoleon hatte aus Paris die berühmtesten Schauspieler kommen lassen: Talma, Duchesnois, die Damen Mars, George, Bourgoing, die sich mehrmals wöchentlich in einem kleinen Theater, das in einem ehemaligen Jesuitenkloster hergerichtet worden war, in ihren berühmtesten Rollen zeigten. Johanna und die Weimarer Damen ergattern einige der heiß umkämpften Karten in den Seitenlogen für eine Vorstellung von Voltaires *Oedipus*, in dem Talma und die seit »einem halben Jahrhundert«[1] als Tragödin berühmte Raucourt auftreten, um Napoleons politische Mission zu untersützen.

Der Abend beginnt mit einem Missgeschick. Den Damen werden zwei der kostbaren Billetts gestohlen, die sie in einem auf einige Stunden gemieteten Zimmer zurückgelassen haben, um sorglos durch Erfurt schlendern zu können. Auf die Vorstellung verzichten will keine der Damen, denn »jede von uns fühlte in ihrem Herzen das Erhabene einer solchen unerhört edelmütigen That; aber jede war auch geneigt, die Ehre der Ausführung derselben der geliebten Freundin zu überlassen«.[2] Zum Glück fällt einer Dame ein, dass sie am Arm eines ordengeschmückten Offiziers auch ohne Billetts Einlass fände. So ziehen sie durch Erfurt, um schließlich am Arm von Bekannten ins Theater zu gehen, wo sie einen unbequemen Platz finden. »Alle Logen, auch die unsrige füllten sich immer mehr, wir wurden unbarmherzig zusammengepreßt, so daß wir uns kaum noch regen konnten, die Hitze war zum Ohnmächtigwerden, doch dazu hatte jetzt keine von uns Zeit; die hohe Bedeutsamkeit des großen Schauspiels, das allmälig im Parquette sich vor uns entwickelte, nahm Geist und Sinne dermaßen gefangen, daß wir das Unbequeme unserer Stellung völlig vergaßen.«[3] Dann endlich ist es so weit: »Draußen wurde die Trommel gerührt, der Kaiser kommt! ging es flüsternd durch die Reihen in dem übervollen Hause. ›Bêtes que vous êtes, que faites vous, ce n'est qu'un roi‹, donnerte die zürnende Stimme eines kommandierenden Offiziers, und ein deutscher König trat ins Parquet, noch drei folgten ihm nach und nach, die Könige von Sachsen, von Baiern, von Würtemberg traten still und prunklos herein, der weit später ihnen folgende König von Westfalen überstrahlte sie alle im schimmernden Glanze der reichen Stickerei und Juwelen …«[4] Nachdem sich auch Kaiser Alexander, die Großherzogin von Baden, die Königin von Westfalen, Talleyrand und andere Damen und Herren gezeigt haben, tritt endlich Napoleon ein und nimmt in einem Armstuhl neben Zar Alexander Platz. »Die vier Könige vertheilten sich auf ihren nicht sehr bequem scheinenden Stühlen ohne Seitenlehne, und das Schauspiel begann. Doch vergebens bot Talma all seine Kunst auf, Jokaste-Raucourt, deren Schönheit und Talent schon vor 50 Jahren den Baron Grimm in Paris entzückte, jammerte vergebens über das gröbliche Unheil, das ihre ›foibles appas‹ angestiftet, wir hatten nur Augen und Sinn für das Parquet dicht vor uns … Gleich bei der Exposition der vielleicht hundertmal von ihm gesehenen Tragödie hatte Napoleon sich indessen in seinem Lehnstuhl recht bequem zurückgelehnt und war fest eingeschlafen … Den Furchtbaren, Gewaltigen so aufgelöst im sanftesten Schlummer, so ganz aller seiner, das Glück oder Unheil einer halben Welt bestimmenden Pläne vergessend zu sehen, machte auf uns einen ganz eigenen ergreifenden Eindruck. Wir konnten nicht aufhören ihn mit scheuer Verwunderung zu betrachten; denn es liegt nun einmal in der menschlichen Natur, bei ausgezeichneten Menschen gerade durch das Allernatürlichste, wodurch sie Andern sich völlig gleichstellen, sich in Erstaunen versetzen zu lassen, als wäre dergleichen etwas ganz denkbar Unerwartetes … er lag augenscheinlich so harmlos, so wehrlos da, wie jeder andere Schlafende; und in solcher Umgebung.«[5]

Für Arthur Schopenhauer hingegen sollen die Hofdamen im Mittelpunkt der Betrachtung gestanden haben. Angeblich ereiferte er sich über sie, die Napoleon vor der Vorstellung für ein Scheusal und danach für den liebenswürdigsten Mann der Welt hielten.

***

Das gesellige Leben bringt mancherlei willkommene Ablenkung, die es Johanna Schopenhauer leichter macht, über Fernows Tod hinwegzukommen. Am Tag des Begräbnisses lernt Johanna den Maler Gerhard v. Kügelgen kennen, der nach Weimar gekommen ist, um dem Freund bis zur Stunde seines Todes beizustehen. Kügelgen bleibt mehrere Wochen in Weimar, um Goethe, Wieland, Schiller und Herder nach Büsten zu malen. Schon früher hat der Maler Johanna Werke geschickt, die sie in ihrem Salon ausstellte, um Bewunderer und Käufer zu finden. Jetzt schreibt Johanna für Wielands *Merkur* eine Rezension dieser neuesten Arbeiten Kügelgens. Neben der lebhaften Geselligkeit hilft Johanna vor allem ihr Einsatz für die beiden kleinen Söhne Fernows, besser über seinen Tod hinwegzukommen. Vormund der Kinder, deren Zukunft aufgrund von Fernows nicht unbeträchtlicher Schulden vollkommen ungesichert ist, wird der junge Bertuch. Fernow hatte sich wegen der Versorgung seiner Söhne beunruhigt, zuletzt aber auf die Hilfe des Herzogs und seiner Freunde vertraut. Um die Erziehung der Kinder zu sichern, versucht Johanna, Fernows Schulden zu regulieren. Dabei stellt sich heraus, dass allein Oberhofmeister v. Einsiedel bereit ist, vollkommen selbstlos zu helfen. Der dem Glücksspiel verfallene, selbst in drückenden Schulden lebende Einsiedel hat aus Geldnot die geliebte Frau, Gräfin Waldner, die ihn ebenfalls liebte, nicht heiraten können. Seine Beziehung zu der schönen Sängerin Corona Schröter ist gleichermaßen am Geldproblem gescheitert. Der talentierte Schöngeist, der in Johannas Salon gelegentlich seine Übersetzungen aus dem Plautus vortrug, verzichtet als einziger Gläubiger im vollen Umfang auf seine Forderung. Der Herzog will den Kindern – der ältere, noch in Rom geborene Sohn stirbt früh, der jüngere kommt in eine Apothekerlehre in Blankenhain – bis zum zwanzigsten Jahr ein Erziehungsgeld aussetzen, sofern ihm die bedeutende Bibliothek Fernows für die Weimarer Bibliothek zufalle. Allerdings muss zuvor eine beträchtliche Forderung Heinrich Cottas befriedigt werden. Cotta erklärt sich bereit, Fernows Schulden zu erlassen, sofern Johanna Schopenhauer Fernows Biographie verfasse. So wird Fernow postum zur Hebamme ihres literarischen Talents. Die beifällige Aufnahme des Werkes veranlasst sie, ihr Erzähltalent, das ihr bislang kaum bewusst war, ernst zu nehmen. Johanna Schopenhauer eröffnet ihre selbstlose Handlungsweise die schriftstellerische Laufbahn, die ihr wenige Jahre später, nachdem sie nahezu ihr gesamtes Vermögen verbraucht hat, finanziellen Halt und innere Befriedigung geben sollte.

Die Redoute im Februar 1809, die von Goethe und Falk wochenlang in Johannas Wohnung vorbereitet wurde, lenkt sie ebenfalls von ihrem Kummer ab. An ihr nehmen auch Arthur und Adele teil. Auf diesem Fest wird Johanna erstmals – zweieinhalb Jahre nach ihrer Ankunft – von der Herzogin Luise ins Gespräch gezogen. Arthur verliebt sich unsterblich in die elf Jahre ältere, mit all ihren Juwelen geschmückte Mätresse des Herzogs. Karoline Jagemann ist natürlich unerreichbar für Arthur. Seiner Mutter gesteht er: »Diese Frau würde ich heimführen, und wenn ich sie Steine klopfend an der Landstraße fände.«[6] Die Jagemann, die 1809, kurz vor der Geburt ihres zweiten Kindes, vom Herzog geadelt wird (Frau von Heygendorf), veranlasst Arthur zu seinem ersten und einzigen bekannten Liebesgedicht.

Goethe arbeitet im Mai und Juni 1809 an den *Wahlverwandtschaften*. Nach Schütze porträtierte er angeblich einige Äußerlichkeiten von Johannas Gästen in dem Werk. In Johannas Salon macht er sich rar.

Dafür besucht Werner bei einem neuerlichen Aufenthalt in Weimar wieder fleißig Johannas Teeabende. Ihre Gäste unterhält er mit burlesken Schnurren und Fabeln. Am Ende dieses Aufenthalts reisen Mutter und Sohn dem Dichter gemeinsam nach Jena und Rudolstadt hinterher. Am 7. Juni 1809 besuchen sie ihn in Rudolstadt, wo der berühmte Dichter auf dem Weg nach Coppet zu Madame de Staël zum zweiten Mal Station macht. Augenscheinlich schätzte Werner Johanna. In seinem Tagebuch erwähnt er sie mehrmals. Unter dem 9. Juni heißt es: »Spaziergang und vertraulich Gespräch auf dem Anger mit der guten Schopenhauer. Gang mit ihr in Werrlich's Gärtchen.«[7]

Johanna bittet Goethe um eine Empfehlung für ihren Sohn, bevor Arthur im Herbst 1809 die Universität Göttingen bezieht. Vergebens. Arthur Schopenhauer geht unempfohlen, jedoch mit dem väterlichen Erbteil versehen, das seine Mutter weiterhin verwaltet. Arthur, der am 22. Februar volljährig geworden ist, ist Herr über ein Drittel des väterlichen Vermögens: 19 000 Taler »gut Geld«,[8] die jährlich eine Rente von 950 Talern bringen.

Im Winter 1809/10 arbeitet Johanna an Fernows Biographie, die sie im Frühjahr beendet. Den April verbringt sie in Jena. Ende Mai bricht sie zu einem Badeaufenthalt nach Ronneburg auf, einem im späten 18. und frühen 19. Jahrhundert berühmten Kurort. Die radiumhaltigen Mineralquellen helfen gegen Gicht, Rheuma, Arterienverkalkung und Blutarmut. Die Stadt verfügt über herrliche Promenaden- und Kuranlagen, die angenehme Tage versprechen.

Die Kur steht offensichtlich unter keinem guten Stern. Als Mutter und Tochter Schopenhauer im kühlen, verregneten Frühsommer des Jahres 1810 in Ronneburg eintreffen, sind sie die einzigen Gäste. Die Nächte sind sehr kalt. Johanna muss sich abends ein Feuer im Kamin anzünden lassen, das bisweilen auch tagsüber flackert. An solchen Tagen ist an Baden nicht zu denken. Zudem droht unerträgliche Langeweile, denn weitere Kurgäste bleiben aus. Es gibt keinen regulären Kurbetrieb, erst recht keine zwanglose Geselligkeit, die, jenseits der strengen Etikette auch von hochadligen Personen gepflegt, nicht zuletzt den Reiz eines Badeaufenthaltes ausmacht. In ihren Schriften schildert Johanna Schopenhauer das Badeleben in Orten wie Bad Schwalbach, Schlangenbad, Wiesbaden oder Karlsbad, das in der gut besuchten Saison so ähnlich auch in Ronneburg stattgefunden haben dürfte. Der Tag beginnt früh. Um fünf Uhr kommen die Brunnengäste zum Sprudel. Sofern es die Witterung erlaubt, erscheinen die Damen in eleganter

Morgentoilette, bei kühleren Temperaturen sind sie in kostbare Schals gehüllt. In Bädern wie Karlsbad, wo sich die große Welt trifft, versuchen die Frauen der reichen Russen und Polen sich mit ihrer Kleidung gegenseitig zu übertreffen. Man trinkt den Brunnen, knüpft Kontakte, promeniert, bis endlich um neun Uhr, von allen sehnlichst erwartet, die Frühstückszeit herannaht. Nach dem meist auf dem Zimmer servierten Frühstück werden, vorzugsweise im geselligen Verein, Ausflüge unternommen. Nachmittags wird Kaffee getrunken. Gelegentlich wird abends getanzt, man besucht Theatervorstellungen und badet zwischendurch. Obwohl sich im Juni 1810 in Ronneburg keine Spur von Badeleben findet, ist die verwöhnte und geselligkeitsbedürftige Johanna, die nun bald vierundvierzig Jahre alt ist, mit dem Aufenthalt zufrieden. Sie macht kleine Exkursionen, hat ihre Beschäftigungen. Vor allem aber genießt sie den Umgang mit ihrem Hauswirt, dem Stadtsyndikus Georg Friedrich Konrad Ludwig Müller (ab 1815 von Gerstenbergk, nach Adoption durch einen Onkel mütterlicherseits), und dessen Oheim, dem Hofrat Sulzer. Müller, ein dreißigjähriger, sehr ehrgeiziger, gut aussehender Jurist mit schöngeistigen Neigungen, den manche für einen abgefeimten Courmacher halten, gefällt ihr gut. Er gefällt ihr so gut, dass sie ihn mit auf eine viermonatige Kunstreise nach Dresden nimmt, wo sie in der Galerie alte Meister kopieren und ihren Freund Gerhard v. Kügelgen treffen will. Auf den in solchen Fällen nicht ausbleibenden Klatsch nimmt sie keine Rücksicht. Müller und Johanna Schopenhauer nehmen in Dresden am regen gesellschaftlichen Treiben teil, wobei sie auch die Bekanntschaft Böttigers machen. Schnell dringt die Kunde von ihren gemeinsamen Unternehmungen nach Weimar. Bereits am 3. Juli fühlt sich Christiane v. Goethe veranlasst, ihrem Mann zu berichten: »Die Schopenhauer ist jetzt mit Müller in Dresden; sein Bruder, der Student, besuchte uns auch bei diesen Festlichkeiten, und aus diesen seinen Reden kann ich freilich nichts Anderes schließen, als daß sie ihn würcklich heirathet. Sie hat schon in Ronneburg in seinem Haus logirt, und seine erste Geliebte hat sich das so zu Herzen genommen, daß sie wahnsinnig geworden ist.«[9]

Müller will nach Weimar. Er bemüht sich um eine Anstellung, die er noch im selben Jahr erhält. Von nun an ist der junge Assessor ein täglicher Gast im Hause Schopenhauer.

9 Kriegswinter 1813/14

Sieben Jahre nach Johannas Eintreffen in Weimar droht erneut Krieg. Die politische Lage im Herzogtum Sachsen-Weimar-Eisenach ist ziemlich unübersichtlich. Der bisher stets siegreiche Napoleon beherrscht ganz Kontinentaleuropa und rüstet zum Russland-Feldzug. Die in Weimar lebende Schwester des Zaren und Carl Augusts früheres Engagement für Preußen mögen Napoleon im Jahr 1812 veranlasst haben, im verbündeten Weimar eine französische Gesandtschaft zur Überwachung einzurichten. Frankreichs Gesandter Saint Aignan wird instruiert, sich über die Werke der in Weimar lebenden berühmten und in Deutschland sehr einflussreichen Schriftsteller auf dem Laufenden zu halten. Der Baron verkehrt eifrig bei Goethe, zu dem er ein gutes persönliches Verhältnis entwickelt. Auch zu Johanna Schopenhauer, die ihn mit Büchern versorgt, unterhält er gesellschaftliche Beziehungen. Im Februar/März 1813 verbündet Preußen sich mit Russland. Truppen des Herzogs marschieren mit Napoleon gegen Preußen und den verschwägerten Zaren. Die Preußen unterliegen bei Großgörschen und Bautzen. Im April kapituliert eine zahlenmäßig überlegene Truppe des Herzogs vor einer preußischen Vorhut. Der Befehlshaber, der ohne Genehmigung des Herzogs handelte, erhält zwölf Jahre Festungshaft. Der Strafe entzieht er sich durch Übertritt zu den Preußen. Johanna Schopenhauer hegt durchaus Sympathie für die freiheitsberauschten, national gesinnten Preußen-Anhänger, zu denen neben Adele, die mit ihrer Freundin Ottilie den »Orden der Hoffnung« gegründet hat, auch Müller von Gerstenbergk gehört. Goethe, der an *Dichtung und Wahrheit* arbeitet, ist aufgrund der drohenden Kriegsgefahr in niedergeschlagener Stimmung. Mitte April flüchtet er nach

Teplitz, das er am 10. August wieder verlässt. Denn auch in Böhmen machen sich die Anzeichen des Krieges bemerkbar. In Weimar ist währenddessen alles ruhig geblieben. Als die Preußen Ende April in Weimar standen, wurden sie sehr gut empfangen. Die Freude war jedoch überaus voreilig und währte gerade eine Woche. Dann stand Napoleon wieder vor der Tür, der auf das preußische Intermezzo seines Verbündeten jedoch milde reagierte.

Im Sommer 1813 herrscht Waffenstillstand. Es ist die Ruhe vor dem Sturm. Herzog Carl August bemüht sich, für den Fall einer russischen Niederlage vorzusorgen, und kocht sein eigenes Süppchen. Er reist mehrmals zu Napoleon nach Dresden, um vorzufühlen, ob er nicht vielleicht Erfurt oder einen Teil von Sachsen-Gotha-Altenburg erlangen könne.

Nach der Völkerschlacht von Leipzig vom 16. bis 19. Oktober 1813, bei der über einhunderttausend Menschen sterben oder verwundet werden, bricht das napoleonische System zusammen. Weimar ist wieder, wie 1806, von Plünderung und Brandschatzung bedroht, da es auf dem Rückzugsweg der geschlagenen Franzosen und der ihnen nachsetzenden Österreicher, Russen und Preußen liegt. Die Bevölkerung ist in Schrecken. Ende November liegen auch in Weimar Listen aus, in die sich junge Männer aus den gehobenen Ständen als Freiwillige im Kampf gegen Napoleon eintragen können. Johanna Schopenhauer äußert sich kaum zum Zeitgeschehen und zu den politischen Verhältnissen, die sie nur aus der Zeitung kennt. Sie zieht sich in ihren Salon zurück, der auch nach Goethes Rückzug aus dem gesellschaftlichen Leben ein anziehender Ort für Gelehrte bleibt.

In diesen kriegsbewegten Tagen gelingt Johanna Schopenhauer der literarische Durchbruch mit ihrem gerade herausgekommenen zweiten Buch, der *Reise durch England und Schottland*. Es ist nicht mehr unter Pseudonym erschienen, wie ihre ersten frühen Aufsätze, sondern unter ihrem eigenen Namen. Fernows Biographie war ein Kompromiss, bei dem sie sich bescheiden als Herausgeberin einer Auswahl von Briefen ausgegeben hatte.

Reisebeschreibungen hatten in jenen Tagen Konjunktur. Sie verkürzten dem dankbaren Lesepublikum so manchen dunklen Winterabend. Als Ersatz für eigene Reisen, die vielen Gelehrten und den meisten Frauen gleich welchen Standes nicht möglich waren, machten diese so genannten »Lehnstuhlreisenden« oder »fireside travellers« ihre Reiseerfahrungen ausschließlich durch Lektüre, die zur Quelle ihrer Weltkenntnis wurde. Bei entsprechender Phantasie erlebten sie Nervenkitzel wie Bettina Brentano und ihre Freundin Günderode. »Besinn Dich doch auf unsere Reiseabenteuer, die wir den Winter miteinander durchmachten, keiner von uns hatte eine trübe Minute den ganzen Winter nicht, Deine Sehnsucht ins Innere von Asien hinein brachte uns immer unter die wilden Tiere, Tiger und Löwen und Elefanten haben uns Schabernack gespielt. Was haben wir für Sommerhitze ausgestanden mitten im Eis; erst später merkte ich wie sehr wir uns in dieses Leben vertieft hatten, da alle Leute diesen Winter als einen der kältesten durchgehustet hatten.«[1]

Johannas Buch hatte nicht nur Unterhaltungswert, sondern – ob beabsichtigt oder unbeabsichtigt, sei dahingestellt – im Zeitalter der Befreiungskriege durchaus auch eine politische Dimension, war Großbritannien doch der Hauptakteur im Kampf gegen Napoleon. Außerdem wurde die konstitutionelle Monarchie, deren Bild Johanna sehr anschaulich zeichnete, von vielen gebildeten Vertretern des deutschen Bürgertums als vorbildlich und richtungsweisend betrachtet. Johannas reizvolle Schilderung der englischen und schottischen Lebensverhältnisse im Geiste der Aufklärung verschaffte der weltgewandten, weitgereisten Frau Respekt und Bewunderung in der Gelehrtenwelt. Der von Arthur verehrte, berühmte Philologe Wolf ist begeistert von Johannas Reisebeschreibung, in die auch Arthurs Reisetagebücher eingeflossen sind. Er will unbedingt ihre Bekanntschaft machen, als er im Sommer in Jena weilt. Wolf wird ebenso zum enthusiastischen Bewunderer Johannas wie der Jenaer Calderon-Übersetzer Gries, dem dieses Buch sein liebstes bleibt.

Johanna Schopenhauer ist von den kriegerischen Ereignissen, ihrem nach Weimar zurückgekehrten Sohn und Gerstenbergk zu sehr in Anspruch genommen, um das traumatische Liebesdrama zu bemerken, das ihre Tochter Adele in den nächsten Jahren erleiden sollte. Die sechzehnjährige Adele erlebt in den Tagen nach der Völkerschlacht von Leipzig ihre erste tiefe Leidenschaft, die glühende Liebe zu dem preußischen Premierleutnant Ferdinand Heinke. Adele ist ein junges, unbefangenes Mädchen, das zwar nicht schön ist, aber dennoch durch ihre Persönlichkeit die Menschen einzunehmen versteht. Sie blickt noch froh in die Zukunft. Kein geringerer als der extravagante Frauenliebhaber und Ästhet Fürst Pückler, der im Jahr 1812 Weimar besucht und bald Zutritt zu Johannas Salon findet, ist von ihr bezaubert: »Adele ist eines von den weiblichen Wesen, die entweder ganz kalt lassen, oder tiefes, unwandelbares Interesse erregen müssen. Was meine eigene Individualität angeht, kann ich nicht mehr über sie sagen, als ich wünschte, meine zukünftige Frau würde ihr treues Ebenbild von ihr sein. Ihr Äußeres gefällt mir, ihr Inneres ist eine schöne Schöpfung der Natur. Diese Unbefangenheit und wahre Unschuld des Gemüths, diese kindliche Naivität bei so seltener, ja ich möchte sagen, fast schauerlicher Tiefe, diese natürliche Gewandtheit im Umgange bei der brennendsten Einbildungskraft, diese stille Herrschaft über sich selbst, bei der bewundernswürdigsten Leichtigkeit sich jedes Talent zu eigen zu machen, und bei so vielen Anlässen zur Eitelkeit diese aufrichtige ungezwungene Bescheidenheit – bilden ein Ganzes, dem wenig Mädchen unserer Zeit gleichen werden.«[2] Adele, die dem Fürsten gefiel, weil sie souverän ganz sie selbst war und dazu hochbegabt, findet bei ihrer ersten Liebe weniger Anklang. Sie konkurriert mit Ottilie von Pogwisch, ihrer attraktiven Freundin, die in Adeles Gegenwart noch hübscher erscheint. Auch sie hat sich unsterblich in Heinke verliebt. Dabei ist das gemeinsame Idol der Freundinnen, der schmucke preußische Offizier, den die Gloriole des Freiheitskämpfers umgibt, nichts als ein karrierebeflissener, pedantischer Bürokrat, der sich im Uniformrock und am Klavier ein romantisches Flair zu verschaffen weiß, und keinesfalls der Halbgott, den Adele in ihm sieht. Nach der Legende ist er ein versprengter Lützower Jäger, der von den Mädchen im Weimarer Park aufgefunden und heimlich gepflegt wurde. Die Wirklichkeit war viel prosaischer. Adeles und Ottilies Held ist mit dem Reiterregiment des Majors Anton v. Kleist in offizieller Mission nach Weimar gekommen, um für seinen Major, der zum Kommandanten von Weimar ernannt worden ist, sich selbst und einen Leutnant Stegmann Quartier zu machen. Nach den Entbehrungen des Krieges genießt Heinke nun in Weimar das Leben in vollen Zügen. Er wird sogleich bei Goethe eingeführt, dessen Frau er vor einigen Jahren den Hof gemacht hat. Heinke studierte damals in Halle und tanzte in den Jahren 1802, 1803 und 1804 mit Christiane während ihrer Aufenthalte in Lauchstädt oder ging mit ihr spazieren. Christianes einstiger Kavalier findet die Geheimrätin gealtert und schwenkt ganz auf die Linie ihrer Kritiker ein. Mit Goethes Ehefrau will er nichts mehr zu tun haben. Heinkes Lob der von Kritik und Publikum als unmoralisch angefeindeten *Wahlverwandtschaften* nimmt Goethe, dessen Bekanntschaft er trotzdem sucht, sehr wohlwollend auf. Schon bald erweist Heinke sich dem Geheimrat als sehr nützlich, als er die Einquartierung von zwölf Kosaken verhindert. Der bürgerliche Offizier wird bei Hofe vorgestellt. Für Heinke eröffnen sich ganz neue gesellschaftliche Perspektiven. Die Mätresse des Herzogs lädt ihn zum großen Tee, die Häuser des Adels stehen ihm offen. Am 10. November 1813 wird Heinke der Hofrätin Schopenhauer in ihrer Loge präsentiert. Ihr und Gerstenbergk gefällt der schmucke Offizier. Johanna lädt ihn ein und fortan ist er ständiger Gast im Hause Schopenhauer. Am 16. November ist Adeles »bildschöne Freundin Ottilie v. Pogwisch«[3] bei den Schopenhauers. Adele macht sie mit Heinke bekannt. Ferdinand Heinke ist entflammt, Ottilie ebenfalls. Adele geht leer aus. Sie unterdrückt ihre Eifersucht, die noch Jahre später immer wieder aufflammt. Als intime Vertraute versucht sie dann am Glück ihrer Freundin teilzuhaben und hält die Rolle der aufopferungsvollen Freundin ein Jahrzehnt lang durch. Als Ottilie sich ernsthaft in den englischen Captain Sterling verliebt, bricht es aus Adele heraus: »Ich kann's nicht denken, weil's mich tödet zu denken, dass sie, die Ferdinanden so glühend liebte, zum zweitenmahle ebenso liebt! Dann fühle ich, Sterling ist unser Jugend-Ideal und schweige tiefbekümmert. Wenn Ottilie nicht Ferdinanden durch dieses, alles Irdische weit überreichende Gefühl mit zauberischer Gewalt ergriffen hätte, so – ich wage es nicht zu denken! so hätte vielleicht, wahrscheinlich, Ferdinand mich geliebt, wahrscheinlich hätte meine glühende Erwiderung dieses Gefühls Charlottens Recht gekränkt, und ich wäre sein geworden.«[4]

Ottilie wird für Heinke der Glanzpunkt der Schopenhauerschen Abende. Mindestens ebenso wie Ottilie faszinieren den Pelzhändlerssohn aus Breslau, der im bürgerlichen Leben eine juristische Karriere anstrebt und vor allem deshalb mit der Tochter eines Kameraldirektors so gut wie verlobt ist, die Gunstbeweise der hohen Herrschaften, während seine intellektuellen Interessen nicht allzu ausgeprägt sind. Trotzdem zeigt er sich im anspruchsvollen Gespräch gewandt und gibt einen aufmerksamen Zuhörer ab. Nachdem Heinke, der sich

mit dem zwei Jahre älteren Müller v. Gerstenbergk ange-
freundet hat, abgezogen ist, kehrt er an Silvester, wohl auf
Einladung Gerstenbergks, noch einmal nach Weimar zurück
und steigt bei Gerstenbergk ab, »wo Adele und Ottilie mit
Vorkehrungen zum Ball beschäftigt sind. Besuch bei Frau
von Pogwisch und Goethe, dann zum Abendbrot bei Schopenhauers, wo im alten lieben Kreise der Sylvesterabend gefeiert wird. Weissagungspielerein, Neujahrsgeschenke. Um
den dampfenden Punsch gelagert, wird in alter Fröhlichkeit
das neue Jahr erwartet. Das beste und erste Glas Dir, geliebte
Lottina!«[5] Letzteres stimmt wohl nicht so ganz. Seine Verlobte Charlotte Werner (Lottina) pflegt er während seines
ganzen Weimar-Aufenthalts mit kurzen Berichten abzuspei-
sen. Und sein Brief aus der Silvesternacht wirkt sehr ver-
krampft und hölzern. Heinke macht den Frankreich-Feldzug
mit und wird zum Helden. Er wird schwer verwundet und erhält das Eiserne Kreuz, wie es ihm Adele und Ottilie in der
Silvesternacht prophezeit haben. Auf dem Rückweg von dem
siegreichen Feldzug macht er im Juni 1814 erneut in Weimar
Station. Sein erster Weg führt ihn zu den Schopenhauers. Als
er nach wenigen Tagen abreist, ist es ein Abschied für immer.
Heinke kehrte nach Breslau zurück und heiratet 1815 seine
Verlobte, nachdem er sich beruflich etabliert hat. Das Ehepaar bekommt sieben Kinder. Die zweite Tochter erhält als
Reminiszenz an Ottilie v. Pogwisch den Namen Ottilie. Ob
seine Gattin, die er in Bezug auf Ottilie v. Pogwisch in seinem Silvesterbrief belog, hierüber im Bilde war, ist fraglich.
Heinke macht Karriere als Beamter, erhält Orden und Aus-
zeichnungen und ist seit 1833 Ehrenbürger der Stadt Breslau.

10 Zerwürfnis

Als Adele am 10. November 1813 Heinke zum ersten Mal begegnete, war ihr Bruder gerade erst wieder in Weimar eingetroffen. Auch er war zu sehr mit anderen Dingen beschäftigt, um Adeles Liebesdrama zu bemerken. Es war sein zweiter Aufenthalt binnen kurzem. Bereits Anfang Mai war er vor den kriegerischen Ereignissen aus Berlin geflohen, wo er seit dem Sommer 1811 sehr zurückgezogen gelebt und an der neu gegründeten Universität mit großem Eifer studiert hatte. Seine Haltung machte ihn zum Außenseiter. Im Zeitalter der Befreiungskriege dominierte die große Politik das Bewusstsein der Deutschen. Die jungen Männer waren national und kriegerisch gesinnt. Wie der gehasste Napoleon am besten getötet werden könnte, war nach den Erinnerungen Immermans eines der beliebtesten Gesprächsthemen der Zeit. Die akademische Jugend, die Professoren, allen voran Arthur Schopenhauers Lehrer Fichte, waren berauscht von der Hoffnung auf ein freies, nationales Deutschland.

Der König stiftete das Eiserne Kreuz und appellierte im Februar 1813 mit dem Aufruf *An mein Volk* sehr erfolgreich an die Opferbereitschaft der Bevölkerung. Die Kriegsbegeisterung wurde jetzt allgemein. In Preußen, wo bis vor kurzem Soldaten noch gepresst worden waren, trugen sich vierzigtausend Freiwillige in die Listen ein. Bevor Schopenhauer Berlin verließ, hatte er dem Zeitgeist noch seinen Tribut entrichtet. Er gab Geld für die Ausrüstung eines Soldaten. Zum Soldatenleben, das zwei Drittel seiner Kommilitonen führten, oder zu Schanzarbeiten, zu denen nicht Waffenfähige herangezogen wurden, fühlte er sich nicht berufen. In Weimar fand er dann »gewisse häusliche Verhältnisse«[1] vor, die den sich heimatlos fühlenden Arthur veranlassten, nach Rudolstadt zu gehen, wo er im unmittelbar neben der Zollstation gelegenen, weitläufigen Gasthaus *Zum Ritter* seine Dissertation *Die vierfache Wurzel des Satzes vom zureichenden Grunde* verfasste. Schopenhauer gefiel es im landschaftlich schön gelegenen Rudolstadt, obgleich die sommerliche Idylle von durchziehenden Truppen gestört wurde. Besonders in solchen Augenblicken fühlte Arthur sich deprimiert, weil er sich als unbrauchbar für sein Zeitalter empfand. Fast wie früher, als sein Vater noch lebte, fühlte Arthur sich dann wieder mit der Welt entzweit, als vollkommener Außenseiter.

Nachdem Arthur Schopenhauer Bedenken Bertuchs wegen der Zensur zerstreut hat, lässt er die Dissertation auf eigene Kosten in Jena drucken, wo er in Abwesenheit promoviert wurde. Der Dekan Eichstädt verfasste ein Rundschreiben, das ihn als Johannas Sohn vorstellt (»seine Mutter ist die auch als Schriftstellerin berühmte Frau Hofräthin Schopenhauer in Weimar«).[2] Da die Professoren zustimmend votierten, erteilte ihm die Fakultät das Doktordiplom. Die Dissertation ist eine Explikation des Satzes vom zureichenden Grunde als Hauptgrundsatz aller Erkenntnis, unter der Voraussetzung, dass Vorstellungen schon gegeben seien. Ende Oktober erhält Goethe ein Exemplar, das Arthur unerwartet die Aufmerksamkeit und das Wohlwollen des Geheimrats einbringt. Goethe befindet sich im November 1813 in einer Krise, nicht nur wegen der ihn verunsichernden politischen Verhältnisse, sondern auch wegen seiner Farbenlehre, die eine Kampfansage an Newton ist und die ihn beschäftigt wie keine andere Angelegenheit in seinem Leben. Die Hervorhebung der Anschauung in Schopenhauers Werk macht Eindruck auf Goethe, der ihn, den er im Salon seiner Mutter bisher stets übergangen hat, zum ersten Mal bewusst wahrnimmt. Ihm gefällt der junge Mann, den er für einen Geistesverwandten hält. Auf einer Soiree Johannas ruft er angeblich aus: »Der wächst uns noch einmal allen über den Kopf.«[3] Schopenhauer seinerseits schreibt voller Begeisterung an F. A. Wolf, bei dem er im Sommersemester 1812 die Geschichte der griechischen Literatur gehört hat: »Ihr Freund, unser großer Göthe, befindet sich wohl, ist heiter, gesellig, günstig, freundlich; gepriesen sey sein Name in alle Ewigkeit.«[4] Während seines Weimarer Aufenthalts ist Arthur Ende 1813 oft bei Goethe, ab Februar 1814 werden die Besuche seltener. Als Schopenhauer nach dem Zerwürfnis mit seiner Mutter Weimar im Mai 1814 verlässt, mahnt Goethe zum Abschied in »Gefolg und zum Andenken macher vertraulicher Gespräche«,[5] die nach Schopenhauers Erinnerungen auch philosophische Themen zum Inhalt hatten: »Willst du dich deines Werthes freun, so mußt der Welt du Werth verleihen.«[6]

Schopenhauer wird sich bis ans Ende seiner Tage in Leben und Philosophie erfolgreich bemühen, Goethes Wink nicht zu befolgen. Die Freundschaft zwischen Goethe und dem jungen Philosophen sollte nach Arthurs Weggang dann auch nicht mehr allzu lange währen, was Schopenhauer indes nicht davon abhielt, Goethe lebenslang zu verehren.

In Dresden, wo sich Arthur Schopenhauer nach dem Zerwürfnis mit seiner Mutter zunächst niederlässt, arbeitet er eine Farbenlehre aus. Im Sommer 1815 schickt er das Manuskript an Goethe, der sich in einem Brief vom 23. Oktober weigert, auf Schopenhauers Gedankengänge einzugehen. Für Goethe sind die Farben »Taten des Lichts, Taten und Leiden«.[7] Sie gehören der Natur an, die für ihn objektive Realität hat. Für Schopenhauer sind sie physiologisch und kommen im Auge des Beschauers zustande. Der vierzig Jahre ältere Goethe, der sich in puncto Farbenlehre als unverstandener Tasso fühlt, muss sich in der Folge von Schopenhauer sagen lassen: »Ich weiß mit vollkommener Gewißheit, daß ich die erste wahre Theorie der Farbe geliefert habe.«[8]

Trotz seines Unmuts verhält Goethe sich weiterhin moderat zu Schopenhauer, der ihn 1818 vor Antritt seiner Italien-Reise um Ratschläge und Empfehlungsschreiben bittet und von Goethe eine freundliche Antwort enthält. Noch während Schopenhauer in Italien weilt, erscheint *Die Welt als Wille und Vorstellung*. Ein Exemplar lässt er durch seine Schwester Goethe zukommen. Folgt man Goethes Aufzeichnungen, so las er an vier Tagen in dem Buch, an dem er nach Adeles Berichten reges Interesse gezeigt haben soll. Ihrem Bruder schreibt Adele nach Italien: »In diesem Buch gefalle ihm vorzüglich die Klarheit der Darstellung und der Schreibart, obschon Deine Sprache von der der Andern abweiche, und man sich erst gewöhnen müsse, die Dinge so zu nennen, wie Du es verlangst. Habe man aber einmal diesen Vorteil erlangt und wisse: daß Pferd nicht Pferd, sondern cavallo und Gott etwa dio oder anders heiße, dann lese man bequem und leicht. Auch gefalle ihm die Einteilung gar wohl – nur ließ ihm das ungraziöse Format keine Ruh, und er bildete sich glücklich ein, das Werk bestehe aus zwei Theilen.«[9]

Arthur Schopenhauer und Goethe begegnen sich ein letztes Mal im Jahr 1819, als Schopenhauer die Gunst der Stunde nutzt – Mutter und Schwester sind in Danzig – und nach der Rückkehr aus Italien in Weimar einkehrt. Goethe empfängt das philosophische Genie, dessen Genialität er nicht erkennt, nach anfänglichem Zögern herzlich.

Auch Adele beschäftigte sich im gleichen Alter wie ihr Bruder Arthur mit Goethes Farbenlehre. Am 16. Oktober 1824 würdigte sie Goethes Werk in ihrem Tagebuch: »Zu meinen liebsten Beschäftigungen gehört es jetzt, Göthes Farbenlehre zu lesen. Es versteht sich wohl, daß ich mir kein Urteil über den wissenschaftlichen Werth des Buchs oder über den Streit über Newtons Theorie anmaße. – Mich freut aber, über einen mir interessanten Gegenstand den geistreichsten Mann meiner Zeit *reden zu hören*. Da ich nicht leidenschaftlich für irgend eine Meinung in dieser Sache eingenommen seyn kan und Göthen für einen so großen *Dichter* halte, daß wenig darauf ankommt, welchen Platz er als Physiker einnimmt, weil doch das *überwiegende* Dichtergenie ihn immer wieder von jener Bahn ab und seiner eigenen, noch schöneren Welt zutreibt, so ergötzt mich die Behandlung ungemein. – Ich hatte oft gehört, es fehle dem Werk der reine wissenschaftlich-strenge Zusammenhang – hier erfreut mich, wenn die Lücke eintritt, wie sein poetischer Geist eine Brücke darüber schlägt, oft ohne daß er es selbst weiß – denn er beschreitet sie keck, und ihn, den luftgeborenen Göttersohn trägt dieser Bogen – *jeder andere bräche sich den Hals.*«[10]

Den Hals brach sich bei anderer Gelegenheit ein anderer. Im Kriegswinter 1813/14 hätte ein freundlicherer und duldsamerer Charakter als der fünfundzwanzigjährige Arthur Schopenhauer seinen philosophischen Interessen gefrönt, sich des Umgangs mit Goethe erfreut und wie alle Welt »gewisse häusliche Verhältnisse«[11] toleriert. Oder er hätte wie die anderen seine Schlachten auf dem Feld der Ehre geschlagen. Stattdessen fanden Arthur Schopenhauers Kämpfe in gesitteter Form gelegentlich bei Goethe statt, mit dem er über die »Thaten und Leiden«[12] des Lichts debattierte, und auf sehr grobe Weise am Tisch seiner Mutter, bei der er Zuflucht gefunden hatte. Anlass seines Auftretens waren besagte »häusliche Verhältnisse«. Müller v. Gerstenbergk lebte inzwischen, wie Johanna Schopenhauer, im dicht neben dem Theater gelegenen so genannten Reußschen Haus, jedoch in einer eigenen Wohnung, die sich über Johannas Zimmern befand. Verpflegt wurde er an ihrem Tisch. Johanna war erst in diesem Herbst in das spätbarocke Gebäude mit der großen Gartenanlage und einem eigenen Brunnen – eine Seltenheit in Weimar – umgezogen. Sie hatte eine weitläufige, sehr repräsentative Wohnung, zu der auch ein großer Saal gehörte, gemietet, nicht nur um ihre inzwischen sehr zahlreichen Gäste angemessen bewirten zu können, sondern vor allem auch, um in Gerstenbergks Nähe zu sein.

Arthur versuchte sich in diese Lage zu schicken. Dennoch handelte er nicht aus eigener Einsicht, und seine Selbstermahnungen zur Toleranz blieben wirkungslos. Arthur Schopenhauer, der schon als Student mit Professoren und Kommilitonen äußerst grob verfuhr, wenn sie sich als geistig nicht gleichrangige Partner nicht zu seiner Ansicht bequemten, konnte sein heftiges Temperament nicht zügeln, als er nun den acht Jahre älteren, stattlichen Müller von Gerstenbergk an der Seite seiner Mutter sah, die dessen Gesellschaft sehr schätzte und sie Arthurs Gegenwart eindeutig vorzog. Der sehr argwöhnische Sohn musste dies in Erinnerung an seine früher erlebte Verbannung aus der Nähe der Mutter, die er als Liebesentzug empfunden haben dürfte, doppelt schmerzlich empfunden haben. Johanna, die weder gewillt war, auf Gerstenbergk zu verzichten noch auf ihren Sohn, wollte dem eifersüchtigen Arthur beweisen, dass sie ihn gegenüber Gerstenbergk nicht zurücksetze. Auch dürfte sie ein wenig an ihren unbescholtenen Ruf gedacht haben, den sie erhalten musste, als sie bei einer von Arthurs Szenen eine verhängnisvolle Entscheidung traf. Johanna gab ihre entschiedene Abneigung gegen ein Zusammenleben mit ihrem Sohn auf und bat ihn noch im November 1813, bei ihr einzuziehen. Arthur ließ sich bitten. »Mit Trähnen bat ich Dich bei mir zu wohnen, das ist wahr, ich wollte nicht im Zorn von Dir mich trennen, dann wollte ich auch, daß Du meine Lebensweise näher und länger ansehen solltest, damit Du keine falsche Idee mit Dir nähmest, ich dachte es würde Dir gut sein, wieder einmahl in einer Familie zu leben«, erläuterte sie Mitte April 1814 die Motive für ihren damaligen Entschluss, ohne den das Zerwürfnis vielleicht unterblieben wäre.[13]

Dabei konnte das fatale Ende sie eigentlich nicht überraschen. Der intellektuell durchschnittlich veranlagte Gerstenbergk, der obendrein noch bei anderen Weimarer Damen Erfolg hatte und sich als Sprachrohr des nationalen Zeitgeistes gebärdete, musste provokant auf Arthur wirken, der von Gerstenbergks Kriegsbegeisterung an einem wunden Punkt getroffen wurde, nämlich in seiner Zeit keine glänzende Rolle spielen zu können. Vielleicht neidete Arthur, der in Johannas Salon gelegentlich von Mädchen gehänselt wurde und auf Wielands Geburtstagsfeier 1809 als Courmacher eine etwas lächerliche Figur abgegeben hatte, Gerstenbergk auch ein wenig dessen allgemeinen Erfolg bei den Damen. Am meisten empörte ihn sicherlich, dass diese »Fabrikwaare der Natur«[14] augenscheinlich den Platz seines Vaters bei seiner Mutter einnahm und ihn, Arthur, als rechtmäßigen Herrn im Hause verdrängte. Arthur ist außer sich vor Eifersucht. Heftige Szenen zwischen Mutter und Sohn sind die Folge. Als Arthur seiner Mutter die *Vierfache Wurzel* überreicht, meint sie, das sei wohl etwas für Apotheker. Der Sohn entgegnet, man werde sie noch lesen, wenn von ihren Schriften kaum mehr ein Exemplar in einer Rumpelkammer stecken werde, worauf sie ihm schlagfertig erwidert: »Von den deinigen wird die ganze Auflage noch zu haben sein.«[15] Das Schicksal lässt beide Prophezeiungen in Erfüllung gehen. Die erste Auflage der *Vierfachen Wurzel* wird zum großen Teil Makulatur, und ihr Verfasser muss sich noch Jahrzehnte später über die Frage ärgern, ob er der Sohn der berühmten Johanna Schopenhauer sei. Dann wendet sich das Blatt und Johanna gilt fortan nur noch als Mutter des berühmten Philosophen.

Arthur sucht jede Gelegenheit zum Streit mit Gerstenbergk, der in der Regel von Johanna daran gehindert wird, mit gleicher Münze zurückzuzahlen. Trotzdem kommt es zu schlimmen Szenen, wobei es meist um Gerstenbergks Kriegsbegeisterung geht. Auf Johanna und die frisch in Heinke verliebte Adele macht Arthur mit seiner während des Studiums hart erprobten Debattierkunst keinen Eindruck, hegen sie doch selbst Sympathie für die nationale Sache. Deshalb holt Arthur sich Mitte Januar 1814 zur Verstärkung seinen armen jüdischen Studienfreund Gans aus Berlin, dem er die Reise und den Aufenthalt zahlt, ihn auch mit Kleidern, Büchern und Taschengeld versorgt. Gans wird ebenfalls bei Johanna gegen Kostgeld untergebracht. Gans sekundiert Arthur nach Kräften bei den Duellen an Johannas Tisch. Müller v. Gerstenbergk kommentiert diese Ereignisse in einem Brief vom 1. März 1814 an Ferdinand Heinke nicht ohne Malice: »Ich armer Teufel mache Akten oder Verse und über mir treibt der Philosophus sein Universum-Wesen. Er hat sich ein Jüdlein aus Berlin verschrieben, der sein Freund ist, weil er täglich geduldig seine Dosin von der objektiven Laxanz, der vierfachen Wurzel nimmt. Von Ihnen hofft er, daß das Kleistsche Korps bloß darum Paris erobert, um mit solcher die Franzosen zu purgieren. Der Jude heißt Gans und mit diesem ominösen subjektiven Objekte ist uns zu unserem Thee ein wahres Nicht-Ich gesetzt, obschon keine berühmte Geschichte im preußischen Staate geschehen ist, die nicht der Gantz-Familie in eigener Person passierte.«[16] Johanna hat zu diesem Brief eine Nachschrift verfasst, womit offenkundig ist, auf wessen Seite sie zu diesem Zeitpunkt beim Kampf zwischen ihrem Sohn und Gerstenbergk stand. Spätestens von da an kam es ihr nur noch darauf an, Arthur wieder loszuwerden, rechnete sie doch nicht mehr mit einem harmonischen Verhältnis zu ihrem Sohn. Johannas beziehungsweise Gerstenbergks offenherzige Schilderung der häuslichen Situation gegenüber einem Offizier, den sie gerade erst kennen gelernt hatten, zeigt dies deutlich. Ihr ganzes Verhalten schien fortan darauf angelegt, bei dem zu erwartenden Bruch mit ihrem Sohn ohne Beschädigung ihres Ansehens in der Gesellschaft wegzukommen. Johanna war es müde, Gerstenbergk nur noch eingeschränkt sehen zu können. Die Streitigkeiten zwischen Sohn und Hausfreund waren inzwischen derart eskaliert, dass Johanna schon Mitte Januar eine Trennung Gerstenbergks und Arthurs bei Tisch unumgänglich erschien. Dabei richtete sie sich ganz nach den Wünschen des Sohnes. Gerstenbergk musste seine Mahlzeiten woanders einnehmen. Arthur konnte sich als Sieger fühlen. Hierauf trat zwar eine gewisse Beruhigung ein, doch war der Krieg, wie Gerstenbergks Brief zeigt, noch nicht zu Ende. Darüber hinaus hatte sich Johanna vor ihrem Sohn, der sich nun als Hausherr fühlte, zu rechtfertigen. Mitte April, nach viermonatigem Zusammenleben mit Arthur, hält Johanna Schopenhauer es an der Zeit, die unhaltbare Situation zu bereinigen. Arthur soll sich gegen Ende des Monats einen anderen Aufenthalt in Weimar wählen oder sich an einem anderen Ort einrichten. Sie schiebt ökonomische Gründe vor: die Beschwerlichkeit einer großen Wirtschaft, die Einschränkung ihrer Freiheit im Sommer, die fortwährende Gegenwart eines Fremden wie Gans und dass sie ungeachtet des Kostgeldes bei der jetzigen Teuerung nicht auskomme. Arthur will bleiben, er bietet seiner Mutter ein höheres Kostgeld. Doch Johanna ist fest in ihrem Entschluss. Im nächsten Brief schreibt sie ihm, dass Gerstenbergk zur Erleichterung ihrer finanziellen Situation die Hinterstuben abmieten würde. Gleichzeitig betont sie, sie weise ihm nicht die Tür. Auch verdränge ihn Gerstenbergk nicht, was Arthur als Verhöhnung aufgefasst haben muss. Musste er nicht das Haus seiner Mutter verlassen, damit Gerstenbergk seinen Platz einnehmen konnte? Daran ändert auch nichts, dass Johanna versichert, Gerstenbergk werde weiterhin seinen Mittagstisch außerhalb haben. Es dauert noch einen Monat, bis die Beziehung unwiderruflich zerbricht. Arthur, der das Gegenteil von dem erreicht hat, was er eigentlich wollte, akzeptiert die Niederlage nicht. Er wirft seiner Mutter vor, sie vergreife sich an seinem Erbteil. Er muss ihr eine fürchterliche Szene gemacht haben. Noch am folgenden Tag ist Johanna äußerst erregt und weist ihm die Tür. »Die Thüre, die Du gestern, nachdem Du Dich gegen Deine Mutter höchst ungeziemend betragen hattest, so laut zuwarfst, fiel auf immer zwischen mir und Dir. Ich bin es müde, länger Dein Betragen zu erdulden, ich gehe aufs Land und werde nicht eher wieder zu Hause kommen, bis ich weis, daß Du fort bist, ich bin es meiner Gesundheit schuldig, denn ein zweiter Auftritt wie gestern würde mir einen Schlagflus zuziehen der tödlich enden könnte, Du weist nicht was ein Mutterherz ist, je inniger es liebte je schmerzlicher fühlt es jeden Schlag von der einst geliebten Hand. Nicht Müller, das betheuere ich hier vor Gott an den ich glaube, Du selbst hast Dich von mir losgerissen, Dein Mistrauen, Dein Tadeln meines Lebens, der Wahl meiner Freunde, Dein wegwerfendes Benehmen gegen mich, Deine Verachtung gegen mein Geschlecht, Dein deutlich ausgesprochener Widerwille, zu meiner Freude beizutragen, Deine Habsucht, Deine Launen, denen du ohne Achtung gegen mich in meiner Gegenwart freien Lauf ließest, dies und noch vieles mehr, das Dich mir durchaus bösartig erscheinen läßt, dies trennt uns, wenn nicht auf immer, doch auf so lange, als bis du reuevoll und gebessert zu mir zurückkehrest, dann werde ich Dich gütig aufnehmen, bleibst Du, wie Du bist, so will ich Dich nie wiedersehen. Lebte Dein Vater, der wenige Stunden, ehe er zum Tode gieng, Dich ermahnte, mich zu ehren, mir nie Verdrus zu machen, was würde er sagen, wenn er Dein Benehmen sähe. Wäre ich tod und Du hättest mit dem Vater zu thun, würdest Du es wagen, ihn zu meistern?«[17]

Auch Adele ist vom Verhalten ihres Bruders gegen die Mutter entsetzt, das sie als schändlich empfindet. Die Frauen gehen nach Jena, »um der Gegenwart eines Menschen zu entfliehen, der noch endlosen Jammer über uns bringen wird«,[18] wie Adele ihrer Freundin Ottilie gesteht.

11 Aspasia

Erst als Arthur im Frühsommer 1814 Weimar endgültig verlassen hat, kehren Johanna und Adele zurück. Gerstenbergk vermietet seine Wohnung und zieht zu Johanna Schopenhauer. Für die nächsten zehn Jahre bis zu Gerstenbergks Heirat lebt Johanna mit dem vierzehn Jahre jüngeren Frauenliebling in häuslicher Gemeinschaft, die sich in der allerersten Zeit offenbar sehr glücklich gestaltet.

Die Schopenhauersche Menage bekommt dadurch einen zweideutigen Anstrich, was den Klatsch um Johannas Verhältnis zu »Schoppen-Müller«[1] (eine von Johannas Freund Gries gebrauchte Verballhornung des Namens Schopenhauer, den manche auch Schoppenhauer schrieben) kräftig anheizt, obgleich die Endvierzigerin als ehrwürdige Matrone gilt. Mit den Jahren liiert ihn der Weimarer Tratsch abwechselnd mit Mutter und Tochter. Auch in der gebildeten Welt außerhalb Weimars hat man bestimmte Vorstellungen hinsichtlich der Natur von Johannas Verhältnis zu Müller v. Gerstenbergk. Bettina v. Armin spielt mit Gerstenbergks Namen und nennt Johanna die »Hopfenschauer«.[2]

Ob zwischen beiden eine intime Beziehung bestand, darüber schweigen die unmittelbar Beteiligten sich aus. Johannas Kinder äußern sich dunkel. Arthur Schopenhauer unterstellt seiner Mutter augenscheinlich intimen Verkehr. Sein Biograph Grisebach, ein leidenschaftlicher Verehrer Schopenhauers, nennt ihn nicht nur als Grund für den Bruch zwischen Mutter und Sohn, sondern sieht Gerstenbergk auch als »illegitimen Nachfolger« Heinrich Floris Schopenhauers. Arthur Schopen-

hauer habe es als Beleidigung seiner geliebten Schwester empfunden, dass das sechzehnjährige Mädchen genötigt war, unter einem Dach mit einem Mann zu leben, von dem jeder in
Weimar wusste, in was für einem Verhältnis er zu ihrer Mutter stand. Adele wiederum, die im Alter die Meinung ihres
Bruders zu teilen scheint, bemerkt als junges Mädchen in Johannas Wohnung keinen »illegitimen Nachfolger« ihres Vaters. Indizien hierfür ignoriert sie hartnäckig, denn in ihren
Augen würde sich ihre Mutter durch eine Liaison zutiefst er-
niedrigen. Adele will und kann sich nicht vorstellen, dass das
Verhältnis ihrer Mutter zu Gerstenbergk über die Grenzen des
Erlaubten hinausgeht, obwohl ihre für Ottilie von Goethe geschriebenen Tagebücher und Briefe bald von Disharmonien
im Hause Schopenhauer, von der Leidenschaft der Mutter zu
Gerstenbergk, ihren Eifersuchtsszenen und Streitigkeiten zeu-
gen. In dem für ihre Freundin ausgesponnenen Herzensroman
finden sich neben sehr klugen, hellsichtigen und psychologisch feinen Beobachtungen zahlreiche Exaltiertheiten, die
mit der Wirklichkeit wenig gemein haben dürften. Zumal es
sich um die Ansichten eines unerfahrenen jungen Mädchens
handelte, das, in Bezug auf Anstand und Sitte sehr konventionell denkend, sich die Sprachregelung der Mutter aneignete, die ihren Hausfreund Familie, Freunden und Bekannten
als Seelenfreund vorstellt und Zweifel an dieser Version nicht
duldet. Johanna Schopenhauer hätte jedenfalls allen Grund
gehabt, eine intime Beziehung zu Gerstenbergk vor ihrer sehr
gradlinigen Tochter zu verheimlichen, nicht nur aus Eigenin-
teresse. Eine Witwe hatte ein unbescholtenes Leben zu führen,
ansonsten drohten erb- und familienrechtliche Konsequenzen
bis hin zum Entzug des Erbes und der Kinder. Auch um Adeles willen, die Johanna andernfalls in tiefe Gewissenskonflikte
gestürzt und der sie außerdem alle Heiratschancen verdorben
hätte, musste sie den wohlanständigen Schein wahren, zumal sie von ihrer prüden Tochter kein Verständnis erwarten
konnte. Eine Tagebucheintragung Adeles vom 19. September

1823 zeigt deutlich, dass sie ein intimes Verhältnis ihrer Mutter zu Gerstenbergk niemals zugegeben hätte – nicht vor sich selbst und erst recht nicht in ihrem Tagebuch, das sie auch führte, um ihr Innerstes ihren Freundinnen verständlich zu machen: »Die Swieten gab mir und der Mutter ihr Leben zu lesen, ich konnte das schmutzige Zeug, wie ihr eigener Schwiegervater ihr Gewalt anthun wollte, wie sie die *Scene* und viele ähnliche beschreibt, kurz eine Menge Dinge der Art *nicht* lesen. Ich war es nicht im Stande! Nie habe ich ein Paar Worte des Schauspielers [P. A.] Wolff, als er in die Stich verliebt war, vergessen können. – Ich sagte zu Rhein, ich könne es vor Betrübnis nicht lesen, und er hat mich nicht verstanden! Ich bat ihn, die Swieten zu bereden, das nie drucken zu lassen und es niemanden zu lesen zu geben, ich machte es so zart als möglich, vergebens, es gieng nicht, es wurde ihm nichts klar, weder das Unrecht, das sich die Swieten, die er so liebt, thut, noch meine Scheu.«[3]

In der Literatur wird Johannas undurchsichtiges Verhältnis zu Gerstenbergk naturgemäß unterschiedlich beurteilt. Grisebach erbringt für Johanna Schopenhauers intime Beziehungen zu Gerstenbergk keine stichhaltigen Beweise. Die meisten Biographen Arthur Schopenhauers lassen dieses Thema dann auch auf sich beruhen und begnügen sich mit der Feststellung, dass es nicht notwendig sei, diesen heiklen Punkt zu berühren. Laura Frost und Houben, Johannas wohlmeinende Fürsprecher aus einer Zeit mit viktorianischen Moralvorstellungen, sehen in Gerstenbergk den Pensionär und Hausfreund (im buchstäblichen Sinne), den die Hofrätin aus wirtschaftlichen Gründen nicht habe entbehren können. In einer modernen Schopenhauer-Biographie heißt es, dass Johanna Schopenhauer diesen Mann nicht geliebt, aber eine Seelenfreundschaft zu ihm gepflegt habe. Sie habe Adele mit ihm verheiraten wollen, worunter das junge Mädchen sehr gelitten habe. Nach einem Aufsatz aus dem Jahr 1997 soll Adele bei dem Gedanken an eine Heirat mit Gerstenbergk, zu dem sie eine unüberwindliche Abneigung gefasst habe, innerlich vereist sein.

Manche versuchen Licht in das Dunkel zu bringen, indem sie Rückschlüsse aus den literarischen Arbeiten Gerstenbergks und Johanna Schopenhauers ziehen. Grisebach sieht in Gerstenbergks Erzählung *Zweifel in Glaube und Liebe vereinigt*, die von einer älteren, eifersüchtigen Witwe und einem jungen Dichter handelt, Anspielungen auf sein Verhältnis zu Johanna Schopenhauer. Eine andere Arbeit beschäftigt sich mit Parallelen zwischen Leben und Werk der Johanna Schopenhauer. Wie schon erwähnt, hat sie sich in ihren Romanen und Novellen tatsächlich mit der Beziehung zu Gerstenbergk auseinander gesetzt. In ihrem Erstlingsroman *Gabriele*, der sich mit der Selbstverwirklichung einer Frau unter den gesellschaftlichen Bedingungen der Goethe-Zeit befasst, erfährt die Heldin die wahre Liebe erst im zweiten Anlauf zu dem jüngeren Hippolit. Dies erschien manchen Zeitgenossen »wie jede Liebschaft einer ältlichen Frau [Gabriele – nach dem Willen der Autorin eine Matrone – stirbt als Mittzwanzigerin!] mit einem jungen Menschen«[4] zwar etwas lächerlich, schadete dem Erfolg des Romans aber nicht. Versteckt hinter blumigen Worten, wie in der Literatur der damaligen Zeit nicht anders möglich, schläft die Heldin (oder hätte es zumindest in einer leidenschaftlichen Aufwallung getan) in dem kurz nach Gerstenbergks Heirat entstandenen Roman *Sidonia* (3. Teil, S. 163 f.) mit ihrem Geliebten Belmont, dessen Charakterschilderung sehr gut auf Gerstenbergk passen könnte. Als sie den Charakter und die Herzenskälte ihres Liebhabers erkennt, bereut sie und reißt sich mit blutendem Herzen von ihm los. Letzteres gelingt Johanna im Leben nicht. Das Vorhaben, sich von Gerstenbergk durch eine Übersiedlung nach Mannheim zumindest auf Zeit zu trennen (Adeles Tagebuch vom 7. Juli 1822), bleibt unverwirklicht. Auch in ihrem letzten, 1837 erschienenen Roman *Richard Wood* beschäftigt Johanna Schopenhauer sich mit Gerstenbergk, dessen Charakter und gescheiterte Lebenspläne sie in dem gescheiterten, innerlich zerrissenen Titelhelden reflektiert.

Obwohl Johanna und möglicherweise auch Gerstenbergk die Problematik ihrer Beziehung literarisch verarbeiteten, sind direkte Rückschlüsse auf das Leben der beiden trotz vieler Parallelen nicht möglich. Schreibt die Autorin der *Gabriele* doch im Vorwort des Romans (das für ihre sämtlichen Schriften Gültigkeit hat): »Diese Blätter hingegen bieten willkürliche Zusammensetzungen einzelner Studien nach Gegenständen, wie sie mir auf dem Lebenswege begegneten, die ich nach Gefallen trennte und vereinte, so daß oft zu einer meiner Figuren mehrere Individuen und Örtlichkeiten beitragen mußten.«[5] So kann der »Fehltritt« Sidonias Johanna Schopenhauers unverbindliches Geständnis einer sexuellen Beziehung zu Gerstenbergk unter dem Schutz der Literatur sein, aber auch ein freies Spiel der Phantasie nach dem Motto: Was wäre geschehen, wenn …?, dem sich die auch nach Gerstenbergks Heirat mit einer jungen Gräfin immer noch emotional stark engagierte Johanna hingab.

Bis heute gibt es keine Beweise für sexuelle Beziehungen zwischen Johanna und Gerstenbergk. Vieles deutet jedoch darauf hin. Ohne Zweifel hat Johanna ein leidenschaftliches Verhältnis zu Gerstenbergk. Adele, die unter der »unselige[n] Neigung« ihrer Mutter sehr litt, hielt dies, wie schon erwähnt, in ihren Tagebüchern fest. Aus den nach dem Tod der Mutter von Adele aufgefundenen (und vernichteten) Briefen Johannas an Gerstenbergk (vom Jahr 1816 an), die zur großen Freude der Tochter nicht leidenschaftlicher Natur gewesen sein sollen, ergibt sich nichts Gegenteiliges. Insbesondere lassen sich hieraus (unterstellt man die Richtigkeit von Adeles Einschätzung, die immerhin mit leidenschaftlichen Beteuerungen ihrer Mutter rechnete!) keine Rückschlüsse über die Art des Verhältnisses zu Gerstenbergk ziehen. Johanna Schopenhauer war eine Dame der Gesellschaft und wusste mit deren Spielregeln souverän umzugehen. In persönlichen Angelegenheiten (etwa beim Tod ihres Mannes) war sie sehr vorsichtig und diskret und verschmähte – entgegen den Beteuerungen in ihren Memoiren – auch keine so genannten »Weiberlisten«. Adele musste dies bei Geldangelegenheiten mehr als einmal feststellen. Unvorsichtiges Verhalten billigte Johanna weder bei sich noch bei anderen, ja, es fehlte ihr sogar jedes Verständnis dafür. Ihre Bemerkung zu Wielands Geständnis, er habe sein Leben verfehlt, zeigt dies deutlich. Es wäre daher sehr überraschend, wenn Johanna Schopenhauer verfängliche Briefe geschrieben, geschweige denn aufbewahrt hätte. Hatte Johanna sich dann doch einmal ihrer Meinung nach zu intim über persönliche Angelegenheiten geäußert (was manchmal nicht zu vermeiden war, wenn sie sich Geld borgen wollte), dann musste der Empfänger früher oder später mit der Bitte rechnen, ihre Briefe zu verbrennen. Allein ihren Bruch mit Arthur gestand sie ohne Zögern ein, ließ sich diese Tatsache doch nicht vor der Welt verbergen. Allerdings äußerte sie sich nur, soweit es ihr erforderlich schien, um das Zerwürfnis zu erklären oder zu rechtfertigen. Unerwartete Geständnisse oder pikante Details enthalten ihre Briefe nicht. Johanna Schopenhauer behandelte ihre Privatangelegenheiten auch gegenüber Personen, mit denen sie sehr vertraut wurde, überaus diskret.

In der Gesellschaft trat Gerstenbergk als enger, vertrauter Freund auf. Da die Leute zwar ein Verhältnis mutmaßten, Johanna und Gerstenbergk jedoch jede Eindeutigkeit vermieden, wurde die Verbindung gesellschaftlich akzeptiert. In den zehn Jahren ihres Zusammenlebens gab es mehrfach Pläne, Weimar zu verlassen. Nach dem Zeugnis Adele Schopenhauers wären ihre Mutter und Gerstenbergk nur gemeinsam umgezogen. Das Paar nahm zusammen an geselligen Vergnügungen teil und stand bei gesellschaftlichen Ereignissen gemeinsam auf den Einladungslisten.

Johanna Schopenhauer liebte Gerstenbergk. Zumindest in diesem Sinne kann man ihn mit vollem Recht als ihren Geliebten bezeichnen. Er war ihr »treuster, bester, geliebtester«[6] Freund. In einem Brief aus dem Jahre 1815 legt sie ihm über die Kosten ihres Kuraufenthaltes Rechenschaft ab, ganz so, wie sie es früher vermutlich ihrem Ehemann und nach dessen Tod für eine kurze Weile, bis sie in Weimar etabliert war, Arthur gegenüber getan hatte. Darüber hinaus zeigen die Anrede »liebster Freund« und die schon genannte Schlussformel,[7] wie nahe ihr Gerstenbergk stand. Es ist eine für Johanna Schopenhauers Verhältnisse sehr intime, geradezu leidenschaftliche Beteuerung, die sie in ihren Briefen für keinen ihrer zahlreichen Freunde und Bekannten oder für ihre Kinder verwendete. Mit Gerstenbergk will sie ein »fröhliches Wiedersehn feiern«. Und wie selbstverständlich lässt sie ihm den Vortritt bei der Benutzung der gemeinsam unterhaltenen – wohl auf Gerstenbergks Betreiben für seine Dienstreisen angeschafften – Equipage, auf die sie zu Beginn ihres Aufenthaltes in Weimar gut verzichten konnte. Für Müller von Gerstenbergk, mit dem sie mindestens Wohnung und Kutscher teilte, war sie bereit, alles in ihren Kräften Stehende zu tun, um sein Wohl zu fördern. Er stand im Mittelpunkt ihres Interesses. Auf ihn richtete sie ihr Leben aus, auch wenn sie ihn nicht heiratete. Über die Gründe der unterbliebenen Eheschließung kann man nur spekulieren. Wahrscheinlich scheute Johanna den Verlust ihrer Unabhängigkeit. Ihre Meinung über die Ehe hatte sie anscheinend nicht geändert. Nicht zufällig wurde Goethes skandalumwittertes, vom Publikum sofort als unmoralisch verschrienes Werk *Die Wahlverwandtschaften*, aus dem eine tiefe Abneigung gegen die Ehe spricht (allein der unsymphatische Mittler preist die Ehe), ihr erklärtes Lieblingsbuch. In dieser Ablehnung der Ehe, die sich im Alter mildern wird, traf

Johanna sich mit ihrem Sohn, der in seiner Philosophie die abendländische Form der Ehe gänzlich verabscheut. Anders als er glaubte sie hingegen an die Liebe, die sich ihrer Überzeugung nach mit einer Ehe, die die Frau in eine juristisch sanktionierte Abhängigkeit zwingt, schlecht vereinbaren ließ.

12 Die Jahre 1815 bis 1819

Nachdem sich die Nachricht von der Flucht Napoleons (am 26. Februar 1815) von Elba verbreitet hat, verfolgen Johanna und Gerstenbergk angespannt die Ereignisse. Der Kaiser landet am 1. März bei Cannes. Am 20. März zieht er mit seinen Gefolgsleuten im Triumph in Paris ein, wo er seine Herrschaft erneuert. Johanna sympathisiert weiterhin mit den Alliierten, hält sich jedoch, bis Napoleons Schicksal entschieden ist, mit politischen Äußerungen gegenüber ihren Bekannten vorsichtig zurück. Allein gegenüber der Familie Frommann, der sie im Januar freimütig ihre Ansichten über Christiane von Goethe mitteilte, ergeht sie sich in langen militärisch-politischen Betrachtungen. Am 15. Juni kapituliert Napoleon nach der Schlacht von Waterloo. Die Siegesmeldung, Informationen aus Blüchers Rapport, die Müller v. Gerstenbergk erhaschte, berichtet sie eilends den Frommanns nach Jena. Im Oktober dann geht von Napoleon endgültig keine Gefahr mehr aus. Er wird von den Engländern auf die Insel St. Helena verbannt. Johanna und Gerstenbergk sind erfreut über diesen Ausgang. Die freiheitsbegeisterte Jugend fällt in einen Siegesrausch, der nicht allzu lange währt. Schon bald nach dem Triumph über Napoleon breiten sich mit der Restauration vor allem unter den jungen Leuten Enttäuschung und Weltschmerz aus.

Die kriegerischen Ereignisse halten Johanna Schopenhauer nicht von ihrer Arbeit ab. Während Napoleon noch um die Macht kämpft, versucht Johanna, vielleicht unter Gerstenbergks Einfluss, der mit seinen 1814 erschienenen *Kaledonischen Erzählungen* Erfolg hat, sich erstmals im belletristischen Fach. Im Februar 1815 beginnt sie französische Novellen und

Erzählungen zu übersetzen, die sie dann umgestaltet. Gerstenbergks Anteil an Johannas Erfolg darf nicht unterschätzt werden, ermunterte ihr Geliebter sie doch stets zu ihrer literarischen Tätigkeit. Das war besonders in der ersten Zeit bis zum Erscheinen der *Reise nach England* für sie sehr wichtig. Damals bedurfte die noch unsichere Autorin männlichen Zuspruchs, da ernsthafte Schriftstellerei für eine Frau ein Makel war. In einer Zeit, in der schriftstellernde Frauen offen diskriminiert wurden, war Gerstenbergks tolerante Haltung eine Ausnahme. Goethes Abneigung gegen Schriftstellerinnen ist allgemein bekannt. Frauen fühlten sich hierdurch nicht unbedingt ermuntert, obgleich es eine zunehmende Anzahl von Schriftstellerinnen gab. Begabte, aber wenig selbstbewusste Frauen konnte Goethes Haltung erdrücken. Bei der literarisch talentierten Adele und ihren weniger begabten Musenfreundinnen bewirkte Goethes Autorität immerhin, dass sie ihre selbst fabrizierten, dilettantischen Verse zunächst vor ihm verbargen und sehr erleichtert waren, als sich der Meister angetan davon zeigte. Auch weniger bedeutende Schriftsteller als Goethe zeigten sich gegenüber der weiblichen Konkurrenz wenig galant. Johannas fünf Jahre jüngere, im Kindbett verstorbene Kollegin Sophie Mereau musste sich von ihrem Ehemann Clemens Brentano als schlechte Schriftstellerin beschimpfen lassen, mit der Folge, dass sie sich nicht mehr ernst nahm und künstlerisch stagnierte. Gerstenbergks neidlose Anerkennung der Fähigkeiten seiner Lebensgefährtin war deshalb ein großes, nicht zu unterschätzendes Glück für Johanna Schopenhauer, die umgekehrt in ihm einen talentvollen Dichter sah und deshalb seinem Urteil besonderen Wert beimaß. Dass dies im krassen Gegensatz zu Gerstenbergks tatsächlichen Qualitäten stand, spielt keine Rolle.

In bemerkenswerter Verblendung sieht Johanna Schopenhauer Gerstenbergk als neuen Stern am Weimarer Kunsthimmel. Nach den *Kaledonischen Erzählungen* findet er noch einmal mit den 1817 erscheinenden *Phalänen* breiteren Anklang. Seine dramatischen Versuche hingegen bleiben ungedruckt und hinterlassen – sofern es zu einer von Johanna Schopenhauer protegierten Aufführung kommt – bei den Zuschauern einen peinlichen Eindruck. Charlotte v. Schiller sah am 16. Februar 1815 auf einer Feier des Geburtstages der abwesenden Erbprinzessin, die sich mit ihrem Schwiegervater beim Wiener Kongress aufhielt, ein von Gerstenbergk eigens zu diesem Zweck verfasstes Duodram. In einem Brief an ihren Vertrauten Ludwig von Knebel, Goethes Urfreund, mit dem Johanna Schopenhauer ebenfalls freundschaftlichen Umgang pflegte, schrieb Schillers Witwe am 22. Februar 1815: »Zuerst erschien ein Prolog von Regierungsrath Müller, dem Freund der Madame Schopenhauer. Es erschien Ruthenia, Adele Schopenhauer, und der Schutzgeist Thüringens, Ottilie Pogwisch, und declamirten mit vielem Pathos lauter Gemeinplätze her. Ruthenia erzählte unter Anderm, daß die Großfürstin bei ihrem Bruder jetzt sei, daß der Herzog, der die Sachsen angeführt, auch bei ihm sei. Die ganze herzogliche Familie bekam eine Ladung Schmeicheleien. Am Schluß sagten Ruthenia und Thuringia vereint, wie sie sich lieben wollten und daß die Großfürstin bald wieder hier sein sollte. Keine schöne Sprache, kein bedeutender Gedanke, kein klug ausgedachter Schluß; es war gar nichts, was an ein Kunstwerk erinnerte.«[1] Weiter heißt es: »Was der Dichter des Prologs denkt und seine Aspasia, weiß ich nicht; doch war mir die Nähe dieser Beiden am Freitag recht peinlich; denn sie lauerte auf den Effekt und torquirte uns Alle, und er stand ganz erwartend und überschaute uns und wird keinen Ausdruck des Bewunderns noch Staunens noch Rührung entdeckt haben. Wenn ein Mensch mit so etwas zufrieden sein kann und sein Product unter die plastischen Kunstwerke aufzustellen meint, der muß unendlichen Dünkel oder gar keinen Geschmack haben. Goethe hat sich darüber ereifert, und mit Recht.«[2] Auch wenn man bedenkt, dass Charlotte v. Schiller kein gutes Verhältnis zu Johanna Schopenhauer hatte und ziemlich gehässig klatschen konnte, darf man ihrem Urteil über die ästhetische Qualität von Gerstenbergks Arbeit getrost vertrauen.

Sein Tasso-Drama *Klorinde oder Das Kreutz vor Jerusalem* wird bei Johanna Schopenhauer vorgetragen. Mit Erfolg, wie sie meint: »Wird das Stück je so vollkommen gespielt wie es hier gelesen ward so muß es die gröste Sensazion machen.«[3] Es macht nirgendwo Sensation, am wenigsten in Weimar. Dem Theaterdirektor Goethe trägt Johanna die verweigerte Aufführung am hiesigen Theater noch lange nach. Den durch Adoption frisch in den Adelsstand (mit eingeschränkten Rechten) erhobenen Gerstenbergk sieht sie sogar schon als dichterischen Nachfolger Goethes: »Ich freue mich sehr, daß gerade mein Freund es ist, der Hoffnung giebt, dass Weimar doch nicht ganz seinen poetischen Ruf in der Welt verlieren wird«, schreibt sie an Riemers Vorgänger als Zweiter Bibliothekar, Hofrat Keil.[4] Der von Adeles abweisendem Verhalten abgeschreckte Mann hat sich inzwischen nach Leipzig verheiratet, wo er als Buchhändler lebt.

Johanna gibt nicht auf. Sie versucht, die Aufführung von Gerstenbergks Stück in Wien zu erreichen. Vergebens. Sein Drama wird weder am Burgtheater noch an einer anderen Bühne aufgeführt. Ihr vehementer Einsatz für den vierzehn Jahre jüngeren Mann, der seine Schwäche für das weibliche Geschlecht inzwischen allzu offensichtlich zeigt, ist nicht allein der Versuch, dem geliebten Mann an ihrer Seite ihren Rat und Einfluss zugute kommen zu lassen. Johanna kämpft auch mit allen ihr zu Gebote stehenden Mitteln um seine Gunst, worunter ihre Tochter mitunter sehr zu leiden hat. Johanna fordert von Adele unbedingte Loyalität gegenüber dem Geliebten. Als sie befürchtet, Gerstenbergk werde sie wegen Adeles Verhalten verlassen, wird das Mädchen hart gescholten. Darüber hinaus ist sie eifersüchtig.

Die alternde Frau versucht, möglichst jugendlich zu erscheinen. Sie erwirbt auf eine Zeitungsannonce hin ein Glas Haarwasser zu einem Dukaten, um sich ihre grauen Haare zu färben.

Die Aufregungen um ihren Geliebten verleiten Johanna jedoch nicht zu Untätigkeit, Selbstaufgabe oder Weltflucht. Allen Turbulenzen begegnet sie in gewohnter Weise – mit Aktivität. Fleißig arbeitet sie an ihren Novellen. Daneben schreibt sie weiter für Bertuchs Modejournal.

Der für 1815 geplante Aufenthalt in Dresden fällt ins Wasser, da Johanna ihrem inzwischen dort lebenden Sohn unbedingt aus dem Weg gehen will. Dafür verbringt sie den Sommer 1815 mit der durch die Heinke-Episode immer noch geknickten Adele in Karlsbad, wo Goethes Frau und die Mätresse des Herzogs zu dieser Zeit ebenfalls kuren. Zur Nachkur reist Johanna nach Franzensbrunn bei Eger. Gerstenbergk ist in Weimar geblieben.

Das Bändchen *Novellen fremd und eigen* erscheint im Frühjahr 1816. Von der Kritik wird es nicht gerade gelobt. Die durch ihren bisherigen Erfolg und Gerstenbergks moralische Unterstützung inzwischen sehr selbstbewusst gewordene, rührige Frau lässt sich hiervon jedoch nicht entmutigen. Sie geriert sich als »eine bedrängte von Buschkleppern angefallene Dame«[5] und verlangt von ihrem Freund Gries, dass »etwas vernünftiges darüber gesagt würde«.[6] Johanna Schopenhauer hat sich zur Berufsschriftstellerin entwickelt. Sie plant jetzt ihre Laufbahn. Mit wachsendem Erfolg ist sie nicht mehr bereit, sich mit allen Bedingungen ihres Verlegers zufrieden zu geben, wie ein Brief vom Februar 1817 an Brockhaus zeigt: »Ich bin mir bewusst, jezt weit besser zu schreiben als vor zwei Jahren … Ich arbeite jede Zeile, die ich für den Druck bestimme drei bis vier mahl durch, darum schreibe ich auch für kein Journal mehr; nichts soll aus meinen Händen kommen, dem ich nicht die mir möglichste Vollkommenheit gebe; nur so kann ich hoffen, dass meine Arbeiten nicht von einer Messe bis zu andern vergessen werden.«[7] Und die für eine Dame sehr peinliche, für Johanna jedoch inzwischen existentielle Honorarfrage spricht sie sehr geschickt an: »So kann ich nicht schnell arbeiten, und muß daher verlangen Ersatz für meine Zeit und meine Geduld zu erhalten. Es ist wahr, in der Gesellschaft, selbst in Städten wo ich Fremde bin, verschafft mir die frühere Bekanntschaft mancher, die mich nur aus meinen Schriften kennen, einen freundlichern Empfang, und ich bekenne es offen, es hat mich oft gefreut mich von kompetenten Richtern loben zu hören. Doch dies ist nicht genug, ich muß auch dafür entschädigt werden, daß ich während der größern Hälfte des Jahres die Zeit, die ich sonst auf manches verwendete was mich ergötzte, auf literarische Arbeiten jezt wende, und dieser Ersatz ist, daß ich mit dem Gelde, was ich so erwerbe, mir manches Vergnügen, manche kleine Reise, manche Annehmlichkeit des Lebens verschaffe, denen ich sonst entsagen müßte. Ich bin allso entschlossen, kein neues Werk in Oktavformat unter drei Louisd'or den Bogen wegzugeben, wenn nicht die Noth mich dazu zwingt, was nicht wahrscheinlich ist.«[8] Schon zu diesem Zeitpunkt ist Johanna Schopenhauer, entgegen ihren Beteuerungen, auf die Einkünfte aus der Schriftstellerei angewiesen. Selbst Arthur Schopenhauer, der seiner Mutter immer wieder Verschwendung vorgeworfen hat, ist über das Ausmaß ihrer Vermögenseinbußen erstaunt. Nachdem ihm Adele bei Muhls Bankrott 1819 notgedrungen die Finanzlage ihrer Mutter geschildert hat, hält er es zunächst nicht für möglich. Johanna Schopenhauer hat in den ersten Jahren offenbar verschwenderisch gewirtschaftet. Die ihr gewidmeten Sonette Riemers lassen erkennen, dass es schon bald nicht mehr bei Butterbrot und Tee blieb. Ihre Bewirtung war sehr großzügig. Unter anderem bereicherten den Teetisch Zuckerwerk und Zucker, mit dem Johanna Schopenhauer nicht geizte, obwohl er im Zeitalter der Kontinentalsperre nahezu unerschwinglich war. In ihrer ersten gemeinsamen Zeit mit Gerstenbergk wurden die Teegesellschaften mit zahlreichen Gästen im Saal des so genannten Reußschen Hauses immer repräsentativer, Johannas aufwändiger Lebensstil ausgesprochen luxuriös. In gewissem Sinne hat Arthur Schopenhauer Recht, wenn er von seiner Mutter als der Witwe spricht, die ihr ererbtes Vermögen »mit ihre[m] Buhlen verpraßt«.[9] Hinzu kamen sehr kostspielige Einquartierungen, hohe Steuern, außerordentliche Abgaben, Zwangsanleihen (denen sich Johanna nicht mehr entziehen konnte) – Ausgaben, von denen ihr Sohn wie auch Adele verschont blieben. Ferner hatte Johanna Vermögensverluste in Russland in Höhe von etwa sechstausend Reichstalern durch den Bankrott des Handelshauses Peter de Bü(i)hl in Sankt Petersburg zu tragen. Obwohl Johanna Schopenhauers Vermögen fast vollständig aufgezehrt war, blieb ihre Wirtschaftsführung weiterhin chaotisch. Erst als Adele nach dem Tod von Johannas Haushälterin die Wirtschaft leitete, war sichergestellt, dass die Frauen nicht vom Kapital, sondern von ihren Einkünften lebten. Dies waren Johannas Honorare und die Zinsen der noch unmündigen Adele, die Johanna von Rechts wegen bis zu Adeles Mündigkeit mitverzehren durfte.

Nach Abschluss ihres Novellenbandes will Johanna Schopenhauer an den Erfolg ihrer *Reise durch England* anknüpfen. Im Frühjahr 1816 beginnt sie mit dem dritten Teil ihrer Reiseerinnerungen. *Die Reise von Paris durch das südliche Frankreich bis Chamouny* erscheint im Jahr 1817. Die Arbeit daran wird durch eine Kunst- und Badereise an den Rhein unterbrochen, die über Frankfurt, Wiesbaden, Schwalbach, Schlangenbad, Darmstadt, Heidelberg, Mannheim, Bingen und St. Goar führt. Johanna und Adele treten die Reise am 9. Juli 1816 an, wiederum ohne Gerstenbergk, der in Weimar zurückbleibt. Er will später nach Heidelberg nachkommen, was er aber aus unbekannten Gründen nicht tut. Die Frauen kehren am 28. Oktober nach Weimar zurück, wo Gerstenbergk sie erwartet. Die unmittelbare Frucht dieser Reise ist *Ausflucht an den Rhein und dessen nächste Umgebungen im Sommer des ersten friedlichen Jahres*, erschienen im Jahr 1818, und hier schlägt Johanna erstmals einen romantischen Ton an. Atmosphärisches und Stimmungsbilder werden wichtiger als die konkrete Gegenständlichkeit. Johannas Hinwendung zur Romantik verdankte sie unter anderem der Bekanntschaft mit dem Kunstsammler und -gelehrten Sulpiz Boisserée, dem sie von Goethe empfohlen wurde. Während Johanna Schopenhauer sich auf dieser Reise mit dem romantischen Zeitgeist auseinander setzte, lebte ihn ihre unausgefüllte, unbeschäftigte, sich immer mehr von der Umwelt zurückziehende Tochter. Die Einfahrt von Heidelberg wurde für die wegen Heinke tief unglückliche Adele zu einem reinen Gefühlserlebnis: »Eine unglaubliche Stille trat in mein Herz und eine Art von Ergebung ... und [ich] war glücklich und fromm wie ein Kind.«[10] Ihre nächste Zukunft, an die die überspannte Neunzehnjährige meist nicht »denken mag und kann«, sah sie in dieser Stimmung vor sich: »Denn ohne Hoffnung wende ich mich einem Winter zu, der wenig Erfreuliches bietet, mein Los hat eine Niete, denn ich bleibe krank und allein.«[11] Neben dem ständigen imaginären Begleiter Heinke beherrschte seit geraumer Zeit Goethes Zögling, der seit 1816 mit Ehefrau in Berlin lebende Schauspieler Pius Alexander Wolff, als »Fels auf dem Herzen«[12] Adeles permanent überreizte Phantasie. Reiseeindrücke lenkten sie nur kurz ab. Das hatte sich schon 1815 in Karlsbad gezeigt, wo Heinke einst Erholung suchte und Adele sich ihm auf Schritt und Tritt nahe fühlte. Während Johanna, die sich mit ihrer Tochter in einem Tal am Rhein nahe bei Koblenz befand, sich wieder einmal über Adeles Weltentrücktheit wunderte, ohne je die Ursache zu erfahren, verriet Adele den Anlass – es war Heinke – ihrer Freundin Ottilie, für die die unausgesprochene Antwort auf Johannas Frage in Adeles Tagebuch bestimmt war: »Es war ein schöner Schimmer meiner Vergangenheit in dieser Zeit! Darum, liebe Mutter, merkte ich nicht, daß die Sonne fehlte. An meinem Firmament glänzen so Millionen Strahlen, fassen so ineinander ein, daß der Himmel selbst zur Riesensonne wird und mir überall das Bild Gottes und – unseres Freundes malt. Ich stelle sie wie in einer Seele zusammen; denke ich doch nie mehr an unseren Himmelsvater, als wenn mein inneres Auge auf Ihm weilt – das ist mir zur zweiten Natur worden.«[13] Wie entsetzt wäre Johanna Schopenhauer wohl gewesen, hätte sie diese Antwort erfahren?

Die Frauen kehrten über Mannheim nach Weimar zurück. Noch unterwegs erhielten sie Nachricht von Sophie Duguets Tod, den Adele sehr beweinte. Adele vergaß Sophie nie, die sechzehn Jahre in den Diensten der Schopenhauers gestanden hatte und wahrscheinlich während der großen Reise 1803 und 1804 in Hamburg bei Adele zurückgeblieben war, während Duguet auf dem Kutschbock mit seiner Herrschaft durch Europa reiste. Drei Jahrzehnte später porträtiert Adele zu ihrer »eigenen Freude in dankbarer Erinnerung«[14] Sophie und Duguet in ihrem Roman *Anna*. Johannas Reaktion auf das Hinscheiden ihrer treuen Dienerin, um derentwillen sie 1806 nicht zur Gräfin Bernstorff geflohen war, wirkt kühl. Sie zeigt die ihr eigene Art, auf unangenehme Dinge zu reagieren. Wie immer sucht Johanna die positiven Seiten und flüchtet sich in Aktivität. Sichtlich froh, Sophies Sterben nicht miterlebt zu haben, schreibt sie am 19. November 1816 der Baronin Danckelmann in Mannheim: »Schon den Abend vor unserer Ankunft in Gotha erhielten wir die Nachricht daß die arme treue Sophie den Montag vorher gestorben war, also den Tag nachdem wir Mannheim verließen. Ihre Krankheit war plötzlich zu einem furchtbaren Grad gestiegen, der in drei qualvollen Tagen ihrem Leben ein Ende machte. Es war ein eigenes Gemisch von Trauer und Beruhigung, so uns bei dieser Nachricht ergriff, doch sahen wir bald ein, wie sehr glücklich diese Wendung des Schicksals für uns war. Adele nimmt sich jezt sehr eifrig des Hauswesens an, es gelingt ihr über Erwarten, nur thut es ihr sehr leid daß in diesem gottlosen Nest keine Lerchen mehr zu haben sind, und sie allso nicht die Künste zeigen kann, die sie von Ihnen an jenem denkwürdigen Abend erlernte.«[15]

Der Alltag hat wieder begonnen. Johanna Schopenhauer gibt, trotz der zunehmenden Inanspruchnahme durch die Schriftstellerei, erneut ihre Teeabende. Adeles »Musenfreundin«, die viel umschwärmte, standesbewusste vierundzwanzigjährige Julie Gräfin Egloffstein, die mit ihrer drei Jahre älteren Schwester Caroline im Oktober 1816 erneut ihre Zelte in Weimar aufschlägt, freut sich über Johannas Ankunft. »Die Schoppmadam ist gestern angelangt; von der erwarte ich manchen hübschen Abend im Lauf dieses Winters, auch will ich vieles erlernen von ihr.«[16] Ob »Prinzess Julia«,[17] die mit ihrem Maltalent überall Aufsehen erregt, von Johannas geselligen Künsten oder ihren Malkenntnissen zu profitieren hofft, bleibt offen. Auf jeden Fall bieten ihr die Schopenhauerschen Abende ein wenig Ablenkung von ihrem Liebeskummer, hat sie doch ihrer Mutter gehorcht und dem geliebten, aber ebenfalls mittellosen Fritz von Dachsenhausen im Mai 1816 einen Korb gegeben. Schon bald dürfte Julie Egloffstein an einem blendend aussehenden jungen Mann Gefallen gefunden haben, der regelmäßiger Gast bei Johannas Teegesellschaften ist und rasch auch Adeles Interesse weckt. Der 1790 geborene, aus einem alten sächsischen Geschlecht stammende Hans Heinrich von Könneritz ist bereits mit fünfundzwanzig Jahren Regierungsrat in Weimar geworden und somit ein Kollege Gerstenbergks. Durch seine Herkunft, sein Auftreten und wohl auch entsprechende Kenntnisse hat er sich in einer Zeit, in der der Herzog zunehmend altadlige Beamte favorisiert, rasch eine Stellung in der Verwaltung verschafft. Bei Johanna ist er, nicht zuletzt mit Blick auf Adele, die, obwohl bürgerlich, aufgrund ihrer Wohlhabenheit durchaus als Ehefrau eines Adligen in Frage käme, ein gern gesehener Gast. Adele verliebt sich ein wenig in Könneritz. Könneritz seinerseits scheint sich ernsthaft für Julie zu interessieren, mit der er aber erst im Dezember 1818 bei einem Maskenumzug näher in Berührung kommt. Erst als Julie ihn hochmütig quält, sucht er Trost bei Adele. Die ist jedoch tief verletzt und zeigt sich kalt und zugeknöpft. Sie verteidigt ihre Freundin, von der sie wenig hält und die ebenfalls im Grunde wenig mit Adele anzufangen weiß. So vergeht diese Gelegenheit ungenutzt.

Johanna Schopenhauer muss als Bürgerliche erleben, dass sie im Zuge der Restaurationspolitik gesellschaftlich immer mehr zurückgesetzt wird. Die gesellige Vereinigung von bürgerlichen und adligen Personen ist die Ausnahme. Eine der letzten Gelegenheiten für eine gemischte Gesellschaft war das Hochzeitsfest von Goethes Sohn am 17. Juni 1817. Unter den dreiundzwanzig geladenen Gästen befanden sich neben der altadligen Verwandtschaft der Braut Onkel und Tante Vulpius, Freundinnen Ottiliens und die Spitzen der Weimarer Gesellschaft, unter ihnen Adele und Johanna Schopenhauer sowie Müller von Gerstenbergk. Im Zuge der Restauration kommt es in Weimar zu einer rigiden gesellschaftlichen Trennung zwischen Bürgertum und Adel, was die Geselligkeit zunehmend eintöniger macht. Die Schopenhauers werden auf Betreiben der Großfürstin von einigen adligen Häusern nicht mehr eingeladen. Die Bürgerlichen besuchen nicht mehr die Bälle des Adligen Klubs und umgekehrt. Gerstenbergk, der durch Adoption adlig ohne die vollen Adelsrechte wurde, tritt dem Bürgerlichen Klub bei, was seiner Karriere wohl kaum zustatten gekommen sein dürfte. Bisher war er gut vorangekommen. 1812 war er Regierungsrat geworden, 1813 Geheimer Archivar. Er gilt als Günstling des Erbgroßherzogs, verfasst Lobeshymnen auf das Fürstenhaus und ist dennoch sehr unsicher in seinem Urteil. Als er als Referent die Aufgabe hat, sich mit einem Gesetz gegen die Verletzung der Pressefreiheit zu beschäftigen, fühlt er sich hilflos. Durch das Grundgesetz über die Landständische Verfassung vom 5. Mai 1816 hatte Carl August für Sachsen-Weimar die Pressefreiheit verkündet, die der Naturforscher Oken sogleich auf die Probe stellen wollte. Er gründete Anfang 1817 die Zeitschrift *Isis*, wodurch er bald in heftigen Konflikt mit der Regierung geriet. Der Juraprofessor Martin wurde mit der Ausarbeitung eines Gesetzes beauftragt, das diese Auswüchse bekämpfen sollte. Gerstenbergk war mit dem Entwurf nicht einverstanden, hatte aber auch keinen eigenen Vorschlag.

Johanna Schopenhauer plädiert zwar vor allem in ihren späten Schriften für die Gleichberechtigung von Großbürgertum und Adel, ist aber ansonsten politisch konservativ. Gar kein Verständnis hat sie für die Studenten, die am 18. Oktober 1817 zur Dreihundertjahrfeier der Reformation und zur Erinnerung an die Völkerschlacht bei Leipzig am zweiten Jahrestag der Gründung der Deutschen Burschenschaft (1815) das Wartburgfest feiern, das mit der Verbrennung der Bundesakte, reaktionärer Bücher und Symbole endet. Das Restaurationssystem nimmt die Ausschreitungen der Studenten, deren radikale Gruppen zur Tat drängen, sehr ernst. Die Folgen sind eine Untersuchung durch die Regierungen des Deutschen Bundes, an der auch Goethe und der Herzog – von Metternich als »Altbursche« tituliert – teilnehmen müssen. Beide zeigen sich durchaus studentenfreundlich. Dennoch werden die Universitäten unter Polizeiaufsicht gestellt und die Burschenschaft verboten. Johanna, die das studentische Treiben aus Jena kannte, missbilligt in ihrem Buch *Ausflucht an den Rhein* deren Ausflüge in die Politik, wofür ihr weder Goethe noch Gries Beifall zollen.

Johannas Unbehagen wegen der Verhältnisse in Weimar, Gerstenbergks Unzufriedenheit mit seiner beruflichen Situation –

1817 war er immerhin noch zum Geheimen Regierungsrat befördert worden – und sein Wunsch, Stoff für Dichtungen zu gewinnen, mag für die am 5. Juli 1818 unternommene Reise ausschlaggebend gewesen sein, an der neben Johanna auch Adele teilnimmt. In Frankfurt sieht die Reisegesellschaft den inzwischen verheirateten Fürsten Pückler wieder. Pückler bewundert Adeles Kunstfertigkeit. Ihrem Bruder soll er später »mit Ekstase«[18] Adeles ausgeschnittene Figuren mit poetischen Texten gezeigt haben, versichert Schopenhauer in einem Brief an Goethe. Ob Pückler darüber hinaus an seinem Urteil aus dem Jahr 1812 über Adele festhält, wissen wir nicht. Johanna, Adele und Gerstenbergk reisen »mit eigenen Pferden ziemlich langsam«[19] nach Süddeutschland, nach Stuttgart und Tübingen, dann in die Schweiz. Am 27. Juli besuchen sie den Rigi-Kulm, ein damals beliebtes Ausflugsziel in der Sihl-Gruppe. Gerstenbergk findet trotz intensiver Bemühungen keine passende Anstellung in Süddeutschland, so dass alles beim Alten bleibt. Am 19. September sind sie zurück in Weimar. Johanna gibt wieder ihre Teeabende. Und sie arbeitet an *Gabriele*, ihrem ersten Roman.

Am 18. Dezember tritt Johanna beim Maskenumzug zu Ehren der Kaiserinmutter (von Russland), die ihre Tochter Maria Pawlowna in Weimar besucht, als Marthe (aus Goethes *Faust*) auf. Adele brilliert als Allegorie der Tragödie. Mit großer Überzeugungskraft tritt sie wenig später in Goethes Tragödie *Phaläophron und Neoterpe* auf, die am 3. Februar in seinem Haus aufgeführt und am 9. bei Johanna wiederholt wird. Adeles schauspielerische Leistung würdigt selbst Müller von Gerstenbergk, der meint: »Auf den Brettern ist sie anbetungswürdig.«[20] Dass Adele ihre Tragödie erleben wird, als das Handelshaus Muhl & Co finanziell zusammenbricht, ahnen Anfang des Jahres 1819 weder sie noch ihre Mutter. Johanna Schopenhauer wäre, wenn sie etwas mehr von Geldangelegenheiten verstanden hätte, vielleicht nicht allzu überrascht gewesen. Noch am 12. Mai schreibt Adele, die sich zu dieser Zeit auf Großneuhausen, einem der Familie ihrer Freundin Luise von Werthern gehörenden Gut, aufhält, ihrem Bruder: »Neulich verbreitete sich ein albernes Gerücht, daß Muhl nicht mehr sicher stehe; die ganze Sache klärte sich sehr schnell auf.«[21] Am 28. Mai schickt Adele dann die Schreckensbotschaft: »Vielleicht erhälst Du diesen Brief *zwei* Tage später als den andern [Adeles Brief vom 12./22. Mai] – in diesen zwei Tagen liegt die Umwälzung eines ganzen Erdengeschicks – *Muhl* hat falliert. Gestern hat er der Mutter, die, von allen Seiten beruhigt, dennoch auf Hypothek auf die Güter drang, geschrieben.«[22]

Johanna und Adele treffen in aller Heimlichkeit Reisevorbereitungen. Fluchtartig besteigen Mutter und Tochter am 5. Juni 1819 die Kutsche, die die Frauen über Leipzig und Berlin in Johannas Geburtsstadt bringt.

Auch Arthur Schopenhauer ist vom Zusammenbruch des Danziger Handelshauses betroffen.

13 Arthur

Arthur Schopenhauer hatte nach dem Zerwürfnis seine günstigen Vermögensverhältnisse genutzt, um im lebensfrohen Dresden sein pessimistisches Weltbild in ein philosophisches System zu fassen, an dem er bis an sein Lebensende festhält. Sein Hauptwerk, »eine im höchsten Grad zusammenhängende Gedankenreihe, die bisher noch nie in irgend eines Menschen Kopf gekommen«,[1] verfasste er vom März 1817 bis März 1818 in einem Gartenhaus an der Ostraallee der Wilsdruffer Vorstadt. Schopenhauers Interesse gilt dem, »was die Welt im Innersten zusammenhält«.[2] Fester Ausgangspunkt, sozusagen der Boden unter den Füßen, den Schopenhauer immer wieder durch Wechseln seines Standpunktes überprüft, ist die von ihm als wahr unterstellte Lehre Kants, wonach das »Ding an sich«, wie sie unabhängig von unserer subjektiven Wahrnehmung existiert, für *uns* unerkennbar sei. Nach Kant können wir die Dinge nur in dem erfassen, was sie für *uns* sind, wie wir sie uns vorstellen. Daraus ergibt sich der Satz: »Die Welt ist meine Vorstellung.«[3]

Bereits im März 1818 war *Die Welt als Wille und Vorstellung* vollendet. Arthurs Freund Ferdinand K. L. von Biedenfeld vermittelte ihm den Verleger Johanna Schopenhauers, was dem Sohn vieles erleichtert haben dürfte. Den Donnerschlag, den er mit seiner Schrift auszulösen glaubte, und das mögliche Auftreten der Zensoren, hätten sie seine Willensmetaphysik als atheistisch erkannt, wollte er in Italien abwarten. Über Prag und Wien reiste der finanziell gut ausgestattete, dreißigjährige Schopenhauer zunächst nach Venedig. Von Dezember 1818 bis März 1819 weilte er in Rom. Dort verkehrte er im Café Greco, wo sich die deutsche Künstlerkolonie traf. Schopenhauer machte sich schnell sehr unbeliebt, weil der »Sohn der gelehrten und Bücher schreibenden und miserabelen Johanna Schopenhauer in Weimar«[4] mutwillig die religiösen Gefühle der tonangebenden Nazarener verletzte, als er die zwölf Apostel die »zwölf Philister«[5] nannte. Zudem glaubte er die nationalen Empfindungen seiner Landsleute mit Füßen treten zu müssen, als er die Meinung vertrat, die deutsche Nation sei die dümmste.

***

Arthur Schopenhauer befindet sich in Mailand, als er durch seine Schwester vom Zusammenbruch des Handelshauses Muhl & Co., bei dem ein Teil seines Vermögens angelegt ist, erfährt. Er beschließt auf der Stelle, sein Einkommen durch Berufsarbeit aufzubessern. Dabei geht er umsichtig zu Werke. Auf der Rückreise aus Italien macht er in Heidelberg Station, wo er sich nach der Möglichkeit einer Habilitation erkundigt. Nachdem man ihm signalisiert hat, er habe keine Aussicht auf eine Anstellung, kehrt er im September nach Dresden zurück. Hier erfährt er vom Tod seiner Tochter. Adele tröstet ihn, was ihn nicht von seinen Ängsten erlöst. Schopenhauer denkt daran, sein Testament zu machen, betreibt aber gleichzeitig weiter energisch seine Habilitation, schreibt an seine früheren Lehrer Blumenbach in Göttingen und Lichtenberg in Berlin. Da die Antwort aus Göttingen negativ ausfällt, versucht er sich als Hochschullehrer in Berlin.

14 Bankrott

Johanna Schopenhauer hatte dem Danziger Kaufherrn Muhl, einem ihrer »ältesten vertrautesten Freunde«,[1] schon vor etlichen Jahren ihr eigenes, inzwischen nur noch geringes Restvermögen und das von ihr verwaltete gesamte Vermögen Adeles anvertraut. Bis zu seinem Tod im Jahre 1814 war Kabrun, der Freund Heinrich Floris Schopenhauers und Arthurs erster Lehrherr, Johannas Bevollmächtigter in Danzig. Selbst nachdem Johanna von den wirtschaftlichen Schwierigkeiten Muhls infolge der französischen Besetzung Danzigs erfahren hatte, setzte sie weiter ihr Vertrauen in Muhl. Bereits 1811 – Johanna und Adele Schopenhauer waren mit 119120,24 Danziger Gulden die größten Wechselgläubiger des Handelshauses Abraham Ludwig Muhl & Co. – stimmte Kabrun in Johannas Namen einem Moratorium zu. Seit 1813 wurde das Moratorium jährlich erneuert. Johannas Vertrauen in Muhl war auch nach Kabruns Tod anscheinend grenzenlos. Er war in ihren Augen »warlich einer der besten redlichsten Menschen auf Gottes Erde«.[2] Im Frühjahr 1816, als Muhl ins Gerede gekommen war, stellte sie auf seinen Wunsch Nachforschungen an, um seine Kaufmannsehre zu retten. Johanna Schopenhauer stand mit ihrem günstigen Urteil über Muhl nicht allein. Nicht nur sie und ihr Sohn, sondern viele andere Gläubiger hielten seine Firma für ein gutes und sicheres Haus. Im Jahr 1819 haben die Frauen insgesamt 22000 Reichstaler, Arthur Schopenhauer etwa 8000 Reichstaler bei Muhl stehen.

Johanna und Adele müssen auf einen raschen Vergleich drängen. Sie können nicht für Jahre auf Zinsen verzichten, verfügen sie doch über keine anderen für ihren Lebensunterhalt ausreichenden Einkünfte. Der vermögenslose Gerstenbergk ist zwar guten Willens, die Frauen zu unterstützen, doch dürfte sein karges Beamtensalär, auch zusammen mit Johannas Einnahmen als Schriftstellerin, für die Beibehaltung des bisherigen Lebensstils kaum ausreichen. Johanna ist deshalb mit Adele in der verzweifelten Hoffnung nach Danzig gereist, durch ihre Anwesenheit möglichst rasch noch möglichst viel durch einen Vergleich zu retten. Mutter und Tochter haben zudem zwecks Bestreitung der Reisekosten und des Lebensunterhalts hohe Kredite aufgenommen, die sie zusätzlich unter Druck setzen: 500 Reichstaler von Bertuchs Schwiegersohn Froriep aus Weimar, der in diesen Jahren neben Könneritz Johannas Stammgast ist, 300 Taler von Gerstenbergks Jugendfreund Reichenbach und 800 Reichstaler von Quandt, der diese Summe weder zurückverlangt noch zurückerhält, was zu diesem Zeitpunkt natürlich noch nicht feststeht. Angstvoll denken sie an die seit zehn oder mehr Jahren unabgewickelten Konkurse von Labes, Schönbeck und Franzius. Sollte dieser Umstand auch bei Muhl eintreten, so wäre dies ihr vollständiger Ruin. Die Frauen wären allerdings nicht in diese missliche Lage geraten, wenn Johanna nicht die Pflichten verletzt hätte, die ihr aus der Vormundschaft über Adele erwuchsen. Sie hätte Adeles Vermögen bis zu deren Volljährigkeit im Jahre 1821 mündelsicher (hypothekarisch gesichert) anlegen müssen. Johanna Schopenhauer will davon nichts gewusst haben, was ihr nicht zu widerlegen ist. Es muss deshalb dahingestellt bleiben, ob sie um höherer Zinsen willen, die sie rechtmäßig mitverzehrte, im Vertrauen auf Muhls Kaufmannsehre die gesetzlich gebotene Sicherung Adeles unterließ. Ein merkwürdiges Licht fällt in diesem Zusammenhang auch auf Heinrich Kabrun sowie auf Muhl selbst, da den Kaufleuten die persönlichen Verhältnisse der Schopenhauers genauestens bekannt waren. Dass sich unter den anfänglich sehr hohen Einlagen auch Mündelgeld befand, lag auf der Hand.

Arthurs Vermögenslage hingegen gibt ihm volle Handlungsfreiheit. Er kann sich von den Zinsen seines restlichen Vermögens durchaus ernähren und deshalb frei entscheiden, ob er sich ebenfalls mit einem Vergleich zufrieden geben oder aufs Ganze gehen und den vollen Betrag verlangen will. Im letzteren Fall riskiert er, dass der Vergleich nicht zustande kommt und er den bei Muhl angelegten Teil seines Vermögens, seine Schwester und Mutter jedoch ihr gesamtes Vermögen verlieren. Johanna und Adele glauben, unter allen Umständen Arthurs Zustimmung zum Vergleich erhalten zu müssen.

Johanna Schopenhauer muss der Gedanke, nun auf die Zustimmung ihres Sohnes angewiesen zu sein, sehr gequält haben. Mutter und Sohn waren einander stärker entfremdet denn je. Ein Vermittlungsversuch Quandts im Familienzwist der Schopenhauers war gescheitert. Johanna fühlte sich schon in den letzten Jahren von Arthur, der ihr eine Korrespondenz wegen ökonomischer Fragen aufzwang, bedrängt. Im Jahr 1817 drohte sie den Briefwechsel wegen Arthurs Tonfall abzubrechen. Auch die Gerüchte über Arthurs aggressive Auftritte in Dresden trugen nicht dazu bei, ihr den Sohn wieder näher zu bringen.

Adele hofft dagegen vertrauensvoll auf die Hilfe ihres Bruders. Schon bald nach dem Zerwürfnis mit der Mutter hatte er Adele geschrieben, weil er sich den Kontakt zu seiner Schwester von der Mutter nicht verbieten lassen wollte. Ottilie v. Goethe, zu der er bis an sein Lebensende ein gutes Verhältnis hatte, vermittelte die Briefe. Dabei ging es ihm allerdings weniger um eine freundschaftliche Beziehung mit seiner Schwester. Arthur, der sich nach seinem Verständnis in einem Machtkampf mit seiner Mutter befand, wollte Adele aus Johannas Nähe entfernen. Dazu empfahl er ihr dringend die Heirat, wodurch sich die hoffnungslos in Heinke verliebte Schwester, die zudem im Moment ohne Bewerber war, gequält fühlte. Ottilie gestand sie: »Arthur hat mir geschrieben … heiraten kann ich nicht, noch lange nicht, vielleicht, nein, wahrscheinlich nie.«[3] Arthur gab seine Bemühungen nicht auf. Als Heiratskandidaten für seine Schwester hatte er seinen Freund Quandt ausgeguckt. Noch 1836 macht er Adele wegen der unterbliebenen Heirat Vorwürfe. Sie wehrte entschieden ab: »Was nun, um auf mich zurück zu kommen Heirathen wie die mit Quandt betrifft, so bitte ich Dich, sprich mir nicht davon, Reue liegt nicht in meiner Natur, ich hatte Ursachen, *die noch stehen*, u. so bereue ich *nichts* der Art, achte das, lieber Arthur!«[4] Ob Quandt, was diese Stelle nahe legt, vergebens um Adele warb, lässt sich nicht ermitteln, ist aber eher unwahrscheinlich. Quandt hatte 1815 in Karlsbad gerade gegenüber Adele betont, niemals heiraten zu wollen. Einen ihr gegenüber geäußerten Sinneswandel und gewiss seinen Antrag, hätte es ihn denn gegeben, hätte sie ihrer Freundin Ottilie nicht verschwiegen.

Dass Arthur die Nähe seiner Schwester scheute, zeigte sich im Jahr 1816. Er verweigerte ihr den Besuch in Dresden, nachdem sie die Erlaubnis hierzu Johanna mühevoll abgerungen hatte. Adeles tiefe Enttäuschung über die »empörende Antwort«[5] währte nicht allzu lange. Bereits im Oktober nahm sie wieder Kontakt auf, nachdem das unglückliche Mädchen dank der auf dem Theater in Mannheim gefallenen Worte »Du kannst alles verlieren, jeden Freund – Dir bleibt der Bruder«[6] in eine sentimentale Stimmung versetzt worden war. »Den [Brief] an Arthur habe ich milde und sanft geschrieben.«[7] Der Briefwechsel wurde ohne allzu große Vertraulichkeiten von Seiten Arthurs fortgeführt. Er kündigte ihr die Veröffentlichung seines Werkes an, womit er die stets auf Wohlanständigkeit bedachte Adele in Unruhe versetzte. Sie fürchtete, er könne Anstoß erregen. Doch nun schien Arthur die Freundschaft seiner Schwester zu suchen. Er berichtete aus Italien in seinen Briefen sehr offenherzig von seinen »Liebesgeschichten«,[8] die sexuelle Affären waren und von Adele milde getadelt wurden. »Möchtest Du doch nicht ganz die Fähigkeit verlieren, eine Frau zu schätzen, wenn Du mit den Gewöhnlichen und Gemeinen in unserm Geschlecht Dich abgiebst …« Als Arthur seiner Schwester die Dresdner Affäre mit der von ihm schwangeren Kammerzofe anvertraute, versprach sie, ihr Möglichstes zu tun. Seine Gewissensbisse gönnte sie ihm offensichtlich von Herzen. Dass es ihm manchmal »Bange wird, ist billige Strafe, *wie gering gegen die der Armen*«, schrieb Adele nach Italien.[9] Schopenhauer schien ernsthafte Heiratsabsichten bekundet zu haben. Jedenfalls äußert Adele sich zu Heiratsplänen ihres Bruders, wobei sie sich über seine höchst konventionellen Anforderungen an seine zukünftige Frau wunderte. Zu einer Heirat kam es dann jedoch nicht. Arthur schreckte zurück, als er erfuhr, dass das von ihm angebetete Fräulein von Stand lungenkrank sei. Im Sommer 1819 jubelte Adele über die neu entdeckte Seelenverwandtschaft zu ihrem Bruder. »Es ist wunderbar, wie in uns doch dieselbe Natur aus allen Verschiedenheiten, die uns Geschlecht, Erziehung und Leben aufdrang, hervorblickt.«[10] Sie sprach ihn mit »lieber Freund«[11] oder mit »Haupt der Familie«[12] an und Arthur ging darauf ein. Er machte ihr sogar eine Liebeserklärung. Adele erwiderte hochbeglückt. »Da schreibst Du närrischer Mensch, *außer mir* hättest Du nie eine Frau ohne Sinnlichkeit geliebt. Ich habe sehr gelacht. Möchte aber fragen, ob Du mich denn wohl, wenn ich nicht Deine Schwester wäre, hättest lieben können; denn am Ende giebt's Frauen genug, die höher stehen als ich.«[13]

Jetzt wendet Adele sich auch im Auftrag der Mutter an ihren Bruder, den sie eingehend über den Stand der Dinge, jeden ihrer Schritte und natürlich auch über ihre Absicht, eine Sonderkondition (die Johanna in Form einer Leibrente und vier Gemälden dann auch erhält) auszuhandeln, unterrichtet. Dabei ermahnt sie ihn: »Die Mutter ist in Verzweiflung, mache ihr ja keine Vorwürfe, ich entschuldige sie ganz. Sie trägt mir auf Dir zu sagen daß sie alles thun wird um auch Dir zu Deinem Kapital zu verhelfen.«[14] Sie sind bereits vier Wochen in Stries bei Danzig, ohne dass irgendetwas geschieht. Arthur korrespondiert mit Adele, mäßigt sich gegenüber seiner Mutter wie gewünscht, wofür ihm Adele ausdrücklich wie auch »für das Anerbieten das Wenige das Dir blieb, im Nothfall mit uns zu theilen«,[15] dankt. Im beiliegenden Brief an seine Mutter wiederholt Arthur das Angebot, im Notfall zu teilen, und löst dadurch fast eine Katastrophe aus. Adele vertraut ihrem Tagebuch an: »Arthur bot der Mutter an, sein Vermögen mit uns zu teilen, er bediente sich aber in Hinsicht auf den Vater ungeziemender Ausdrücke. Ich meinte, Taten sprächen mehr als das Wort, ich verstand ihn und die Mutter nicht. Sie fand den Brief, las ihn unvorbereitet, und eine gräßliche Szene erfolgte. Sie sprach von meinem Vater – ich erfuhr die Schrecknisse, die ich geahndet, sie war so außer sich, daß weder Bitten noch Anerbieten meines ganzen Erdenreichtums sie zu einem freundlichen Worte, zur Überzeugung meiner Liebe bringen konnten. Ihre Ansichten, ihre Gefühle konnte ich nicht teilen; endlich, als sie mich durchaus nicht anhörte, reizte mich das offene Fenster mit unwiderstehlicher Gewalt! Sterben war ein Spiel gegen die Riesenlast des Lebens – aber als ich den entsetzlichen Drang in mir fühlte, gab mir Gott Besinnung und Kraft. Dennoch brachte mich die Härte der Mutter gegen Arthur, ihr Starrsinn, die Unmöglichkeit, sie zu überzeugen, daß meine Seele rein von jeder Anklage gegen sie, zu einer Verzweiflung, die in lautes Schreien und Weinen ausbrach. Ich lag weinend, vergehend auf der Erde – nirgends einen hellen Punkt. Alles dahin! Und nicht einmal das Glück erkauft, daß sie mir mild und ruhig traut, daß sie einsieht, daß ich sie liebe. Jahre löschen den Eindruck nicht aus, den Tag habe ich vergessen, die Worten gellen mir noch schmerzend in den Ohren. Ich blieb zwei lange Tage im Gefühl des Sterbens, die Mutter litt auch körperlich – und ich war gesund. O Gott, du bist milde, hätte ich da krank in meinem Bette liegend Zeit zum Nachsinnen gefunden, ich hätte es nicht überlebt vor Jammer.«[16] Was empörte die durch die nicht ganz unverschuldete finanzielle Katastrophe ohnehin sehr reizbare, sich ohnmächtig, vielleicht auch in Bezug auf Adele schuldig fühlende Johanna so sehr, dass sie sich gegenüber ihrer Tochter völlig vergaß? Was schrieb Arthur seiner Mutter im Juli 1819?

Sein Anklagebrief wie auch seine anderen Briefe seit 1818, die Johanna in ihrem Testament vom 5. Juli 1823 als einen Grund für Arthurs Enterbung nennt, sind vernichtet. Die fragliche Äußerung, mit der er seine Mutter beleidigte, wurde jedoch aus einem Brief Adeles an Ottilie v. Goethe rekonstruiert. Nach Adeles Schilderung soll ihr Bruder in »dem sonst gemäßigten Briefe an die Mutter die Worte gebraucht«[17] haben: »Obgleich Sie das Andenken des Ehrenmannes, meines Vaters, weder in seinem Sohn noch in seiner Tochter geehrt haben.«[18] Dieser Satz soll Johanna Schopenhauer dann zu der von Adele geschilderten Szene veranlasst haben, worin sich insbesondere Johannas Unmut über die Abhängigkeit von ihrem Sohn Luft machte, der ihrer Meinung nach »eigentlich von ihr hätte abhängen müssen«.[19] Denn Mutter und Tochter glaubten immer noch, dass von Arthurs Zustimmung das Zustandekommen des für sie existentiell wichtigen Vergleichs abhänge. Johanna Schopenhauer wird sich die Folgen eines Scheiterns der Verhandlungen für ihre Unabhängigkeit, ihren persönlichen Lebensstil und nicht zuletzt für ihr Verhältnis zu dem vermögenslosen Gerstenbergk ausgemalt haben. Man darf nämlich mit Fug bezweifeln, dass Arthur sein Vermögen wirklich mit ihr geteilt, ihr also die völlige Verfügungsgewalt eingeräumt hätte. Bei seiner misstrauischen Persönlichkeit dachte er möglicherweise nur an die Teilung der Erträge, so dass ihm das Bestimmungsrecht über das, was mit dem Gelde zu geschehen habe, bliebe. Dafür spricht auch Adeles Reaktion. Sie wollte durch Selbstaufgabe die Akzeptanz, die Liebe ihrer Mutter erringen. Um sie zu besänftigen, wollte sie Johanna ihr gesamtes Vermögen abtreten, »*um nur von ihr* alles zu nehmen und zu bitten«.[20] Adeles Anerbieten blieb unbeachtet.

Im Oktober 1827 kommt die in finanzieller Bedrängnis lebende Johanna Schopenhauer, immer noch über Arthur enttäuscht, in einem Brief an Keil, den sie um eine Bürgschaft angeht, auf das Angebot ihres Sohnes zurück: »Mein Sohn! lieber Freund, das ist die wundeste Stelle in meinem Gemüth! wie tief er mich durch sein Betragen verletzt, kann ich keinem Menschen gestehen, Sie kennen mich genug, um zu wißen, oder wenigstens zu ahnen, was er mir gethan hat, um mich zu bewegen, mich ganz von ihm loszureißen, und doch konnte es dem Mutterherzen nicht gelingen, aber er hat jede Gelegenheit, sich mir wieder zu nähern, mit Verachtung von sich gewiesen. Daß er, wenn ich ganz arm würde, sein Vermögen mit mir theilen würde, glaube ich, er selbst hat mir, als Muhl Bankerot wurde, etwas ähnliches in wenigen harten Worten geschrieben, er würde, das weis ich, mir Brod geben, es mir hinwerfen, wie man einer Bettlerin ein Almosen hinwirft.«[21]

Adele verhält sich in ihrem Antwortbrief auf Arthurs fragwürdiges Angebot diplomatisch und kämpft zäh um dessen Zustimmung zum Vergleich. Vom »Haupt der Familie«[22] will sie sich keinesfalls dreinreden lassen. Sie ist die Hauptbetroffene des Bankrotts und zeigt in diesen Tagen eine bewundernswürdige Haltung, obwohl ihre gesamte Existenz auf dem Spiel steht. Mit ihrem Vermögen verliert sie ihre Unabhängigkeit. Ihre Heiratschancen verringern sich dramatisch. Und dennoch bleibt sie tapfer, als sich eine weitere Hiobsbotschaft ankündigt. Könneritz verlobt sich – für Adele überraschend – mit ihrer Freundin Louise von Werthern. Adele hofft, ihr finanzielles Desaster, das sich immer deutlicher abzeichnet, zu bewältigen, indem sie sich die für ihren Lebensunterhalt veranschlagten 200 Taler irgendwie selbst verdient.

Arthur verweigert jedoch weiterhin standhaft seine Zustimmung zum Vergleich. Allerdings schätzt Johannas überaus vorsichtiger Sohn sein Risiko zutreffend ein, als er meint, der geringen Summe wegen würde Muhl kaum den Vergleich gefährden, der ihn von einer riesigen Schuldenlast befreite. Arthur geht davon aus, dass seine Forderung, die sich »wie 8 zu 395!«[23] verhalte, kaum ins Gewicht falle. (Muhl hat Schopenhauer zufolge eine Vergleichssumme von 130 000 Talern aufzubringen, was mehr als 430 000 Talern Schulden bei einem Vergleich zu 30 % entspricht.) Er sagt dem Handelsherrn, dass er sich ruhig verhalten werde, bis dessen Schulden reguliert seien. Dann werde er den Vergleich, bei dem seine Schwester und Mutter 70 % ihres Vermögens verlieren, für sich ausnutzen und seine Forderung geltend machen. Schopenhauer lässt sich nicht beschwatzen und verfährt in der angekündigten Art und Weise. Dabei ist er trotz seines souveränen Auftretens gegenüber Muhl weiterhin sehr ängstlich. Die in ihrer Existenz gefährdete Adele hat nur Spott für ihren um sein Einkommen besorgten Bruder übrig. »Endlich bleibt noch zu bemerken, dass ich als Mann mich nicht einmal vom Stuhl viel weniger von einer Brücke stürzte – weil ich kein Geld hätte«, schreibt sie Arthur.[24] Aus Sorge um sein Einkommen hat er sogar die kleine Pension gestrichen, die er seiner Tante Julie Trosiener, die sich durch den Verkauf von Handarbeiten nicht ernähren kann, bisher zukommen ließ. Glücklicherweise besinnt Arthur sich in diesem Punkt noch.

Seine Hartnäckigkeit sollte belohnt werden. Zweieindrittel Jahre später präsentiert er schließlich Muhl, als dieser durch den Vergleich wieder auf die Beine gekommen ist, die Wechsel mit den berühmten Worten: »Sollten Sie dennoch Zahlungsunfähigkeit vorschützen wollen; so werde ich Ihnen das Gegenteil beweisen durch die famöse Schlußart, welche der große Kant in die Philosophie einführte, um damit die moralische Freiheit des Menschen zu beweisen, nehmlich den Schluß vom Sollen aufs Können. Das heißt: zahlen Sie nicht gutwillig, so wird der Wechsel eingeklagt. Sie sehn, daß man wohl ein Philosoph seyn kann, ohne deshalb ein Narr zu seyn.«[25] Daraufhin erhält Schopenhauer sein Geld.

Johanna und Adele treten wie fast alle Gläubiger dem Vergleich bei. Johanna (oder Adele, die in einem Brief an ihren Bruder von einer kleinen Leibrente bei Muhl spricht, die ihr zusteht) bekommt neben der Vergleichsquote eine Leibrente von 300 Talern jährlich und vier Gemälde, darunter einen echten, aber wegen der damals schlechten allgemeinen wirtschaftlichen Lage unverkäuflichen Paolo Veronese.

Schopenhauer zieht aus dem Verhalten der Frauen viele Jahre später in seiner Schrift *Parerga und Paralipomena* im Kapitel »Ueber die Weiber« folgende Lehre: »Daß das von Männern, durch große und lange fortgesetzte Arbeit und Mühe schwer erworbene Eigenthum nachher in die Hände der Weiber geräth, welche in ihrer Unvernunft, es binnen kurzer Zeit durchbringen, oder sonst vergeuden, ist ein ebenso großes wie häufiges Unbild, dem man durch Beschränkung des weiblichen Erbrechts vorbeugen sollte … Wenigstens sollten Weiber niemals über ererbtes, eigentliches Vermögen, also Kapitalien, Häuser und Landgüter, freie Disposition haben. Sie bedürfen stets eines Vormundes; daher sie in keinem möglichen Fall die Vormundschaft über ihre Kinder erhalten sollten.«[26]

Infolge der Affäre Muhl kühlt sich das Verhältnis der Geschwister ab bis zur Eiseskälte. Ressentiments und Misstrauen beherrschen Arthur. »Mit unmenschlicher Grausamkeit warf er mir und der Mutter die unsinnigste Verschwendung vor«, beklagt Adele sich im März 1820 bei ihrer Freundin Ottilie

v. Goethe.[27] Arthur seinerseits fühlt sich von der Schwester unverstanden und hat nicht das geringste Verständnis für Adeles verzweifelte Lage, die ihr keinen anderen Ausweg als den Vergleich lässt, zu dem sie ihn in bewegenden Briefen überreden will. In der Hitze des Gefechts – Muhls Schwiegersohn und Teilhaber Abbegg setzt Adele wegen ihres Bruders unter Druck und macht sie für Arthurs Haltung, die den Vergleich angeblich gefährdet, verantwortlich – muss sie allerdings ein wenig den Überblick verloren haben, als sie gegenüber Ottilie meint: »Es hilft ihm nicht, der accord komt sicher dennoch zu Stande.«[28] Schließlich braucht Arthur den Vergleich (bei dem Mutter und Schwester 70 % ihres Vermögens verlieren), um seinen Anspruch voll durchsetzen zu können. Adele fühlt sich von Arthurs Ablehnung und noch mehr von seinem Misstrauen, seiner Meinung, sie könne sich auf seine Kosten durch heimliche Nebenabreden bereichern, sehr gekränkt. Nach seinem Vorwurf der Verschwendungssucht bricht sie mit ihm in Form eines »wirklich verzweifelnden Abschied[s]«,[29] den sie ihm angeblich schreibt. Doch bereits 1820 befindet sie, als sie ihn auf der Rückreise nach Weimar in Berlin trifft: »Arthur ist anders als erwartet – nach dem furchtbaren Brief. Wir scheiden friedlich, aber ich werde ihm nun sehr selten schreiben, da ich sehe, meine Briefe helfen nicht mehr.«[30]

15 »Gabriele« oder Die Entsagung

Johanna ahnte noch nichts von Muhls Bankrott, als der erste von drei Bänden ihres berühmten Romans *Gabriele*, der ihren belletristischen Ruhm begründete, zur Ostermesse des Jahres 1819 herauskam. Adele, die das Werk ihrer Mutter durch abendliche Lesungen bereits kannte, hielt viel von dem Buch. Von ihrem Bruder forderte sie deshalb, *Gabriele* erst einmal zu lesen, bevor er urteile oder vielmehr verurteile. Ob sich Arthur hieran hielt, wissen wir nicht. Johannas Roman fand sich jedenfalls nicht in seiner nachgelassenen Bibliothek, in der allein ihr Erstlingswerk, die Fernow-Biographie, und die *Reise durch England und Schottland* standen. Beide Bücher hatte Johanna ihrem Sohn noch vor dem Zerwürfnis geschenkt.

Von der Kritik erhält Johannas Roman schnell das wenig schmeichelhafte Etikett »Entsagungsroman«. Durch Börne ist der polemische Untertitel überliefert, den man *Gabriele* angehängt hat: »Das ununterbrochene Opferfest«.[1] Tieck, den Johanna im Juni 1819, als sie sich auf der Durchreise nach Danzig befand, in Berlin kennen lernte, äußert sich privat lobend über ihr das Buch, kommt der Bitte Gerstenbergks vom Februar 1821 nach einer öffentlichen Besprechung jedoch nicht nach. Ungeteiltes Lob wird Johanna für ihren Roman hingegen von keinem geringeren als Goethe zuteil, dem *Gabriele* von Adele in seine Reisetasche gepackt wurde und der das Buch »mit der größten Gemütsruhe zwischen den hohen Fichtenwäldern von Marienbad, unter dem blausten Himmel, in reinster leichtester Luft« las.[2] In seiner Zeitschrift *Kunst und Altertum* erscheint im ersten Heft des Jahrgangs 1823 seine Kritik. Unter anderem heißt es dort: »Gabriele setzt ein reiches Leben voraus und zeigt große Reife einer daher gewonnenen Bildung. Alles ist nach dem Wirklichen gezeichnet, doch kein Zug dem Ganzen fremd; die gewöhnlichen Lebensvorkommnisse sehr anmutig verarbeitet. Und so ist es eben recht: der Roman soll eigentlich das ganze Leben sein, nur folgerecht, was dem Leben abgeht.«[3] Und weiter schreibt Goethe: »Der Roman hingegen stellt das Unbedingte als das Interessanteste vor, gerade das grenzenlose Streben, was uns aus der menschlichen Gesellschaft, was uns aus der Welt treibt, unbedingte Leidenschaft; für die dann bei unübersteiglichen Hindernissen nur Befriedigung im Verzweifeln bleibt, Ruhe nur im Tod. Dieser eigentümliche Charakter des tragischen Romans ist der Verfasserin auf schlichtem Wege sehr wohl gelungen, sie hat mit einfachen Mitteln große Rührung hervorzubringen gewußt; wie sie auch im Gang der Ereignisse das Natürlich-Rührende weiß, das uns nicht schmerzlich und jammervoll, sondern durch überraschende Wahrheit der Zustände höchst anmutig ergreift.«[4] Goethes positive Rezension ist keinesfalls eine Gefälligkeit gegenüber seiner Freundin, die er in letzter Zeit nur noch selten gesehen hat, wie Missgünstige meinen. Johannas Werk ist zu diesem Zeitpunkt bereits ein Bestseller und Gesprächsstoff in den Bädern und Salons.

Obwohl ihr Erfolg bereits gemacht ist, als Goethe im Sommer 1822 mit der Lektüre beginnt, über die er seinem Sohn schreibt: »Grüße alles. Auch versäume nicht, Schopenhauers ein freundlich Wort zu sagen. Ich habe *Gabriele* mit viel Vergnügen gelesen; die Mama soll gelobt seyn, daß sie das Buch geschrieben, die Tochter, daß sie es mitgegeben. Es ist gut, sehr gut«,[5] wird ihm in einer literaturhistorischen Arbeit aus den achtziger Jahren, die sich Charlotte v. Schillers abfällige Meinung zu Eigen macht, unterstellt, er habe Johannas schriftstellerische Tätigkeit aus schlechtem Gewissen wohlwollend kommentiert. Goethe sei nämlich seinen gesellschaftlichen Verpflichtungen Johanna gegenüber nicht nachgekommen, die sich Goethes Stärken und Schwächen zu Nutze zu machen gewusst habe. Sie habe Goethe eingewickelt, als sie mit einem Schiller-Zitat begann, die moralische und künstlerische Dominanz der Klassik betonte und Goethe als großen Dichter pries. Dagegen spricht, dass Goethe nicht gerade zu Gefälligkeiten neigte. So hatte er vor Jahren Johannas Bitte um eine Empfehlung für ihren Sohn rundweg abgeschlagen, obwohl Goethe ihr als ständiger Gast gewiss verpflichtet war. Später verfasste Goethe zwar Johanna zuliebe ein kühles Empfehlungsschreiben für ihren Sohn an Wolf, aber nur, weil er glaubte, Arthur würde in Weimar einkehren und einige von Wolf entliehene Bücher nach Berlin mitnehmen. Zudem weigerte Goethe sich, Gerstenbergk literarisch zu fördern. Außerdem hat Goethe sich später noch mehrfach mit den Schopenhauerschen Romanen (zumindest noch mit der *Tante*) beschäftigt, weil sie offensichtlich sein Interesse weckten, war Entsagung doch sein ureigenstes Thema.

Die Literaturwissenschaftler sind bei der Bewertung von Johannas Roman allerdings von Anfang an in der Regel weniger wohlmeinend als Goethe. Die Urteile schwanken von trivialem Frauenroman bis hin zu weiblichem Entwicklungsroman. Johanna Schopenhauers Leistungen als Schriftstellerin werden dementsprechend gewürdigt. Für die einen ist sie eine eigenständige Schriftstellerin, für die anderen gehört sie zu den trivialen Autorinnen, die schlicht gestrickte Frauenromane fabrizierten. Meist werden ihre Romane in der gehobenen Unterhaltungsliteratur angesiedelt. Wie bei fast allen Frauenromanen aus dieser Zeit üblich, idealisierten auch die Werke Johanna Schopenhauers mit ihrem fehlenden Aufbegehren der Heldin eine Liebesvorstellung, ohne die gesellschaftlichen Ursachen des Leidens der Hauptperson deutlich werden zu lassen. Johanna Schopenhauer habe keine eigenständige Form entwickelt – sich nie zu theoretischen Fragen geäußert (und folglich darüber keine Gedanken gemacht) –, sondern geschickt Goethes *Wahlverwandtschaften* adaptiert.

Gabriele ist auch heute noch leicht und angenehm zu lesen, obwohl sich »ein heiteres Behagen«[6] angesichts des tragischen Schicksals der Heldin nicht immer einstellen will. Vor dem Panorama der Napoleonischen Kriege entwickelt der Roman ein farbenprächtiges Bild der Goethe-Zeit, vor allem der gesellschaftlichen und intellektuellen Kultur der Zeit. Nirgendwo anders in der Literatur dieser Epoche werden das Leben in den böhmischen Bädern, die geselligen Verhältnisse so anschaulich und intim beschrieben wie bei Johanna Schopenhauer, die die Moden und Verhaltensweisen der wohlbegüterten Adligen mit klarer, scharfer Beobachtungsgabe und ironischer Distanz schildert. *Gabriele* ist ein tragischer Roman. Gabrieles Reifungsprozess verläuft in drei Stufen. Am Beginn ihrer Entwicklung wohnt die Heldin in einer weltabgeschiedenen, mittelalterlichen Burg. Sie wird von ihrer Mutter, die in einer freudlosen Ehe lebt, sehr zärtlich und sorgfältig aufgezogen. Die Mutter unterrichtet sie in den musischen Fächern und erteilt ihr Sprachunterricht. Infolge ihres trostlosen Lebens stirbt die Mutter früh. Sie war ein Muster an Tugend und Entsagung und wird der Tochter zum leuchtenden Vorbild. Die Halbwaise ist nun ihrem tyrannischen Vater ausgeliefert, der von der fixen Idee der Goldmacherei besessen ist und ihr weiteres Schicksal bestimmt. Um seine ihm lästige Tochter loszuwerden und auch um ihr den für den Heiratsmarkt erforderlichen gesellschaftlichen Schliff zu verpassen und die notwendigsten Kenntnisse zu vermitteln, schickt er Gabriele in die Stadt zu seiner Schwester. Im gräflichen Haus der Tante besteht Gabriele die ersten Prüfungen, da sie sich nicht durch den schönen Schein der großen Welt blenden lässt und ihre Anschauungen verteidigt. Gleichwohl ärgert Gabriele sich über ihr unbeholfenes Auftreten, das gnadenlos verspottet wird. Künftig will sie in der Gesellschaft bestehen, ohne ihre Ansprüche an sich selbst aufzugeben. Nur wenige durchschauen sie. Zum Glück begegnet sie Ernesto, für den wohl Jameson und Fernow Pate standen. Er wird Gabrieles Mentor. Im Roman sorgt er für Distanz zur Heldin, macht den Leser zum teilnehmenden Beobachter und bringt den gesunden Menschenverstand, die Stimme der Vernunft zur Geltung. Ernesto teilt dem Leser Bedenken, Kommentare zum Zeitgeist sowie die Mahnung an Gabriele, sich nach menschlichen Maßstäben zu richten und Kompromisse zu schließen, mit. Gabriele wird auf die Probe gestellt, als sie ihrer ersten Liebe begegnet, Ottokar, dem sie ihre Liebe freimütig gesteht. Ottokar erwidert ihre Gefühle, ist jedoch mit Gabrieles sehr schöner, oberflächlicher Cousine Aurelia verlobt, die im Fortgang der Handlung punktuell mit Gabriele kontrastiert wird. Ottokar will die Verlobung rückgängig machen, Gabriele hält ihn davon ab. Sie will nicht auf Kosten ihrer Cousine, die dieses Opfer nicht verdient, glücklich werden. Die Trennung und Entsagung vom geliebten Mann stürzt Gabriele in die erste Krise. Sie erkrankt lebensgefährlich, erholt sich aber wieder, wobei sie sich »fast bis zum Unkenntlichwerden verschönte«.[7] Vor der nächsten Prüfung macht sie eine Kur in Karlsbad. Hier begegnet sie ihrem lächerlichen Vetter Moritz, der einmal die Burg ihres Vaters erben wird, da Gabriele als Frau nicht erbberechtigt ist. Unerwartet wird sie von ihrem Vater auf die Burg bestellt. Dort eröffnet er ihr, dass sie ihren Vetter heiraten soll, um den Familienbesitz zu erhalten und ihre Zukunft zu sichern. Ihr wird scheinbar Bedenkzeit gewährt, während sie in Wirklichkeit keine Wahl hat, was Gabriele allerdings nicht weiß. Sie würde vergiftet, wenn sie sich ihrem Vater widersetzte. Glücklicherweise entschließt sie sich, dem Vater zu gehorchen, weil sie ihm einen heiteren Lebensabend bereiten möchte. Gabriele heiratet den ihr geistig unterlegenen Vetter Moritz und verleugnet sich zum zweiten Mal. Aus Gabrieles Sicht ist das Opfer sinnlos, weil ihr Vater sich gleich nach der Hochzeit, wie heimlich geplant, das Leben nimmt. Gabriele fügt sich ihrem Schicksal klaglos und erkrankt erneut auf Leben und Tod. Sie übersteht auch diese Krankheit und ihr bleibt als Trost, durch Pflichterfüllung ihre Selbstachtung bewahrt und ein reines Gewissen zu haben. Frau von Willnagen, die als herzenswarme, bescheidene mütterliche Freundin der Heldin einem gemütvollen Salon vorsteht und der Gegenpol zur Gräfin ist, malt Gabrieles Zukunft in düsteren Farben. Am schlimmsten findet sie, dass Gabriele an der Seite eines lächerlichen Mannes dem Mitleid der Gesellschaft ausgesetzt sei, deren Urteil sowie die Wahrung des Scheins die oberste Richtschnur für das Handeln einer Frau seien. Der Heldin, die es sich zur Aufgabe gemacht hatte, in der Gesellschaft erfolgreich zu bestehen, ohne ihre Selbstachtung zu verlieren, ist es zunächst vergönnt, mehrere Jahre in der Einsamkeit eines Landgutes zu verleben. Hier arbeitet Gabriele fleißig und leitet das Gut, wodurch sie eine aufkommende Depression erfolgreich bekämpft. In dieser Zeit reift Gabriele zu einer noch strahlenderen Persönlichkeit heran. Als Moritz sie nach einigen Jahren in die Gesellschaft zurückführt, wird sie deren unumstrittener Mittelpunkt. Schließlich wird der Heldin eine dritte Prüfung auferlegt. Hippolit ist ein im innersten Wesen guter Jüngling, der jedoch durch Erziehung und Lebensweise verwahrlost ist. Die schon etwas matronenhaft wirkende, aber dennoch unvergleichlich schöne Gabriele übernimmt es, Hippolit zu erziehen. Als dieser ihr seine Liebe gesteht, weist sie ihn zurück. Sie schickt ihn auf eine lange Reise, die ihn nach Italien führt. Dort lernt er Ottokar und Ernesto kennen, die sich seiner annehmen, bis er geläutert und zum Mann gereift zu Gabriele zurückkehren kann. Diese kann ihn nun nicht mehr abweisen. Auch sie gesteht sich ihre Liebe ein, verschweigt sie jedoch, weil sie sich als verheiratete Frau keine Zukunft an der Seite ihres Geliebten erhoffen kann. Durch die heimliche Entsagung werden ihre Kräfte aufgezehrt, was auch ihre Freunde erkennen. Endlich gesteht sie Hippolit ihre Liebe und stirbt in seinen Armen. Wenig später erfahren die bestürzten Freunde, dass auch ihr kranker Ehemann verstorben ist, Gabrieles Entsagung also sinnlos war.

Bei Johanna Schopenhauer opfert sich die Heldin (und dies gilt auch für andere weibliche Hauptfiguren ihrer Romane) einem fremden Willen (meist in Gestalt des Vaters, gelegentlich auch im Leitbild der »schönen Seele« verkörpert), der machtvoll in ihr Schicksal eingreift und den sie (wie es von Frauen gefordert wurde) als unbedingt anerkennt, selbst wenn das Opfer keinen Sinn macht. Diese übermenschliche Leidensfähigkeit und Opferbereitschaft Gabrieles benutzt die Autorin, um indirekt die gesellschaftlichen Verhältnisse ihrer Zeit zu kritisieren. Sie nimmt die Forderungen des Patriarchats an die Frauen scheinbar kritiklos beim Wort. Unter den Bedingungen der patriarchalischen Gesellschaftsordnung zeigt sie die Entwicklung einer schönen, willensstarken, intelligenten Frau, die über alle Eigenschaften verfügt, die einen Mann zum strahlenden Helden gemacht hätten. Während dem Mann gestattet ist, in einer größeren Welt zu leben und weitere Interessen zu haben, eifert Gabriele dem Idealbild der Frau nach. Sie, die das weibliche Rollenbild durch das Vorleben ihrer Mutter verinnerlicht hat, beschränkt sich auf häusliche und gesellige Tätigkeiten für die Familie und akzeptiert den freiwilligen Verzicht auf die Liebe. Gabriele gelingt die Anpassung an das weibliche Rollenbild so vollkommen, dass sie selbst zum verkörperten Ideal wird. Dadurch werden jedoch die Handlungsmöglichkeiten der Heldin derart eingeschränkt, dass ihr als einziger Akt der Autonomie – ähnlich wie bei Johannas Jugendhelden, den römischen Senatoren, die sich auf dem Marktplatz vom Feind erschlagen lassen – der Opfergang, die Entsagung bleibt. Die Protagonistin, die sowohl den Ansprüchen der Frauenrolle wie auch ihrem Anspruch auf persönliche Integrität, Aufrichtigkeit und Pflichterfüllung genügen will, muss dabei zwangsläufig zugrunde gehen. Goethe spricht dem Roman deshalb auch jeden erzieherischen Wert ab. Gabriele eigne sich nicht zum Vorbild, um die Mädchen an ihre Aufgaben als Frau heranzuführen, um Kompromissbereitschaft, notfalls gänzlichen Verzicht auf Integrität und Selbstbestimmung zu erlernen. Und dies umso mehr, möchte man hinzufügen, als der Entsagungsakt nicht nur die Selbstaufopferung der Frau bedeutet, sondern auch Machtausübung gegenüber dem Mann. Die Selbstaufopferung führt nicht zur resignierten Aufgabe des Lebens. Vielmehr ist sie der letzte Triumph des Lebenswillens, der sich in den Widersprüchen der feindlichen Umwelt – Goethe sieht Gabriele als Opfer von »Weltverhältnissen«[8] und »Lebensvorkommnissen«[9] – nicht anders äußern kann als in der Selbstzerstörung. Der Entsagungsakt bringt dann auch das Machtgefüge zwischen Mann und Frau zum Einsturz. Die passive Heldin, nach den Maßstäben der Zeit immer noch das Musterbild einer vollkommenen Frau, die sich willig von Männern lenken und leiten lässt, bleibt nur so lange die Schwächere, bis die Zeit der Entsagung kommt. (Und die kommt in Johanna Schopenhauers Novellen und Romanen früher oder später gewiss.) Jetzt zeigt die Frau die Macht der Ohnmächtigen. Sie bleibt ihren Pflichten treu, selbst wenn ihr Handeln sinnlos ist, und gibt ihr eigenes Glück auf. Der Mann muss sich gegen seinen Willen beugen und nun von ihr lernen, wie er sich seinem Schicksal zu ergeben habe. Dabei könnte er doch leicht die von ihm gewünschte Lösung herbeiführen.

Die zeitgenössische Kritik, deren (männliche) Vertreter die traditionelle Frauenrolle nicht in Frage stellen, betrachtet die Entsagung der Heldin quasi aus der Perspektive des männlichen Protagonisten. Sie sieht nicht die Intention der Autorin, die ein Bewusstsein der Problematik der weiblichen Existenz voraussetzt und damit über ihre Zeit hinausweist. Die Kritiker bemängelten dann auch vor allem die fehlende psychologische Motivierung der Entsagung. Anders als bei

Goethe, der die Entsagung der Ottilie in den *Wahlverwandschaften* dadurch motiviert, dass die Liebe ihr zum Verhängnis wird und sie schuldig werden lässt, als sie den Tod eines Kindes verursacht, fehlt bei Johanna Schopenhauer eine in der Handlung begründete psychologische Motivation für die Entsagung tatsächlich. Auch in *Wilhelm Meisters Wanderjahre oder Die Entsagenden* motiviert Goethe die Entsagung psychologisch. Während in den *Wanderjahren* die Entsagung der Einsicht in die eigene Beschränkung entspringt, verhält es sich bei *Gabriele* genau umgekehrt. Die makellose Titelheldin handelt innerhalb der Grenzen der weiblichen Rolle autonom und zerbricht, obwohl ohne sittliche Schuld, an den einschneidenden Beschränkungen, die ihr als Frau auferlegt werden und die sie akzeptiert, weil sie sie verinnerlicht hat. Dass die Beachtung der Grenzen in einer Gesellschaft, die dem Leitbild der »schönen Seele« huldigt, lebensnotwendig ist (wie die drohende Vergiftung durch den Vater im Falle einer Weigerung belegt), ist hingegen nur der Autorin, nicht aber ihrer Heldin bewusst. Der Untergang dieses Engels belegt die Inhumanität der patriarchalischen Gesellschaftsordnung, insbesondere der vorherrschenden Konzeption der weiblichen Rolle, die, konsequent gelebt, nicht nur zur Selbstvernichtung der Frau führt, sondern auch den Mann ins Unglück stürzt. Dies zeigt die Autorin deutlich durch den nach dem Tod Gabrieles umherirrenden, seinem Tod entgegengehenden Hippolit. Darüber hinaus deutet Johanna Schopenhauer, die es noch weniger als Goethe wagen kann, die Institution der Ehe, diese Abbildung der patriarchalischen Machtverhältnisse im Kleinen, offen anzugreifen, indirekt an, was sie davon hält. Für Johanna Schopenhauer schließen sich Liebe und Ehe aus, wie der tragische Schluss zeigt. Danach ist es unmöglich, eine Liebe, die sich unabhängig von der Ehe entfaltet hat, in die Ehe zu überführen, weil die Gleichheit der Liebenden hier durch die vorgegebene Einrichtung der männlichen Verfügungsgewalt über die Frau vernichtet wird. Liebe und Macht schließen sich jedoch aus, wie Johanna zur Genüge in der eigenen Ehe erfahren hat.

Als Tendenzdichtung ähnelt *Gabriele* in dieser Hinsicht den Dramen Calderons, die sich ebenfalls nicht auf die psychologischen Realitäten einlassen.

Gabriele ist kein herkömmlicher Frauenroman, auch wenn die Form des Romans konventionell ist. Johanna Schopenhauer, die nach ihrem eigenen Verständnis als Autorin ebenso das männliche Publikum ansprechen wollte, nahm die bis dahin gültigen Formen und Motive des Frauenromans zwar auf, ahmte sie aber nicht nach. Vielmehr versuchte sie, den Entwicklungsroman einer Frau – Männer werden in Umkehrung des traditonellen Bildungsromans zu Entwicklungsinstanzen von Frauen – eigenständig zu gestalten. Dem steht nicht entgegen, dass die Autorin sich mit Rücksicht auf eigene negative Erfahrungen als nicht emanzipierte Frau ausgab und sich von Diskussionen über Theorien fern hielt. Eine weibliche Stimme hätte zudem in einem gelehrten Disput kaum Gehör gefunden, sondern Johanna hätte sich bloß lächerlich gemacht – als Frau und als Gelehrte. Auch wenn Johanna Schopenhauer sich also von theoretischen Diskussionen fern hielt und der in ihrem Nachlass gefundene, nicht für die Veröffentlichung gedachte, sehr bescheidene Gelegenheitsaufsatz *Über die Sehnsucht* verrät, dass die Verfasserin die philosophische Argumentation nicht in dem Maße beherrschte, wie es vielleicht wünschenswert gewesen wäre, so bedeutet dies nicht, dass sich die Schriftstellerin keine Rechenschaft über ihr Tun abgelegt hätte. Die Art und Weise der Verarbeitung des Entsagungsgedankens, seine Verbindung mit der Lebensproblematik, sprich die Vereinbarkeit eigener Bedürfnisse mit den Erwartungen der Gesellschaft an eine Frau, oder anders ausgedrückt: ihre Reflexion über die Bedingungen für die Befreiung der Frau aus der Verstrickung fremden Willens, tragen den Stempel Johanna Schopenhauers, auch wenn sie dabei Motive aus den *Wahlverwandt-schaften* übernahm. Gewiss wurde sie wie andere Autoren auch von literarischen Vorbildern ihrer Zeit beeinflusst (Richardson, Sophie La Roche, Goethe). Doch hat sie sich diese zu Eigen gemacht, wie sich aus ihrer Intention ergibt, die dem klassischen Frauenroman gerade zuwiderläuft. Keineswegs hat sie lediglich mit Geschick nachgeahmt, indem sie vorgegebene poetische Muster mit Fakten aus dem Leben ausfüllte und fiktional aufarbeitete.

Johanna Schopenhauer gestaltete mit *Gabriele* eigenständig den Konflikt zwischen Freiheit und Konvention, der nicht nur ein zentrales Thema Goethes, sondern auch deutscher und französischer Autorinnen im Gefolge von Anne Louise Germaine de Staël war. Anders als Johanna Schopenhauer, die auch den Anteil der patriarchalisch orientierten Frauen an der Bewahrung der Konvention und des Sittenkodex reflektiert, sieht Madame de Staël in ihrem Briefroman *Delphine* (1802) und in *Corinne ou L'Italie* (1807; dt. *Corinna oder Italien*, 1807/08) in den Männern die Bewahrer des Hergebrachten, von dem die Heldinnen sich aufgrund ihres Status (Witwe) oder ihrer Begabung (Dichterin) lösen wollen. Auch hier enden diese Frauen schließlich durch Selbstmord oder finden anderweitig den Tod. Bei Madame de Staël wird das Ende der Frau allerdings durch die männliche Furcht, Konventionen zu überwinden, und das Scheitern des Versuchs, Liebe und Kreativität zu verbinden, verursacht.

16 Die Jahre 1820 bis 1823

Im Sommer 1820 kehrt die inzwischen vierundfünfzigjährige Johanna Schopenhauer mit ihrer Tochter in das enge, provinzielle Weimar zurück. Das gesellschaftliche Leben der Stadt ist noch vornehmer, steifer und flacher geworden. Außerhalb des exklusiven, tonangebenden Hofes spielt es sich in streng abgegrenzten Kreisen ab. Gemischte bürgerlich-adlige Geselligkeit findet gelegentlich noch im Hause Goethe und bei Johanna Schopenhauer statt. Die einheimische Jeunesse dorée, die jungen Engländer, die in den zwanziger Jahren in Scharen nach Weimar kommen, findet sich bei Ottilie v. Goethe ein. Ein intellektuell anspruchsvolles Sammelbecken, wo es geistreich und amüsant zugeht wie früher in Johannas Salon, sucht man vergebens. Förmliche Festessen, abgezirkelte Tanzveranstaltungen, Musik machen die Geselligkeit aus. Zwischen der Geselligkeit der Restaurationszeit und dem genialischen Treiben der frühen Jahre ist ein größerer Kontrast kaum denkbar. Damals wurde nicht nur in der Öffentlichkeit gezecht, scharf geritten und mit den Mädchen auf den Dörfern wild gefeiert. Beim Plumpsackspiel soll auch der Ausruf gefallen sein: »Schlagt doch zu, so gut wird es euch leicht nicht wieder, euern Fürsten und Herrn prügeln zu dürfen.«[1] Angesichts der allseits verbreiteten Steifheit giert man in den zwanziger Jahren nach jeder noch so geringen Abwechslung. Dankbar werden die scheinbar banalsten Verstöße gegen die Etikette registriert, die in den Augen der Leute einen pikanten Anstrich bekommen, wird dadurch doch ein wenig die Rangordnung angetastet. So verursacht Ludwig Rellstab bei den Zuschauern im Weimarer Theater Nervenkitzel, als er Besuche auf dem adligen Balkon macht. »Diese Absperrung des Adels war so streng in dem damals für liberal geltenden Weimar gehalten, dass es, wie ich späterhin erfuhr, großes Aufsehen erregte, wenn ich von meinem Platz aus gegenüber in den Logen einige Besuche machte bei Frau von Göthe oder andern Bekannten dieser vornehmen und abgeschlossenen Sphäre. Man sprach davon in Weimar, wie von einem Ereigniß«, beschreibt der verwunderte Romancier und Journalist seine unbeabsichtigten Eskapaden.[2] Die Zunahme der sozialen Spannungen bemerkt selbst Adele Schopenhauer, die ansonsten von politischen Veränderungen und der Welt, die sie umgibt, kaum Notiz nimmt. Noch vor ihrer Abreise nach Danzig notiert sie in ihrem Tagebuch: »Einen Mißton macht das Festwesen; die Spannung zwischen Adel und Bürgerlichen wächst leider immer mehr.«[3] Und einige Monate später heißt es: »Kotzebues schreckliche Ermordung durch einen Studenten Sand aus Jena, Gerstenbergks Betrübnis, der einreißende Parteiengeist, der des Zeitalters Fluch nun auch auf uns erstreckt – es drückt mich schwer nieder.«[4]

Der neue biedermeierliche Zeitgeist, der sich jetzt überall breit macht, hat in der Residenzstadt nicht nur die Geselligkeit negativ beeinflusst, sondern auch die Freiheit der Frauen, von denen jetzt vor allem häuslicher Fleiß verlangt wird. Noch vor zwanzig Jahren verschmähten die Mitglieder der weiblichen Oberschicht Weimars jede Hausarbeit. Sie dichteten, übersetzten oder übten sich anderweitig in den schönen Künsten. Manche lernten sogar Griechisch und Latein. Jetzt dominieren Strickbeutel und Nadel die Teezirkel. »Ein Frauenzimmer, welches in eine Gesellschaft geht, würde sich so viel nicht daraus machen ihren Fächer vergessen zu haben; aber nicht eine halbe Stunde würde sie es aushalten ohne den Bedarf ihrer weiblichen Arbeiten. Einer Mannsperson dürfte es durchaus nicht verargt werden, wenn sie beim Eintritt in ein solches Besuchszimmer in Zweifel stünde, ob sie sich nicht gar in eine Industrieschule verirrt hätte, und ob man nicht eher erwartet habe, Strümpfe zu kaufen, als an ihrer kleinen Unterhaltung

Theil zu nehmen«, bemerkt der Engländer John Russell.[5] Frédéric Soret schreibt enttäuscht nach Hause: »Hier ist alles tot und eintönig.«[6] Ein Zustand, der nicht erst seit 1824 bestand.

Was also zog Johanna noch in dieses spießige Nest, zumal das Leben hier sehr teuer war und die verarmten Frauen mit 300 Talern Leibrente, die kaum für die Entlohnung der Köchin reichten, den geringen Zinsen aus dem stark geschmolzenen Restvermögen Adeles, hart arbeiten mussten, um den bisherigen Lebenszuschnitt, ihre Gesellschaftsfähigkeit, den äußeren Rahmen für Johannas literarische Arbeiten und Adeles ohnehin stark gesunkene Heiratschancen zu erhalten? Es gab billigere und angenehmere Orte, an denen ein urbaner Lebenstil gepflegt wurde – Mannheim etwa, wie Adele im Jahr 1822 auf einer Erkundungsreise feststellt. Und natürlich Dresden, wenngleich die Stadt sich in den zwanziger Jahren ebenfalls in Richtung kleinstädtische Residenz entwickelte und wegen Arthurs zeitweiliger Anwesenheit dort nicht in Betracht kam. Adele wollte wegen ihrer Freundin Ottilie unbedingt weiter in Weimar leben. Mit angespanntem, ängstlichem Interesse harrte sie der Entscheidung ihrer Mutter hinsichtlich des künftigen Wohnsitzes. Adeles Besorgnis, Johanna könnte Weimar, wo sie inzwischen nur noch sehr ungern lebte, verlassen, entbehrte jeder Grundlage. Ihre Mutter zog es unweigerlich in die Stadt an der Ilm, denn hier lebte Gerstenbergk. Er war der Grund ihres Bleibens, was Johanna ihrer Tochter in den folgenden Jahren unumwunden mehr als einmal versicherte.

Auch wenn Johanna Schopenhauer wieder meist im kleinen Kreis hinter dem Teetisch Gäste empfängt und bis zu ihrem Wegzug aus Weimar weiterhin Berühmtheiten bei ihr einkehren (u. a. Frédéric Soret, Sulpiz Boisserée, Ludwig Börne und Tieck), wird ihr Dasein doch von unausgesetzter Arbeit

bestimmt. Seit sie wieder in Weimar ist, muss sie sich mit der
Schriftstellerei eine ausreichende, zuverlässige Einkommens-
quelle schaffen. Daneben hofft sie, durch ihre Arbeit auch
Adele etwas zukommen lassen zu können, um sie für den erlittenen Vermögensverlust zu entschädigen. Ihre Tochter bemüht sich unter der Hand, etwas dazuzuverdienen. Im Jahr
1820 bietet sie Brockhaus Übersetzungsarbeiten an. Möglicherweise macht sie in dieser Zeit einige kleinere Übersetzungen für Bertuch.

Die Ausgangslage für Johanna Schopenhauer ist gut. Sie hat
bereits einen Namen und einflussreiche Verbindungen. Der
Literaturmarkt weitet sich in rasantem Tempo aus. Immer
mehr lesehungrige Frauen verlangen nach Lektüre. Für den
Bedarf dieses Publikums muss sie schreiben, um Absatz zu
finden. Die Konkurrenz ist inzwischen allerdings groß. Johanna Schopenhauer ist nicht die einzige Schriftstellerin, die
den wachsenden Markt bedient. Es gibt mittlerweile zahlreiche Frauen, die mangels einer anderen Berufsausbildung
versuchen, sich auf diese Weise etwas dazuzuverdienen.
Namhafte Kolleginnen Johannas sind Therese Huber, Caroline Pichler, die in Weimar lebende Frau v. Ahlefeld sowie
Frau v. Wolzogen, die mit ihrem Roman *Agnes von Lilien* bereits 1798 Furore gemacht hatte. Johanna begrüßt diese Entwicklung grundsätzlich, wenn sie auch einer speziellen Frau-
enliteratur skeptisch gegenübersteht und sehr voreilig deren
Ende verkündet: »Die Zeiten, wo man für Frauen wie für Kinder eigne Bücher schreiben durfte, sind längst vorüber. Der
weibliche Geist ergreift jetzt jede Blume im Gebiet der schönen Literatur, betrachtet alles und behält das Beste mit nicht
minderem Gelingen und nicht minderer Auswahl als der
männliche, und schon die Anmaßung, nur für Frauen schreiben zu wollen, würde die gebildetsten und geistreichsten
Leserinnen uns verscheuchen, weil sie schon von weitem
Langeweile und zum Überdruß wiederholtes moralisches Ge-
schwätz zu wittern glauben würden.«[7] Mit Blick auf ihre

zahlreiche weibliche Konkurrenz und die »Ehre meines Geschlechtes«[8] meint sie aber: »Nur wenige durch Umstände und ausgezeichnetes Talent begünstigte Frauen sollten es wagen, auf diese Weise in die Reihen der Männer zu treten.«[9] Johanna gehört unzweifelhaft dazu. Sie ergreift jetzt jede Gelegenheit, um Geld zu verdienen. Sehr verständig nimmt sie im Jahr 1821 ein Zeitschriftenprojekt in Angriff, das ihr die Hälfte des Gewinns bringen soll, wenn sie die Leitung übernimmt, während der Finanzier den anderen Teil des Gewinns erhalten soll. Aus unbekannten Gründen zerschlägt sich das Unternehmen jedoch. Ebenso werden ihre Briefe aus Karlsbad nicht gedruckt, die sie für Theodor Winkler (alias Hans Scherzhold alias Theodor Hell) zur Veröffentlichung in der *Abend-Zeitung* schreiben sollte und die ihr ein kleines Zubrot eingebracht hätten. Ihre Pläne, in Zukunft Dramen zu schreiben, gibt sie auf, nachdem ihr Tieck die Situation an den damaligen deutschen Bühnen ausführlich dargestellt hat. Solche Misshelligkeiten stören Johanna Schopenhauers Arbeitseifer jedoch keineswegs.

Aus Danzig hat sie noch *Gabriele* im Gepäck. Der dritte Band des Romans erscheint 1821. Ebenfalls bereits in Danzig angefangen hat sie die (1822 erscheinende) kunsthistorische Schrift *Johann van Eyck*, die durch Johannas Besuche in der Boisseréeschen Sammlung in Heidelberg in den Jahren 1816 und 1818 angeregt worden ist. Damals war ihr Weltbild ins Wanken geraten. Unter dem Einfluss von Fernow und Goethe hatte sie bis dahin die Antike als einzigen Weg zu künstlerischer Vollkommenheit betrachtet. In Heidelberg begeisterte sie sich dann für die altdeutschen Meister, für die sie sich allerdings schon früher, vielleicht nach der Lektüre der Schriften Wackenroders, erwärmt hatte. Bereits 1810 hatte sie geschrieben: »Bei aller technischen Vollendung, die Gerhard v. Kügelgen seinen Gemälden zu geben gewohnt ist, nähert er sich in der Darstellungsweise der hohen Einfalt der alten deutschen Meister und spricht wie sie gerade zum Herzen.«[10] In ihren Beschreibungen der großen Reise in den Jahren 1803 und 1804 stellt sie Dürer, Holbein, van Dyck und andere neben Raffael, Tizian, da Vinci und Correggio. Aber erst der Besuch der Boisseréeschen Gemäldesammlung veranlasst sie zu einer tiefer gehenden Beschäftigung mit der altdeutschen Kunst. Johanna Schopenhauer sah sich, nachdem ihr Kunstbegriff in Bewegung geraten war, genötigt, eine neue Grundlage zu finden. Bei der Niederschrift lässt sie sich von Boisserée beraten, übernimmt seine Ansichten jedoch nicht kritiklos. Der anschauliche Stil, in dem sie sich mit dieser Bewegung auseinander setzt, ist ihr eigener. Die Quellen, die sie benutzt, hauptsächlich Karl v. Manders kunsthistorische Schrift, die sie dank ihrer niederländischen Sprachkenntnisse in der Originalfassung lesen kann, werden dem Zweck ihrer Arbeit, die nach den Worten der Autorin für »meinesgleichen«[11] gedacht ist oder »höchstens für Kunstfreunde, deren übrige Verhältnisse ihnen nicht erlauben, der Kunstgeschichte ihres Vaterlandes ein eigenes Studium zu weihen,«[12] entsprechend verwertet. Sie wählt treffende, amüsante oder auffallende Anekdoten aus, die sie etwas aufputzt und geschickt zum Ganzen fügt. Dabei geht sie durchaus schöpferisch vor. Sie denkt sich in das Bild hinein, während sie erzählt. Ein Bild von van Eyck beschreibt sie so: »Aus der ganzen Haltung der edeln hohen Gestalt des kaum den Jünglingsjahren entwachsenen Helden spricht schon der nächste Moment, der auch ihn zu den Füßen des göttlichen Kindes niederbeugen wird.«[13] Sie schildert jede noch so kleine Einzelheit, um einen Begriff vom Ganzen zu geben. Dabei hebt sie stets das psychologische Moment hervor, das für sie von größtem Interesse ist. Im Gegensatz zu Forster und den Romantikern bleibt Johanna Schopenhauer objektiv. Sie beschreibt nur das, was sie wirklich sieht. Dabei schaut sie sehr genau hin. Im Kölner Dom steigt sie sogar auf ein Gerüst, um sich ein Gemälde näher anzuschauen. Da sie selbst malt und zeichnet, hat sie für das Technische, für Komposition, Perspektive und Maltechnik ein gutes Verständnis. Weil ihr Verleger, der ihre Schrift versehentlich unter die historischen Romane einreiht, ihrer Meinung nach zu wenig für die Vermarktung tut, rührt sie selbst die Trommel. Wiederholt wendet sie sich an Böttiger wegen eines auszugsweisen Vorabdrucks in der *Abend-Zeitung* und einer entsprechenden Kritik. Böttiger erfüllt ihr beide Wünsche.

Johanna Schopenhauers großes Arbeitspensum darf nicht darüber hinwegtäuschen, dass sie nicht mehr die Jüngste war. Unter der Last der Verantwortung für ihren Lebensunterhalt war ihre bisher stets sehr feste Gesundheit nach der Rückkehr nach Weimar schwankend geworden. Wegen ihrer Pflichtversäumnisse als Vormund in Adeles Vermögensangelegenheiten nagten möglicherweise auch leise Schuldgefühle an ihr, wie Adele meinte. 1821 riet ihr Arzt zur Kur in Karlsbad. Und Johanna, die dringend auf die Erhaltung ihrer Arbeitskraft angewiesen war, Entspannung sowie neue Eindrücke für ihr Schaffen benötigte, scheute im Einverständnis mit Adele keine Kosten. Als Ottilie v. Goethe wegen Geldmangels absprang, nahm Johanna keine Rücksicht auf ihre finanzielle Lage und nutzte die Gelegenheit. Im Sommer 1821 reisten Johanna und Adele in Gesellschaft des Grafen Henckel und Ottiliens Großmutter, der Gräfin Henckel-Donnersmarck, nach Böhmen. Ottilie musste mit Lauchstädt vorlieb nehmen, wo sich die kleine Welt traf.

Johanna und Adele mischten sich in Karlsbad unter die oberen Zehntausend. Sie erlebten die große Welt, von der die Verfasserin der *Gabriele* »ungeheuer bewundert und besehen [wurde] und [sie] schwamm in Glorie«.[14] Adele Schopenhauer mokierte sich darüber in ihrem Tagebuch: »Wie mich das anekelt, wenn das Gesellschafts-Gesindel meiner Mutter nachsetzt, um sie einem Wunder gleich zu besehen, wie mich das

Ablehnen der nichtssagenden Komplimente ermüdet.«[15] Adele fühlte sich ein wenig deplatziert, besonders, als sie auf einem Ball feststellte: »Ich war mit der Mutter gewiß die einzige Bürgerliche, alles war Fürst oder wenigstens Graf.«[16] Die Rückreise führte über Dresden – denn Arthur war glücklicherweise in Berlin –, wo die Schopenhauers bei Tieck verkehrten und wo sie Carl Maria v. Weber sahen. Tieck logierte mit seiner Hausfreundin Gräfin Finkenstein, den Töchtern Dorothea und Agnes sowie seiner Frau in einer bescheidenen Wohnung über einem Schreibwarengeschäft, an einer heruntergekommenen, lauten Ecke des Altmarktes. Gräfin Finkenstein, die von 1817 bis zu ihrem Tod 1847 bei der Familie Tieck lebte und in einer für alle unverkennbar delikaten, von wilden Spekulationen umrankten Beziehung zum Hausherrn stand, die Fontane »die phantastische spanische Komödie Tieck-Finkenstein in vielen Akten«[17] nannte, jagte der auf Wohlanständigkeit bedachten Adele Angst und Schrecken ein.

Im Frühjahr 1822 sitzt Johanna Schopenhauer an der *Tante*, ihrem zweiten dreibändigen Roman, mit dem sie an den Erfolg von *Gabriele* anknüpfen möchte. Im Jahr 1822, eventuell noch früher, dürfte auch ihre im *Rheinischen Taschenbuch* erscheinende Novelle *Der Günstling* entstanden sein. Während Johanna sich, wie in ihrem ersten Roman, erneut mit Lebensfragen aus ihrer Vergangenheit beschäftigt, vergisst sie die Gegenwart jedoch nicht. Ihre Erfahrung mit der Restauration, die Herabsetzung des Bürgertums durch den Adel, die besonders in Weimar spürbar ist, mag sie veranlasst haben, eine Gegenwelt zu entwerfen. Die Bourgeoisie steht dem Adel in nichts nach, so lautet Johannas Botschaft. Die Handlung der *Tante* spielt im Milieu von Großkaufleuten. Die geschilderte Lebensweise der Frauen, die hier aber nicht die tatsächlichen Verhältnisse in der Gesellschaft einer »grossen berühmten Handelsstadt« und »freien Reichsstadt«[18] des ausgehenden 18. Jahrhunderts widerspiegelt, sondern das Treiben in Johannas früherem Weimarer Salon, unterscheidet sich nicht von der der adligen Damen ihres ersten Romans. Hier wie da haben sie genügend Muße, und auf den Bällen und Gesellschaften werden dieselben Themen besprochen, während die jungen Mädchen musizieren, malen und zeichnen. Selbstredend weist der Roman wieder viele autobiographische Bezüge auf, was sich an der zum Teil wörtlichen Wiederholung vieler Passagen in ihren Erinnerungen zeigt. Das Haupt der Familie, Kleeborn, scheint Heinrich Floris Schopenhauer nachempfunden zu sein. Seine Lebensumstände stimmen mit denen von Johannas Mann überein. Wie Heinrich Floris macht auch die Romanfigur schlechte Erfahrungen mit den »Damen des Auslandes«.[19] Auch quält Kleeborn seine Gattin durch schroffes Wesen und kränkende Vorwürfe. Wie Heinrich Floris steht der Paterfamilias des Romans dem Adel an Stolz, ja an Dünkelhaftigkeit in nichts nach. Mehrfach preist er seinen Stand: »Der wahre Kaufmann hat den achtungswerthesten, nützlichsten und darum ehrenvollsten Stand erwählt. – Sein Wort, sein Befehl gelten in der neuen Welt wie in der alten, und ein Federzug von ihm setzt hundert Meilen von ihm Millionen Goldes und tausend fleißige Hände in Bewegung.«[20] Wie Heinrich Floris lehnt auch Kleeborn Gelehrte und Schulfüchse ab. Allein der Kaufmann findet vor seinen Augen Gnade, da er den ehrenvollsten, weil nützlichsten Beruf ausübe. Auch die Figur der Mutter trägt autobiographische Züge. Sie ist eine Reminiszenz an Johannas eigene Mutter. Die Tante wiederum stimmt in vielem mit Johannas Selbststilisierung in den Memoiren überein. So lehnt sie beispielsweise die französische Literatur der Aufklärung als »das grelle Flackerlicht des trostlosesten Unglaubens«[21] ab. Außerdem hat Arthur seinen Auftritt als Lothario, der Fremde. Johanna Schopenhauer beurteilt dessen aufreizendes Verhalten durchaus nachsichtig. Ausdrücklich bekämpft sie in diesem später ins Französische übersetzten Roman die weltabgewandte Träumerei der Romantiker, wenn sie die vorausgegangene Periode verspottet.

»Die empfindsame Siegwart-Periode [Periode der empfindsamen Dichtung], die bald darauf eintrat, ging ziemlich spurlos
an mir vorüber. Zwar versuchte ich es ebenfalls, Vergissmein-
nicht zu pflücken, und mit dem bleichen Monde einen Verkehr
auszuspinnen, und das ging auch insoweit recht gut von stat-
ten; nur die Leiden machten mir Noth, ich wusste dem blassen
Freunde nichts zu klagen, und war so gesund und ehrlich, um
mit Glück dergleichen empfinden zu können. Daher gab ich
das Ganze bald auf.«[22] Johanna Schopenhauer wird entgegen
dem Zeitgeist bis an ihr Lebensende nicht müde, die »schlaffe
ängstliche Träumerei«[23] zu tadeln: »Es läßt sich nicht ableug-
nen, unsere jetzige Jugend kränkelt fast allgemein an einem
gemachten, irren, unglücklich-sehnsüchtigen Streben, das
wohl ins Blaue hinein, aber warlich nicht nach dem Himmel
zielt.«[24] Treffender hätte sie Adeles Lebenseinstellung, von der
sie nicht die geringste Kenntnis hatte, kaum beschreiben können. Adele ist dann auch so sehr in ihren Gefühlen und Phantasien versunken, dass sie von der ernsthaften Erkrankung der
Mutter kaum Notiz nimmt. Am Heiligabend des Jahres 1822
erleidet Johanna Schopenhauer einen Schlaganfall. Seitdem
ist sie körperlich beeinträchtigt und geistig erschöpft. Zwar
notiert Adele einmal, sie habe wegen ihrer Mutter Schuldgefühle, doch lässt sie es dabei bewenden. Auch die Tatsache,
dass die Einbuße der Arbeitsfähigkeit Johannas ihrer beider
Existenz bedroht, zumal Froriep gerade jetzt seine 500 Taler
zurückfordert, die er 1819 für die Reise nach Danzig geliehen
hatte, hält Adele nicht davon ab, weiter ihren Illusionen nachzuhängen. Selbst jetzt scheint Adele – sieht man von ihrem
Angebot an Johannas Verleger Wilmans im Jahr 1824 ab,
Übersetzungsarbeiten zu übernehmen – an keine eigenen literarischen Arbeiten oder gar an eine literarische Laufbahn oder
künstlerische Ausbildung zu denken, obwohl sie einen Großteil ihres Vermögens verbraucht, um die Schulden ihrer Mutter und die notwendigen Kuren zu bezahlen. Außerdem ist
vollkommen unsicher, ob ihre Mutter je wieder ihre alte Schaf-

fenskraft zurückerlangen wird. Während Adele sich mit ihren Imaginationen quält, leidet Johanna an den Folgen des Schlaganfalls. Sie hinkt, hat Krämpfe, Nervenanfälle, Herzklopfen, Pulsstockungen und eine starke Spannung in der linken Seite. Ganz Tatmensch, ist sie jedoch keinesfalls gewillt, sich damit abzufinden. Sie sucht Heilung, zumindest Linderung. Mit Adele reist sie deshalb im Sommer 1823 nach Wiesbaden. Zuvor macht sie noch ihr Testament, in dem sie Arthur enterbt und Adele als Alleinerbin einsetzt. Die Kur führt zwar keine vollständige Genesung herbei, aber eine deutliche Besserung. Zur Freude Adeles kann Johanna sogar die Stufen zum Heidelberger Schloss, das die beiden auf der Rückreise besuchen, hinaufsteigen.

Gerstenbergk, der den Sommer 1823 an der Ostsee verbringt, steht Johanna Schopenhauer nach wie vor am nächsten – trotz mancher Querelen in der Vergangenheit und der sich anbahnenden Wandlung seiner Verhältnisse. Von der Krise im Sommer 1822, als Adele im Rahmen von Umzugsplänen nach Mannheim geschickt wurde, um die dortigen Verhältnisse zu erkunden, ist nichts mehr zu spüren. In einem der wenigen erhaltenen Briefe Johannas an Gerstenbergk gibt sie sich im Oktober 1823, obwohl sehr freundschaftlich, ein wenig distanziert. Als sie erfährt, dass beide nicht mehr lange in ihrer gemeinsamen Mietwohnung bleiben können, fordert sie ihn auf: »Begehen Sie keine Thorheit, um mich unter Dach und Fach zu bringen, und kaufen etwa ein Haus, dass Sie in Sorge und Kummer stürzte. Es werden schon Wohnungen sich finden, wir brauchen ja nicht in einem Hause zu leben, um im gewohnten Verhältnis zu einander zu bleiben, da Sie nach Weimar kamen, wohnten wir auch nicht beieinander.«[25] Möglicherweise hat sich das Verhältnis der siebenundfünfzigjährigen, nach damaligem Verständnis bereits im Greisenalter stehenden und zudem noch kranken Frau zu Gerstenbergk in eine rein freundschaftliches Beziehung verwandelt. Jedenfalls liegen, bedingt durch die Zeitläufe und die Erkrankung, Welten zwischen jenem Dezembertag des Jahres 1820, an dem die eifersüchtige Johanna ihrer Tochter eine heftige Szene machte, als Adele bei einer Schlittenfahrt und einem anschließenden Ball in Berka mit Gerstenbergk flirtete, und der alten, kranken Frau im Herbst 1823, die auf vollkommene Wiederherstellung nicht mehr hoffen kann. Gerstenbergk ist jetzt dreiundvierzig Jahre alt und noch jung genug, um eine Familie zu gründen. Außerdem dürfte Johanna die im Frühjahr 1823 beginnende Beziehung Gerstenbergks zu der jungen Gräfin Häseler, seiner späteren Frau, nicht entgangen sein. Zumindest wird sie etwas geahnt haben, zumal ihre Wohnung Schauplatz des Geschehens war. Damals fragte die Gräfin Gerstenbergk um Rat, ob sie eine von ihrem Großvater arrangierte Ehe eingehen solle. Als sich ihr Verhältnis zu dem ewig Wankenden nicht in der erträumten Weise entwickelt, freundet sie sich mit Adele an. Der erhoffte Erfolg tritt schließlich doch noch ein. Am 17. April 1825 vermählt sich die Vierundzwanzigjährige mit dem langjährigen Lebensgefährten der Hofrätin Schopenhauer.

17 Die letzten Jahre in Weimar

Die Trennung von Gerstenbergk war zweifellos ein tiefer Einschnitt in Johanna Schopenhauers Leben. Zunächst war sie nur vorübergehend, als Johanna, Gerstenbergk und Adele Ende März 1824 ihre Wohnung im Reußschen Haus verlassen mussten, da der Eigentümer mit seiner Familie selbst einziehen wollte. Die Wohnungsbeschaffung scheint sehr schwierig gewesen zu sein. Johanna und Adele biwakierten den Sommer über, wahrscheinlich ohne Gerstenbergk, in Jena. Den Umzug in die neue Wohnung im neu erbauten Haus des Hofrats Adolf Völkel, links neben dem Schillerschen Haus, macht Gerstenbergk anscheinend mit, jedenfalls legt dies eine Tagebucheintragung Adeles nahe (*Tagebuch einer Einsamen*, S. 153). Kurz darauf, im Oktober 1824, verlobt er sich. Erst anlässlich seiner Vermählung gab er dann die gemeinsame Wohnung endgültig auf.

Es gibt keine Selbstzeugnisse Johanna Schopenhauers, die ihre Seelenlage bei Gerstenbergks Hochzeit offen legen. Trotzdem darf man annehmen, dass sie tief getroffen war. Das enthüllt nicht zuletzt ihr Roman *Sidonia*. Hier beschäftigt sie sich ausführlich mit Gerstenbergks widersprüchlichen Charaktereigenschaften. Einerseits hebt sie die abstoßende »reflektierende Kälte seines Herzens«[1] hervor, andererseits seine große Anziehungskraft auf Frauen und auf die Heldin, die viele Charakterzüge Johannas trägt.

Adele zufolge reagierte Johanna auf die Nachricht von Gerstenbergks Verlobung sofort sehr gefasst. Sie nahm sich vor, dem jungen Paar eine mütterliche Freundin zu werden. Es scheint, als ob bei der Bewältigung dieser Ereignisse die in Johannas Natur, Erziehung, Erfahrung und Selbstbehauptungs-

willen begründete illusionslose Lebenseinstellung zum Zuge
gekommen wäre und alle Lähmungen und Zweifel beiseite geschoben hätte. Die stets auf Eigenständigkeit bedachte, nunmehr fast neunundfünfzigjährige verlassene Frau, die in
schwierigen Situationen nur ihren Standpunkt kennt, arrangiert sich sogleich mit den Gegebenheiten. Etwas anderes
blieb ihr auch gar nicht übrig, wollte sie nicht das über viele
Jahre erfolgreich aufrechterhaltene Bild wohlanständiger
Seelenfreundschaft nachträglich zerstören und selber als doppelt blamierte Geliebte in der Öffentlichkeit dastehen. Johanna schluckte also ihre Enttäuschung hinunter. Schon die
Umstände der Verlobung – die Familie Häseler nahm bereits
Glückwünsche entgegen, während Johanna von einer Verlobung noch nichts wusste – verärgerten sie. Johanna versuchte
sich auf sich selbst zu besinnen und entsprechend zu handeln.

Johanna Schopenhauer, die in der Gegenwart lebt, verdop-
pelt nunmehr ihre Anstrengung, ihr Leben trotz der herben
Enttäuschung sinnvoll zu gestalten. Eine Badereise im Spät-
sommer 1825 nach Wiesbaden, ein weitläufiger Bekanntenkreis und nicht zuletzt neue Bekanntschaften helfen ihr in
diesen schwierigen Jahren, die zudem von Adeles gesund-
heitlichen Problemen und von ständigen finanziellen Sorgen
überschattet sind, über die Enttäuschung hinweg. Johanna
findet zudem kaum Zeit, Illusionen nachzuhängen oder in
Verbitterung zu verharren. Ihr Tag ist, wie in der Zeit vor
dem Schlaganfall, mit Arbeit ausgefüllt. Eine umfangreiche
literarische Produktion entsteht in dieser Zeit. Neben dem –
einmal mehr dreibändigen – Roman *Sidonia* sind die Novellen *Der Schnee* und *Erste Liebe/Herbstliebe* hervorzuheben.
Die Novelle *Der Schnee*, die noch vor Gerstenbergks Verlobung entstanden sein dürfte, erscheint 1825. Sie spielt vor
einem zeitgeschichtlichen Hintergrund. Wie in *Gabriele* the-
matisiert Johanna Schopenhauer die Rolle der Frau als Gattin und Tochter. Ihre Sympathie gehört Heldinnen, die dage-

gen aufbegehren oder sich zumindest innerlich widersetzen. Johanna tritt für das Recht der Töchter ein, ein selbstbestimmtes, glückliches Leben zu führen. Achtung und Mitgefühl zeigt die Autorin auch für Frauen, die sich in Selbstlosigkeit üben. Wie schon in *Gabriele* bedeutet Johanna Schopenhauer ihren Leserinnen und Lesern, dass dies nur bei größter Selbstdisziplin gelinge, die die Kräfte verzehre und zum vorzeitigen Tod führe. Darüber hinaus reflektiert sie die Frage, warum die Heldin, als sie nach dem Tod des Vaters endlich frei ist, nicht in der Lage ist, ihre Lebensmöglichkeiten zu ergreifen. Johanna macht verinnerlichte Verhaltensmuster dafür verantwortlich, die an die Stelle des Vaters träten.

Außerdem klagt Johanna die patriarchalischen Verhältnisse an, die der Frau ohne weiteres die Opferrolle zumuten. Dass unter diesen Umständen weder für den Mann noch für die Frau Liebe möglich ist, zeigt sie deutlich. Das Liebespaar stirbt.

In der 1826 erschienenen Novelle *Erste Liebe*, die in der Gesamtausgabe den Titel *Herbstliebe* erhält, beschwört Johanna Schopenhauer noch einmal die glücklichen Seiten ihrer Beziehung zu Gerstenbergk. Die Autorin lässt das gereifte Paar nicht mehr an den Verhältnissen scheitern. Das welterfahrene Paar arrangiert sich mit den Gegebenheiten, ohne auf sein Glück zu verzichten. »Die Welt ahnt ein nicht ganz gewöhnliches Verhältnis zwischen jenen beiden ... Doch keine Vernachlässigung im äussern Benehmen von Seiten der Fürstin, keine ein solches Verhältnis andeutende Vertraulichkeit von Seiten des Grafen [der ähnlich wie Gerstenbergk auf junge Frauen wirkt] läßt die Umgebungen des seltenen Paares darüber zur Gewißheit gelangen. Wer aber des Glücks theilhaftig ward, ihm näher treten zu dürfen, wär' es auch nur für wenige Tage, dem kann es nicht entgehen zu bemerken, wie die Fürstin und Ferdinand, in schöner Uebung alles ihrer geistigen Kräfte beglückt, im Gefühl der reinsten, edelsten Liebe des vollkommensten, gegenseitigen Verstehens, zu immer höherer Vervollkommung ihrer geistigen Existenz vereint sich erheben. Und jeder trägt die tröstende Ueberzeugung mit sich fort, daß wenigstens zwei Menschen auf Erden zu einem von innen und aussen sie vollkommen beglückenden Dasein gelangt sind.«[2]

Sidonia erscheint 1828. Wie in *Erste Liebe/Herbstliebe* zeigt die Autorin auch hier eine Heldin, die nicht auf ihr Glück verzichtet, um die Erwartungen der Gesellschaft an sie zu erfüllen. Sidonia durchlebt und durchleidet ihren Kampf zwischen Gewissen und gesellschaftlichen Normen, wobei sie schließlich einen akzeptablen Weg zwischen Selbstbehauptung und Anpassung findet. Sie schwankt zwischen Scheitern, Zweifeln, Selbstbehauptung und der Gewissheit, richtig gehandelt zu haben. Der Versuch, eigene Bedürfnisse und die gesellschaftlichen Anforderungen in Einklang zu bringen, strukturiert nicht nur den Handlungsablauf, sondern spiegelt sich auch in ihrer Beziehung zu Männern wider. Sie sind – wie schon in *Gabriele* – in Umkehrung des traditionellen Bildungsromans Entwicklungsinstanzen der Heldin. Johanna Schopenhauer betont, dass – anders als bei Rousseau, der mit zweierlei Maßstab misst und Frauen das Recht bestreitet, sich über Konventionen hinwegzusetzen – beide Geschlechter nur dem eigenen Gewissen verpflichtet seien. Die Heldin muss sodann lernen, die eigene Situation richtig einzuschätzen, um die beschränkte Toleranz der Gesellschaft nicht übermäßig zu strapazieren. Nach mancherlei Irrungen und Wirrungen lernt sie endlich Belmont kennen, einen weltgewandten Mann von überragender Intelligenz, und zwischen den beiden entwickelt sich eine Liebesbeziehung ganz eigener Art. Das Paar lebt, trotz Belmonts gelegentlicher Seitensprünge, geistig und seelisch in vollkommener Harmonie. Sidonia und Belmont lassen alle gesellschaftlichen Beschränkungen hinter sich. Sie wohnen unter einem Dach und

geben sich unumschränkt ihren geistigen und wissenschaftlichen Neigungen hin. Dieses Leben entspricht ganz den
Wünschen und Vorstellungen Belmonts, der die Ehe als bürgerliche Fessel ablehnt. Als das Paar sich in der Nähe Lon-
dons niederlässt, kommt es zum Konflikt. Belmont, der mit
Sidonia zu einer Reise nach Persien aufbrechen möchte, will
den Tribut an die Konvention nicht entrichten und Sidonia
nicht heiraten. Sidonia wiederum erkennt, dass sie diejenige
wäre, die das Opfer zu bringen hätte. Sie allein würde den
Preis für die freie Liebesbeziehung, die sie durchaus reizvoll
findet, bezahlen. Im gesellschaftlichen Abseits wäre sie vollkommen von Belmont abhängig. Sidonia lässt ihre Lebenspläne vor ihrem geistigen Auge Revue passieren. Sie erkennt,
dass sie durchaus noch Forderungen an das Leben hat, die an
der Seite Belmonts nicht in Erfüllung gingen. Sie entsagt und
trennt sich von ihm, wohl wissend, was sie an ihm verliert.
Die Heldin begegnet in Hamburg dann einem ebenbürtigen
Partner, der Individualität und Bedürfnisse der Heldin res-
pektiert. Es kommt zu einem glücklichen Ende. Das Paar, von
Belmont zusammengeführt, heiratet, derweil Sidonia gelernt
hat, keine unerfüllbaren Ansprüche an das Leben zu stellen.
Für die Version der *Sämtlichen Schriften* ändert Johanna
Schopenhauer, inzwischen fern von Gerstenbergk und resig-
niert am Rhein lebend, den Schluss des Romans. Sidonia entsagt, obwohl Belmont dies als Exzentrik darstellt, weil sie
glaubt, ihrem Herzen nicht folgen zu dürfen. Sie verzichtet,
weil sie die erlittenen Schmähungen aufgrund ihres unkon-
ventionellen Verhaltens nicht verkraftet. Das wirkt psychologisch unmotiviert. Immerhin konnte die Heldin bis zu Belmonts Wiederauftauchen sehr gut mit ihrer Vergangenheit
leben. Sidonias Ablehnung der Ehe (»Denn nimmer könnte
ich an deiner Seite glücklich seyn, unter der Last des Be-
wußtseyns, das mich drückt; wäre ich ein Mann, so wäre alles anders gestellt, aber ich bin ein Weib ...«[3]) führt dann
auch zur Einsamkeit des Helden. Sie ist eigentlich nur mit

dem immer noch latenten, von der Autorin verschwiegenen Gefühl für Belmont zu erklären, der »den Zusammenhang aller Dinge zwischen Himmel und Erde«[4] erforschen und erklären kann, nur kein Frauenherz, und schließlich nach Sidonias Entsagung »tief bekümmert«[5] von dannen zieht. Auch hier ist die Entsagung ein Machtmittel, das die Heldin gegen den Mann gebraucht, wobei diesmal zwei Unglückliche – Belmont und der Bewerber um Sidonias Hand – zurückbleiben.

Auch Johanna findet einen gewissen Ersatz für Gerstenbergk. In den letzten drei Jahren, die Johanna noch in Weimar verbringt, lernt sie zwei junge Männer kennen, die ihre treuesten Verehrer werden. Einen wird sie allerdings verschmähen. Deutschlands erster Improvisator, Schriftsteller und späterer Professor für Rhetorik in Jena, O. L. B. Wolff, der seit jeher »eine wahre Leidenschaft für geistreiche, ältere Frauen gehegt«[6] hat, kommt 1826 aus Hamburg nach Weimar. Er lässt sich bei Johanna Schopenhauer einführen. Von ersten Augenschein ist er enttäuscht, hat er doch eine große, schlanke, zartgliedrige Frau »mit tiefen schwarzen Augen und karger, zurückhaltender Rede, die jedoch, einmal angeregt, leicht überfließen würde, aber immer bedeutsam blieb«,[7] erwartet. Stattdessen findet er eine kleine, sehr starke, sehr einfach gekleidete Frau vor, die den Gesprächsgegenstand »stets nur von einer Seite, von ihrem Standpunkt aus betrachtet«.[8] Möglicherweise lag das an seiner vorlauten, indiskreten Art, die Johanna nicht sonderlich schätzte. Seiner Verehrung tat dies keinen Abbruch. Johanna Schopenhauer, die nicht so recht wusste, ob sie ihm trauen konnte, wurde ihre Vorbehalte gegen ihn nie vollständig los.

Der erste Auftritt des Schriftstellers und Theatermanns Karl v. Holtei, den Wolff Anfang Mai 1827 bei Johanna einführt, missglückt ebenso. Holtei macht einen unangenehmen Eindruck auf sie. Sein studentenartiges Wesen schreckt sie ab. Doch schon bald entdeckt Johanna einen Geistesverwandten in ihm. Holtei wird für sie eine Mischung aus Ersatzsohn und Freund. Im Lauf der folgenden Jahre sollte sich eine sehr enge Beziehung entwickeln.

Obwohl sie zuerst den Eindruck hat, er sei ein anmaßender Berliner, lädt sie ihn für den nächsten Abend ein. Holtei soll einer großen Gesellschaft vorlesen. Es folgt eine weitere Lesung bei Kanzler v. Müller. Johanna Schopenhauer und der Kanzler, die sich gegenseitig eigentlich nicht ausstehen können, tun sich zusammen und planen eine Vortragsreihe für den Winter 1828. Im Januar 1828 kommt Holtei nach Weimar. Johanna findet bald großen Gefallen an dem jungen Mann, so dass sie bestrebt ist, ihn auf jede Weise zu fördern. Sie scheut weder Mühe noch Aufwand. So erkundet sie, ob er sich auf eine freie Intendanz Hoffnungen machen könne, und verfasst unter Pseudonym eine Kritik über seine Vorlesungen, um sich nicht dem Verdacht der Protektion auszusetzen. Holtei genießt bald fast die gleiche Wertschätzung wie Gerstenbergk. Vielleicht hat Johanna sogar im Stillen versucht, eine Ehe zwischen ihrer Tochter und ihm zu stiften.

Während Holteis Anwesenheit in Weimar – Adele weilt zu dieser Zeit am Rhein – versammelt Johanna ihm zuliebe junge Männer um ihren Teetisch. Manchmal sind die beiden allein bis tief in die Nacht in Gespräche vertieft. Einmal unternehmen sie unbekümmert von Tratsch und Spottlust der Leute gemeinsam einen Ausflug nach Jena. Johanna wirkt sehr beruhigend auf den unsteten, sehr lebenslustigen, von mancherlei Leidenschaften gequälten Holtei. Im Alter erkennt er dies dankbar an: »Aber ihr durft ich alles bekennen, Alles erzählen, mein Herz bei ihr ausschütten.«[9] Johanna wiederum fühlt sich zu dem jungen Mann vor allem hingezogen, weil er ihr vollkommen zu vertrauen scheint und ihren Rat sucht. Als in Weimar einmal ein Stück Holteis aufgeführt wird, sitzt sie »anfangs mit Herzklopfen da, fast wie ein junger Autor, dessen Erstling gegeben wird«.[10] Immer wieder spricht sie dringende Einladungen an ihn aus. Doch das unstete Leben Holteis und die großen Entfernungen machen ihre Hoffnungen zunichte, so dass sie sich nicht wiedersehen. Trotzdem kommt es zu einer literarischen Zusammenarbeit. Für das von Meyerbeer angeregte, schließlich für Gläser von Holtei verfasste Opernlibretto *Des Adlers Horst* (romantisch-komische Oper in drei Akten) gibt Johanna Schopenhauers gleichnamige Novelle nicht nur die Grundlage für den dritten Akt, wie Holtei meint, sondern auch, wenngleich im geringen Maße, für die beiden ersten Akte ab. Die 1832 uraufgeführte Oper war sehr erfolgreich. Da Gläser dem Text einen großen Anteil am Erfolg zuschrieb und den Ertrag bereitwillig mit seinem Librettisten teilte, brachte Letzterem diese Arbeit mehr ein als seine selbstständigen dramatischen Werke, wie Holtei bitter bemerkte.

Holtei schätzte Johanna bis ans Ende seiner Tage. Als betagter Mann, der alle Höhen und Tiefen des Lebens kennen gelernt hatte, fand er sogar, er würde lieber den Abend mit Johanna verleben als eine rauschende Liebesnacht, wenn er noch einmal die Wahl hätte.

In ihrer Beziehung zu Gerstenbergk verwirklicht Johanna tatsächlich den Vorsatz, dem Paar eine mütterliche Freundin zu werden. Umgehend protegiert sie das junge Paar. Denn als gute Freundin des Hauses kann sie, nunmehr von der jungen Frau, die sich Johannas Förderung gefallen lassen muss, widerstrebend aus Gründen der Etikette geduldet, weiter freundschaftlichen Umgang mit Gerstenbergk pflegen, ohne Anstoß zu erregen. Johannas Rechnung geht auf. Schon bald trinken sie und Gerstenbergk wieder häufig zusammen ihren Tee. Johanna schmeichelt sich, wahrscheinlich zu Recht, ihren Einfluss auf ihn nicht verloren zu haben. Man begegnet sich in Gesellschaft. Goethe lädt gelegentlich wie früher Gerstenbergk, wiederum ohne Frau, und Johanna im kleinen Kreis zu Tisch. Die junge Amalie v. Gerstenbergk hingegen scheint nicht ohne Eifersucht auf Johanna Schopenhauer geschaut zu haben. Noch 1832, zu einem Zeitpunkt, als Johanna bereits seit drei Jahren am Rhein wohnt und das Ehepaar Gerstenbergk in Eisenach, bemerkt Henriette v. Pogwisch Eifersucht bei Gerstenbergks Frau, als das Gespräch auf Johanna Schopenhauer kommt. Dennoch scheint Gerstenbergks Ehe in der ersten Zeit glücklich gewesen zu sein. Frau v. Gerstenbergk versteht es, mit geringen Mitteln ein behagliches Heim zu schaffen. Zwei Kinder werden rasch hintereinander geboren. Als Gerstenbergk im März 1826 Vater eines Sohnes wird, dessen Pate Goethe wird, schwebt Frau v. Gerstenbergk, die »sehr schwer, aber doch glücklich von einem gesunden Knaben entbunden«,[11] wenige Tage nach der Geburt in Lebensgefahr. Johanna gibt in einem Brief an den Ehemann einer mit Adele befreundeten, in Frankfurt am Main lebenden Malerin offen zu, dass sie das Leiden ihrer Rivalin weiter nicht kümmere. Ihr geht es – wie damals schon bei Fernow – um ihre Interessen, um den Mann. Ihr ist allein an Gerstenbergks Wohl gelegen. »Heute ist sie [Frau v. Gerstenbergk] besser, und ich danke Gott dafür, denn wenn sie starb, so kann ich mir gar nicht denken, was ich anfangen könnte, um ihren Mann nur zu einiger Fassung zu bringen.«[12] Im darauf folgenden Jahr, nach der Geburt des zweiten Kindes, bröckelt das Eheglück anscheinend. Gerstenbergk fühlt sich im gepflegten Zuhause – aus welchen Gründen auch immer – nicht mehr wohl. Er sucht Trost bei seiner alten Freundin, die er jetzt wieder täglich sieht. Johanna ist darüber einerseits glücklich, andererseits nicht. Denn das alte Verhältnis stellt sich nicht wieder ein, muss sie Gerstenbergk doch mit seiner Frau teilen, die unwiderruflich bessere Rechte hat. Außerdem bereitet ihr der ständige Teegast keine heiteren Stunden. Er leidet unter seiner Ehe, ist mit seiner Situation nicht mehr zufrieden. Er scheint Halt bei Johanna zu suchen, die keinen Ausweg aus dieser verfahrenen Situation finden kann. Der ewig wankelmütige Gerstenbergk kann sich zu keinem Entschluss durchringen. Doch selbst wenn er entschlossen gewesen wäre, hätte er sich nicht scheiden lassen können, ohne seine Laufbahn und seine Finanzen zu ruinieren und Johannas Ruf zu vernichten. Ein gemeinsames Leben wie früher wird es nie mehr geben. Gerstenbergks Gegenwart bedeutet jetzt zwecklose Klagen, die den Tee verbittern und keine Erleichterung bringen. Johanna gefällt ihre Rolle als Beichtmutter nicht, zumal sich Gerstenbergk selbst in diese Lage gebracht hat. Anscheinend hält sie nun nichts mehr in Weimar. Als Bürgerliche ist sie auch unter der Regentschaft des neuen Großherzogs vom Hof und vielen adligen Geselligkeiten ausgeschlossen. »Freilich ist auch die Gesellschaft in Weimar für sie nicht mehr, was sie ehemals war. Sie pflegte sonst an allen geselligen Zusammenkünften des Adels Theil zu nehmen. Nun hat der jetzige G[roß]h[erzog] die Gewohnheit angenommen, sich häufig bei diesen einzufinden, und da sein eingefleischter Haß gegen die bürgerliche Canaille bekannt ist, wagt man nicht mehr, solche einzuladen. Daher sieht die arme Frau sich jetzt aus vielen Gesellschaften verbannt, wo man sie ehemals mit Freuden aufnahm«, schreibt Johannas Freund Gries an Abeken.[13] Allerdings sieht Gries hierin nicht den Grund für Johannas Weggang, den er sehr bedauert, nicht nur seinetwegen, sondern auch ihretwegen. Gries glaubt, das Landleben im Sommer am Rhein und die Geselligkeit in Bonn würden Johanna nicht zusagen. Er sollte mit seiner düsteren Prognose Recht behalten.

Johanna selbst, die vom Großherzog gelegentlich besucht wird, empfindet ihre Beziehung zu Karl Friedrich, der nach ihrem Weggang Briefkontakt aufnimmt, als wesentlich besser als zu seinem Vater Carl August. Johanna glaubt jetzt sogar ins »Hofwesen«[14] hineingezogen zu werden. Der verstorbene Großherzog soll das Gerücht in die Welt gesetzt haben, sie habe anlässlich seines fünfzigjährigen Regierungsjubiläums um ihre Nobilitierung gebeten. Maliziös soll Carl August geäußert haben, er verstehe nicht, wozu sie des Titels bedürfe, da sie doch aus eigenen Gnaden Hofrätin sei. Weshalb nenne sie sich nicht einfach Frau v. Schopenhauer? Johanna Schopenhauer hätte wegen des neuen Großherzogs und Gerstenbergks Klagelied Weimar niemals verlassen. Und wenn sie umgezogen wäre, dann eher nach Eisenach, wohin Gerstenbergk im Frühjahr 1829 nach seiner Ernennung zum Kanzler bei der Regierung von Eisenach ging. Am Rhein hatte Johanna Schopenhauer keine engeren persönlichen Bindungen. Es gab jedoch einen ganz anderen Grund, der ihr Bleiben in Weimar unmöglich machte: Adele. Sie wollte um keinen Preis mehr in Weimar leben und Johanna folgte ihrer Tochter, ob aus Liebe oder aus ökonomischer Abhängigkeit, sei dahingestellt, obwohl Adele sehr an Weimar hing.

18 Adele

Obwohl ein paar junge Mädchen mit Billigung der Eltern den Versuch der Selbstständigkeit wagten und sich künstlerisch ausbilden ließen – an einigen Kunstakademien konnten sie mit Sondererlaubnis sogar studieren –, hatte Adele keine derartigen Pläne. Eine systematische künstlerische Ausbildung haben weder sie noch ihre Mutter in Erwägung gezogen. Ende des 19. Jahrhunderts, als in einigen Ländern Europas bereits seit Jahrzehnten das Frauenstudium eingeführt war, meinte der Goethe-Forscher Geiger, nicht Adeles mangelnde Fähigkeit, sich zu beschränken, hätte dazu geführt, dass sie sich auf keinem künstlerischen Gebiet sehr hervortat, wie ihre jüngere Freundin Jenny v. Pappenheim glaubte. Vielmehr sei dies die Folge einer falschen Erziehung, durch die Adele von allem etwas, doch nichts ganz gelernt habe.

Tatsache bleibt, dass Adele intellektuell und künstlerisch hochbegabt war. Doch hätte man sie gründlich ausgebildet, wäre dies nicht nur in Adeles Augen eine Entscheidung gegen die Ehe gewesen. Die Männer legten konventionelle Maßstäbe an ihre Ehefrauen an. Adele, die sich sehr gern verheiratet hätte, zeigte schon deshalb kein Interesse an einer professionellen Ausbildung. In Frage gekommen wäre ohnehin nur eine künstlerische, keinesfalls aber eine wissenschaftliche Ausbildung. Die Diskriminierung intellektueller Frauen war gravierend. Gegenüber ihrem Bruder Arthur bekannte Adele: »Doch wollte ich lieber gestehen das sittenloseste Buch gelesen zu haben als ein Werk der Art *[Die Welt als Wille und Vorstellung]* – Du kennst die Narren nicht mit denen ich lebe … Ich weiß wenig, doch zeige ich das schon nicht gern – und es ist auch gut so; denn uns Frauen kleidet

vieles Wissen schlecht.«[1] Ottilie v. Goethes Spottvers »Da ist
auch Adele, die quält uns spät und früh,/Gewaltig viel mit
ihrer Poesie, –/Und, lieber Gott, man kennt ja Mädchenge-
dichte,/Das ist eine verflucht nüchterne Geschichte«[2] illus-
triert das destruktive geistige Klima des von Adele und Ottilie initiierten »Musenvereins« auf anschauliche Weise. In der
Novelle *Theolinde* gestaltete Adele Schopenhauer diesen
Konflikt. Die Frauen verspotten die Heldin herzlos, bis diese
ihre ungewöhnlichen Fähigkeiten verleugnet. Adele akzeptierte die gesellschaftlichen Standards, war in ihren Augen
geistige Entfaltung doch nur ein schwacher Ersatz für Liebe,
jenem Sehnsuchtsziel, dem sie alles andere unterordnete.

Johanna Schopenhauer sah vor allem Adeles äußeres Leben,
das trotz des herben Vermögensverlustes weiterhin glanzvoll
war. Adele verkehrte fleißig in Goethes Haus – hauptsächlich
in der Mansardenwohnung ihrer Freundin Ottilie, aber auch
unten beim Dichter. Ihr Verhältnis zu Goethe wurde enger, jedoch blieb es ohne erotische Färbung. Goethe, der sich in dieser Lebensphase besonders zu jungen Mädchen und Frauen
hingezogen fühlte (Minna Herzlieb, Sylvia von Ziegesar, Ulrike von Levetzow, um nur einige zu nennen), schätzte Adeles
überragende Intelligenz, ihre menschlichen Eigenschaften,
vor allem ihre außergewöhnliche Einfühlungsgabe. Zweifellos genoss Adele den zeitweise täglichen Umgang mit dem
Dichter, den ihr Bruder so sehr ersehnt hatte. Der »Vater« (die
erwachsene Adele durfte Goethe weiterhin so nennen) bat sie
immer häufiger in seine Räumlichkeiten, um mit ihr über
»Mädchengeschichten«[3] oder »frauenzimmerlichen Unterricht
zu plaudern«.[4] Er zeigte ihr seine Sammlungen und schätzte
sie als Zuhörerin, wobei er Wert auf ihr Urteil legte. Goethe
sprach mit ihr über einen Theaterprolog, den er gerade ge-
schaffen hatte. Einmal stritten sie sich über die Komposition
eines Romans. Nicht zuletzt, um Adeles Urteil zu erfahren,
verehrte er ihr regelmäßig seine neuesten Werke. Einige seiner

Gedichte widmete er ihr. Gelegentlich lud er sie zu einem Diner zu zweit. Adele wurde sein von vielen beneideter Liebling. Andere hätten sich in Goethes Glanz gesonnt – Adele jedoch nicht. Sie war nach wie vor unglücklich, denn ihrem eigentlichen Ziel, einer Heirat, war sie so fern wie eh und je. Von dieser brennenden Sehnsucht nach einem Ehemann – Adele konnte sich Liebe, Geborgenheit und, uneingestandenermaßen, sexuelle Erfüllung nur in der Ehe vorstellen – ahnte Johanna nichts. Sie respektierte Adeles Privatleben, las weder Briefe noch Tagebücher, in denen ihre Tochter ihre Herzensangelegenheiten ihren Freundinnen offenbarte. Johanna hielt sich wie schon früher bei ihrem Sohn an das Gesicht, das ihre Tochter der Welt zeigte. Arthur gegenüber, der sie immer wieder in seinen Briefen mit dem Thema Heirat konfrontierte, gab Adele sich stolz. Dann glaubte sie, »nur einen Mann, den ich ganz besonders u. durchaus *achte* und geistig über oder neben mich stelle«, heiraten zu können, »wo er dann als Mann doch über mir stünde«.[5] Nicht viel anders dürfte sie sich ihrer Mutter gegenüber verhalten haben.

So kamen weder Johanna noch irgendein Außenstehender jemals auf die Idee, Adele könnte mit ihrem abschreckenden Verhalten, das fast allen männlichen Besuchern in Johannas Salon auffiel, einen Ehemann suchen. Dabei wollte Adele mindestens seit Anfang der zwanziger Jahre um fast jeden Preis heiraten. Ihre Sehnsucht steigerte sich ins Unermessliche, je länger das vermeintliche Glück auf sich warten ließ. Mit hoher innerer Gespanntheit verfolgte sie ihr Ziel. Ihre Stimmungen stiegen oder fielen ständig, je nachdem ob sie sich ihrem Sehnsuchtsziel näher oder ferner glaubte. Krankheiten waren häufig die Folge. »Ihre Empfindungen waren von verzehrender Glut und ein Hauptgrund ihrer vielfachen körperlichen Leiden«, vermutete schon ihre jüngere Freundin Jenny v. Gusted.[6]

Johanna ließ ihre Tochter gewähren. Zu einer Ausbildung drängte sie sie nicht, ermutigte aber zu eigener produktiver Tätigkeit, lobte beispielsweise Gedichte Adeles. Einer Eheschließung Adeles stand Johanna zurückhaltend gegenüber. Eine Konvenienzehe lehnte sie gänzlich ab. Schon vor dem Zerwürfnis zwischen Mutter und Sohn war es deswegen zu einem heftigen Streit mit Arthur gekommen, der seine Schwester im Alter von fünfzehn Jahren verheiraten wollte. Johanna verbat sich jede Einmischung. Auch Gerstenbergk hätte Adele, mit der er sich nicht sonderlich verstand, gern verheiratet gesehen. Ihr abschreckendes Verhalten gegenüber Verehrern erboste ihn jedes Mal. Doch auch von Gerstenbergk ließ Johanna sich nicht dazu verleiten, Adele zu verheiraten. Angesichts Johannas Erfahrungen und innerer Vorbehalte gegen eine Ehe sollte der Entschluss zu einer Heirat allein bei ihrer Tochter liegen, der die Mutter eine eigene Wahl ermöglichen wollte. Ihr Salon bot Adele ein Forum, um junge Männer kennen zu lernen. Die sommerlichen Badereisen gaben ihr ebenfalls Gelegenheit dazu. Wenn es ihr nötig erschien, ermunterte sie Adele, Zukunftspläne zu schmieden und die Hoffnung auf eine Ehe nicht aufzugeben oder gelassen zu bleiben, wenn sich ein Kandidat zeigte. Die kalte Schulter, die Adele ihren Verehrern zeigte, akzeptierte sie – im Gegensatz zu Gerstenbergk. Johanna hoffte und glaubte, Adele werde irgendwann ihr Glück in einer romantischen, auf Liebe oder zumindest auf Zuneigung und erotischer Anziehung beruhenden Verbindung finden. Auch nachdem Adele sich schnell zu ihrem Nachteil veränderte, hielt ihre Mutter an dieser Hoffnung fest. Adeles Aussehen und noch mehr ihr Verhalten forderten schon bald viele grausame und groteske Urteile heraus. Ende der zwanziger Jahre fühlt sogar Johanna sich veranlasst, Bekannte auf Adeles Erscheinung vorzubereiten. Louis Stromeyers Urteil, der sich in den zwanziger Jahren ein wenig um Adele bemühte, ist eines der wenigen verständnisvollen. »Außer einer schlanken Figur und zarten Händen hatte sie nichts, was das Auge bestechen konnte, ihre Gesichtsbildung war geradezu unschön. Und doch gefiel sie den Männern durch Geist, feine Bildung und ausgebreitete Kenntnisse. Sie sprach mehr als ihre Mutter, ihre Conversation war stets anregend und belehrend, ohne an den Blaustrumpf zu erinnern.«[7] Mit ähnlichen Worten setzte Johanna, womöglich in der Absicht, Adele Mut zu machen, ihrer Tochter Jahre zuvor in *Gabriele* ein literarisches Denkmal. Adele ist das Vorbild für die sympathische Auguste. »Der erste Anblick der achtzehnjährigen Auguste eignete sich durchaus nicht dazu, die Herzen im Sturm zu erobern. Ihr Äußeres zeichnete sich nur durch eine hohe, regelmäßige, schlanke Gestalt aus, und ihr Gesicht war nichts weniger als schön, solange sie schwieg; aber der Geist, der es belebte, sobald sie sprach, der Ausdruck, den die klaren großen Augen dann gewannen, gaben ihr einen ganz eigenen Reiz, sie fesselten die Herzen wie die Blicke, man sah Auguste ebenso gern sprechen, als man sie hörte, und wurde endlich beinah verleitet, sie schön zu finden.«[8]

Eine Erklärung für Adeles abweisendes Verhalten gegenüber möglichen Heiratskandidaten ist sicherlich ihre erste negative Erfahrung mit Heinke, die ihr Selbstvertrauen stark erschütterte. Adele hielt sich seither für ausgesprochen unattraktiv und verhielt sich entsprechend. Zum anderen konnte sie sich nicht auf den »Brautkauf«, die Konvenienzehe, verstehen. Ihr in jungen Jahren stets aufs Neue aufkommender Verdacht, dass nicht sie, sondern ihr Vermögen gemeint war, ließ sie in Abwehr verharren.

Johannas Verhältnis zu Müller von Gerstenbergk tat ein Übriges, um Adele in ihrer negativen Meinung von sich selbst zu bestärken. Von zeitweiligen Ausnahmen abgesehen, ließ Gerstenbergk Adele nur allzu deutlich spüren, dass sie für ihn gänzlich ohne Reiz war, während er gleichzeitig mit ihrer Mutter ein sehr inniges Verhältnis unterhielt. Adeles ohnehin erschüttertes Selbstvertrauen musste empfindlich getroffen worden sein, auch wenn sie als junges Mädchen eine erotische Beziehung ihrer Mutter zu Gerstenbergk nicht für möglich hielt. Wie unattraktiv musste sie sein, da sich noch nicht einmal der vermeintliche Seelenfreund ihrer Mutter ein wenig um sie bemühte, obwohl doch eine Beziehung zwischen ihnen nahe gelegen und nach Adeles irriger Meinung dem sehnlichsten Wunsch ihrer Mutter entsprochen hätte.

Die Literatur folgt größtenteils Adeles Ansicht, ihre Mutter hätte eine Ehe zwischen ihr und Gerstenbergk sehr gern gesehen. Danach habe Johanna Schopenhauer die Absicht gehabt, Adele mit Gerstenbergk zu verheiraten, und ihr dadurch großes Leid zugefügt. Es gibt sogar Vermutungen, Johanna habe Gerstenbergk dadurch halten wollen. Diese Vorwürfe stützen sich auf die Tagebücher Adeles. Und erstaunlicherweise beschäftigt Adele sich in ihren Tagebuchaufzeichnungen und Briefen immer wieder mit dem Gedanken, Gerstenbergk zu heiraten, wenngleich sie sich ständig über ihn beklagt.
Vor allem zwei Passagen aus Adeles Tagebüchern dienen als Beweis für Johannas Absichten. Im Jahr 1816 heißt es: »Meine Mutter soll ihren Freund behalten und mir nie, nie wiederholen, was sie gestern gesagt. Ihn heiraten wäre das klügste – ich kann nur nicht.«[9] Der Sinn bleibt dunkel, da Adele sich schon früher gedanklich mit einer Heirat Gerstenbergks beschäftigte, ohne dass sie ihre Mutter in diesem Zusammenhang genannt hätte. Möglicherweise hatte die Szene zwischen Adele und Johanna einen Streit Adeles mit Gerstenbergk zum Anlass, in deren Verlauf Johanna ihr darlegte, wie sehr sie an Gerstenbergk hing. Adele zog daraus dann für sich den Schluss, den vermeintlichen Seelenfreund ihrer Mutter zu heiraten.
Die andere Bemerkung, die für Johannas Verheiratungsabsichten angeführt wird, lautet: »Gerstenbergk ist in Dresden!

Und sie haben weit mehr überlegt, besprochen, ausgemacht, sie haben eigentlich mich nach und nach herumzubringen geglaubt, – jetzt sich verraten.«[10] Die Äußerung bezieht sich offenbar auf einen geplanten Umzug nach Dresden, den Gerstenbergk und Johanna zunächst vor Adele verheimlichen, die nicht aus Weimar fortwollte. Denn im sechs Tage später erfolgten Eintrag nahm Adele Bezug auf Gerstenbergks Erkundungsreise nach Dresden, worauf sie ihre schlechte Verfassung zurückführte: »Freilich kommt hinzu [zu den Dissonanzen mit ihrer Freundin Ottilie], daß Gerstenbergk heimlich in Dresden war, entzückt ist, und daß ich fürchte, wir verlassen Weimar.«[11] Allerdings findet sich in einem Brief Adeles, die sich mit ihrer Mutter und Gerstenbergk auf einer Reise durch Süddeutschland und die Schweiz befand, an ihre Freundin Ottilie (22. 8. 1818) der Satz: »Wegen der Brautschaft mit G. [Gerstenbergk] leide ich überall.«[12] Adele kann damit eigentlich nur das Bild gemeint haben, das sich die Welt ihrer Meinung nach aufgrund des äußeren Scheins von den drei Reisenden machte, nicht aber ein reales Verlöbnis mit Gerstenbergk. Dass von einer Verlobung keine Rede sein konnte, ergibt sich schon aus dem im Briefeingang geschilderten Verhalten Gerstenbergks, der Adele scholt, weil sie sich einem Verehrer gegenüber sehr abweisend gezeigt habe. Aus Adeles Tagebüchern und Briefen ergibt sich, dass Gerstenbergk Adele gern verheiratet gesehen hätte, allerdings nicht mit ihm.

Bezeichnenderweise ist Gerstenbergk bei dem Vermögensverlust des Jahres 1819 zu großen persönlichen Opfern bereit und bietet Adele Geld, aber nicht seine Hand. Gerstenbergk hat ihr auch 1817 keinen Antrag gemacht, als Adele ihn heiraten wollte, um einem vermeintlichen Wunsch ihrer Mutter zu entsprechen (v. Oettingen, 1912, S. 325). Tatsächlich dürfte eine Ehe ihrer Tochter mit Gerstenbergk kaum Johannas Vorstellungen entsprochen haben.

Adeles hartes Urteil über Gerstenbergk im Alter (und mit Einschränkungen über ihre Mutter wegen ihres Verhältnisses zu Gerstenbergk, das in Adeles Augen dann doch nicht mehr so platonisch war, wie früher von ihr vorausgesetzt), ihre unversöhnliche Haltung, die selbst ihrer Freundin Ottilie unverständlich bleibt, lässt auf eine tiefe Enttäuschung schließen. So schreibt Adele: »G. hat mich in Briefen u im Leben zu sehr beleidigt, als dass von Aussöhnung die Rede seyn kan.«[13] Damit kann sie nur gemeint haben, dass er über den langen Zeitraum von zehn Jahren hinweg ihre unglückliche Lage ausgenutzt und mit ihren Gefühlen gespielt hat.

Die sehr verletzbare Adele, die sich vergeblich nach der Liebe eines Mannes sehnte, fühlte sich durch Gerstenbergks zersetzende Art, ihre wunden Punkte anzusprechen, gequält. Andererseits flirtete er hinter Johannas Rücken mit ihr, wenn es ihm in den Sinn kam. Die Einsame stürzte er dadurch in ein Wechselbad der Gefühle, obwohl bereits die neunzehnjährige Adele Gerstenbergks Verhalten durchschaute. »Er spielt mit sich und anderen.«[14] Schon als junges Mädchen entwickelte Adele sehr ambivalente Gefühle für Gerstenbergk. Einerseits hielt sie ihn für gewöhnlich und verabscheute ihn, andererseits fühlte sie sich als Frau, die ihre sexuellen Bedürfnisse (»diese Wallungen, *die ich nicht einmal verstehe*«[15]) nicht nur zeitbedingt leugnete, von Gerstenbergk angezogen, ohne sich dies einzugestehen. Nicht nur weil sie das Verhältnis ihrer Mutter zu Gerstenbergk nicht durchschaute, wurde Adele zum Opfer der prüden und verlogenen Moralvorstellungen ihrer Zeit, die sie rückhaltlos verinnerlichte. Erotische und erst recht sexuelle Erlebnisse konnte sie sich nur als nicht erstrebenswerte eheliche Pflichten vorstellen, nach denen es sie trotzdem drängte, was sie sich aber nicht eingestehen konnte. Von der offiziellen Moral auf den geistig-seelischen Bereich verwiesen, pflegte Adele Schopenhauer einsam ihre unerfüllten schwärmerischen Liebesgefühle, wodurch sie sich der Wirklichkeit und ihrer Möglichkeiten zunehmend entfremdete. Der von ihr und ihrer Freundin Ottilie aus lauter Langeweile und Daseinsleere heraus getriebene Heinke-Kult ist ein Symptom dafür.

Nicht alle Frauen akzeptierten die kleinlichen Moralvorstellungen, die im frühen 19. Jahrhundert adlige und bürgerliche Damen der Gesellschaft und Kleinbürgerinnen gleichermaßen betrafen. Nur wenige unterliefen sie offen und nahmen die Folgen herausfordernd in Kauf. Wer gesellschaftsfähig bleiben und sich dennoch einen gebührenden Anteil an den Möglichkeiten dieser Welt sichern wollte, verhielt sich wie Johanna oder Adeles Freundin Ottilie v. Goethe, die im Laufe der Jahre mehr wagte. Diese Strategie der Finten und Heimlichkeiten, die zugleich die herrschende Doppelmoral unterlief und stützte, war der sehr gradlinigen Adele ein Gräuel. Ihre Einstellung hierzu charakterisiert sie in einem Brief an Arthur aus dem Jahr 1819 sehr deutlich: »Alles für alles, nichts für die Hälfte! oder Genießen und Entbehren ganz – denn im *Unrecht*, in dem Verbotenen, oder als Schädlich erkanten liegt meine Unmöglichkeit des Genusses und es bleibt bei gänzlichem Entbehren und womöglich bei *Ruhigen* obendrein.«[16] Ruhig blieb Adele dabei allerdings nie.

Wahrscheinlich hoffte sie jahrelang, Gerstenbergk zu heiraten, ohne sich dies einzugestehen. Ihre Eifersucht, als Gerstenbergk sich verheiratete, verrät sie: »Ich verliere alle Grazie der Unterhaltung, des geselligen Lebens, wenn ich sie [Julie v. Egloffstein, um deren Schwester sich Gerstenbergk später ebenfalls bemühen wird] sehe und wenn sie sich so sehr zu Gerstenbergk hinwendet. Er ist einmal der Feind meiner Heiterkeit, meines Lebens, in mir erstirbt alle Jugend vor seinem Wesen, und ich erstarre zu Eis.«[17] Als Gerstenbergks heimliche Verlobung mit Gräfin Amelie Häseler bekannt wird, kommt es im Hause Schopenhauer dann auch zu erstaunlichen Reaktionen. Während Johanna das Beste aus der Situation machen will und sich vornimmt, dem jungen Paar eine mütterliche Freundin zu werden, reagiert Adele sehr eigenartig. Sie ist zutiefst gekränkt. Am 12. Mai 1824 schreibt sie, die zu diesem Zeitpunkt nichts sehnlicher als eine Verlobung mit ihrem Jugendfreund Gottfried Osann wünscht, auf dessen Ankunft aus Dorpat sie ungeduldig wartet: »Gerstenbergk ist nun endlich mit der Gräfin Häsler verlobt – welchen Schmerz bereitete mir das Geheime, Berechnete – welche Trennung zwischen mir und ihr entsteht daraus, daß sie gerade diesem Mann soviel opfert – war die arme arme Amelie so elend nie mehr zu finden – oder sieht sie das Schwache, Unsichere, durch Schwäche Unwahre seines Wesens nicht ...«[18] Dann gerät Gerstenbergks Verlöbnis ins Wanken. Adele notiert am 7. Juni 1824 in ihr Tagebuch, dass Amelie wegen des Klatsches Gerstenbergk nicht mehr heiraten wolle. Im Juli überwirft Adele sich wegen Gerstenbergk mit Gottfried Osann, weil dieser keine gute Meinung von Gerstenbergk hat. Eine erstaunliche Reaktion, wenn man bedenkt, dass Adele sich bislang immer wieder abfällig über Gerstenbergk geäußert hat. Zu dieser Zeit scheint Gerstenbergk nicht mehr an einer Verbindung mit der Gräfin Häseler festhalten zu wollen. Sein Blick fällt allerdings nicht auf Adele, sondern auf die von Johanna sehr geschätzte Caroline v. Egloffstein, der sie – neben Henriette v. Pogwisch – ihren Roman *Gabriele* widmete. Im September 1824 gestand Gerstenbergk Caroline, er heirate seine Braut nur, weil Caroline ihn nicht erhört habe. Im Oktober, nachdem Gerstenbergk endlich offiziell mit Amelie Häseler verlobt ist, schwimmt Adele in Tränen. Enttäuscht notiert sie: »Ich erhalte mein äußeres Verhältnis zur Gräfin, weil sie meine reine Achtung verloren hat und weil Er mir unwahr vorkommt; mein Herz schließt sich, ich bin also höflich freundlich, aber weiter nichts. Und das Schönste ist, sie ahnden nichts, es fehlt ihnen nichts! – Ich werde nächstens von Osann reden können, und sie werden nichts merken. Das habe ich gelernt! – O warum! … sie sollten nicht einmal wissen, daß ich zu Hause mich einsperre, und sollten mich immer in anderen Zirkeln glauben; jetzt denken sie, ich arbeite Tag und Nacht für's Haus! Ich aber! nun ich habe mich gekannt, ich sterbe an dieser leidenschaftlichen Empfindung – wie sie heißt weiß ich nicht.«[19] Und weiter heißt es: »Gestern sagte Gerstenbergk, daß er mir unbedingt traue, ich schämte mich. Nun, in so fern daß ich ihm nie schaden werde, daß ich ihm seine guten, seine seltnen Eigenschaften erkenne, in so fern hat er das Recht; wo er aber glaubt, daß zwischen uns nach seinem Betragen bei seiner Heirath noch ein Zusammenhang stattfinde, da irrt er ganz.«[20] Obwohl sie noch vor kurzem glaubte, sie werde aus tief empfundener Liebe zu Osann sterben, beschäftigt sie sich in diesen Tagen nicht allzu sehr mit dem Mann, den sie zwar nicht leidenschaftlich, aber »rein« zu lieben glaubt. Am 26. Oktober 1824 schreibt sie: »Den 24ten auf den Ball erfuhr ich, daß Osanns Geburtstag gestern war. Natürlich schrieb ich ihm, natürlich lebte ich ihm. O wie empfinde ich an Gerstenbergks Art und Weise, wie anders wir uns lieben – wie anders wir füreinander leben. Von Gräfin Häseler einen Brief, der mir beweist, daß sie nichts merkt.«[21] Dabei hat bereits die neunzehnjährige Adele diese Entwicklung im Jahre 1816 sehr hellsichtig vorausgesehen: »Ich fürchte manchmal, die Leere in Gerstenbergks Herzen treibt ihn nach *ein paar* Jahren zu einem leidenschaftlichen Gefühl für mich. *Liebe* wirds *nie*; ich bin nicht eitel genug das zu glauben; doch eine Art Eifersucht; sein will er mich nicht nennen, aber mein Geist solls seyn, und keinen Andern denken.«[22]

Erst als Gerstenbergk das Schopenhauersche Haus verlässt, atmet Adele auf: »Ich aber war frei! Gerstenbergk war fort.«[23] Von nun an ist ihre Haltung Gerstenbergk gegenüber eindeutig. Sie verachtet und bekämpft ihn, sobald sich eine Möglichkeit bietet.

Johanna, die 1816 ihrer hochadligen Badebekanntschaft Elisa von der Recke versicherte, »ist dies Kind [Adele] wohl, so bin ich es auch, sie ist mein eigentliches Leben«,[24] blieb gegenüber dem durch Gerstenbergk verursachten Leiden ihrer Tochter tragischerweise völlig indolent. Über die Gründe bemerkte der in Jena lebende Dichter und Übersetzer Johann Diederich Gries gegenüber dem Erzieher der Schillerschen Kinder, Heinrich Abeken, wahrscheinlich zu Recht, Johannas Urteil sei gewöhnlich scharf und sehr richtig, »wenn sich kein eigenes Interesse in's Spiel mischt«.[25] Ihre einseitige Betrachtungsweise in solchen Fällen hatte sich schon bei Fernows und Gerstenbergks Frau gezeigt und im eingeschränkten Maße auch bei ihrem Sohn und wohl auch bei ihrem Ehemann, die allerdings noch weniger bereit waren, die Interessen des anderen in der Lebenspraxis zu respektieren und in ihre Erwägungen einzubeziehen.

Johanna nahm die Spannungen zwischen Adele und Gerstenbergk wahr und drang auf Wohlverhalten, vor allem bei Adele, und gelegentlich, wenn ihr Gerstenbergks Eskapaden zu viel wurden, auch bei ihrem Geliebten. All zu viele Gedanken über Gerstenbergks Einfluss auf Adele dürfte sie sich dabei nicht gemacht haben, zumal die Tochter ihre Qual allein ihrem Tagebuch und ihrer Freundin Ottilie anvertraute. Für Johanna war nach Beilegung der Zwistigkeiten wieder alles in Ordnung. Die Ursache und das Ausmaß von Adeles Elend erkannte sie nicht, auch wenn ihr die Tatsache, dass Adele keinen Ehemann fand, Stoff zum Nachdenken gegeben haben mag. Für ihre und Gerstenbergks ebenso diskrete wie vergebliche Ausschau nach einem passendem Bräutigam gab es in den Augen der Mutter eine plausible Erklärung: Adeles »Mädchenstolz«,[26] der alle Männer abschreckte. Johanna, vor allem aber Gerstenbergk, fühlte sich deshalb gelegentlich veranlasst, auf Adele einzuwirken und ein gefälligeres Verhalten zu fordern. Die Folge war, dass die stolze und gleichzeitig zutiefst verunsicherte Adele erst recht bei ihrem Verhalten blieb. In den Ohren der sehr empfindlichen Adele mussten Gerstenbergks wohlmeinende Aufforderungen wie Hohn klingen, brachte er doch dadurch sein erotisches Desinteresse an ihr und damit ihre Unattraktivität überdeutlich zum Ausdruck.

Adeles verstohlene Suche nach einem Ehemann nahm in den zwanziger Jahren verzweifelte Formen an. Ein Beispiel ist Gottfried Osann, von dessen überragender Rolle in Adeles Gefühlsleben Johanna Schopenhauer ebenfalls nichts ahnte. Bestärkt von Ottilie, jagte Adele besonders nach 1820 in Gedanken und Gesprächen mit ihrer Freundin ihren Leidenschaften nach, wobei sie die Ursache ihres Treibens in fleischloser, reiner Liebe sah. Aus Langeweile hatte Ottilie ihrer Freundin Gottfried Osann eingeredet. Adele nahm Ottiliens Vorschlag begierig auf und widmete sich in ihren Gedanken Osann. Der ein Jahr ältere, nüchterne Chemiker lehrte von 1819 bis 1821 als Privatdozent Physik und Chemie in Erlangen. Seit 1821 lebte er in Jena, wo er ebenfalls als Privatdozent an der Universtät lehrte. Obwohl Jena ganz in der Nähe liegt, die Schopenhauers dort Freunde hatten und Osanns Mutter in Weimar lebte, sahen die beiden sich selten. Adele notierte einmal in ihr Tagebuch: »Wir verfehlten uns immer.«[27] Dies gilt eigentlich für die ganze Zeit von Osanns Aufenthalt in Jena. Im zeitigen Frühjahr 1823 verließ er, nach einem kurzem Intermezzo in Erlangen, seine Heimat, um eine Professur in Dorpat anzutreten. Erst jetzt, als er für Adele unerreichbar war, kam sie in Schwung. Aus einem flüchtigen Brief von ihm las sie tausend bindende Worte heraus. Von nun an beschäftigte Adele »ernstliche *geheime* [Hervorhebung durch die Verf.] Sehnsucht nach Gottfried und nach der Lösung dieses rätselhaften Verhältnisses«.[28] Ihre Gedanken drehten sich so sehr um Osann, ihre Gefühle und Phantasien, dass sie vom Schlaganfall ihrer Mutter kaum Notiz nahm. Gottfrieds in zweiter Ehe mit dem Staatsminister v. Voigt verheiratete Mutter soll nach Mutmaßungen Adeles und »der Voigt« (Ehefrau eines Sohnes des Staatsministers aus dessen erster Ehe) gegen eine Verbindung mit Adele gewesen sein. Ebenso soll Emil Osann, Gottfrieds ältester Bruder, sich gegen Adele ausgesprochen haben. Gescheitert ist das von Adele herbeigesehnte Heiratsprojekt, in das sie sich im Laufe der Jahre immer stärker hineinsteigerte, obwohl Osann sehr nachlässig im Briefeschreiben war und ihr durch keinerlei Worte oder Gesten Hoffnungen machte, aber nicht am Widerspruch seiner Verwandtschaft. Gottfried Osann wollte Adele niemals heiraten. Er stellte dies unmissverständlich klar, als es im Februar 1826 endlich zu einer klärenden Aussprache zwischen den beiden kam. Osann hielt sich bereits fünf Tage in Jena auf, ehe er Johanna seine Aufwartung machte. Adele bat ihn bei dieser Gelegenheit zu sich und bekam auf Vorhaltungen hin zu hören. »Liebe Adèle, für die Freundschaft giebt es kein Maaß, sie ist ein ganz individueller Begriff, jeder hat da seine Ansicht, ich habe nach der meinen nicht gefehlt. Daß ich nicht geschrieben, ist ganz natürlich, ich wußte ja selbst nichts, das machte ich ganz geschwinde; von Berlin, ja das ist wahr, da hätte ich schreiben sollen. Hier nun – da ich ohnehin eine Weile hier mich aufhalten werde, da wars mir einerlei, ob ich Sie, liebe Adèle, einige Tage früher oder später sah. Wie gesagt, für die Freundschaft giebt es kein Maaß, von Berlin aus hätte ich schreiben sollen, und das thut mir wahrhaftig leid, aber ich habe mir ja nicht gedacht, daß es Ihnen so weh tun würde.«[29] Im Verlauf des Gesprächs gestand der von Adele als leidenschaftslos eingeschätzte Osann, der sich vergeblich um einen Lehrstuhl in Königsberg und Würzburg beworben hatte, seine schweren Angstzustände sowie seine ihn stark quälende Leidenschaft für eine ältere, verheiratete Frau ein. Adele, die er zu den zwei oder drei Freunden rechnete, die er auf der Welt hatte, musste zuletzt feststellen: »Du bist nicht, wie ich Dich dachte, das ist's.«[30] Trotz dieser Klärung war Adele nicht willens, von ihrer Phantomliebe zu lassen und die Tatsachen zu akzeptieren.

Als sich Osanns Hoffnung auf eine Professur in Jena als aussichtslos erwies, muss er Adele einen Brief geschrieben haben, den sie als Abschiedsbrief auffasste. Sie flüchtete nach Jena zu ihrer Jugendfreundin Louise Kirsten. Hier entstand ihr Gedicht »In Jena, im September 1826«, das ein einziger Aufschrei ihrer gequälten Seele ist.

Fast hektisch ließ die verzweifelte, um jeden Preis zur Ehe entschlossene Adele dann ihre Hoffnung auf eine Heirat mit Gottfried Osann vorläufig fahren, weil sie sich auf Stromeyer, ihren anderen Ehekandidaten besann. Sie fragte Ottilie um Rat, nachdem Mutter und Schwester Stromeyers angeblich in dessen Heirat mit Adele eingewilligt hatten. Adele meinte zwar immer noch, sie sei Gottfried versprochen, auch wenn sie sich nicht leidenschaftlich geliebt hätten. Sie täte ihm aber weder weh noch unrecht, wenn sie Louis heiratete. Im November meinte sie, zwar habe Gottfrieds Mutter einer Heirat zugestimmt, aber er habe ja nichts mehr von sich hören lassen. Im Frühsommer 1827 zerstob Adeles Illusion einer Heirat mit Stromeyer. Zu dieser Zeit heiratete Osann ein schönes Dienstmädchen. Während Adele mit der Zeit für Stromeyer nur noch Verachtung empfand, wurden ihre Gefühle für Osann wieder lebendig: »Alte Liebe hebt sich wieder an«[31] (18./22. Okt. 1829). Als sie von der Verlobung von Osanns Bruder hörte, musste sie immer an Gottfried denken und litt fürchterlich (22. Jan. 1830). In einem Brief an ihren Bruder Arthur vom 27. Oktober 1831 dachte sie an Osann, als sie die Zeilen schrieb: »Ich weiß nur einen, den ich heirathen könte ohne Widerwillen, u. der ist *verheiratet*.«[32] Im Januar 1836 erkundigte sie sich bei Ottilie, ob Osann in Weimar gewesen sei, sie habe nichts mehr von ihm gehört. Am 30. April machte sie Reisepläne. Sie wollte einige Tage nach Weimar, um vielleicht Osann zu sehen, der unglücklich sei. Am 6. Juni 1836 meinte sie, er habe ein Mädchen geheiratet, das ehemals sehr schön gewesen sei, aber schon bei der Hochzeit viel älter ausgesehen habe als Adele. Er sei sehr unglücklich und behandele seine Frau wie eine Magd. Am 9. Dezember 1836 glaubte sie, Osann habe »schön treu und sehr liebevoll gehandelt«.[33] Obwohl er zu Adele angeblich sagte, er liebe sie nicht, weil er nicht in sie »verliebt«[34] sei, war Adele der festen Überzeugung, Osann liebe sie und glaube es nur nicht. Am 4. Februar 1844 stellte Adele fest: »Gottfried hätte sehr viel machen können – mit mir! an einer wahrscheinlichen Lüge eines Dienstmädchens brach das zusammen.«[35]

Adeles zweiter Heiratskandidat, Louis Stromeyer, machte Adele nicht nur schöne Augen, sondern auch leidenschaftliche Liebeserklärungen. Stromeyer und Adele lernten sich im September 1824 in Wiesbaden kennen. Im März 1825 besuchten er und Johannas junger Vetter Eduard Gnuschcke Weimar. Adele hatte einen düsteren Winter hinter sich. Sie quälte sich wegen Gerstenbergks Verlobung. Sie litt wegen ihres »Verlobten« Osann, der aus Dorpat wegzukommen suchte und ihr kaum schrieb. Den Alltag in Weimar empfand sie wie immer als grau und öde, ohne Perspektive. Ihre Beschäftigungen waren ihr keine Stütze, sondern eine drückende Last, die bewältigt werden musste. Der Besuch, an den sie bisher keinen Gedanken verschwendet hatte, wurde begreiflicherweise zum Lichtblick, jedoch ohne Hoffnungen oder Wünsche seitens Adeles. »In wenigen Tagen kommt Eduard, ich freue mich darauf – auch Stromeyer wird kommen. Stromeyers Bild schwebt mir recht liebenswürdig vor und mischt sich stets mit meiner Erinnerung an Sterling«, lautete ihre vergleichsweise nüchterne Feststellung.[36] Mit Stromeyer erlebte sie zauberhafte Frühlingstage. Er vermittelte ihr ganz neue Erfahrungen, die andere Frauen bereits als junge Mädchen machten. Weil Adele jede sinnliche Regung für unedel und verdammenswert hielt, ordnete sie ihre Erlebnisse und Wünsche falsch ein. »Ich hatte Dich so oft gebeten, Vater im Himmel, nur einmal, einmal nur das

Gefühl geliebt zu seyn im vollen Maaße zu geben, wie Du Deinen Lieblingen es gewährst – ich danke Dir, ich war geliebt! Es waren nur fünfzehn Tage – ich habe aber viel gelebt – viel überlebt!«[37] Mit dieser Verwechslung von sinnlichem Begehren mit Liebe begann Adeles künftige verhängnisvolle Selbstverstrickung.

Nach Stromeyers Lebenserinnerungen, in denen er Adele kaum erwähnt, war in diesen fünfzehn Tagen rein gar nichts geschehen. Er berichtet über Goethe, dem er unterstellt, er habe es unterlassen, sich eine passende Lebensgefährtin zu suchen: »Weil er selbst nicht genug gequält wurde, quälte er seine Geliebte, bis es mit der Liebe vorbei war. Signor, la donna ognora, tempo ha, dir di cosi! singt Susanna in Figaros Hochzeit. Aber auch Susanna würde vielleicht zu früh Ja gesagt haben, wenn Goethe um sie geworben hätte.«[38] Stromeyer liebte also Festungen, die er erstürmen konnte. Die stolze Adele, die bisher noch keinem Mann irgendwelche Annäherungen gestattet hat, erwähnt er in seinen Memoiren nur am Rande. Stromeyer berichtet über Ottilie, die er als sehr anziehende Erscheinung in Erinnerung behält, und über Julie Egloffstein. Von Johanna Schopenhauer ist er sehr angetan. Sie sei eine Frau von äußerst hellem Verstande gewesen, die immer den Nagel auf den Kopf getroffen habe. Als besonderes Erlebnis erwähnt er noch, dass er vor dem Erbgroßherzog bei einer Soiree Johanna Schopenhauers vorgesungen habe. Wiederum verschweigt er Adeles Gegenwart. Dagegen berichtet Soret an Line Egloffstein über diesen Abend: »Mlle Schopenhauer est triomphante avec son cousin Knuschke et le cousin de son cousin Mr. Stromayer, très joli jeune étudiant fort sentimental et par dessus le marché chanteur délicieux.«[39] Tatsächlich liefert Stromeyer selbst Beweise seines Engagements für Adele, nämlich neben Liebesgedichten an Adele seine reichlich sentimental-pathetische Liebeserklärung in Adeles Stammbuch aus dem Jahr 1825:

»›Wie ein glänzend Meteor tratest Du auf meinem Lebens-/ wege entgegen; ehrfurchtsvoll glaubte ich Dir nur/nahn zu dürfen, Du aber zogst voll unendlicher Milde/mich zu Dir empor und gewährtest mir ein Glück, dessen/Möglichkeit ich nie zu hoffen gewagt hätte. Möge die/reine Liebe, mit der Du auf ewig mich an Deine Seele/gekettet hast, der Stern meines Lebens sein, der mich/der Quelle allen Glücks zuführt, der Tugend.‹
Weimar, im April, G. F. L. Stromeyer«[40]

Demnach machte Stromeyer Adele den Hof. Und Adele hielt es für »höhere« Liebe, das einzige Gefühl, das sie sich erlaubte. Es war wohl zu verführerisch. Zum ersten Mal in ihrem Leben – sieht man von dem kurzen Flirt mit einem Grafen Luckner ab – machte sie die Erfahrung, dass das Interesse eines leidenschaftlichen, obendrein noch gut aussehenden und musisch gebildeten, hochtalentierten jungen Mannes, der sich zudem aufs Malen verstand, nur ihr galt und keineswegs Ottilie, wie Adele diesmal grundlos fürchtete. Für Adele unbegreiflich, verstand sie es, Stromeyers Interesse ganz auf sich zu lenken. Für sie muss es ein überwältigendes Erlebnis gewesen sein. Ihr völlig unbewusst, hatte sie ihn entflammt, als sie ihn beim routinierten Flirtversuch abblitzen ließ. Adele las Stromeyer die Leviten. Der Eindruck auf Stromeyer war unvergleichlich. Auch am nächsten Tag meinte Adele mit Stromeyer ironisch umgehen zu müssen. Sie ließ sich *The Broken Heart* in Gegenwart einer Freundin vorlesen. Adele hatte ihn endgültig eingefangen. Aber eine Heirat kam selbst Adele diesmal nicht in den Sinn. Schließlich war Stromeyer noch sehr jung, und Adele wähnte sich nach wie vor mit Osann verlobt. Ihr Wunsch, alles auszukosten, siegte. Verzückt gesteht sie in ihrem Tagebuch: »Es ist wahr, Louis ist der einzige Mann auf der Welt, dessen Liebkosungen ich geduldet und erwiedert habe, ich habe ihn unendlich lieb gehabt, und was ich nicht für möglich gehalten, ich habe mich gern an seine Brust gelehnt – ich habe mich oft küssen lassen später, aber ich glaubte mich nun wieder ruhig geliebt, und Gott weiß wie seine Innigkeit mich zu schweigenden Gewähren verleitet, nicht hinriß.«[41] Und ihr Selbstbetrug geht noch weiter: »Denn kein leidenschaftlicher Moment befleckt meine Erinnerung, nie zeigte sich Louis sinnlich, nie war er heftig, nie schlug mir auch nur ein Puls schneller.«[42] Obwohl oder vielleicht gerade weil jetzt eigentlich der Höhepunkt überschritten war (mehr wird Stromeyer wohl kaum bei einer höheren Tochter erwartet haben), wurde der Osteraufenthalt Stromeyers zum Auftakt eines Dramas, das sich noch bis 1828 hinziehen sollte. Während Adele unter ihrer »reinen« Liebe zu leiden begann, verliebte Stromeyer sich eilends in seine Cousine. In erster Linie interessierte ihn aber sein Studium. An eine Heirat mit Adele dachte er nie.

Nicht nur Adeles Gesundheit hatte sehr gelitten, als sich ihre beiden Hoffnungen in Nichts auflösten. Ihr Aussehen offensichtlich auch. Im Jahr 1828 nannte sie der Bildhauer Rauch »abschreckend hässlich«.[43] Denn anders als Johannas Romanheldinnen, die nach seelischen Krisen immer schöner und stärker werden, wurde Adele zermürbt. Johanna Schopenhauer gab ihrer erschöpften Tochter, die »bleich und abgefallen«,[44] ohne Lebensmut, unter Haarproblemen und schlaffer Haut litt, Reisegeld, das sie sich vermutlich heimlich, ohne Adeles Wissen geborgt hatte. Adele sollte sich am Rhein erholen. Sie hielt sich zunächst in Frankfurt am Main auf, wo sie mit Goethes Suleika, Marianne v. Willemer, verkehrte. Die beiden Frauen knüpften jedoch keine freundschaftlichen Bande. Adele blieb mehrere Wochen bei einer Freundin in Rödelheim, ohne sich zu erholen. Unglücklicherweise griff Johanna in völliger Unkenntnis der Verirrungen Adeles zu einem Allerweltsrezept. Sie versuchte Adele aufzumuntern, indem sie Hoffnungen auf eine Eheschließung anregte. Zu dem hilflosen, unangemessenen Versuch Johannas, ihre Toch-

ter Mut zu zusprechen, meinte Adele im September 1827:
»Meiner Mutter Klage um meine Jugend, ihr rastloses Streben,
mich zu Hoffnungen, Erwarten etc. aufzuregen widerstrebt
dem, was mein Schicksal nöthig macht, die Ertödthung aller
Jugendträume der Liebe.«[45] In ihrer tiefen Verzweiflung
wandte Adele sich an Goethe, dem sie bekannte: »Mein Som-
meraufenthalt zog sich längs dem Rheinufer hin – bedeutende
innere Kämpfe, schmerzlich Entsagen, gewaltsame Trennun-
gen stellten mich der Kunst wie der Natur gleich fern, denn das
Herz ist dennoch ein drittes, eine Welt in sich und muß in sich
schaffen und zerstören. Tritt dann die Ebbe der Empfindung,
die geistige oder gemüthliche Ermüdung ein, dann erst können Genüsse sich nahen, neue Lebenselemente sich bilden –
bis wieder der vorhandne Stoff zu neuen Gestaltungen und
Kriegen zwingt oder veranlaßt. – Seit vielen Monaten habe ich
nicht gesprochen oder gedacht, wie eben jetzt, denn es ist vieles, sehr vieles anders, einfacher, weiblicher geworden in mir,
der Gedanke an Sie wird mich aber stets aufwecken zu unzäh-
lig andern.«[46] Goethe antwortete sofort. Besorgt wünschte er
ihr: »Möge sich ihr Inneres, an der herrlichen Rheinnatur, in
sittlicher und künstlerischer Thätigkeit zum schönsten und
liebenswürdigsten wieder herstellen. Freunde tragen hierzu
nicht bey. ›Das Herz ist für sich eine Welt und muß in sich
selbst schaffen und zerstören.‹«[47] Zuletzt erbat er sich Nachricht von ihrem geselligen Treiben und künstlerischen Tun.
Die verzweifelte, Halt suchende Adele, die glaubte, Liebe durch
Selbstaufgabe erringen zu können, bemühte sich, Goethes
Wink zu folgen, den sie als letzten Rettungsanker begriff.
Bezeichnenderweise versuchte sie, nach *seiner* Sicht zeichnen
zu lernen. Sie machte sich nützlich und wurde von nun an
seine Repräsentantin am Rhein. Adele berichtete über die ihn
interessierenden Menschen und Dinge, beschrieb Gemälde
und Kunstgegenstände, verschaffte ihm Sammlungsstücke.
Eine erste größere literarische Arbeit, ein Aufsatz über Heinrich Steffens Novellen, regte Goethe an. Obwohl Adele schon

in einem früheren Brief an Goethe bekannte: »Ich bedarf des Gefühls, Jemanden wohl zu thun, denn in den letzten Jahren ist mir sehr weh geschehen und oft habe ich mich unnütz oder besser sag' ich unbenutzt gefühlt«,[48] genügten Adeles vielfältige Aktivitäten für den greisen Dichter, der selber nicht mehr ausging und folglich auf Nachrichten und Eindrücke von außen angewiesen war, nicht, ihrem Leben eine neue Richtung zu geben, sah sie doch ihre Tätigkeit für Goethe nicht als ihre eigentliche Aufgabe an. Adele konnte ihre Enttäuschung deshalb nicht überwinden. Sie versuchte auch nicht ernsthaft, ein neues Feuer in sich zu entfachen, um mit ihrem großen geistigen Potenzial aktiv eigene Ziele und Aufgaben in Angriff zu nehmen, die sie in Einklang mit sich selbst gebracht hätten.

Für das Zerschellen ihrer Hoffnungen auf eine Heirat, für ihr missliches Verhältnis zu Arthur machte sie fortan ihre Mutter verantwortlich: »Hätte ich in meinem Kreise sorgsam gepflegt u[nd] aufmerksam erzogen, aufwachsen dürfen, so liegt in meiner Natur Alles was beglücken kan, ich konte Schwester, Freundin, Tochter, Frau, Mutter Hausfrau seyn und Alles das gut und genügend, aber schon meiner Mutter Lebens Art überschritt alle Grenzen«, schreibt ausgerechnet sie, die die Realität als Grenze oftmals ignorierte, am 2. Januar 1828 an Ottilie.[49] Dabei vergaß die verwöhnte Tochter, dass sie selbst nach dem herben Vermögensverlust im Jahr 1819 – trotz der in Danzig gefassten Vorsätze, ihren Lebensunterhalt künftig selbst zu verdienen – weiter den gewohnten Lebensstil pflegen wollte. Damals kritisierte sie ihre Mutter, die sehr emsig bemüht war, sich ihr Auskommen zu erschreiben: »Meine Mutter ist durch unser Unglück gegen Fremde verhärtet, in sich verweichlicht, nichts genügt ihr, nichts freut sie, alles macht ihr Sorgen.«[50] Angesichts des Existenzkampfes, den sie führte, war das eigentlich nicht verwunderlich. Als Johanna wegen der Nichtbeendigung der Arbeit an ihrem zweiten Roman, *Die Tante*, nicht mit Adele die geplante Reise antreten konnte und die Tochter sich schon den Sommer über zu Hause sah, klagte

Adele: »Dann diese unzuverlässige Weise, mit der die Mutter alles behandelt und mich um schöne Jahre bringt! Nun gehen wir weder nach Karlsbad noch irgendwohin, vor vier Tagen sprach sie noch von Dresden! Jetzt ist ihr Roman nicht unvollendet zu lassen, vorige Woche wußte sie, daß bis Johanni der erste Band beendet sein würde.«[51]

Schließlich fand Adele doch noch einen menschlichen Rettungsanker. Den Winter verbrachte sie in Köln, wo sie im Januar 1828 die Bekanntschaft von Sibylle Mertens-Schaaffhausen machte, die eine lebhafte Korrespondenz mit den führenden Altertumsforschern ihrer Zeit unterhielt. Sibylle wirkte durch ihr sprödes, nüchtern-zuverlässiges Wesen beruhigend auf Adeles angeschlagene Seele. Sie lernte die gleichaltrige, sehr vermögende Kunstsammlerin schätzen und sah in der ersten Zeit ihrer Freundschaft in ihr einen Ersatz – wenn auch keinen vollwertigen – für einen Ehemann. »Ich glaube, am besten vergleichst Du uns ein paar Leuten, die sich spät finden und dann einander heiraten«, schrieb sie ihrer Freundin Ottilie.[52] Sibylle zuliebe zog Adele an den Rhein. Weimar war Adele unerträglich geworden. Ihre Freundin Ottilie, die ja nicht ganz unschuldig an Adeles jämmerlichem Zustand war, widmete sich intensiv einer Schar blutjunger Engländer, die sich um sie versammelte, anstatt sich der geknickten Adele anzunehmen. »Endlich lasteten die Erinnerungen bleischwer und ich ging gern«, schreibt Adele ihrem Bruder im Jahr 1831, ohne auf ihre Enttäuschungen und deren Ursachen näher einzugehen.[53]

19 Am Rhein

Johanna reist zu ihrer Tochter, um mit ihr den Sommer 1828 an Rhein und Maas zu verbringen. Ende September kehren die Frauen mit dem Vorsatz nach Weimar zurück, an den Rhein überzusiedeln. Adele ist hierzu spätestens seit dem Sommer entschlossen. Sie macht gegenüber ihrer Mutter Sparsamkeitserwägungen geltend. Tatsächlich sind die Lebenshaltungskosten am Rhein niedriger als in Weimar. Johanna hat riesige Schulden, die von Adele »mit sehr großen Opfern«[1] abgetragen werden. Sie fügt sich deshalb, ohne Adeles Hoffnung auf eine »Heirat« mit Sibylle zu kennen.

Johanna Schopenhauer verkündet schließlich Ende September 1828 ihrem jungen Freund v. Holtei, dass sie im kommenden Frühjahr an den Rhein ziehen werde, um »das Wohlsein des einzigen Wesens zu begründen, für welches zu leben mir noch vergönnt ist«.[2] Johanna, die wegen ihrer Versäumnisse als Vormund und der durch Adeles Vermögen gedeckten neuen Schulden ihrer Tochter nun doppelt verpflichtet ist, bleibt unter dem sanften Druck Adeles, die auf Sparsamkeit drängt, fest in ihrem Entschluss. Innerlich ist sie hin- und hergerissen wegen Gerstenbergk, an dem sie trotz allem immer noch sehr hängt. Den nahenden Abbruch des persönlichen Umgangs mit ihrem langjährigen Geliebten bedauert sie zutiefst. »G. ist hier der einzige, den zu verlassen mir recht schmerzlich werden wird, nicht sowohl weil ich seiner zu meinem Glück bedarf, als weil er sich einbildet, Meiner zu dem seinigen zu bedürfen. Und daß ich so wenig thun kann, ihm ein gewissermaßen selbst verpfuschtes Leben zu erleichtern, schmerzt mich am tiefsten; in einiger Hinsicht wird es ihm auch wohl thun, diesen Schmerz nicht täglich sich erneuern zu sehen«, schreibt Johanna Schopenhauer im Herbst 1828.[3] Zu dieser Zeit weiß sie noch nicht, dass Gerstenbergk Weimar noch vor ihr verlassen wird, als er im Frühjahr 1829 nach Eisenach zieht.

Bis Weihnachten 1828 hat man ein preiswertes Quartier gefunden. Es ist das Landhaus der Familie Mertens, der »Zehnthof« in Unkel, wo Johanna und Adele den Sommer 1829 verbringen. Nachdem das Vorhaben, sich ganzjährig in Bonn einzumieten, an den hohen Mieten gescheitert ist, nimmt Johanna Schopenhauer das günstige Mietangebot von Adeles neuer Freundin dankbar an. Mutter und Tochter hoffen nunmehr, für den Winter ein billiges Absteigequartier in Bonn zu finden. Als endgültig feststeht, dass Johanna Weimar für immer verlassen wird, lastet der nahende Abschied schwer auf ihrer Seele. Die für sie kaum zu ertragende Spanne bis zur endgültigen Abreise verbringt Johanna Schopenhauer, die eigentlich nicht aus der Nähe Gerstenbergks fortmöchte, sich vor dem Umzug fürchtet und am liebsten schon am unvermeidlichen Rhein wäre, in nervöser Unrast. Ihr »ist zuweilen, als brenne der Boden unter den Füßen«.[4] Mit vielfältigen Aktivitäten, wie Verhandlungen über die Herausgabe ihrer sämtlichen Werke, der Haushaltsauflösung, dem Engagement für Karl v. Holtei, den sie gern protegieren möchte, betäubt sie ihre innere Unruhe. Als Johanna schließlich am 2. Juli 1829 in Unkel eintrifft, ist sie von ihrem neuen Domizil, einer ehemaligen Zehntscheuer mit einem großen Dach, doppelten Böden und Mansarden, vier niedrigen Stuben im ersten Stock, einem geräumigen Erdgeschoss und einem großen Garten, alles andere als begeistert. Am liebsten würde sie »mit dem Kopf gegen die Mauer laufen, um nur wieder hinauszukommen«.[5] Das Haus und der Garten sehen aus, »wie es vor der Schöpfung in der Welt ausgesehen haben mag«,[6] obwohl sich Adele, die vorausgereist ist, und Sibylle seit Wochen sehr bemüht haben, alles zu richten. Johanna kann ihren Unmut kaum unterdrücken. Ein Zusammentreffen mit Sibylle Mertens-Schaaffhausen, dieser »sehr geistreiche[n], obgleich etwas seltsame[n] Frau«,[7] lehnt Johanna denn auch ab, da ihr »Putzkaßten noch immer nicht angekommen« sei und sie sich mit »les mêmes bas« und »la même cravatte«, in denen sie »du fond de la Thuringue« gereist, nicht sehen lassen könne.[8] Von Unkel habe sie wegen des scheußlichen Wetters noch gar nichts gesehen. Sie sei aber überzeugt, dass sie sich einleben werde, wenn alles seine Ordnung habe und sie ihre gewohnten Beschäftigungen wieder aufnehmen könne. Einige Wochen später ist Johannas Blick dann schon wieder nach vorne gerichtet. »Auch will ich Ihnen nicht lang und breit erzählen, wie viel die Trennung von Weimar und meinen dortigen alten Freunden mich gekostet hat. Es war ein schmerzlicher Riß; weit schmerzlicher als ich es erwartete. Erst wenn die Freunde sterben, oder man sonst auf immer von ihnen getrennt wird, fühlt man recht, wie lieb man sie hatte. Und dann von zweiundzwanzigjährigen Gewohnheiten zu scheiden; von den vier Mauern, in denen man so viele trübe und frohe Stunden verlebte, obendrein in meinem Alter – es ist kein Kleines, lieber Freund«,[9] erfährt Holtei Ende August 1829 von der knapp dreiundsechzigjährigen Johanna Schopenhauer, die sich nach diesem Schlussstrich unter die Vergangenheit nun »gesünder und heiterer wie […] seit Jahren nicht gewesen«[10] fühlt.

Das Landleben in Unkel bedeutet eine große Umstellung für Johanna. Sie muss sich an die Einsamkeit gewöhnen, mit der sie sich zumindest anfangs »der Abwechslung«[11] wegen arrangieren möchte. Wie wenig ihr diese »Abwechslung« gefällt, zeigt ein Brief an Sulpiz Boisserée vom 2. November 1829, kurz bevor sie in ihr Winterquartier nach Bonn zieht, der alles andere als begeistert klingt. Johanna Schopenhauer, die ihr Wohnzimmer in Unkel genau wie in Weimar eingerichtet hat, fehlen die Gäste. Sie vermisst ihre Bekannten und Freunde am runden, grünen Teetisch, vor allem Gerstenbergk, auch wenn sie ihn in ihren Briefen an Frommann nicht nennt. Darüber hinaus fehlt es ihr an geistiger Anregung zum Arbeiten. In Unkel erhält sie weder literarische noch politische Zeitschriften. Sie weiß nicht, was in der Theaterwelt vorgeht. Auch über die politischen Ereignisse ist sie nicht hinlänglich informiert. Nur zufällig erfährt sie vom Tod des englischen Königs. In der Sommeridylle Unkels versinkt sie in geistiger Lethargie. »Das selige far niente!«[12] tauge eigentlich nicht für sie, bekennt sie Holtei. Johanna setzt ihre Hoffnungen deshalb auf den Winter in Bonn. Dort will sie sich bemühen, »ein halbes Dutzend Menschen zu finden, aus denen ein kleiner Kreis sich bilden läßt«.[13] Gesellschaftlicher Höhepunkt ihres ersten Bonner Winters ist Goethes Geburtstagsfeier, bei der August Wilhelm Schlegel die Honneurs macht und Johanna der weibliche Ehrengast ist. Schlegel hält den Damen auch Vorträge über italienische Literatur, bei denen Johanna zugegen ist. Den Winter über arbeitet sie fleißig. So studiert sie Goethes *Wilhelm Meisters Wanderjahre* gründlich. Sie schreibt an ihrem *Ausflug an den Niederrhein und nach Belgien*, der wegen der Julirevolution 1830 und dem Krieg zwischen Belgien und den Niederlanden, der mit der Loslösung der Vereinigten Niederlande endet, durchaus eine gewisse Aktualität gewinnt. Darüber hinaus ist sie mit der Herausgabe ihrer *Sämtlichen Schriften* beschäftigt, die ihr nicht nur den Lebensunterhalt sichern, sondern ihr auch ermöglichen sollen, etwas von ihren Schulden bei Adele abzutragen.

Trotz Schlegels Vorlesungen ist der erste Bonner Winter in gesellschaftlicher Hinsicht jedoch so enttäuschend, dass Johanna sich wieder auf Unkel freut. In Bonn lebte sie als Fremde unter Fremden – ein Zustand, der sich in den folgenden sieben Jahren nicht ändern sollte. Johanna und Adele Schopenhauer können ungeachtet ihrer geselligen Talente keine Wurzeln schlagen, selbst nachdem sie 1832 ganz nach Bonn übergesiedelt sind. Trotzdem versucht Johanna sich ihren heiteren Sinn, ihren leichten Mut, die nicht nur angeboren sind, sondern zum großen Teil auf Selbstdisziplin beruhen, zu erhalten. Als sich 1831 die Gelegenheit bietet, mit Studenten den Kölner Karneval zu feiern, nutzt sie sie.

Auch Adele fühlt sich schon bald nicht mehr wohl am Rhein. Dabei fing ihre Beziehung zu Sibylle so märchenhaft an, wie sie Goethe bald nach ihrer Übersiedlung gestand. An Ottilie v. Goethe schrieb Adele einen Tag, bevor ihre Mutter in Unkel eintraf: »Es ist meine Bestimmung, ihr [Sibylles] Wohl und Weh dem meinen sehr eng zu verbinden, ich glaube, wir trennen uns nicht so bald. Sie lebt in mir, und mir ist sie in dem neuen Leben unentbehrlich, denn ihre Liebe, ihre Hingebung erhalten mich – obschon ich meine Gegenwart und meine Vergangenheit nicht verwechsle …« Weiter heißt es: »Stürbe sie – so spräng ich jetzt in den Rhein, denn ich könnte nicht ohne sie bestehen. Ich habe Stunden, wo ich ganz zufrieden bin, wenn sie allein mit mir ist und uns nichts stört, besonders wenn wir auf ihrem Gute arbeiten; aber ich darf nicht an meine ehemaligen Wünsche und Ansichten denken, sonst lähmt mich tötendes Weh.«[14]
Adele schwebte in den stürmischen, verregneten Sommerwochen des Jahres 1829 auf Wolken. Mit Sibylle pflegte sie intensiven Umgang. Ungeachtet der schauderhaften Witterung besuchen sich die Freundinnen mehrmals pro Woche gegenseitig und übernachteten im Haus der anderen, wenn die Witterung keine Rückfahrt auf dem Rhein zuließ. Im August pflegte Adele die erkrankte Sibylle, »ist sie doch der Auszehrung und einem nervösen Fieber so nahe gewesen«,[15] wie Adele an Goethe schrieb. Doch schon machte sich die raue Wirklichkeit bemerkbar. Ihr Mann, den Sibylle nicht aus Neigung geheiratet hatte und zu dem sie trotz der sechs Kinder – die jüngste Tochter war erst wenige Monate alt – keine befriedigende Beziehung finden konnte, störte in Adeles Augen das

Verhältnis. In einem Brief Adeles an Ottilie vom 10. August heißt es: »Solange ich keinen Menschen hatte, der mich genug liebte, um mich zum Hauptmotiv seines Lebens zu machen, war ich elend ... die Mertens wäre allenfalls die Person, die mir angehören könnte und in und mit mir leben, aber die Verhältnisse zerren und ziehen von allen Seiten an uns beiden, und die kleinen Hemmungen des Lebens behaupten ihr Recht! Man quält sie tot und mich quält man müde und matt. Es ist eine Stille in mir, die sehr ernst aussieht, als wollte sie nicht weichen. Selten regt sich ein Wunsch, außer dem, dass den Mertens der Teufel holen möchte, damit ich frei würde mit ihr, doch schenkt er ihm die trefflichste Gesundheit. Die Mertens ist unruhig im Haus, weil sie krankhaft reizbar ist, und von dem teuren Gatten hin und her gehetzt.«[16] Vier Tage später schrieb sie: »Er ist toll oder ein wahrer Wüterich, auch scheut ihn alles. Entweder ich finde neue Lebenskraft oder ich sterbe mit ihr.«[17] Obwohl der viel beschäftigte Bankier kein Verständnis für die vielfältigen geistigen und musischen Interessen seiner Frau aufbrachte, die Ehe tatsächlich nicht glücklich war, bemühte sich der von Sibylles Vater ausgesuchte Ehemann doch um ein halbwegs auskömmliches Verhältnis zu seiner Frau. Ihretwegen suchte er in ein gutes Verhältnis zu Adele Schopenhauer zu kommen. Adele jedoch beharrte eifersüchtig auf ihrem Besitzanspruch auf Sibylle. Gegenüber Mertens, dem sie hochmütig erschien, zeigte sie kein Entgegenkommen, was seine Bemühungen um Adele naturgemäß erlahmen ließ. Als das Ehepaar im Oktober 1829 – nach dem Mietvertrag waren den Eigentümern im Monat Oktober Zimmer reserviert – in Unkel wohnte, um die Weinlese zu überwachen, kam es zu unerquicklichen Reibereien. Adele reagierte verbittert und gereizt. Am 18. Oktober schrieb sie Ottilie: »Sibylle wird sich nicht scheiden lassen und ihr Mann, der mich nicht leiden konnte, fängt an mir sehr gut zu sein, was mir ganz egal ist. Neulich frug mich Sibylle, ob ich wohl, wenn ich einmal *allein* bliebe, bei ihnen in ihrem Haus wohnen möchte, und ohne eine Sekunde Nachdenken antwortete ich: nein, nie! Mit ihr leben ist mir ein Glück, aber mit ihm ein Elend, und ich fühle, ich bin zu alt, um meine Unabhängigkeit nutzlos zu opfern. Aus eben diesem Grunde möchte ich das Gut [Unkel] nicht kaufen, denn eine solche Wirtschaft ist eine Last, die man nur für einen andern gern trägt, und ebenso wünsche ich nun gar nicht mehr ein Kind anzunehmen, denn solche selbst aufgenommenen Pflichten hemmen alle Schritte. Als Anhängsel meiner Mutter stehe ich nicht gern da, mir bangt vor Bonn. Ich fühle jetzt wohl, ich bedarf in der gewöhnlichen Welt eines Freipasses, um ich sein zu können.«[18] Adele pflegt weiterhin Umgang mit Sibylle. Auf ihrem Gut in Plittersdorf und auch in Bonn sucht und findet sie Zerstreuung. Innerlich aber bleibt sie erbittert, weil Sibylle sie durchaus nicht »heiraten« will und noch andere Freundinnen neben ihr hat, unter anderem Ottilie v. Goethe und Annette v. Droste-Hülshoff. Letztere lernten Johanna und Adele Schopenhauer im Winter 1830/31 in Bonn kennen. Die Droste, die eigentlich nur kurze Zeit bleiben wollte, um sich von einer schweren Krankheit zu erholen, verweilt dann doch länger, so dass ihre Freundin Sibylle, die abwechselnd in Köln und auf ihrem Gut in Plittersdorf lebt, schon nach Bonn ziehen will. Als Sibylle im Januar 1831 schwer erkrankt, geht Annette nach Plittersdorf, um ihre Freundin zu pflegen, den großen Haushalt zu führen und die Kinder zu versorgen – sehr zum Missfallen der eifersüchtigen Adele, die selbst das Bett hütet. Obwohl Adele die Droste nach ihrer Wiederherstellung ablöst, kann sie ihre Eifersucht nicht zügeln. »Als ich allmählich gesundete, blieb die Qual doch«, schreibt sie Ottilie.[19] Und: »Sibylle war ein anderes Wesen geworden, jede Kraft zerbrochen, Krämpfe, die sie nicht bekämpfte, sondern eher durch Aufregung herbeiführte, Inkonsequenz, Launen, Mutlosigkeit, grenzenlose Härte gegen mich abwechselnd mit Vertrauen und Hingebung, das waren die Früchte des Umgangs mit Annette. Sibylle zeigte sich charakterlos.«[20] Adele verharrt in ihrer Verbitterung: »Die Erfahrung mit Sibylle hat mein Herz gebrochen! Ich fühle jetzt, welche Mühe sie sich gibt zu vergüten, aber das Vertrauen und der Wunsch, in ihr Leben einzugreifen, ihre Kinder erziehen zu helfen – das alles ist tot.«[21] Als Adele mit Johanna nach Unkel muss, zitiert sie die Droste in einem gereizten Brief an Sibylles Krankenlager. Im August hat sich Adeles Verhältnis zu Sibylle schließlich wieder halbwegs eingerenkt. Adele und die Droste verharren in den folgenden Jahren in gegenseitiger Abneigung.

Die Begegnung zwischen Johanna Schopenhauer und Annette v. Droste-Hülshoff verlief wesentlich harmonischer. Trotz der Spannungen mit der Tochter kam es sogar zu einer Zusammenarbeit. Johanna Schopenhauer gestattete der Droste Einblick in ihre literarische Werkstatt und gab der erst später zu Ruhm Gekommenen, deren erster Gedichtband in Johannas Todesjahr erschien, Gelegenheit, ihre literarischen Fähigkeiten zu erproben. Für die in *Penelope. Taschenbuch für das Jahr 1832* erstmals erscheinende Novelle *Der Bettler von Sankt Columba* fertigte Annette v. Droste-Hülshoff eine Skizze an. In der Ausarbeitung berücksichtigte Johanna Schopenhauer die Vorschläge größtenteils, was die Droste als Bestätigung aufgefasst haben dürfte.

In ihrer Einsamkeit versucht Johanna, Gerstenbergk wiederzusehen. Trotz der räumlichen Trennung fühlen beide sich nach wie vor stark zueinander hingezogen. Im Jahr 1831 will Johanna mit Adele deshalb den Winter in Weimar und Eisenach verbringen, wo sie von Oktober bis Weihnachten zu bleiben gedenkt. Ihren ehemaligen Geliebten möchte sie – trotz Adeles Abneigung – als Erstes sehen, noch vor Goethe, Ottilie, den Pogwischs und den Frommanns. Allein die Choleraepidemie bzw. die Furcht vor der Cholera verhindert die in Aussicht genommene Reise. Nur mühsam ist Johanna von ihrem Plan abzubringen. Karl v. Holtei gegenüber klagt Johanna, die entgegen den medizinischen Erkenntnissen der Zeit nicht an eine Ansteckung glauben will und sich deshalb nicht vor der Cholera fürchtet: »Unsere hiesigen Freunde, an ihrer Spitze der Arzt, predigen in mich hinein; sie sind nahe daran mich für nicht recht bei Troste zu halten, weil ich der Cholera entgegen reisen will; und selbst die Eisenacher und Weimaraner, unerachtet der freundlichsten Wünsche uns wiederzusehen, geben mir doch zu bedenken: ob ich nicht? etc. etc.«[22] Johanna sucht sich schließlich für den Winter eine Wohnung in Bonn und hofft, ihr Vorhaben im nächsten Herbst ausführen zu können.

Auch Gerstenbergks Versuch, Johanna zu treffen, scheitert. Im Jahr 1832 möchte er Johanna in Unkel besuchen. Henriette v. Pogwisch appelliert im Hinblick auf den heiklen Besuch an Adele: »Behalten Sie als Grundgedanken dabey fest, das er der treuste Freund ist, den Ihre Mutter hat noch sah ich keinen Mann, der, wenn er von der Vergangenheit spricht, belebter wurde als er.«[23] Zu Gerstenbergks großer Betrübnis kommt es jedoch nicht zu dieser Reise, die er unternehmen will, während seine Frau bei ihrem Vater weilt. Seine eifersüchtige Frau weiß es anders einzurichten. Als ihr Angetrauter soeben im Begriff steht, an den Rhein aufzubrechen, wird er in die Lausitz auf das Gut seines Schwiegervaters zitiert, um strittige Geldangelegenheiten zu regeln und seine Frau abzuholen.
Der für 1835 geplante Besuch Johannas bei Gerstenbergk scheitert wahrscheinlich an Johannas Alter und Gesundheitszustand. Vielleicht aber auch am Geldmangel.

Im Cholerajahr 1831 begibt Adele sich im Oktober in die nach der abgeblasenen Reise eiligst angemietete Wohnung in der Wenzelgasse, um das Quartier für den in wenigen Tagen stattfindenden Umzug herzurichten. Adele ist mitten im Umzugstrubel, als sie einen Brief von ihrem Bruder empfängt, den sie zuletzt 1820 in Berlin gesehen hat. Seit Jahren ist sie ohne jeglichen Kontakt und nur durch Dritte über ihn unterrichtet, da Arthur den Briefverkehr abgebrochen hat. Dabei hat seine Schwester intensiv um seine Zuneigung gerungen. Adele reagiert »überrascht und erfreut«.[24] Obwohl sie kaum Zeit findet, antwortet sie sogleich, um ihn nicht zu verletzen und jedes Misstrauen zu beseitigen. Sie will alles tun, um ein Vertrauensverhältnis herzustellen, findet Adele doch, dass sie einander sehr ähnlich und beide ebenso einsam seien.

Arthurs Anliegen ist geschäftlicher Natur. Es geht um die Pachteinnahmen aus dem Ohrarischen Landgut, die Johanna, Adele und ihm als Erben zustehen. Die Revenuen blieben aus, so dass Arthur gegen den Verwalter Argwohn schöpfte. Sein Brief ist nicht erhalten, jedoch scheint er sich auf das Kaufmännische beschränkt zu haben, sieht er doch keinen Anlass, über seine persönlichen Verhältnisse zu sprechen, wie Adele vermerkt. Sie nimmt ihm dies nicht übel und glaubt, wenn sie den Anfang mache, werde er gesprächiger und vielleicht mit der Zeit Vertrauen zu ihr fassen. So lässt sie sich über Sibylle, ihre trüben Liebeserlebnisse aus, ohne jedoch ganz offen zu sein. Ungeschminkt gesteht sie ihm ihre Niedergeschlagenheit, weil sie glaubt, ihm – dem beruflich und privat Gescheiterten, dessen Philosophie ebenso wenig Resonanz findet wie seine Brautwerbung – als gleich gestimmte Seele begegnen zu können: »Keine einzige leidenschaftliche Empfindung bewegt mich, keine Hoffnung, kein Plan – kaum ein Wunsch; denn meine Wünsche streifen an das Unmögliche ... Ich lebe ungern, scheue das Alter, scheue die gewiss bestimmte Lebenseinsamkeit, ich mag nicht heirathen, weil ich schwerlich einen Mann fände, der zu mir passte. Ich weiss nur einen, den ich heirathen könte ohne Widerwillen, u. der ist verheirathet [Osann]. Ich bin stark genug, diese Öde zu ertragen, aber ich wäre der Cholera herzlich dankbar, wenn sie mich ohne heftige Schmerzen der ganzen Historie enthöbe. Daher ist mir Deine Angst, da auch Du Dich unglücklich fühlst und oft dem Leben entspringen wolltest durch irgend einen Gewalt-schritt – seltsam.«[25] Diese düstere Äußerung seiner vierund-dreißigjährigen Schwester muss für den ebenfalls sehr nieder-geschlagenen Arthur Schopenhauer zu viel gewesen sein. Adeles Hoffnungen auf einen vertraulichen Gedankenaus-tausch, die sie Goethe gesteht, nicht jedoch ihrer Mutter, die von der Korrespondenz nichts wissen soll, scheinen sich nicht zu erfüllen. Arthur verstummt und ist auch in der Folge nicht bereit, vielleicht auch nicht in der Lage, auf Adele einzugehen, sich liebevoll mit ihr zu beschäftigen. Ganz ohne Mitgefühl ist er aber nicht. Als Adele furchtbare Zahnschmerzen hat, spricht er der verwunderten Schwester Trost zu. Dennoch ist Adele sehr gekränkt, weil er ihr im gleichen Atemzug ihre Unmün-digkeit vorwirft. Adele verteidigt sich und Johanna gegen den scharfen Angriff. Zuletzt muss sie aber zugeben, dass sie über die Pachtangelegenheit nicht Bescheid weiß. Immer noch ver-waltet Johanna die Geldangelegenheiten, und Adele fürchtet sich vor ihrer Mutter. Arthur gesteht sie schließlich: »… Denn die Papiere mir geben zu lassen würde mir viel Verdruss zu-ziehen.«[26] Arthur hat also keine andere Wahl, als sich an seine Mutter zu wenden. Währenddessen bemüht Adele sich um Rechtfertigung. Sie informiert ihn über die Vermögensver-hältnisse, über Johannas leichtsinnige Wirtschaft, ihr Verhal-ten im Falle Muhl, weswegen sie ihre Mutter nicht einfach nach den Notizen habe fragen können. Seine Antwortbriefe sind nicht erhalten.

Johanna antwortet sogleich, um ihn nicht warten zu lassen und die lästige Korrespondenz nicht vor sich herzuschieben. Sie gibt ihm Aufschluss über die Verhältnisse in Ohra, wobei es ihr nicht einfällt, ihm in seinem »Thun und Lassen guthen Rath aufdringen zu wollen«.[27] Zum Schluss meint sie: »Ich glaube allso nicht, dass wir in dieser Angelegenheit so bald wieder zu konferiren haben werden; alles was ich Dir darü-ber sagen kann, habe ich gesagt, Du selbst bist allein vollkommen fähig, was für Dich dabei zu thun wäre zu ermessen, ohne meines Rathes dabei zu bedürfen.

Lebe wohl und gesund Deine Mutter Johanna Schopenhauer.«[28]

Keine zwei Wochen später schreibt sie schon wieder an Arthur, macht lange Ausführungen über die Danziger Verhältnisse. Sie rät ihm, nach Berlin zurückzukehren, da am Rhein demnächst die Cholera erwartet würde. Zuletzt wünscht sie, dass sein »Unwohlsein jezt ganz gehoben ist«.[29] Den nächsten Brief schreibt sie zwei Tage nach seinem Geburtstag, an dem sie, wie sie behauptet, an ihn und seinen Jugendfreund Gottfried gedacht hat. Sie erwarte keine Antwort auf ihren Brief, er solle sich aber melden, wenn er ihren Rat brauche oder es sonst für nötig halte. Johanna wünscht ihm alles Gute. Drei Wochen später schickt sie ihm einen aus Danzig erhaltenen Brief und rät ihm, nicht zu toben, sondern mit Ruhe das Notwendige zu tun. In einem anderen Brief freut sie sich, dass er jetzt gerecht genug sei einzusehen, dass sie keines Verrats gegen ihn fähig sei, im Gegenteil ihm gern beistehen und helfen wolle. Über seine Krankheit ist sie besorgt: »Zwei Monat auf der Stube, und keinen Menschen gesehen, das ist nicht gut mein Sohn, und betrübt mich, der Mensch darf und soll sich nicht auf diese Weise isoliren, er kann es nie, ohne geistig, und auch körperlich dabei zu verlieren und Du sagst noch vollends Gottlob dazu.«[30] Johanna bemüht sich in den nächsten Briefen, auf Arthur einzugehen. Es finden sich Sätze wie diese: »Ich antworte den Tag, nachdem ich Deinen Brief erhielt, um Dich sobald als möglich aus der Angst zu reißen, die Deine düstre Fantasie Dir einjagt.«[31] Sie beschwört ihn: »Nur eines bitte ich Dich, mäßige Dich und behandle Friedrichsen durchaus nicht auf ehrenrührige Weise.«[32] Noch einmal äußert sie sich im Frühjahr besorgt über seine depressive Verfassung: »Was Du über Deine Gesundheit, Deine Menschenscheu, Deine düstere Stimmung mir schreibst, betrübt mich mehr, als ich es

Dir sagen kann und darf, Du weist warum. Gott helfe Dir, und sende Dir Licht und Muth und Vertrauen in Dein umdüstertes Gemüth, dies ist der herzlichste Wunsch Deine Mutter J. Schopenhauer.«[33] Als sich sein Argwohn in der Pachtangelegenheit bestätigt, meint sie: »Sehr zu beklagen ist es, dass dieses in Deiner Erbitterung gegen Menschen, zu denen Du doch auch gehörst, Dich bestärken, und düsterer und argwöhnischer machen wird, als Du ohnehin es schon bist. Und doch darf man den armen mit Sorge und Noth kämpfenden Mann nicht zu strenge richten. Gewiss er wollte uns nicht betrügen, und konnte es auch nicht wenn er leben blieb.«[34] Dann entspinnt sich offenbar ein Briefwechsel. Sie plaudert mit ihm, trägt ihm Grüße an seine Jugendliebe Frau v. Heigendorf auf und bittet ihn, ihr den Aufenthalt am Rhein schmackhaft zu machen. Johanna sieht es als Beweis seiner Teilnahme an, dass er ihr über eine Rezension berichtet. Arthur schreibt ihr eine Anekdote von *Signor colla testa di cane*. Johanna revanchiert sich mit ein wenig Klatsch über eine Frau von Löwenich und die Frankfurter Verhältnisse. Dabei erkundigt sie sich, ob die Brentanos Bettinas »wunderliches Werk«[35] (Goethes Briefwechsel mit einem Kinde) aufgekauft hätten, »damit es aus der Welt kommt«. Johanna zieht ihn sogar ein wenig auf. »Lebe wohl in deiner Eremitage mit Deinem garstigen Pudel, der wie alles seinesgleichen nach altem Käse riecht. Da solltest Du unsre zierliche Iris [Hündin] sehen, das ist eine andere Person.«[36] Daraufhin dient sich Arthur seinerseits der »Geehrteste(n) Frau Mutter!« ironisch als »nach weit zurückgelegenten Schwabenalter sehr gescheut gewordene[r] Sohn«[37] an und verlangt ein gemeinsames Vorgehen aller Familienmitglieder. Der Briefwechsel zwischen Mutter und Sohn findet danach ein abruptes Ende. Johanna Schopenhauer, die in arger Geldverlegenheit die offerierten 200 Reichstaler annehmen will, während Adele und Arthur mehr herausholen wollen, überlässt im Juli 1835 die weitere Korrespondenz mit ihrem Sohn Adele.

20 Die Jahre 1835 bis 1837

Die beiden letzten Jahre am Rhein waren von Misserfolgen, Alter, Krankheit und drückender Armut geprägt. Die erfolgsgewohnte Johanna Schopenhauer hatte in den Jahren zuvor zudem noch miterleben müssen, wie der Zeitgeist, der ihren Erfolg getragen hatte, ein anderer geworden war. Das Datum 1830 markiert das Ende ihrer Ära als hochgeschätzte Schriftstellerin. Danach wehte im gesamten kulturellen Bereich ein anderer Wind, der auch die literarische Kritik erfasste. Diese Veränderung betraf nicht zuletzt die Frauen, die von einem im 19. Jahrhundert ausgefochtenen grundsätzlichen Kampf unmittelbar berührt wurden. Es ging um ihre Rechte, in der Hauptsache um gleiche Bildungschancen und gleiches Wahlrecht für Männer und Frauen. Die zaghaften Anfänge dieses Ringens um weibliche Emanzipation reichten bis in die dreißiger Jahre zurück. Die Auseinandersetzung fand zunächst ohne weibliche Beteiligung statt. Erste Fortschritte erreichten die Frauen ganz ohne organisierten Kampf, als im Königreich Sachsen zwischen 1828 und 1838 die Geschlechtsvormundschaft abgeschafft wurde. Am Hambacher Fest, das sich gegen das absolutistische Regime des Deutschen Bundes richtete, nahmen am 30. Mai 1832 dreißigtausend Menschen teil, unter ihnen – von den männlichen Organisatoren ermuntert – viele Frauen, und plädierten für einen liberalen Verfassungsstaat und die nationale Einigung, ohne jedoch Ansprüche auf ihre staatsbürgerliche Beteiligung geltend zu machen. Erst in den vierziger Jahren kam es zu solchen Forderungen, während beispielsweise die Kunstakademien, die bisher Studentinnen zumindest geduldet hatten, den Frauen den Zugang zum Teil bis in die zwanziger Jahre des 20. Jahrhunderts hinein verweigerten.

Was sich langfristig für die Frauen in Deutschland als vorteilhaft erweisen sollte, war für Johanna höchst nachteilig. Als ihre *Sämtlichen Schriften* in vierundzwanzig Bänden erschienen, war die Resonanz sehr enttäuschend. Johanna Schopenhauers Popularität nahm rasch ab. Sie soll deswegen sogar erwogen haben, ihren letzten Roman *Richard Wood* im Jahr 1837 anonym herauskommen zu lassen, um die vom Jungen Deutschland beherrschte Kritik irrezuführen.

Johanna, inzwischen bedeutend gealtert und schwer krank, ist zunehmend auf die Pflege ihrer Tochter angewiesen, die ihr jetzt sehr kritisch gegenübersteht. Adele hat sich innerlich dem Standpunkt ihres Bruders gegenüber Johanna angenähert. Da Adele dies Arthur aber verschweigt, bleibt beider Verhältnis weiterhin gespannt. Er vertraut seiner Schwester ebenfalls nur halb. Zwar zieht er sie über seine neue Schrift *Über den Willen in der Natur* ins Vertrauen und sendet ihr sein Testament zu, doch macht er ihr Vorwürfe. Er fürchtet ihren Versorgungsanspruch. Anders als 1819 bietet Arthur, zumal er selbst empfindliche Vermögensverluste durch Fehlspekulationen erlitten hat, diesmal weder Mutter noch Schwester, die finanziell nicht aus noch ein wissen, Unterstützung an. Adele sieht sich wegen ihrer Ehelosigkeit, ihrem Finanzgebaren und ihrem Verhältnis zu Johanna zunehmend unter Rechtfertigungsdruck. Gegenüber ihrem Bruder nimmt sie die Mutter in Schutz, während sie vor ihren Freundinnen kein Blatt mehr vor den Mund nimmt. Im Jahr 1836 macht sie sich Arthurs Standpunkt in der Affäre Muhl zu Eigen und missbilligt den Vergleich, zu dem sie Arthur mit eindringlichen Worten bewegen wollte. Adele vergisst dabei völlig, dass sie seinerzeit nicht anders handeln konnte. Auch wenn Arthurs Einschätzung aller Wahrscheinlichkeit nach zutreffend ist, dass Muhl leicht auch die dreifache Summe seiner Forderung, also auch Adeles Ansprüche, hätte befriedigen können, wenn der Vergleich ansonsten durchgebracht werden konnte – ein anderer

Gläubiger, der hartnäckig blieb und Schopenhauers Weg ging, erhielt ebenfalls sein Geld ausgezahlt -, hätten die Frauen nicht für Jahre auf ihre Zinsen verzichten können, ohne hierzu von Arthur aufgefordert worden zu sein und vorbehaltlos von ihm unterstützt zu werden.

Noch in anderer Hinsicht sieht Adele jetzt ihre Mutter immer mehr als Schuldige an ihrem Scheitern. Sie wirft ihr vor, sie nicht konventionell verheiratet zu haben. Gegenüber Arthur gibt sie sich weiterhin stolz in puncto Heirat. Ottilie aber gesteht sie, man hätte sie als blutjunges Mädchen verheiraten sollen, weil es ihrer Meinung nach die einzige Möglichkeit gewesen wäre, ihr äußeres Schicksal anders zu gestalten. Einen eigenen Versuch, ihr Schicksal grundlegend selbst zu wenden und ernsthaft eine Ausbildung oder ein Projekt in Angriff zu nehmen, macht Adele nicht. Dabei ermuntert die realistische Sibylle Mertens-Schaaffhausen sie schon seit Jahren zu einer literarischen Tätigkeit. Sibylle, die eigentlich keine Schriftstellerinnen mochte, sieht hierin Adeles einzige Glückschance. Aber Adele ist wohl immer noch auf eine Heirat aus. Wie schon bei ihrer Flucht an den Rhein will sie ihrer Unzufriedenheit erneut durch einen Ortswechsel entkommen. Im November 1835 gesteht sie Arthur: »Seit Jahren schon habe ich meine Zukunft bestimmt, ich würde den Rhein [nach Johannas Tod] augenblicklich und auf immer verlassen. Ich muß in Thüringen leben, nur dort ist mir wohl.«[1] Bis dahin versucht sie zumindest, so oft wie möglich nach Weimar zu fliehen, um jedes Jahr wenigstens einige Sommermonate dort zu verbringen.

Im Winter 1836/37 hellt sich Adeles Situation ein wenig auf. Annette v. Droste-Hülshoff nähert sich ihr, nachdem sie sich mit Sibylle entzweit hat. Die Droste, die Sibylle, Johanna Schopenhauer und Professor D'Alton zwei ihrer Gedichte zur Begutachtung übergeben hat, bricht mit »Billa«, nachdem diese sich erst lange darüber ausschwieg und sie dann schließlich für schlecht befand, wobei sich am Ende herausstellte, dass die Gedichte verloren gegangen waren. Johanna will nicht ungefällig sein, obwohl sie inzwischen nach dem Urteil ihres Arztes an »Brustwassersucht«[2] leidet – sie selbst führt die »Schwäche in der Brust«[3] bezeichnenderweise auf ihren Ehemann zurück, dessentwegen sie eineinhalb Jahrzehnte sehr laut gesprochen habe – und nur noch fähig ist, unter Aufbietung aller Kräfte sehr langsam zu arbeiten. Sie schreibt einen Brief, den sie, schon um das damals sehr teure Porto zu sparen, Sibylle Mertens überlässt, damit sie ihn an die Droste weiterleite. Sibylle Mertens, die einen Verleger vermitteln sollte, ist inzwischen nach Italien abgereist. Der Brief ist unauffindbar. Johanna und D'Alton können sich ein Jahr später nur noch entsinnen, die Droste zur Herausgabe der Gedichte ermutigt haben. Da Johanna Schopenhauer inzwischen selbst Probleme mit ihrem Verleger hat, kann sie Annette nicht empfehlen. Annette v. Droste hat während ihres Aufenthaltes regen Umgang mit den Schopenhauers. Vor allem findet sie in Adele, die keinen Grund mehr zur Eifersucht hat und sich von der in Genua weilenden Sibylle verlassen fühlt, eine sehr verständnisvolle Kritikerin, was die in geistiger Isolation lebende Annette besonders geschätzt haben dürfte. Adeles anregende Kritiken werden die Droste in Zukunft noch öfters befruchten und sie Adele besonders schätzen lassen. Die Frauen freunden sich in der Folgezeit an, ohne allerdings Herzensfreundinnen zu werden. Motor ihrer Beziehung, von der vor allem Annette v. Droste-Hülshoff profitiert, ist die Literatur. Aber auch für Adele Schopenhauer ist ihre Bekanntschaft mit Annette v. Droste eine Bereicherung, die ihr die schwere Zeit – Adele fürchtet um das Leben ihrer Mutter und hat gleichzeitig um das finanzielle Überleben zu kämpfen – erträglicher macht. Am 4. Februar schreibt Adele dann auch an Ottilie, dass die Droste, die einst ihr böser Genius gewesen sei, jetzt hren einzigen Trost und ihre Stütze bilde. Gegenüber Arthur wird Adele sie als eine ihrer intimsten Freundinnen bezeichnen. Die Droste ihrerseits würdigt im Januar 1837 Adeles Leistung bei der Betreuung ihrer Mutter. Im September 1837, Annette war schon seit Februar wieder im Rüschhaus, äußert sie sich in einem viel zitierten und oft gegen Johanna Schopenhauer verwandten Brief, der dieser den Ruf einbrachte, ihre Tochter zu einer Art Hofnärrin gemacht zu haben. An Sophie v. Haxthausen schreibt sie über die Schopenhauers: »Hör, Sophie, Du hast ein Gedächtnis wie ein Sieb, sonst hättest Du Dich erinnert, was ich Dir über Adele gesagt: daß jedermann die Mutter lieber hat, Adele vielmehr ganz widerlich gefunden wird, auch widerlich ist, und ich sie sehr lange habe nicht ausstehen können, daß aber, wenn man sie *lange und genau* beide kennt, der Charakter der Mutter ebenso der Achtung unwert ist als jener der Tochter wirklich ehrwürdig erscheint. Adele ist allerdings eitel und mitunter wirklich lächerlich, aber sie ist nicht imstande einem Kind weh zu tun, hat keinen gemeinen Funken und ist der größten Opfer fähig, die sie auch täglich bringt, und zwar ganz ohne Prahlerei. Sie versagt sich ohne Bedenken jedes Vergnügen, worauf sie sich lange gefreut, gibt Geld her was sie sich lange gespart hat für einen Lieblingswunsch, sobald sie einem Dürftigen oder einem Freunde helfen kann. Sie trägt mit der rührendsten Geduld, ohne ihren besten Freunden zu klagen, die Unvernunft einer Mutter, die zwar höchst angenehm sein kann, aber im Grunde gerade Dorlys Natur hat, wenn sie allein ist, vor Langeweile und übler Laune fast stirbt, trotz allem Aufhebens mit ihrer Tochter nicht einen Pfifferling darum gibt, wie es ihr zumute ist, sie den ganzen Tag extert und, wovon ich selbst mehrmals Zeugin geworden bin, oft, wenn die Langeweile überhand nahm, sie zwang im Fieber aufzustehen und mit ihr in Gesellschaft zu gehen; – die ihrer Tochter Vermögen (es gehört alles Adelen) rein verißt in Leckerbißchen und zu ihrem Vergnügen verwendet, mit einer empörenden Gleichgültigkeit, da sie, wenn man ihr vor Augen stellt, daß sie Adelen an den Bettelstab bringt, ganz kalt antwortet, Adele sei beliebt, es würden sich schon Leute finden, die sie zu sich nehmen.«[4]

Von einem langem Kennen kann keine Rede sein. Nach Adeles Zeugnis (Adele an Arthur am 7. Februar 1836) soll Johanna Schopenhauer außerdem zu dieser Zeit bereits »lahm«[5] und nicht mehr ausgehfähig gewesen sein. Die finanzielle Situation von Johanna und Adele Schopenhauer war allerdings noch wesentlich düsterer, als die Droste vermutete. Mutter und Tochter stehen kurz vor dem Bankrott. Johannas Einnahmen aus den *Sämtlichen Schriften*, immerhin 8600 Taler, sind verbraucht. Adele deckt die Schulden, soweit sie kann, aus ihrem Vermögen. Dennoch hat sie ein schlechtes Gewissen den Händlern und Lieferanten gegenüber, da sie nicht weiß, ob und wann die Rechnungen beglichen werden können. Sibylle Mertens-Schaaffhausen meint, Adele sei durch die Verschwendungssucht ihrer Mutter ruiniert worden. Während Adele buchstäblich um jeden Groschen kämpft, ist ihre Mutter weiterhin großzügig im Umgang mit Geld, das sie nicht zuletzt dazu braucht, um sich in Arbeitslaune zu halten. Denn Johanna hofft, durch ihre Memoiren sehr viel Geld zu verdienen, so dass sie ihre Schulden begleichen und Adele sicherstellen kann. Mit diesem Silberstreifen beruhigt sie auch ihr Gewissen und beschwichtigt Anflüge von Reue wegen des leichtsinnigen Umgangs mit ihrem Vermögen und Adeles Erbe. Die finanzielle Situation war so schwierig, dass zuletzt nur noch ein Wunder Johanna davor bewahren kann, nicht von Adele in Pflege gegeben zu werden, damit ihre Tochter sich fortan als Erzieherin verdingen kann. Trotzdem kann Johanna von ihren alten Gewohnheiten und Ansprüchen nicht lassen. Adele vermag den »weißen Haaren«[6] nichts zu versagen. Auch in anderer Hinsicht bleibt Johanna sich und ihren Neigungen treu. Sie hängt immer noch so sehr an Gerstenbergk, dass sie, obwohl sie selbst in großer Not ist, sich nicht dazu durchringen kann, seine Schul-

den bei ihr »trotz Bitten, Ärger u. Vorstellungen«[7] Adeles –
sie spricht von 700 Talern – notfalls gerichtlich einzufor-
dern. Erst nach dem Tod ihrer Mutter kann Adele gegen Gerstenbergks Erben vorgehen. Jedoch geht der Nachlass in
Konkurs, so dass Adele kaum etwas bekommen haben dürfte.
Zudem behält Johanna ihre Geheimniskrämerei in finanziellen Dingen bei, so dass Adele nur unter Mühen einen Überblick über die Schulden erhält. Erst als sie ihrer Mutter sagt,
ihr Gewissen gestatte ihr nicht, eine Wirtschaft zu führen,
deren Aufwand unverhältnismäßig sei, bekommt Adele allmählich die Führung der Angelegenheiten in die Hand. Johanna überträgt Adele das gesamte ihr noch verbliebene
Vermögen, das vor allem aus Silber, Schmuck, Pelzen und
anderen zum Teil wertvollen Gebrauchsgegenständen besteht. Adele muss schließlich, bevor beide nach Thüringen
zurückgehen können, alles verkaufen und weitere Mittel aus
ihrem Vermögen zuschießen. Adele trennt sich notgedrungen von ihren Schmuck, mit Ausnahme der drei Reihen Per-
len, die Johanna ihr schenkte. Den Ertrag aus dem Verkauf
des Bildes von Paolo Veronese, das der Frankfurter Bankier
Bethmann Hollweg für 600 Reichstaler in Gold erworben
hat, steckt sie ebenfalls in die Wirtschaft. Aber auch dies
reicht nicht aus. Adele veräußert ihren Wiener Flügel, den
sie sich mit Übersetzungsarbeiten finanzierte. Die Einkünfte
aus ihrem Kapital und heimlich eingereichten kleinen belletristischen Arbeiten reichen ebenfalls nicht aus, um die
Schulden zu begleichen und beide zu ernähren.

Dass Johanna Schopenhauer, die ihrer Tochter nur höchst
widerstrebend Rechenschaft über die Vermögenslage ablegt,
sich kaum von einer fremden Frau, die so alt ist wie die eigene
Tochter und im Ruf steht, aufsässig und spitzzüngig zu sein,
Vorhaltungen machen lässt, ist nicht weiter verwunderlich.
Ebenso wenig überrascht, dass sie sich nicht wegen ihrer Le-
bensführung vor der Droste rechtfertigt und sie stattdessen

kalt abfertigt. Bemerkenswert ist allerdings, dass Johanna, obwohl »lahm«, vor der Freundin ihrer Tochter flüchtet. Adele, die ihre Mutter in dieser Zeit in der Tat aufopferungsvoll pflegt, sieht Johannas Verhalten differenzierter.

21 Lebensausklang und Tod in Jena

»Zum Ausleben ist am Ende jeder Ort gut genug«, schrieb Johanna Schopenhauer ihrem Sohn im Jahr 1833.[1] Trotzdem ist sie froh, als sie im Frühherbst 1837 Bonn verlassen kann, um nach Jena zu ziehen. Die aller Voraussicht nach letzte Gelegenheit, ihren Sohn noch einmal zu sehen, lässt sie verstreichen. Johanna und Adele machen um Frankfurt einen Bogen unter dem Vorwand, das teure Gasthausleben sage ihnen nicht zu. Die charakterlichen Unterschiede, die gegenseitigen Verletzungen und die daraus resultierenden Befürchtungen sind zu groß, als dass auch nur eine Seite eine persönliche Begegnung gewünscht hätte.

Eine Pension der Großherzogs rettet Johanna und Adele vor dem Bettelstab. In Jena schaffen sich die Frauen neue, billige Möbel auf Abzahlung für ihr gemietetes Quartier an. Sie beschäftigen zwei Mädchen zur Pflege der schwer kranken Johanna und zur Unterstützung Adeles in der Hauswirtschaft.

Als Ottilie v. Goethe im Mai 1837 erfährt, dass Johanna und Adele nach Thüringen zurückgehen werden, schreibt sie Adele: »Ich begreife nicht warum Du (denn Du bist es doch) Jena statt Weimar gewählt. Alwina [Frommann] sagte mir stets, es wäre durchaus nicht wohlfeiler, und ein größerer Wechsel von Fremden ist doch in Weimar, zumal da Deiner Mutter ja auch gesellig liebenswürdige Menschen zum Umgang angenehm sind und sie nicht immer Gelehrte bedarf; außerdem hätte sie da noch an dem Theater eine Erheiterung gehabt, und in Jena bietet sich ihr wenig.«[2] Ottilie meint noch, O. L. B. Wolff würde alle Leute verscheuchen und die Frommanns, Adeles Freundin Alwina und Johannas Freund Carl

Friedrich Ernst Frommann seien krank oder kränklich. Bei Alwinas Vater, der noch 1837 stirbt, sei zudem seine »Krittlichkeit« störend, so dass Adeles Wahl ein »entschiedener Missgriff« sei, zumal Johanna »wirkliche Freunde in Weimar« habe.[3]

Es ist behauptet worden, Johanna und Adele hätten keine Alternative zu Jena gehabt. In einem Brief an den Staatsminister Geheimrat Schweitzer vom 22. Februar 1837 spricht Johanna Schopenhauer davon, dass sie durch Anordnung bestimmt wurde, ihren Wohnsitz in Jena zu nehmen. Was ihr sehr recht sei, beteuert sie in diesem Brief, da sie eigentlich nicht nach Weimar gewollt habe. In einem Brief an den Großherzog wünscht sie freilich »Weimar oder Jena«[4] als künftigen Wohnsitz, möglicherweise, um den Großherzog nicht zu brüskieren. Sowohl gegenüber ihrem Sohn als auch gegenüber Holtei hat Johanna in der Vergangenheit jedenfalls wiederholt geäußert, dass sie sich nicht nach Weimar zurücksehne. Goethe war inzwischen gestorben, Gerstenbergk war bei Hofe in Ungnade gefallen und lebte in Dresden, ins Theater war sie in den letzten Jahren, die sie in Weimar verlebte, nicht nur wegen des Programms kaum noch gegangen. Ein Besuch Gerstenbergks bei ihr, hätte sie ihre Wohnung in Weimar, wäre ganz undenkbar. Adele hätte schon eher Anlass gehabt, Weimar als Wohnsitz zu wünschen. Immerhin wäre da Adeles Intimfreundin Ottilie. Aber Ottilie hält sich mit Schwester und Tochter bei ihrem Sohn Walther in Leipzig auf und ist noch unsicher, ob sie im Herbst nach Weimar zurückkehren oder nach Dresden gehen soll. Zudem schreibt sie Adele: »Ich kann nicht sagen, daß ich mich freue, Dich wiederzusehen, denn es wird wohl sehr schmerzlich sein, und wenn ich bedenke, wie wir alle mit unserm zerbrochenen Geschick und gebrochenen Herzen wieder zusammen kriechen und mühsam durch künstlich erregte Interessen uns zu erwärmen und beleben suchen, so schauderts mich.«⁵ In Jena leben neben Alwina Frommann, mit der sie sehr eng befreundet ist, Adeles seit dem 10. März 1828 mit O. L. B. Wolff verheiratete Jugendfreundin Louise Kirsten, zu der sie in ihren letzten Weimarer Jahren bei Kummer stets geflohen ist. Adele zieht es wohl ebenfalls stärker nach Jena als nach Weimar. Auch nach dem Tode der Mutter fühlt Adele sich in Jena wohler und bleibt dort, solange sie in Thüringen lebt.

Über die Frage, warum die Bewilligung der Pension mit der Anordnung verknüpft wurde, ihren Wohnsitz in Jena zu nehmen, gibt es zahlreiche Spekulationen. Am plausibelsten erscheint, dass Neid vorgebeugt werden sollte. Auch mag Johanna Schopenhauers enge Beziehung zu ihrem »alte[n] treuen Freunde«⁶ Gerstenbergk, wie sie ihn einmal in einem früheren Brief an den Großherzog nennt, eine Rolle gespielt haben. Gerstenbergk hatte »sich in einige schmutzige Geschichten verwickelt«,⁷ über die nichts Näheres bekannt ist. 1836 gab er deswegen, aber auch aus Krankheitsgründen, sein Amt auf. Seine Frau trennte sich von ihm. Bei Hofe war er so verhasst, dass dem Todkranken sogar alle ihm zustehenden Adelsrechte aberkannt werden sollten. Ihn also wollte man gewiss nicht in Weimar sehen.

Die Beziehungen der Frauen zum Großherzogspaar wie auch zum Staatsminister Geheimrat Schweitzer, die Johanna auch nach ihrem Weggang sorgfältig gepflegt hatte, waren durchaus gut. In einem Brief aus dem Jahr 1831 spricht Johanna – unter Beachtung der unumgänglichen Etikette – mit dem Großherzog wie mit einem guten Bekannten, den sie wiederzusehen hofft. In mehreren Briefen aus späteren Jahren, als sie die sichere Aussicht hat, dass Adele sich als Gouvernante verdingen muss und ihre Augen einst »Miethlingshände«⁸ schließen werden, wenn nicht bald etwas geschieht, schildert sie ihm eindringlich ihre traurige Lage. Es dürfte dieser stolzen Frau nicht leicht gefallen sein, wiederholt als Bittstellerin vorstellig zu werden, bis ihr die Pension schließlich bewilligt wurde.

In Jena lebt Johanna zurückgezogen in ihrer Wohnung im Branschen Haus unterm Markt. Trotz Krankheit arbeitet sie eifrig an ihren Memoiren, die sie noch zu vollenden hofft, nicht zuletzt, um Adele nach ihrem Tod abzusichern. Jeden Sonntag versammelt sich im Salon, einem großen Zimmer mit zwei Fenstern zum Löbdergraben, ein kleines literarisches Kränzchen. Dann wird »im engsten Kreise das während der verflossenen Woche von ihr an den Memoiren Geschaffene vorgelesen und besprochen«,[9] wie sich der mit Adele befreundete O. L. B. Wolff gern erinnert.

In ihren bis heute immer wieder aufgelegten Jugenderinnerungen zeichnet Johanna Schopenhauer ein amüsantes Sittengemälde Danzigs zu ihrer Jugendzeit. Obwohl sie als erklärten Zweck des Buches die Unterhaltung der Leserinnen und Leser angibt, verfolgt sie doch ernstere Absichten. Sie möchte sich als Frau und Schriftstellerin präsentieren, um »jenen oberflächlichen Biographien zu entgehen, die jedem nur einigermaßen bekannten Schriftstellerleben bei seinem Erlöschen drohen und mit Hilfe einiger von indiskreten Freunden und Bekannten leicht zu erhaltener Briefe, Notizen und Anekdoten sich schnell zusammenbringen lassen«.[10] Folgerichtig verzichtet sie auf die Darstellung ihrer Herzensangelegenheiten, die sie auch kaum vor einem Publikum in der damaligen Zeit hätte ausbreiten können. Wie sie gesehen werden möchte, sagt sie gleich zu Beginn des Buches. Sie sei »keine mit philosophischem Blick und männlichem Mut in alle Verhältnisse des Lebens, die des eigenen wie des fremden, tief eingreifende und tief eindringende Rahel; aber auch kein exzentrisch poetisierendes Kind, dessen übermächtige Phantasie Wahrheit und Dichtung dermaßen ineinander wirrt, daß es selbst am Ende beide nicht mehr voneinander zu sondern vermag«.[11] Johanna Schopenhauer sieht sich auch nicht als extravagante Nachfolgerin der Frau von Genlis. Sie greift in ihrer Selbstdarstellung auf das bewährte Muster der »heitere[n], anspruchslose[n] alte[n] Frau«[12] zurück, die sie durchaus nicht war. Zutreffend ist allerdings ihre Selbsteinschätzung, dass die meisten ihr im geselligen Umgang die Schriftstellerin nicht anmerkten. Auch jetzt will sie keinesfalls in den Ruf kommen, eine »gelehrte Frau« zu sein, womit sie sich nach wie vor der Lächerlichkeit preisgäbe. Johanna Schopenhauer benutzt ihre Memoiren auch dazu, ihre Herkunft ein wenig aufzupolieren, so dass vom sozialen Gefälle zwischen den Trosieners und den Schopenhauers nichts zu spüren ist. Es wirkt fast so, als wollte sie der Behauptung ihres Sohnes, sie habe alles seinem Vater zu verdanken, entgegentreten. Ihre Eltern erscheinen glänzender, als ihre soziale Stellung vielleicht war. Zudem streicht sie die Bildung heraus, die sie als junges Mädchen erhielt und die im Vergleich zu der eines jungen Mannes in dieser Zeit äußerst dürftig war. Der gesellschaftliche Umgang der elterlichen Familie erscheint hier viel vornehmer als in der von Gerstenbergk verfassten biographischen Skizze. Auch mit der Rolle des Hausfreundes – »im edelsten Sinne des oft mißbrauchten Wortes«[13] – beschäftigt sie sich. Zudem streicht sie, die von der Gnade des Großherzogs lebt, ihre republikanische Gesinnung heraus.

Mitten in den Verhandlungen mit Verlegern wegen der Herausgabe des soeben vollendeten ersten Memoirenbandes entschläft sie in der Nacht zum 17. April 1838, um dreiundzwanzig Uhr sehr sanft. Johannas Hoffnung, versöhnt mit ihrem Sohn aus dieser Welt zu scheiden, ist nicht mehr in Erfüllung gegangen. Noch in der Nacht schreibt Adele ihrem Bruder: »Es kam plötzlich – ich war in Weimar wurde geholt, kam 2 Stunden zu spät! Sie hat noch ganz angezogen Thee getrunken, ist erst halb 9 zu Bett – dann hat sie Beklemmungen bekommen, hat einmal aufgeathmet, aber ganz sanft, u. ist mit geschlossenen Augen ganz schmerzlos gestorben. Ich weiß, daß sie vollkommen gepflegt war – aber ich werde es nie vergessen u nie ganz verwinden, daß man mich zu spät geholt hat. Leb wohl, ich kann wirklich nicht mehr schreiben. Adèle. – Vor 8 Tagen war sie von einem Anfall genesen, jetzt soll ein Lungenschlag dazu gekommen seyn! – Um 2 Stunden kam ich zu spät –«[14]

Wenige Tage später dankt Adele, die »ruhiger, und im Stande zu begreifen, dass das Unerwartete wenigstens für sie ein Glück war«, ihrem Bruder für seinen »guten milden Brief«.[15] Dann kommt sie zur Sache und setzt ihm die Vermögensverhältnisse auseinander. Neben Schulden, die Adele noch lange abtragen wird, ist wenig geblieben, unter anderem: eine schäbige Garderobe, alte Wäsche, Küchen- und Wirtschaftsgeräte, ein großer fleckiger Spiegel, eine kleine Bibliothek.

Epilog

Gerstenbergk, der seine Tage gerne in Johannas Nähe beschlossen hätte, war schon am 14. Februar 1838 auf Schloss Rautenberg bei Altenburg gestorben. Wegen der Nähe zu Weimar hatte er sich nicht mehr nach Jena zu Johanna getraut. Nach Adeles nicht unparteiischer Meinung – nach wie vor stand sie ihm unversöhnlich gegenüber – soll er sich auf unrechtliche Weise den Anschein gegeben haben, Johannas Forderung von 700 Reichstalern in kleinen Summen zurückgezahlt zu haben. Der Kummer über diese Angelegenheit habe nach Hofrat Kiesers Ausspruch wahrscheinlich den Tod der Mutter beschleunigt, berichtet Adele ihrem Bruder.

Nachdem Adele den Nachlass geordnet und einen Verleger für Johannas unvollendete Memoiren gefunden hatte, richtete sie mit großer Energie ihr Leben neu ein. Zunächst konzentrierte sie sich auf den Bereich der bildenden Kunst. Sie wollte sogar regelrecht in die Lehre gehen. Ihr Vorhaben scheiterte jedoch an dem aufzubringenden Lehrgeld. Einen gewissen Ersatz bot ihr der Unterricht bei der Malerin Louise Seidler. Im Jahr 1840 machten sich bei Adele erste Anzeichen einer Krebserkrankung bemerkbar. Körperliche Arbeit war ihr fortan untersagt, so dass sie zur Feder griff, um einen Erwerb zu haben. In den nächsten vier Jahren entstanden die *Haus-, Wald- und Feldmärchen*. Der zweibändige, stark autobiographisch geprägte Roman *Anna*, den sie Ottilie v. Goethe widmete, erschien Anfang 1845. Zu diesem Zeitpunkt war Adele schon nach Italien abgereist, das sie seit September 1844 mit Sibylle bereiste. In *Anna* setzt Adele sich mit ihrer Kindheit und Jugend, insbesondere aber mit ihrem Lebensthema Liebe auseinander. Anders als in Johanna Schopenhauers *Gabriele*, wo es um Liebe geht, die am Machtanspruch der Männer scheitert, ist dies für Adele kein Thema. Sie nimmt die Gegebenheiten, das heißt die Nachrangigkeit der Frau ebenso hin wie deren Passivität und entwirft ein Bild der Liebe, das auch als Gegenentwurf zu Johanna verstanden werden kann. Adele idealisiert die aufopfernde Mutterliebe, was zudem als versteckte Kritik an der Haltung der Mutter zu verstehen ist. Adeles Idealmutter ist eine *sœur grise*, die ihren melancholischen Mann erheitert und schließlich nach seinem Tod auf dessen Wunsch seinen Freund heiratet. Aber auch an die Männer stellt Adele irreale Forderungen. Sie kritisiert sie nicht etwa wegen der Inanspruchnahme ihrer Vorteile, die das partriarchalische System ihnen auf Kosten der Frauen gewährt, sondern weil sie neben der Liebe noch andere Interessen pflegten. Während Johannas Heldinnen alle ein bewegtes, aktives Leben führen, sind Adeles Frauengestalten durchaus passiv. Diese von der Liebe bestimmten Frauen handeln allerdings sehr tatkräftig, wenn etwa das Leben ihres Liebsten in Gefahr ist.

Trotz schwerer Krankheit hellte Adeles Leben sich auf, als sie im September 1844 ihre Reise nach Italien antrat, wo sie – von ihrer Freundin Sibylle großzügig unterstützt – mit Unterbrechung bis zum Mai 1848 blieb. Adele konzentrierte sich auf die Kunst und besuchte, nicht zuletzt um sich von ihrer unheilbaren Erkrankung abzulenken, unzählige Museen und Galerien. Sie entwickelte nicht nur Kennerschaft, sondern fand auch Befriedigung im Schreiben. Aus Italien schickte sie Feuilletons, die in verschiedenen deutschen Zeitungen veröffentlicht wurden. In Italien entstand auch der Roman *Eine dänische Geschichte*. Gelassenheit und Heiterkeit fand sie, als sie ihr Leben auf ihr Vorhaben ausrichtete, einen – vor allem für Frauen gedachten – Florenz-Führer zu schreiben, der eine Marktlücke in der Literatur über Italien schließen sollte. Adele quartierte sich in Florenz ein. Das Glück währte indes nur kurz, dann zwang die Krankheit sie, ihr Projekt aufzugeben.

Infolge des Krieges in Italien lag sie wochenlang hilflos in Florenz, ihren rohen Wirtsleuten ausgeliefert und von ihren Freunden und den Geldzuwendungen Sibylles abgeschnitten. Adele fing sich noch einmal. In sehr kurzen Tagesetappen schleppte sie sich mit letzter Kraft über die Alpen nach Bonn. Im Jahr 1849 unternahm sie ihre letzte Reise nach Berlin und Jena, um Abschied von den Freunden zu nehmen. In Weimar brach sie zusammen. Die aus Italien herbeigeeilte Sibylle brachte die Sterbende nach Bonn, wo Adele noch einmal Ottilie sah, die aus Wien gekommen war. Wenige Tage vor ihrem Tod diktierte sie einen in seiner Geschäftsmäßigkeit ergreifenden Brief an ihren Bruder. Seine bewegte Antwort konnte sie nicht mehr lesen. In den Armen Sibylles, betreut von ihrem langjährigen Hausarzt und Freund Heinrich Wolff, starb Adele am 25. August 1849. Ihr Begräbnis fand an Goethes einhundertstem Geburtstag statt.

Arthur Schopenhauer blieb die Maxime seiner Mutter, dass die Gesellschaft weder so gut noch so schlecht sei, wie man denke, sein Leben lang fremd. Als ihm endlich der verdiente, so lange entbehrte Ruhm zuteil wurde, reagierte der Weltverächter überschwänglich. Seine Anhänger nannte er Evangelisten und Jünger. Arthur Schopenhauer starb im gleichen Alter wie seine Mutter. Und wie bei ihr geschah es sanft und völlig unerwartet.

Anmerkungen

Prolog

1 Schopenhauer, Arthur, Parerga, 1972, Bd. 2, S. 656.
2 Schopenhauer, Arthur, Der handschriftliche Nachlaß, 1985, Bd. 1, S. 105.
3 Schopenhauer, Arthur, Parerga, 1972, Bd. 2, S. 658.
4 ebd., S. 662.
5 ebd., S. 277.
6 ebd., S. 662.
7 Schopenhauer Arthur, Der handschriftliche Nachlaß, 1985, Bd. 4, 2. Teil, S. 117, Nr. 24.
8 Lütkehaus, 1991, S. 445 f. (Nr. 186).
9 ebd., S. 72 f. (Nr. 19).
10 Ritter/Gründer, 1974 ff., Bd. 9, Sp. 338 (Lemma: Selbstbestimmung).
11 Hübscher, Arthur, 1965, S. 169.

1 Das Bildnis der heiligen Cäcilia

1 Schopenhauer, Johanna, Jugendleben, 1958, S. 145.
2 Lütkehaus, 1991, S. 329 (Nr. 116).
3 Schopenhauer, Johanna, Jugendleben, 1958, S. 12.
4 Sørensen, 1984, S. 37.
5 Jäckel, 1969, S. 323.
6 Rauschenberger, 1940, S. 123.
7 Schopenhauer, Johanna, Jugendleben, 1958, S. 33.
8 ebd.
9 Jäckel, 1969, S. 57.
10 Schopenhauer, Johanna, Jugendleben, 1958, S. 56.
11 ebd., S. 61 f.
12 ebd., S. 58.
13 Goethe, 1998, Bd. 9, S. 36.

14 Schopenhauer, Johanna, Jugendleben, 1958, S. 79.

15 ebd., S. 99.

2 Glanz und Elend einer großbürgerlichen Ehe

1 Schopenhauer, Johanna, Jugendleben, 1958, S. 63.

2 Haßbargen, Die Danziger Vorfahren, 1928, S. 20.

3 Schopenhauer, Arthur, Gespräche, 1971, S. 224 (Nr. 350).

4 Schopenhauer, Johanna, Jugendleben, 1958, S. 147.

5 Gerstenbergk, 1817, S. 172.

6 Schopenhauer, Johanna, Meine Groß-Tante, 1831, S. 148.

7 Dobel, 1968, Sp. 1024.

8 ebd.

9 Schopenhauer, Johanna, Jugendleben, 1958, S. 151.

10 ebd., S. 162.

11 ebd., S. 160.

12 Wolzogen, 1848/49, Bd. 1, S. 450.

13 Puntsch, 1997, S. 94.

14 Schopenhauer, Johanna, Gabriele, 1985, S. 177.

15 Schopenhauer, Johanna, Jugendleben, 1958, S. 214.

16 ebd.

17 ebd., S. 216.

18 Schopenhauer, Johanna, Die erste Liebe, 1827, S. 20.

19 Schopenhauer, Arthur, Gespräche, 1971, S. 381 (Nr. 438).

20 Schopenhauer, Johanna, Jugendleben, 1958, S. 225.

21 Schopenhauer, Johanna, Gabriele, 1985, S. 18.

22 ebd.

23 Gruber, 1933, S. 498.

24 ebd.

25 Siegler, 1990, S. 211.

26 Kant, 1998, S. 253.

27 Träger, 1975, S. 27 f.

28 Schopenhauer, Johanna, Jugendleben, 1958, S. 239.

29 Gerstenbergk, 1817, S. 172 f.

3 Hamburg

1 Hess, 1811, S. 237 f.
2 Studt; Olsen, 1951, S. 123.
3 Zitiert nach Studt; Olsen, 1951, S. 123.
4 Sieveking, 1913, S. 483.
5 ebd., S. 475.
6 ebd., S. 477.
7 Röthel, 1955, S. 325.
8 Lütkehaus, 1991, S. 112 (Nr. 28).
9 ebd., S. 120 (Nr. 30).
10 ebd., S. 141 (Nr. 39).
11 Sieveking, 1913, S. 467.
12 ebd., S. 109 ff.

4 Die letzten Ehejahre

1 Schopenhauer, Arthur, Der Briefwechsel, 1. Bd., 1929, S. 237.
2 Schopenhauer, Arthur, Philosophie in Briefen, 1989, S. 15.
3 ebd.
4 ebd.
5 Grisebach, 1905, S. 5.
6 Lütkehaus, 1991, S. 49 (Nr. 2).
7 Schopenhauer, Arthur, Philosophie in Briefen, 1989, S. 16.
8 Lütkehaus, 1991, S. 356 (Nr. 130).
9 ebd., S. 204 (Nr. 62).
10 Schopenhauer, Arthur, Reisetagebücher, 1988, S. 9 f.
11 ebd., S. 13.
12 ebd., S. 18.
13 Hoffmann, Paul, 1932, S. 224.
14 Klopstock, 1809, Bd. 7, S. 43 f.
15 Pohl, 2000, S. 95.
16 Marchtaler, 1968, S. 103.
17 Lütkehaus, 1991, S. 164 (Nr. 46).
18 ebd., S. 53 (Nr. 5).
19 ebd., S. 55 (Nr. 6).
20 ebd., S. 63 (Nr. 12).
21 ebd., S. 53 (Nr. 5).

22 Gwinner, 1910, S. 27.

23 Schopenhauer, Arthur, Gespräche, 1971, S. 152.

24 Die Schopenhauer-Welt, 1988, S. 152.

5 Feuertaufe

1 Lütkehaus, 1991, S. 204 ff. (Nr. 62).

2 ebd., S. 66 (Nr. 16).

3 ebd., S. 67 (Nr. 16).

4 Biedrzynski, 1994, S. 85.

5 Lütkehaus, 1991, S. 69 (Nr. 17).

6 ebd., S. 70 (Nr. 18).

7 ebd., S. 72 (Nr. 19).

8 ebd., S. 164 (Nr. 46).

9 Oettingen, 1910, S. 16.

10 Lütkehaus, 1991, S. 74 (Nr. 20).

11 ebd., S. 75 (Nr. 21).

12 ebd., S. 74 (Nr. 21).

13 ebd., S. 77 (Nr. 22).

14 ebd., S. 82 (Nr. 24).

15 ebd., S. 84 (Nr. 24).

16 ebd., S. 86 (Nr. 24).

17 ebd.

18 Sie wurde später von Goethe gefördert, der für die künstlerisch hochbegabte junge Frau ein Stipendium vom Herzog erwirkte, das ihr von 1827 bis 1834 eine Ausbildung in Berlin bei Christian Daniel Rauch ermöglichte. Die Künstlerin kehrte anschließend nach Weimar zurück, wo sie als sehr geschätzte Medailleurin, Steinschneiderin und Bildhauerin hochbetagt im Jahr 1887 starb.

19 Lütkehaus, 1991, S. 96 (Nr. 24).

20 ebd., S. 100 (Nr. 24).

21 Biedrzynski, 1994, S. 85.

22 Lütkehaus, 1991, S. 109 (Nr. 27).

23 Kebbel, 1955, S. 28.

24 Lütkehaus, 1991, S. 102 (Nr. 24).

25 ebd., S. 107 (Nr. 26).

26 ebd., S. 175 (Nr. 50).

27 Stadt- u. Universitätsbibliothek Frankfurt a. M./Schopenhauer-Archiv, XXIII, 8.

28 Houben, Damals in Weimar, 1929, S. 247.

6 Die ersten Jahre in Weimar

 1 Lütkehaus, 1991, S. 116 (Nr. 30).

 2 Kant, 1971, S. 152 (§ 26).

 3 Houben, Damals in Weimar, 1929, S. 125.

 4 ebd., S. 44.

 5 ebd., S. 145; vgl. auch Kühn, o. J., Bd. 2, S. 340.

 6 Feuerbach, 1976, S. 273.

 7 Houben, Damals in Weimar, S. 127.

 8 Lütkehaus, 1991, S. 123 (Nr. 32).

 9 ebd., S. 137 (Nr. 36).

10 ebd., S. 146 (Nr. 41).

11 Houben, Damals in Weimar, S. 91; vgl. auch Schütze, 1840, S. 196.

12 Lütkehaus, 1991, S. 156 (Nr. 44).

13 ebd., S. 158 (Nr. 44).

14 Pisa, 1988, S. 54.

15 Lütkehaus, 1991, S. 115 (Nr. 29).

16 ebd.

17 ebd.

18 ebd., S. 132 f. (Nr. 35).

19 ebd., S. 151 (Nr. 43).

20 ebd., S. 169 (Nr. 46).

21 Hübscher, Angelika, Leben in Texten und Bildern, 1989, S. 19.

22 Volkmann, 1926, S. 100.

23 Schopenhauer, Johanna, Ausflug an den Niederrhein, 1831, Bd. 1, S. 17.

24 Lütkehaus, 1991, S. 181 (Nr. 52).

25 ebd., S. 186 f. (Nr. 56).

26 ebd., S. 192 (Nr. 57).

27 ebd., S. 198 (Nr. 58).

28 Houben, Damals in Weimar, 1929, S. 176.

29 ebd., S. 173.

30 ebd.

31 Lütkehaus, 1991, S. 151 (Nr. 43).

32 Houben, Damals in Weimar, 1929, S. 114.

7 Fernow

1 Schopenhauer, Johanna, Carl Ludwig Fernow's Leben, 1810, S. 401.

2 Houben, Damals in Weimar, 1929, S. 144.

3 ebd., S. 125.

4 Schopenhauer, Johanna, Carl Ludwig Fernow's Leben, 1810, S. 390.

5 Böttiger, 1998, S. 356.

8 Ronneburg

1 Schopenhauer, Johanna, Ausflug an den Niederrhein, 1831, Bd. 1, S. 13 f.

2 ebd., S. 8.

3 ebd., S. 10.

4 ebd., S. 13.

5 ebd.

6 Schopenhauer, Arthur, Gespräche, 1971, S. 17 (Nr. 9).

7 Werner, Ausgewählte Werke, Bd. 14, S. 155; vgl. auch Houben, Damals in Weimar, 1929, S. 156 f., der jedoch irrtümlicherweise davon ausgeht, dass die Begegnung in Jena stattgefunden hat.

8 Lütkehaus, 1991, S. 205 (Nr. 62).

9 Gräf, 1972, S. 346.

9 Kriegswinter 1813/14

1 Armin, Bettina v., 1994, S. 246 f.

2 Houben, Damals in Weimar, 1929, S. 195.

3 Hecker, 1927, S. 261.

4 Schopenhauer, Adele, Tagebuch einer Einsamen, 1985, S. 47 f.

5 Hecker, 1927, S. 270.

10 Zerwürfnis

1 Schopenhauer, Arthur, Philosophie in Briefen, 1989, S. 26.

2 Riedinger, 1924, S. 98.

3 Herwig, 1998, Bd. 2, S. 935 (Nr. 1872).

4 Schopenhauer, Arthur, Gesammelte Briefe, 1978, S. 7.

5 Hübscher, Angelika, Leben in Texten und Bildern, 1989, S. 115; vgl. auch: Die Schopenhauer-Welt, 1989, S. 81.

6 ebd.

7 Goethe, 1998, Bd. 13, S. 315.

8 Schopenhauer, Arthur, Der Briefwechsel mit Goethe, 1992, S. 20.

9 Lütkehaus, 1991, S. 273 (Nr. 99).

10 Schopenhauer, Adele, Tagebuch einer Einsamen, 1985, S. 126 f.

11 Schopenhauer, Arthur, Philosophie in Briefen, 1989, S. 26.

12 Goethe, 1998, Bd. 13, S. 315.

13 Lütkehaus, 1991, S. 214 (Nr. 65).

14 Ausdruck Schopenhauers, vgl. z. B. Schopenhauer, Arthur, Die Welt als Wille und Vorstellung, Bd. 1, 1987, S. 255.

15 Gwinner, Wilhelm, 1910, S. 53.

16 Deetjen, Weimarer Schopenhauer-Kreis, 1925, S. 99.

17 Lütkehaus, 1991, S. 220 ff. (Nr. 67).

18 Oettingen, 1912, S. 71.

11 Aspasia

1 Fiebiger, »Neues über Friedrich«, 1922, S. 68.

2 Houben, Damals in Weimar, 1929, S. 336.

3 Schopenhauer, Adele, Tagebuch einer Einsamen, 1985, S. 63 f.

4 Houben, Damals in Weimar, 1929, S. 320.

5 Schopenhauer, Johanna, Gabriele, 1985, S. 6.

6 Grisebach, 1905, S. 20 f.

7 ebd.

12 Die Jahre 1815 bis 1819

1 Fiebiger, »Neues über Friedrich«, 1922, S. 66 f.

2 ebd.

3 Houben, Damals in Weimar, 1929, S. 230.

4 ebd.

5 ebd., S. 265.

6 ebd.

7 ebd., S. 261.

8 ebd.

9 Schopenhauer, Arthur, Parerga, 1972, Bd. 2, S. 662.

10 Schopenhauer, Adele, Tagebücher, 1909, Bd. 1, S. 38.

11 ebd.

12 ebd., S. 40.

13 ebd., S. 59.

14 Schopenhauer, Adele, Anna, 1845, 1. Teil, S. X.

15 Houben, Damals in Weimar, 1929, S. 253.

16 Egloffstein, 1923, S. 89 f.

17 Biedrzynski, 1994, S. 73.

18 Schopenhauer, Arthur, Der Briefwechsel mit Goethe, 1992, S. 40.

19 Houben, Damals in Weimar, 1929, S. 275.

20 ebd., S. 281

21 Lütkehaus, 1991, S. 280 (Nr. 100).

22 ebd., S. 287 f. (Nr. 101).

13 Arthur

1 Schopenhauer, Arthur, Gesammelte Briefe, 1978, S. 29.

2 Schopenhauer, Arthur, Der Briefwechsel mit Goethe, 1992, S. 16.

3 Vgl. Schopenhauer, Arthur, Die Welt als Wille und Vorstellung, 1987, Bd. 1, § 1 (Eingangssatz).

4 Schopenhauer, Arthur, Gespräche, 1971, S. 45 f. (Nr. 55b).

5 ebd., S. 43 (Nr. 55).

14 Bankrott

1 Houben, Damals in Weimar, 1929, S. 241.

2 ebd.

3 Oettingen, 1912, S. 70.

4 Lütkehaus, S. 380 f. (Nr. 145).

5 Schopenhauer, Adele, Tagebücher, 1909, Bd. 1, S. 12.

6 ebd., S. 63.

7 ebd.

8 Lütkehaus, 1991, S. 284 f. (Nr. 100).

9 ebd., S. 285 (Nr. 100).

10 ebd., S. 276 (Nr. 100).

11 ebd.

12 ebd., S. 280 (Nr. 100).

13 ebd., S. 277 (Nr. 99).

14 ebd., S. 288 (Nr. 101).

15 ebd., S. 291 (Nr. 104).

16 Schopenhauer, Adele, Tagebücher, Bd. 2, S. 32. Die Eintragung stammt nicht vom 11. Juli 1819, sondern vom 18. Juli 1819.

17 Oettingen, 1912, S. 352.

18 ebd.

19 ebd.

20 ebd.

21 Gruber, 1933, S. 499.

22 Lütkehaus, 1991, S. 308 (Nr. 108).

23 Schopenhauer, Arthur, Gesammelte Briefe, 1971, S. 69.

24 Lütkehaus, 1991, S. 308 (Nr. 108).

25 Schopenhauer, Arthur, Gesammelte Briefe, 1971, S. 60.

26 Schopenhauer, Arthur, Parerga, 1972, Bd. 2, S. 662 (§ 371).

27 Stadt- u. Universitätsbibliothek Frankfurt a. M./Schopenhauer-Archiv, XXI, 5.

28 ebd.

29 ebd.

30 ebd.

15 »Gabriele« oder Die Entsagung

1 Mentzel, 1908, S. 727.

2 Goethe, Schriften, o. J., S. 723.

3 ebd.

4 ebd., S. 725.

5 Houben, Damals in Weimar, 1929, S. 307.

6 Goethe, Schriften, o. J., S. 725.

7 Schopenhauer, Johanna, Gabriele, 1985, S. 97.

8 Goethe, Schriften, o. J., 724.

9 ebd.

16 Die Jahre 1820 bis 1823

1 Müller, 1956, S. 34.

2 Rellstab, 1861, Bd. 2, S. 119 f.

3 Schopenhauer, Adele, Tagebücher, 1909, Bd. 2, S. 3.

4 ebd., S. 17.

5 Russell, 1825, Erster Theil, S. 97 ff.

6 Houben, Frédéric Soret, 1929, S. 99.

7 Houben, Damals in Weimar, 1929, S. 299 ff.

8 ebd.

9 ebd.

10 Schopenhauer, Johanna, »Ueber Gerhard v. Kügelgen«, 1810.

11 Houben, Damals in Weimar, 1929, S. 291 ff.

12 ebd.

13 Schopenhauer, Johanna, Sämtliche Schriften, 1834, Bd. 4, S. 45.

14 Schopenhauer, Adele, Tagebücher, 1909, Bd. 2, S. 91.

15 ebd.

16 ebd.

17 Schreinert; Jolles, Fontanes Briefe, 1969, Bd. 3, S. 30.

18 Schopenhauer, Johanna, Sämtliche Schriften, 1834, Bd. 13, S. 85 u. 67.

19 ebd., S. 25 f.

20 ebd.

21 ebd., S. 168 f.

22 ebd., S. 162. Vgl. ähnlich auch in: dies., Jugendleben, 1958, S. 228.

23 Schopenhauer, Johanna, Sämtliche Schriften, 1834, Bd. 13, S. 162.

24 Schopenhauer, Johanna, »Über die Sehnsucht«, 1935, S. 230.

25 Houben, Damals in Weimar, 1929, S. 318.

17 Die letzten Jahre in Weimar

1 Schopenhauer, Johanna, Sidonia, 1834, Tl. III, S. 149.

2 Schopenhauer, Johanna, Die erste Liebe, 1826, S. 95.

3 Schopenhauer, Johanna, Sidonia, 1834, Tl. III, S. 376 f.

4 ebd., S. 377.

5 ebd., S. 378.

6 Houben, Damals in Weimar, 1929, S. 332.

7 ebd., S. 330.

8 ebd., S. 332.

9 ebd., S. 356.

10 Holtei, Johanna Schopenhauer, 1870, S. 43.

11 Houben, Damals in Weimar, 1929, S. 338.

12 ebd.

13 ebd., S. 408.

14 Holtei, Johanna Schopenhauer, 1870, S. 18.

18 Adele

1 Lütkehaus, 1991, S. 274 (Nr. 99).

2 Schopenhauer, Adele, Gedichte, 1920, Bd. 1, S. 180.

3 Geiger, Dreizehn Briefe, 1898, S. 94.

4 ebd.

5 Lütkehaus, 1991, S. 320 (Nr. 113).

6 Kretschmann, 1892, S. 112 f.

7 Stromeyer, 1874, Bd. 1, S. 148.

8 Schopenhauer, Johanna, Gabriele, 1985, S. 43.

9 Schopenhauer, Adele, Tagebücher, 1909, Bd. 1, S. 92.

10 ebd., Bd. 2, S. 68 f.

11 ebd.

12 Stadt- u. Universitätsbibliothek Frankfurt a. M./Schopenhauer-Archiv, XXI, 5.

13 ebd.

14 Schopenhauer, Adele, Tagebücher, 1909, Bd. 1, S. 13.

15 Lütkehaus, 1991, S. 285 (Nr. 100).

16 ebd., S. 307 (Nr. 108).

17 Schopenhauer, Adele, Tagebücher, 1909, Bd. 2, S. 12.

18 Schopenhauer, Adele, Tagebuch einer Einsamen, 1985, S. 96.

19 ebd., S. 123.

20 ebd., S. 124.

21 ebd., S. 129.

22 Oettingen, 1912, S. 282.

23 Schopenhauer, Adele, Tagebuch einer Einsamen, 1985, S. 152.

24 Houben, Damals in Weimar, 1929, S. 245.

25 ebd., S. 226.

26 vgl. Oettingen, 1912, S. 250.

27 Schopenhauer, Adele, Tagebücher, 1909, Bd. 2, S. 128.

28 Schopenhauer, Adele, Tagebuch einer Einsamen, 1985, S. 5.

29 ebd., S. 214.

30 ebd., S. 224.

31 ebd., S. 261.

32 Lütkehaus, 1991, S. 319 (Nr. 993).

33 Stiftung Weimarer Klassik, GSA 40I XVI, 2, Nr. 41.

34 ebd.

35 ebd., GSA 40 I XVI, 2, 113b.

36 Schopenhauer, Adele, Tagebuch einer Einsamen, 1985, S. 261.

37 ebd., S. 152.

38 Stromeyer, 1874, Bd. 1, S. 172.

39 Egloffstein, 1923, S. 235.

40 Schopenhauer, Adele, Tagebücher, 1909, Bd. 1, S. 108 f.

41 Schopenhauer, Adele, Tagebuch einer Einsamen, 1985, S. 167.

42 ebd.

43 Herwig, 1998, Bd. 3, 2. Tl., S. 361 (Nr. 6336).

44 Holtei, Johanna Schopenhauer, 1870, S. 10.

45 Hübscher, Arthur, Adele an Arthur, 1977, S. 152 f.

46 Geiger, Dreizehn Briefe, 1898, S. 61.

47 ebd., S. 63 f.

48 ebd., S. 59.

49 Stadt- u. Universitätsbibliothek Frankfurt a. M. / Schopenhauer-
    Archiv, XXI, 5.

50 Schopenhauer, Adele, Tagebücher, 1909, Bd. 2, S. 69.

51 ebd., S. 130.

52 Houben, Die Rheingräfin, 1935, S. 49.

53 Lütkehaus, 1991, S. 319 (Nr. 113).

19 Am Rhein

1 Lütkehaus, 1991, S. 318 (Nr. 113).

2 Holtei, Johanna Schopenhauer, 1870, S. 19.

3 ebd.

4 ebd., S. 35.

5 ebd., S. 59.

5 ebd., S. 55.

6 Houben, Die Rheingräfin, 1935, S. 44.

7 ebd., S. 45.

8 ebd.

9 Holtei, Johanna Schopenhauer, 1870, S. 49.

10 ebd., S. 50.

11 ebd., S. 52.

12 ebd., S. 79.

13 ebd., S. 80.

14 Houben, Die Rheingräfin, 1935, S. 48.

15 ebd., S. 46.

16 ebd., S. 49.

17 ebd., S. 50.

18 ebd.

19 ebd., S. 68.

20 ebd.

21 ebd.

22 Holtei, Johanna Schopenhauer, 1870, S. 77.

23 Bluhm, Tagebücher, 1963, Bd. 2, S. 35.

24 Lütkehaus, 1991, S. 316 (Nr. 112).

25 ebd., S. 319 (Nr. 113).

26 ebd., S. 322 (Nr. 113).

27 ebd., S. 330 (Nr. 116).

28 ebd., S. 331 (Nr. 116).

29 ebd., S. 334 (Nr. 117).

30 ebd., S. 337 (Nr. 120).

31 ebd., S. 338 (Nr. 122).

32 ebd., S. 339 (Nr. 122).

33 ebd., S. 339 f. (Nr. 122).

34 ebd., S. 341 (Nr. 123).

35 ebd., S. 349 (Nr. 128).

36 ebd.

37 ebd., S. 349 f. (Nr. 129).

20 Die Jahre 1835 bis 1837

1 Lütkehaus, 1991, Nr. 137 = S. 368 f. (369).

2 ebd., S. 388 (Nr. 150); vgl. auch S. 391.

3 Holtei, Johanna Schopenhauer, 1870, S. 96.

4 Schopenhauer, Adele, Tagebuch einer Einsamen, 1985, S. 346 ff.

5 Lütkehaus, S. 384 (Nr. 147).

6 ebd., S. 388 (Nr. 150).

7 ebd., S. 389 (Nr. 150).

21 Lebensausklang und Tod in Jena

1 Lütkehaus, 1991, S. 348 (Nr. 127).

2 Houben, Ottilie v. Goethe, 1923 (1971), S. 61.

3 ebd., S. 61.

4 Deetjen, Johanna u. Adele, 1930, S. 37.

5 Houben, Ottilie v. Goethe, 1923 (1971), S. 61.

6 Deetjen, Johanna u. Adele, 1930, S. 34.

7 Lütkehaus, S. 388 (Nr. 50).

8 Deetjen, Johanna u. Adele, 1930, S. 37.

9 Wolff, 1839, S. 83 ff.

10 Schopenhauer, Johanna, Jugendleben, 1958, S. 7.

11 ebd., S. 9.

12 ebd.

13 ebd., S. 123.

14 Lütkehaus, S. 392 (Nr. 154).

15 ebd., S. 292 (Nr. 155).

Quellen- und Literaturverzeichnis

Benutzte Archive und archivalische Quellen

Staatsbibliothek zu Berlin – Preußischer Kulturbesitz, Handschriftenabteilung
1) Slg. Darmst. 2 m 1810 (2): Schopenhauer, Johanna
2) Nachl. 141 (Slg. Adam), Kps. 77: Schopenhauer, Johanna
3) Nachl. 232 (C. Bardua), 14

Stadt- und Landesbibliothek Dortmund
1) Schopenhauer, Johanna, Atg. Nr. 9287
2) Schopenhauer, Johanna, Atg. Nr. 12747
3) Schopenhauer, Johanna, Atg. Nr. 2612

Germanisches Nationalmuseum Nürnberg, Archiv für bildende Kunst
4 Briefe Johanna Schopenhauers

Stadtbibliothek Trier, Autographensammlung
Johanna Schopenhauer an Duller

Hessische Landesbibliothek
Hs. 336 (Goethe an Johanna Schopenhauer)

Bayerische Staatsbibliothek München

Stadtarchiv und Stadthistorische Bibliothek Bonn
1) I i 98/537
2) I i 98/421

Universitäts- und Landesbibliothek Bonn, Abteilung Handschriften
und Raritäten
mehrere Briefe von und an Johanna Schopenhauer
Riemer, 1 Heft mit 15 Sonetten (größtenteils an J. Schopenhauer)

Universitäts- und Landesbibliothek Münster, Handschriftenabteilung
1) 2 Briefe Johanna Schopenhauers, Schulte-Kemminghausen-Nachlass, 1, 23 u. 1, 24

2) eigenhändiger Lebenslauf Johanna Schopenhauers, Schulte-Kemminghausen-Nachlass

Goethe-Museum, Anton- und Katharina-Kippenberg-Stiftung, Düsseldorf
1) Johanna Schopenhauer an Geheimrat Schweitzer, NW 882/1965
2) Johanna Schopenhauer an die Großherzogin Maria Pawlowna, NW 884/1965
3) Schütze-Nachlass

Staats- und Universitätsbibliothek Carl v. Ossietzky, Hamburg
CS 4, Schopenhauer, J.

Freies Deutsches Hochstift, Frankfurt a. M.
Briefe von und an Johanna Schopenhauer

Herzog-August-Bibliothek, Wolfenbüttel
1 Brief Johanna Schopenhauers

Deutsches Literaturarchiv Marbach a. N.
Johanna Schopenhauer an Cotta, 7 Briefe, 1 Entw.

Stadt- u. Universitätsbibliothek Frankfurt a. M.
Archivzentrum / Schopenhauer-Archiv
diverse Briefe von und an Johanna und Adele Schopenhauer und andere ungedruckte Quellen

Stiftung Weimarer Klassik, Goethe- u. Schiller-Archiv

Thüringisches Hauptstaatsarchiv, Weimar

Uniwersytet Jagiellonski, Biblioteka Jagiellonsika
Varnhagen von Ensesche Sammlung (5 Briefe von Johanna Schopenhauer)

Forschungs- und Landesbibliothek Gotha
Handschriftenproben von August Emil Leopold Herzog von Sachsen-Gotha und Altenburg

Badische Landesbibliothek Karlsruhe, Handschriftenabteilung
Schueler'sche Autographensammlung (Briefe an Johanna Schopenhauer)

324

Zeitzeugnisse

Das *Schopenhauer-Jahrbuch* erschien unter diesem Titel ab dem 32. Jg. 1945 (zunächst bei Lutzeyer/Minden, 1951–1992 bei Kramer/Frankfurt a. M., ab 1993 bei Königshausen und Neumann/Würzburg). Bis 1944 wurde es unter dem Titel *Jahrbuch der Schopenhauer-Gesellschaft* publiziert (bei der Schopenhauer-Gesellschaft, Kiel, danach Frankfurt a. M., ab dem 9. Jg. 1920 bei Winter / Heidelberg).

A) Briefe und Tagebücher der Familie Schopenhauer

Deetjen, Werner: »Johanna und Adele Schopenhauer in ihren Beziehungen zum weimarischen Hof. Ungedruckte Briefe«, in: *Ostdeutsche Monatshefte*, 10. Jg., Berlin 1930, S. 30–40.

Fiebiger, Otto: »Unveröffentlichte Briefe Johanna Schopenhauers an Karl August Böttiger«, in: *11. Jahrbuch der Schopenhauer-Gesellschaft* (1922), S. 69–113.

Geiger, Ludwig: »Dreizehn Briefe Goethes an Adele Schopenhauer nebst Antworten der Adele und einem Billet Börnes an Goethe«, in: *Goethe-Jahrbuch*, 19. Bd., Frankfurt a. M. 1898, S. 53–119.

Holtei, Karl v. (Hrsg.): *Johanna Schopenhauer. Briefe an Karl v. Holtei*, Leipzig 1870.

Houben, Heinrich Hubert: *Damals in Weimar. Erinnerungen und Briefe von und an Johanna Schopenhauer*, Berlin [2]1929.

Hübscher, Angelika; Radecki, Monika: »Adele Schopenhauer. Drei Briefe aus den Jahren 1819/1820 an Louise von Werthern«, in: *Schopenhauer-Jahrbuch*, 72 (1991), S. 7–16.

Hübscher, Arthur: »Unveröffentlichte Briefe von Johanna Schopenhauer an Karl August Böttiger«, in: *22. Jahrbuch der Schopenhauer-Gesellschaft* (1935), S. 197–200.

Ders.: »Adele an Arthur Schopenhauer. Unbekannte Briefe I«, in: *Schopenhauer–Jahrbuch*, 58 (1977), S. 133–153 u. 178–186.

Lütkehaus, Ludger (Hrsg.): *Die Schopenhauers. Der Familien-Briefwechsel von Adele, Arthur, Heinrich Floris und Johanna Schopenhauer*, Zürich 1991.

Schopenhauer, Adele: *Tagebücher*, hrsg. v. Kurt Wolff, 2 Bde., Leipzig 1909.

Dies.: *Tagebuch einer Einsamen,* hrsg. v. Heinrich Hubert Houben, (Neuausgabe der Ausgabe bei Kinkhardt & Biermann 1921) München 1985.

Schopenhauer, Arthur: *Der Briefwechsel,* in: *Arthur Schopenhauers sämtliche Werke,* hrsg. v. Paul Deussen, 16 Bde., Bde. XIV-XVI:

Bd. XIV: 1799–1849, hrsg. v. Carl Gerhardt, München 1929.

Bd. XV: 1849–1860, hrsg. v. Arthur Hübscher, München 1933.

Bd. XVI: Nachträge und Anmerkungen, hrsg. v. Arthur Hübscher, München 1942.

Ders.: *Gesammelte Briefe,* hrsg. v. Arthur Hübscher, Bonn 1978.

Ders.: *Reisetagebücher,* hrsg. v. Ludger Lütkehaus, Zürich 1988.

Ders.: *Philosophie in Briefen,* hrsg. v. Angelika Hübscher u. Michael Fleiter, Frankfurt a. M. 1989.

Ders.: *Der Briefwechsel mit Goethe,* hrsg. v. Ludger Lütkehaus, Zürich 1992.

B) Weitere Personen

Assing-Grimelli, Ludmilla (Hrsg.): *Aus dem Nachlaß des Fürsten von Pückler-Muskau. Briefwechsel und Tagebücher des Fürsten Hermann von Pückler-Muskau,* 9 Bde., (Nachdruck) Bern 1971.

Bamberg, Eduard v.: *Die Erinnerungen der Karoline Jagemann. Nebst zahlreichen unveröffentlichten Dokumenten aus der Goethezeit,* Dresden 1926.

Bardua, Wilhelmine: *Die Schwestern Bardua. Bilder aus dem Gesellschafts-, Kunst- und Geistesleben der Biedermeierzeit,* bearbeitet von Johannas Werner, Leipzig [3]1929.

Bluhm, Heinz (Hrsg.): *August v. Goethe und Ottilie v. Goethe. Briefe aus der Verlobungszeit,* Weimar 1962.

Ders. (Hrsg.): *Tagebücher und Briefe von und an Ottilie v. Goethe,* 2 Bde., Bd. 2: *Henriette v. Pogwisch. Briefe an Ottilie v. Goethe,* Wien 1963.

Ders. (Hrsg.): *Henriette v. Pogwisch. Weimar im Jahr 1832. Briefe an Adele Schopenhauer,* (Sonderband) Wien 1964.

Böttiger, Karl August: *Literarische Zustände und Zeitgenossen. Begegnungen und Gespräche im klassischen Weimar,* hrsg. v. Klaus Gerlach und René Sternke, Berlin [2]1998.

Boisserée, Sulpiz: *Briefwechsel und Tagebücher.* Faksimiledruck nach der 1. Auflage von 1862, mit einem Nachwort von Heinrich Klotz, 2 Bde., Göttingen 1970.

Brieger, Lothar (Hrsg.): *Aus meinem Leben von Wilhelm Tischbein*, Berlin 1922.

Deetjen, Werner: »Aus dem Weimarer Schopenhauer-Kreise«, in: *12. Jahrbuch der Schopenhauer-Gesellschaft* (1925), S. 96–100. (Briefe Müller v. Gerstenbergks an Ferdinand Heinke).

Eckermann, Johann Peter: *Gespräche mit Goethe in den letzten Jahren seines Lebens*, hrsg. v. Fritz Bergmann, Frankfurt a. M. [4]1990.

Egloffstein, Hermann Freiherr v. (Hrsg.): *Alt-Weimars Abend. Briefe und Aufzeichnungen aus dem Nachlasse der Gräfinnen Egloffstein*, München 1923.

Falk, Johannes: *Kriegsbüchlein*, Weimar 1815. = Weimar in den Freiheitskriegen, Bd. 2, Leipzig 1911.

Falk, Rosalie: *Johannes Falk. Erinnerungsblätter aus Briefen und Tagebüchern gesammelt von dessen Tochter*, Weimar 1868.

Feuerbach, Ludwig: *Paul Johann Anselm Ritter von Feuerbachs Leben und Wirken*, Berlin 1976.

Fleck, Oswald (Hrsg.): *Die Tagebücher des Dichters Zacharias Werner*, Leipzig 1939.

Geibel, Emanuel: *Emanuel Geibels Jugendbriefe. Bonn – Berlin – Griechenland*, Berlin 1909.

Geiger, Ludwig: »Aus den Briefen von Gerstenbergks«, in: *Goethe-Jahrbuch*, 29. Bd., 1908, S. 34–63.

Geismeier, Willi (Hrsg.): *Daniel Chodowiecki: Die Reise von Berlin nach Danzig*, hrsg. u. erläutert v. Willi Geismeier, 2 Bde., Berlin 1994.

Gerstenberg, Kurt: *Carl Gustav Carus: Neun Briefe über Landschaftsmalerei. Geschrieben in den Jahren 1815 bis 1824*, hrsg. und mit einem Nachwort begleitet v. Kurt Gerstenberg, Dresden [1827].

Gerstenbergk gen. Müller, Georg Friedrich Konrad Ludwig v.: *Johanna Schopenhauer*, in: Zeitgenossen IV, Bd. 1, (Brockhaus) Leipzig/Altenburg 1817.

Gräf, Hans Gerhard (Hrsg.): *Goethes Ehe in Briefen*, Leipzig 1972.

Gräf, Hans Gerhard; Leitzmann, Albert (Hrsg.): *Der Briefwechsel zwischen Schiller und Goethe*, 3 Bde., Leipzig 1955.

Günther, Otto (Hrsg.): *Des Syndicus der Stadt Danzig Gottfried Leng-*

nich *Ius Publicum Civitatis Gedanensis oder Der Stadt Danzig Verfassung und Rechte,* hrsg. im Auftrag des Westpreußischen Geschichtsvereins, Danzig 1900.

Gwinner, Wilhelm: *Schopenhauers Leben,* Leipzig [3]1910.

Ders.: *Arthur Schopenhauer aus persönlichem Umgang dargestellt. Ein Blick auf sein Leben, seinen Charakter und seine Lehre, kritisch durchgesehen und neu herausgegeben von Charlotte v. Gwinner,* Leipzig 1922.

Haberland, Helga; Pehnt, Wolfgang (Hrsg.): *Frauen der Goethezeit in Briefen, Dokumenten und Bildern. Von der Gottschedin bis zu Bettina von Arnim,* Stuttgart 1960.

Haßbargen, H.: »Johanna Schopenhauers Briefe an C. W. Labes in Danzig«, in: *Mitteilungen des Westpreußischen Geschichtsvereins,* 17. Jg., Nr. 4 (1. Oktober 1928), S. 61–74.

Hecker, Max (Hrsg.): *Briefwechsel zwischen Goethe und Zelter 1799–1832,* 2 Bde., Leipzig 1915–1918.

Heitmüller, Ferdinand (Hrsg.): *Aus dem Goethehause. Briefe Friedrich Wilhelm Riemers an die Familie Frommann in Jena (1803 bis 1824),* Stuttgart 1892.

Herwig, Wolfgang (Hrsg.): *Goethes Gespräche.* Biedermannsche Ausgabe, 5 Bde. in 6 Teilbdn., München 1998.

Hess, Jonas-Ludwig v.: *Hamburg topographisch, politisch und historisch beschrieben,* 3. Teil, Hamburg [2]1811.

Holtei, Karl v. (Hrsg): *Dreihundert Briefe aus zwei Jahrhunderten,* (Nachdruck) Bern 1971.

Houben, Heinrich Hubert: *Ottilie v. Goethe. Erlebnisse und Geständnisse,* Braunschweig 1923 (Nachdruck: Bern 1971).

Ders. (Hrsg.): *Frédéric Soret: Zehn Jahre bei Goethe. Erinnerungen an Weimars klassische Zeit 1822–1832.* Aus Sorets handschriftlichem Nachlaß, seinen Tagebüchern und seinem Briefwechsel zusammengestellt, übersetzt und erläutert v. H. H. Houben, Leipzig 1929.

Jäckel, Günter (Hrsg.): *Frauen der Goethezeit in ihren Briefen,* Berlin 1969.

Jäckel, Günter; Schlosser, Manfred: *Das Volk braucht Licht. Frauen zur Zeit des Aufbruchs 1790–1848 in ihren Briefen. Mit zeitgenössischen Scherenschnitten,* Darmstadt 1970.

Kapf, R. S.: »An Johanna Schopenhauer nach dem Lesen der Gabriele«, in: *Abend-Zeitung*, Dresden/Leipzig 1821, Nr. 90, 14. April 1821.

Kretschmann, Lily v. (Hrsg.): *Aus Goethes Freundeskreise. Erinnerungen der Baronin Jenny v. Gustedt*, Braunschweig 1892.

Lindner, Ernst Otto: *Arthur Schopenhauer. Von ihm. Über ihn. Ein Wort der Verteidigung von Ernst Otto Lindner und Memorabilien, Briefe und Nachlassstücke von Julius Frauenstädt*, Berlin 1863.

Lyncker, Carl Wilhelm Heinrich Freiherr v.: *Ich diente am Weimarer Hof. Aufzeichnungen aus der Goethezeit*, hrsg. v. Jürgen Lauchner, Köln/Weimar/Wien 1997.

Mandelkow, Karl Robert (Hrsg.): *Briefe an Goethe,* 2 Bde., München ³1988.

Ders. (Hrsg.): *Goethes Briefe und Briefe an Goethe*, Hamburger Ausgabe in 6 Bdn., München 1988.

Mentzel, E.: »Ungedruckte Briefe und Billette von Ludwig Börne an Jeannette Wohl«, in: *Euphorion*, 15. Jg., Heidelberg 1908, S. 522 bis 535 u. 725–738.

Müller, Friedrich v.: *Unterhaltungen mit Goethe*, Kritische Ausgabe, besorgt v. Ernst Grumach, Weimar 1956.

Oettingen, Wolfgang v.: *Aus Ottilie von Goethes Nachlaß. Briefe von ihr und an sie 1806–1822.* = Schriften der Goethe-Gesellschaft, Bd. 27, Weimar 1912.

Ders. (Hrsg.): *Aus Ottilie von Goethes Nachlaß. Briefe von ihr und an sie bis 1832.* = Schriften der Goethe-Gesellschaft, Bd. 28, Weimar 1913.

Oppel, Margaret (Hrsg.): *Johann Heinrich Wilhelm Tischbein. Zeichnungen aus Goethes Kunstsammlung,* Weimar 1991.

Rellstab, Ludwig: *Aus meinem Leben*, 2 Bde., Berlin 1861.

Riemer, Friedrich Wilhelm: *Mitteilungen über Goethe*, hrsg. v. Arthur Pollmer, Leipzig 1921.

Rückert, Joseph: *Bemerkungen über Weimar 1799*, hrsg. v. Eberhard Haufe, Weimar 1969.

Russell, John: *Reise durch Deutschland und einige südliche Provinzen Oesterreichs in den Jahren 1820, 1821 und 1822*, Erster Theil, Leipzig 1825.

Schreinert, Kurt; Jolles, Charlotte (Hrsg.): *Theodor Fontane. Briefe,* 4 Bde., Bd. 3: *Briefe an Mathilde v. Rohr*, Berlin 1969.

Schulze, Friedrich (Hrsg.): *Weimarische Berichte und Briefe aus den Freiheitskriegen 1806–1815,* Leipzig 1913. = Weimar in den Freiheitskriegen, Bd. 3.

Schütze, Stephan: »Die Abendgesellschaften der Hofräthin Schopenhauer in Weimar: 1806–1830«, in: *Weimars Album zur 4. Säcularfeier der Buchdruckerkunst,* Weimar 1840, S. 185–204.

Seidler, Louise: *Erinnerungen der Malerin Louise Seidler,* hrsg. v. Hermann Uhde, Weimar 1964.

Sieveking, Heinrich: *Georg Heinrich Sieveking. Lebensbild eines Hamburgischen Kaufmanns aus dem Zeitalter der französischen Revolution,* Berlin 1913.

Stromeyer, Georg Friedrich Louis: *Erinnerungen eines deutschen Arztes,* 2 Bde., Hannover [2]1874.

Tümmler, Hans (Hrsg.): *Goethes Briefwechsel mit Christian Gottlob Voigt,* 4 Bde., Weimar 1962. = Schriften der Goethe-Gesellschaft, Bd. 56.

Weber, Max Maria v.: *Carl Maria von Weber. Ein Lebensbild,* 2 Bde., Leipzig 1864.

Wolff, Oskar Ludwig Bernhard: *Das Büchlein von Goethe. Andeutungen zum besseren Verständnis seines Lebens und Wirkens,* Penig 1832.

Ders.: *Portraits und Genrebilder,* Erster Theil, Cassel/Leipzig 1839.

Wolzogen, Caroline v.: *Literarischer Nachlaß,* 2 Bde., Leipzig 1848/1849.

Sonstige Literatur

Aberg, Peter: *Der Beischlag des deutschen Bürgerhauses,* Danzig 1935.

Ackerknecht, Erwin H.: *Geschichte und Geographie der wichtigsten Krankheiten,* Stuttgart 1963.

Asendorf, Kurt: »Altes und neues zur Schopenhauer-Genealogie«, in: *Schopenhauer-Jahrbuch,* 69 (1988), S. 609–613.

Assing, Ludmilla: *Fürst Hermann Pückler-Muskau. Eine Biographie,* Hamburg 1873.

Bär, Max: *Die Behördenverfassung in Westpreußen seit der Ordenszeit,* Danzig 1912.

Barleben, Ilse: *Kleine Kulturgeschichte der Wäschepflege,* Düsseldorf [2]1955.

Barth, Ilse-Marie: *Literarisches Weimar. Kultur/Literatur/Sozial-struktur im 16.–20. Jahrhundert*, Stuttgart 1971.

Bauer, Hanns; Millack, Walter (Hrsg.): *Danzigs Handel in Vergangen-heit und Gegenwart*, Danzig 1925.

Berger, Renate; Stephan, Inge (Hrsg.): *Weiblichkeit und Tod in der Literatur,* Wien 1987.

Berglar, Peter: *Wilhelm von Humboldt*, Reinbek bei Hamburg 1970.

Ders.: *Matthias Claudius*, Reinbek bei Hamburg 1981.

Brandes, Anna: *Adele Schopenhauer in den geistigen Beziehungen zu ihrer Zeit*, Diss., Frankfurt a. M. 1930.

Brandes, Irma; Mauch, Ursula: *Der Freiheit entgegen. Frauen der Ro-mantik*, München 1986.

Brehmer, Ilse; Jacobi-Dittrich, J.; Kleinau, E.; Kuhn, A. (Hrsg.): *Frauen in der Geschichte IV. »Wissen heißt leben …«.* Düsseldorf 1983. = Beiträge zur Bildungsgeschichte von Frauen im 18. und 19. Jahr-hundert.

Brinkler-Gäbler, Gisela (Hrsg.): *Deutsche Literatur von Frauen*, Bd. 1: *Vom Mittelalter bis zum Ende des 18. Jahrhunderts*, München 1988; Bd. 2: *19. und 20. Jahrhundert*, München 1988.

Bruford, Walter H.: *Kultur und Gesellschaft im klassischen Weimar 1775–1806*, Göttingen 1966.

Ders.: *Die gesellschaftlichen Grundlagen der Goethezeit*, Frankfurt a. M./Berlin/Wien 1979.

Büch, Gabriele: »Adele Schopenhauer. Ein Leben zwischen Anspruch und Resignation. Zum 200. Geburtstag der Schriftstellerin«, in: *Palmbaum. Literarisches Journal aus Thüringen*, 5. Jg., Heft 2 (1997), S. 92–101.

Bürger, Christa: *Leben Schreiben. Die Klassik, die Romantik und der Ort der Frauen*, Stuttgart 1990.

Cartellieri, Alexander: *Weimar und Jena in der Zeit der deutschen Not und Erhebung 1806–1813*, Jena 1913.

Conrady, Karl Otto: *Goethe. Leben und Werk*, München/Zürich 1994.

Damm, Sigrid: *Christiane und Goethe. Eine Recherche*, Frankfurt a. M./Leipzig 1998.

Düntzer, Heinrich: »Goethes erste Beziehungen zu Johanna Scho-penhauer«, in: *Westermanns Jahrbuch der Illustrierten Deutschen Monatshefte*, Bd. 25 (1869), S. 253–272.

Dworetzki, Gertrud: *Johanna Schopenhauer. Biographische Skizzen,* Düsseldorf 1987.

Eichler, Oskar: *Erleben und Weltanschauung der Johanna Schopenhauer im Spiegel ihrer Schriften. Mit einem Anhang: Johanna Schopenhauer als Mutter,* Diss., Leipzig 1922.

Ders.: *Wurzeln des Frauenhasses bei Arthur Schopenhauer. Eine psychoanalytische Studie,* Bonn 1926.

Einem, Herbert v.: *Carl Ludwig Fernow. Eine Studie zum deutschen Klassizismus,* Berlin 1935.

Emmel, Hildegard: »Der Romandichter als Leser. Goethes Rezension von Johanna Schopenhauers Roman *Gabriele* (1823)«, in: *Kritische Intelligenz als Methode,* Bern/München 1981, S. 64–70.

Estermann, Alfred: *Die Autographen des Schopenhauer-Archivs,* Frankfurt a. M. 1988.

Ewers, Hans-Heino: *Kinder- und Jugendliteratur der Aufklärung,* Stuttgart 1990.

Federau, Wofgang: *Danzigs Dichter und wir,* Danzig 1924.

Fendrich, Bruno: *Metallene Turm- und Giebelbekrönungen,* Diss., Danzig 1939.

Fetting, Friederike: *»Ich fand eine Welt in mir«: Eine sozial- und literaturgeschichtliche Untersuchung zur deutschen Romanschriftstellerin um 1800: Charlotte von Kalb, Caroline von Wolzogen, Sophie Mereau-Brentano, Johanna Schopenhauer,* München 1992.

Fiebiger, Otto: »Neues über Friedrich Müller von Gerstenbergk«, in: *12. Jahrbuch der Schopenhauer-Gesellschaft* (1922), S. 64–95.

Fischer, Kuno: *Schopenhauers Leben, Werke und Lehre,* Heidelberg ²1898.

Friedell, Egon: *Kulturgeschichte der Neuzeit. Die Krisis der europäischen Seele von der schwarzen Pest bis zum ersten Weltkrieg,* München 1969.

Friedenthal, Richard: *Goethe. Sein Leben und seine Zeit,* Stuttgart/Hamburg 1963.

Frommann, Hermann: *Arthur Schopenhauer. Drei Vorlesungen,* Jena 1872.

Frost, Laura: *Johanna Schopenhauer. Ein Frauenleben aus der klassischen Zeit,* Leipzig ²1920.

Gechter, Marianne: *Zum 200. Geburtstag der »Rheingräfin« Sibylle*

Mertens-Schaaffhausen und ihrer Freundin Adele Schopenhauer, Unkel 1997.

Gerhard, Hans-Jürgen; Kaufhold, Karl Heinrich (Hrsg.): *Preise im vor- und frühindustriellen Deutschland*, Göttingen 1990. = Göttinger Beiträge zur Wirtschafts- und Sozialgeschichte, Bd. 15.

Gerhard, Ute: *Verhältnisse und Verhinderungen. Frauenarbeit, Familie und Rechte der Frauen im 19. Jahrhundert. Mit Dokumenten*, Frankfurt a. M. 1978.

Gerhardt, Marlis: *Kein bürgerlicher Stern, nichts, nichts konnte mich je beschwichtigen. Essay zur Kränkung der Frau*, Neuwied/Darmstadt 1982.

Gilleir, Anke: *Johanna Schopenhauer in ihren Schriften. Betrachtungen über die Selbstpositionierung weiblichen Schreibens in der Peripherie des Weimarer Kulturdiskurses*, Leuven 1998.

Gödden, Walter: *Die andere Annette: Annette von Droste-Hülshoff als Briefschreiberin. Einblicke in ihr Leben, ihr Schreiben, ihre Arbeitsweise*, Paderborn u. a. 1991.

Ders.: *Annette von Droste-Hülshoff: Leben und Werk. Eine Dichterchronik*. Bern u. a. 1993.

Golec, Izabella: »Danzig zwischen der ersten und zweiten Teilung Polens in den Memoiren von Johanna Schopenhauer und in den Bildern Daniel Chodowieckis«, in: *Literatur im Kulturgrenzraum. Zu einigen Aspekten ihrer Erforschung am Beispiel des deutsch-polnischen Dualismus*, Lublin 1992, S. 81–95.

Griep, Wolfgang; Jäger, Hans-Jürgen (Hrsg.): *Reise und soziale Realität am Ende des 18. Jahrhunderts*, Heidelberg 1983.

Grisebach, Eduard: *Schopenhauer. Geschichte seines Lebens*, Berlin 1897.

Ders.: *Schopenhauer. Neue Beiträge zur Geschichte seines Lebens*, Berlin 1905.

Gruber, Robert: »Die Familie Schopenhauer und der Ausgleich Muhls«, in: *Süddeutsche Monatshefte*, 30. Jg., Heft 8, Mai 1933, S. 492–505.

Ders.: *Schopenhauers Geliebte in Berlin*, Wien 1934.

Harmon, Esther: *Johanna Schopenhauer*, Diss., München 1914.

Haßbargen, Hermann: »Die Danziger Vorfahren Arthur Schopenhauers«, in: *Heimatblätter des Deutschen Heimatbundes*, 5. Jg., Heft 4, Danzig 1928, S. 1–26.

Hecker, Max: »Ferdinand Heinke in Weimar«, in: *Jahrbuch der Goethe-Gesellschaft*, 13 (1927), S. 251–306.

Hegermann, Ferdinand: »Schopenhauer und Falk«, in *Schopenhauer-Jahrbuch*, 37 (1956), S. 9–14.

Hoffmann, Paul Th.: »Schopenhauer und Hamburg«, in: *19. Jahrbuch der Schopenhauer-Gesellschaft* (1932), S. 207–251.

Houben, Heinrich Hubert: *Kleine Blumen, kleine Blätter aus Biedermeier und Vormärz*, Dessau 1925.

Ders.: »Neue Mitteilungen über Adele und Arthur Schopenhauer. Aus dem Nachlass der Frau Sibylle Mertens-Schaaffhausen«, in: *16. Jahrbuch der Schopenhauer-Gesellschaft* (1929), S. 77 bis 182.

Ders.: *Die Rheingräfin. Das Leben der Kölnerin Sibylle Mertens-Schaaffhausen, dargestellt nach ihren Tagebüchern und Briefen*, Essen 1935.

Hübscher, Angelika: »Schopenhauer und die Weiber«, in: *Schopenhauer-Jahrbuch*, 58 (1977), S. 187–203.

Dies. (Hrsg.): *Arthur Schopenhauer. Ein Lebensbild in Briefen*, Frankfurt a. M. 1987.

Dies.: *Arthur Schopenhauer. Leben in Texten und Bildern*, Frankfurt a. M. 1989.

Dies.: »Bestandsaufnahme im Schopenhauer-Archiv. Zum neuen Handschriften-Repertorium«, in: *Schopenhauer-Jahrbuch*, 70 (1989), S. 7–10.

Hübscher, Arthur: »Die Memoiren der Johanna«, in: *Schopenhauer-Jahrbuch*, 46 (1965), S. 167 ff.

Ders.: »Von Pietismus zur Mystik«, in: *Schopenhauer-Jahrbuch*, 50 (1969), S. 10–32.

Ders.: »Ein Lebensbericht für Anthime Grégoire«, in: *Schopenhauer-Jahrbuch*, 51 (1970), S. 41–49.

Ders.: »Jugendjahre in Hamburg«, in: *Schopenhauer-Jahrbuch*, 51 (1970), S. 3–21.

Ders.: »Schopenhauer und Matthias Claudius«, in: *Schopenhauer-Jahrbuch*, 51 (1970), S. 22–31.

Ders.: »Zwei Hamburger Jugendfreunde«, in: *Schopenhauer-Jahrbuch*, 51 (1970), S. 32–39.

Ders. (Hrsg.): *Denker gegen den Strom. Schopenhauer: Gestern – Heute – Morgen*, Bonn 1973.

Ders.: »Tante Charlotte«, in: *Schopenhauer-Jahrbuch*, 60 (1979), S. 270f.

Ders.: »Drei Tanten Schopenhauers«, in: *Schopenhauer-Jahrbuch*, 61 (1980), S. 127–150.

Ders.: »In Schnepfenthal«, in: *Schopenhauer-Jahrbuch*, 63 (1982), S. 144f.

Ders. (Hrsg.): *Gedichte von an über Arthur Schopenhauer*, Zürich 1984.

Hufeland, Christoph W.: *Hausarzneimittel gegen alle Krankheiten der Menschen*, Quedlinburg/Leipzig 1847, (Reprint) Leipzig o. J.

Jauernig, R.: *Die alten in Thüringen gebräuchlichen Maße und ihre Umwandlung*, Gotha 1929.

Jenssen, Christian: »Johanna Schopenhauer«, in: *Vier Ostdeutsche Biographien. Unvergängliche Spuren, Deutscher Osten, Bd. 4*, Düsseldorf/Köln 1952, S. 5–23.

Kahn-Wallerstein, Carmen: *Die Frau im Schatten. Schillers Schwägerin Karoline von Wolzogen*, Bern 1970.

Kebbel, Harald: *Weimar in der Zeit der Befreiungskriege 1806–1814*, Heft 1, Weimar 1955.

Keyser, Erich: *Danzigs Geschichte*, Danzig ²1928.

Ders.: *Geschichte der Stadt Danzig*, Kitzingen a. M. 1951.

Ders.: *Die Baugeschichte der Stadt Danzig*, hrsg. von Ernst Bahr, Köln/Wien 1972.

Kindermann, Heinz (Hrsg.): *Danziger Barockdichtung*, Leipzig 1939.

Klauss, Jochen: *Alltag im »klassischen« Weimar (1750–1850)*, Weimar 1990.

Ders.: *Der Zeichner Goethe (1788–1832)*, Weimar 1990.

Klauss, Jochen; Pietsch, Jürgen: *Goethes Wohnhaus in Weimar*, Weimar 1991.

Kleßmann, Eckart: *Christiane. Goethes Geliebte und Gefährtin*, Zürich ²1993.

Kloppe, W.: »Johanna Schopenhauers Variolation«, in: *Medizinische Monatsschrift*, 28 (1974), S. 70–73.

Knoll, Ilse: »Karoline v. Wolzogen/Johanna Schopenhauer – zwei Schriftstellerinnen der Goethezeit«, in: *Jenainformation* 3/1972, S. 19f.

Köhler, Astrid: *Salonkultur im klassischen Weimar. Geselligkeit als Lebensform und literarisches Konzept*, Stuttgart 1996.

Kortländer, Bernd: *Annette von Droste-Hülshoff und die deutsche Literatur. Kenntnis – Beurteilung – Beeinflussung.* Münster in Westfalen 1979. = Veröffentlichung der Historischen Kommission für Westfalen XXXIV, Geschichtliche Arbeiten zur Meinungsbildung und zu den Kommunikationsmitteln in Westfalen, Bd. 3.

Kreiten, Anna Elisabeth: *Freiin v. Droste-Hülshoff. Ein Charakterbild als Einleitung in ihre Werke,* Paderborn ²1900.

Krüger, Hermann Anders: *Pseudoromantik. Friedrich Kind und der Dresdner Liederkreis. Ein Beitrag zur Geschichte der Romantik,* Leipzig 1904.

Kühn, Paul: *Die Frauen um Goethe. Weimarer Interieurs,* 2 Bde., Leipzig 1911/12.

Kühnlenz, Fritz: *Weimarer Porträts. Männer und Frauen um Goethe,* Rudolstadt 1993.

Landau, Paul: *Karl von Holteis Romane. Ein Beitrag zur Geschichte der Deutschen Unterhaltungs-Literatur,* Leipzig 1904.

Langer-Hagedorn: »Eine schriftstellernde Patrizierin. Die Geschichte der Johanna Schopenhauer nach Briefen, Kritiken und Tagebüchern«, in: *Mamas Pfirsiche,* Münster o. J.

Leistikow, Oskar: »Schopenhauer und Johann Daniel Falk«, in: *Schopenhauer-Jahrbuch,* 35 (1953/1954), S. 73 f.

Lütkehaus, Ludger: »Die Ausfahrt des Buddha? Die Reisetagebücher Schopenhauers«, in: *Schopenhauer-Jahrbuch,* 69 (1988), S. 615 bis 626.

Maierhofer, Waltraud: *Angelika Kauffmann,* Reinbek 1997.

Malter, Rudolf: *Der eine Gedanke. Hinführung zur Philosophie Arthur Schopenhauers,* Darmstadt 1988.

Ders.: *Arthur Schopenhauer. Transzendentalphilosophie und Metaphysik des Willens,* Stuttgart/Bad Cannstatt 1991.

Marchtaler, Hildegard v.: »Lorenz Meyers Tagebücher«, in: *Schopenhauer-Jahrbuch,* 49 (1968), S. 95–111.

Maurer, Doris: *Annette von Droste-Hülshoff. Ein Leben zwischen Auflehnung und Gehorsam. Biographie,* Bonn 1982.

Meise, Helga: *Die Unschuld und die Schrift. Deutsche Frauenromane im 18. Jahrhundert,* Frankfurt a. M. 1992.

Meyer, Ulla: *Lob der Mutter. Dreizehn Mütter grosser Söhne,* Basel 1976.

Meyer-Steineg, Theodor; Sudhoff, Karl: *Illustrierte Geschichte der Medizin*, Stuttgart ⁵1965.

Michel, Christoph (Hrsg.): *Goethe. Sein Leben in Bildern und Texten. Mit einem Vorwort v. Adolf Muschg*, Frankfurt a. M. 1982.

Milch, Werner: »Johanna Schopenhauer. Ihre Stellung in der Geistesgeschichte«, in: *22. Jahrbuch der Schopenhauer-Gesellschaft* (1935), S. 201–238.

Moschner, Alfred: *Holtei als Dramatiker*, Breslau 1911.

Müller-Münster: *Elisabeth Ney. Die seltsamen Lebensschicksale der Elisabeth Ney und des Edmund Montgomery 1833–1907*, Leipzig 1931.

Nagl-Docekal, Herta; Pauer-Studer, Herlinde (Hrsg.): *Denken in Geschlechterdifferenz. Neue Fragen und Perspektiven der Feministischen Philosophie*, Wien 1990. = Reihe Frauenforschung, Bd. 14.

Nettesheim, Josefine: *Die geistige Welt der Dichterin Annette Droste zu Hülshoff*, Münster 1967.

Oettingen, Wolfgang v.: Goethe und Tischbein, in: *Schriften der Goethe-Gesellschaft*, Bd. 25, Weimar 1910.

Paulin, Roger: *Ludwig Tieck. Eine literarische Biographie*, München 1988.

Peters, Hermann: *Der Arzt und die Heilkunst in alten Zeiten*, Düsseldorf/Köln ⁴1973.

Pisa, Karl: *Schopenhauer. Der Philosoph des Pessimismus*, München 1988.

Pleticha, Heinrich (Hrsg.): *Das klassische Weimar. Texte und Zeugnisse*, München 1983.

Pohl, Friedrich-Wilhelm: *Lord Nelson. Ein Triumphzug durch Europa*, Hamburg 2000.

Pretzsch, Alfred; Hecht, Wolfgang: *Das alte Weimar skizziert und zitiert*, Weimar 1975.

Pribik, Editha: *Karl v. Holtei: Seine Beziehungen zu Wien*, Diss., Wien 1947.

Prokop, Ulrike: »Kulturelle Revolution – Produktionsprivileg für Männer«, in: *Deutsche Literatur von Frauen, Bd. 1: Vom Mittelalter bis zum Ende des 18. Jahrhunderts*, hrsg. v. Gisela Brinker-Gabler, München 1988, S. 325–365.

Rauschenberger, Walther: »Schopenhauers Ahnen«, in: *21. Jahrbuch der Schopenhauer-Gesellschaft* (1934), S. 131–151.

Ders.: »Schopenhauers Ahnen«, in: *23. Jahrbuch der Schopenhauer-Gesellschaft* (1936), S. 207–240.

Ders.: »Schopenhauers Wohnungen während seines Lebens«, in: *25. Jahrbuch der Schopenhauer-Gesellschaft* (1938), S. 281–293.

Ders.: »Schopenhauers Wohnungen«, in: *26. Jahrbuch der Schopenhauer-Gesellschaft* (1939), S. 385–387.

Ders.: »Schopenhauers Ahnen und Seitenverwandte«, in: *27. Jahrbuch der Schopenhauer-Gesellschaft* (1940), S. 115–137.

Reichow, Hans: *Alte bürgerliche Gartenkunst. Bild des Danziger Gartenlebens im XVII. und XVIII. Jahrhundert*, Berlin 1927.

Reuleaux, Franz (Hrsg.): *Einführung in die Geschichte der Erfindungen*, Leipzig/Berlin 1884, (Reprint) Augsburg 1998.

Rick, Karin (Hrsg.): *Das Sexuelle, die Frauen und die Kunst*, Tübingen 1987. = Konkursbuch 20.

Riedinger, Franz: »Die Akten über Schopenhauers Doktorpromotion«, in: *11. Jahrbuch der Schopenhauer-Gesellschaft* (1924), S. 96–103.

Roters, Eberhard, *E. T. A. Hoffmann*, Berlin 1985.

Röthel, Hans Konrad: *Die Hansestädte*, München 1955.

Salaquarda, Jörg (Hrsg.): *Schopenhauer*, Darmstadt 1985.

Schieth, Lydia: *Die Entwicklung des deutschen Frauenromans im 18. Jahrhundert*, Frankfurt a. M. 1987.

Schleucher, K.: *Das Leben der Amalie Schoppe und Johanna Schopenhauer*, Darmstadt 1978.

Schmidt, Erich (Hrsg.): *Goezes Streitschriften gegen Lessing*, Stuttgart 1893.

Schön, Erich: *Der Verlust der Sinnlichkeit oder Die Verwandlungen des Lesers. Mentalitätswandel um 1800*, Stuttgart 1993.

Schorn, Adelheid v.: *Das nachklassische Weimar unter der Regierungszeit Karl Friedrichs von Maria Paulownas*, Weimar 1911.

Schröder, Hannelore: *Die Rechtlosigkeit der Frau im Rechtsstaat. Dargestellt am Allgemeinen Preußischen Landrecht, am Bürgerlichen Gesetzbuch und an J. G. Fichtes Grundlage des Naturrechts*, Frankfurt a. M./New York 1979. = Campus Forschung, Bd. 91.

Schulz, Gerhard: *Die deutsche Literatur zwischen Französischer Revolution und Restauration 1806–1830*, 2 Bde., München 1989.

Schumann, Detlev W.: »Goethe und die Familie Schopenhauer«, in: *Studien zur Goethezeit: Erich Trunz zum 75. Geburtstag,* hrsg. v.

Hans-Joachin Mähl u. Eberhard Mannack (Beihefte zum *Euphorion*; Heft 18), Heidelberg 1981, S. 257–280.

Sengle, Friedrich: *Biedermeierzeit. Deutsche Literatur im Spannungsfeld zwischen Restauration und Revolution 1815–1848*, 3 Bde., Stuttgart 1971–1980.

Ders.: *Das Genie und sein Fürst*, Weimar 1993.

Sichelschmidt, Gustav: *Liebe, Mord und Abenteuer. Eine Geschichte der deutschen Unterhaltungsliteratur*, Berlin 1969.

Siegler, Hans Georg: *Danzig. Chronik eines Jahrhunderts*, Düsseldorf 1990.

Ders.: *Der heimatlose Arthur Schopenhauer. Jugendjahre zwischen Danzig, Hamburg und Weimar,* Düsseldorf 1994.

Simson, Paul: *Geschichte der Danziger Willkür*, Danzig 1904.

Sinn, Dieter; Sinn, Renate: *Der Alltag in Preußen*, Frankfurt a. M. 1991.

Soetemann, Christel: »Goethes Beziehungen zu Danziger Persönlichkeiten«, in: *Nordost-Archiv*, Nr. 19, Lüneburg 1986, S. 161 bis 184.

Sørensen, Bengt Algot: *Herrschaft und Zärtlichkeit. Der Patriarchalismus und das Drama im 18. Jahrhundert*, München 1984.

Spierling, Volker (Hrsg.): *Materialien zu Schopenhauers »Die Welt als Wille und Vorstellung«*, Frankfurt a. M. 1984.

Ders. (Hrsg.): *Schopenhauer im Denken der Gegenwart. 23 Beiträge zu seiner Aktualität*, München/Zürich 1987.

Ders.: *Arthur Schopenhauer. Philosophie als Kunst und Erkenntnis*, Zürich 1994.

Steeruwitz, Marlene: »Frau Prinzipalin, Wirklichkeitskampf: Caroline Neuber, eine Urfigur des deutschen Theaters«, in: *Frankfurter Allgemeine Zeitung* v. 8. März 1997 (Nr. 57).

Steinbrügge, Liselotte: *Das moralische Geschlecht. Theorien und literarische Entwürfe über die Natur der Frau in der französischen Aufklärung*, Weinheim/Basel 1987.

Studt, Bernhard; Olsen, Hans: *Hamburg. Die Geschichte einer Stadt*, Hamburg 1951.

Träger, Claus (Hrsg.): *Die Französische Revolution im Spiegel der deutschen Literatur*, Leipzig 1975.

Tritsch, Walter: *Christliche Geisteswelt*, Bd. 1: *Die Väter der Kirche*, Hanau 1986.

Trunz, Erich: *Weltbild und Dichtung im Zeitalter Goethes*, Weimar 1993. = Schriften der Goethe-Gesellschaft, Bd. 63.

Ders.: *Ein Tag aus Goethes Leben. Acht Studien zu Leben und Werk*, München ⁴1994.

Undesser, Trude: *Goethe und Zacharias Werner*, Diss., Wien 1944.

Volkmann, Anita: *Die Romane der Johanna Schopenhauer*, Diss., Leipzig 1926.

Weber-Kellermann, Ingeborg: *Frauenleben im 19. Jahrhundert: Empire u. Romantik, Biedermeier, Gründerzeit*, München ²1988.

Wuthenow, Ralph-Rainer: *Das erinnerte Ich. Europäische Autobiographie und Selbstdarstellung im 18. Jahrhundert*, München 1974.

Johanna Schopenhauers Schriften

»Gerhard v. Kügelgens Portraits von Goethe, Wieland, Schiller und Herder«, in: *Journal des Luxus und der Moden*, Juni 1809.

»Fernows Jugendjahre«, in: *Morgenblatt für gebildete Stände*, Sept. 1810.

Carl Ludwig Fernow's Leben, Tübingen 1810. = Sämtliche Schriften, Bde. 1 u. 2, Leipzig/Frankfurt a. M. 1830.

»Ueber Gerhard v. Kügelgen und Friedrich in Dresden«, in: *Journal des Luxus und der Moden*, Nov. 1810.

»Bemerkungen über Holland aus dem Reisejournal einer teutschen Frau v. Therese Huber«, in: *Journal des Luxus und der Moden*, 26. August 1811.

»Bruchstücke aus einer Reise nach England im Jahre 1804«, in: *Morgenblatt für gebildete Stände*, 6., 7. u. 8. Januar 1812.

»Überfahrt von Calais nach Dover«, in: *Journal des Luxus und der Moden*, Juli 1813.

»Die große Überschwemmung. Bruchstück aus ›Marie, ou les peines de l'amour‹ von König Ludwig von Holland«, in: *Journal des Luxus und der Moden*, August 1813.

»Ein Tag in London«, in: *Journal des Luxus und der Moden*, Okt. 1813.

Erinnerungen von einer Reise in den Jahren 1803, 1804 und 1805, Bde. 1 u. 2, Rudolstadt 1813/1814; = *Reise durch England und Schottland*, Leipzig ²1818, Leipzig ³1826; Hrsg. von

340

Georg A. Narciss, bearb. v. Ludwig Plakolb, Stuttgart 1965. = Sämmtliche Schriften, Bde. 16 u. 17, Leipzig/Frankfurt a. M. 1830/31.

»Paris und seine Bewohner, wie sie sind und wie sie waren. Ein Fragment«, in: *Journal des Luxus und der Moden*, Mai 1814.

Novellen fremd und eigen, Bd. 1, Rudolstadt 1816.

Reise durch das südliche Frankreich, Rudolstadt 1817.

Reise von Paris durch das südliche Frankreich bis Chamouny, 2 Bde, Leipzig [2]1824. Wien 1825.

Promenaden unter südlicher Sonne. Die Reise durch Frankreich 1804, Wien [2]1825; Wien 1993 (hrsg. von Gabriele Habinger).

Ausflucht an den Rhein und dessen nächste Umgebungen im Sommer des ersten friedlichen Jahres, Leipzig 1818. = Sämmtliche Schriften, Bd. 3, Leipzig/Frankfurt a. M. 1834.

Gabriele. Ein Roman, 3 Thle., Leipzig 1819–1821, Wien 1825, Leipzig [3]1826. Hrsg. und mit einem Nachwort, einer Zeittafel, Anmerkungen und Literaturhinweisen versehen von Stephan Koranyi, München 1985; unveränderter Nachdruck der Ausgabe Wien 1825, Eschborn 2000. = Sämmtliche Schriften, Bde. 7–9, Leipzig/Frankfurt a. M. 1830/31.

»Quintin Messis«. »Das Danziger Bild«, in: *Morgenblatt für gebildete Stände*. Kunstblatt, 10. u. 14. Mai 1821.

»Johann v. Schoreel«, in: *Abend-Zeitung*, Nr. 131, 1821.

»Über die Sehnsucht«, in: *22. Jahrbuch der Schopenhauer-Gesellschaft* (1935), S. 229–238.

Johann van Eyck und seine Nachfolger, Frankfurt 1822. = Sämmtliche Schriften, Bde. 4 u. 5, Leipzig/Frankfurt a. M. 1830.

»Der Günstling. Erzählung«, in: *Rheinisches Taschenbuch auf das Jahr 1823*, Frankfurt a. M. 1823.

Die Tante. Ein Roman, 2 Bde., Frankfurt a. M. 1823. = Sämmtliche Schriften, Bde. 13 u. 14, Leipzig/Frankfurt a. M. 1834; Leipzig [3]1837. = Montolieu, Isabelle Baronne de: La Tante et la nièce, Paris 1825.

»Haß und Liebe«, in: *Rheinisches Taschenbuch auf das Jahr 1824*, Frankfurt a. M. 1824.

»Leontine«, in: *Cornelia. Taschenbuch für deutsche Frauen*, Darmstadt 1824.

Erzählungen, Teile 1 und 2, Frankfurt a. M. 1825.

»Die Reise nach Flandern«, in: *Rheinisches Taschenbuch auf das Jahr 1825*, Frankfurt a. M. 1825.

»Natalie«, in: *Cornelia. Taschenbuch für deutsche Frauen*, Darmstadt 1825.

»Die Freunde«, in: *Rheinisches Taschenbuch auf das Jahr 1826*, Frankfurt a. M. 1826.

»Der Schnee«, in: *Minerva. Taschenbuch für das Jahr 1826*, Leipzig 1826; Der Schnee, München 1996.

»Anton Solario, der Klempner. Eine Malergeschichte«, in: *Urania. Taschenbuch auf das Jahr 1826*, Leipzig 1826.

»Die arme Margareth«, in: *Urania. Taschenbuch auf das Jahr 1827*, Leipzig 1827. = Fraser, Agnes: *Poor Margaret a Tale*, London 1855.

»Die erste Liebe«, in: *Rheinisches Taschenbuch für das Jahr 1827*, Frankfurt a. M. 1827.

»Die Brunnengäste. Erzählung«, in: *Taschenbuch für das Jahr 1827. Der Liebe und der Freundschaft gewidmet*, Frankfurt a. M. 1827.

»Bruchstücke aus der Reise durch das südliche Frankreich«, in: *Aurora. Ein Taschenbuch für deutsche Töchter und Frauen edlern Sinnes*, Zweyter Jahrgang für das Jahr 1827, Leipzig.

Sidonia, Ein Roman, 3 Thle., Frankfurt a. M. 1828. Sämmtliche Schriften, Bde. 10–12, Leipzig/Frankfurt a. M. 1831.

»Die Genialen«, in: *Minerva. Taschenbuch für das Jahr 1828*, Leipzig 1828.

»Josbeth«, in: *Rheinisches Taschenbuch auf das Jahr 1828*, Frankfurt a. M. 1828.

»Des Adlers Horst«, in: *Urania. Taschenbuch auf das Jahr 1829*, Leipzig 1829.

»Die Schwestern«, in: *Rheinisches Taschenbuch auf das Jahr 1829*, Frankfurt a. M. 1829.

Erzählungen, Frankfurt a. M. 1826–1828.

»Einige Worte über die dramatischen Vorlesungen des Herrn v. Holtei in Weimar«, in: *Blätter für literarische Unterhaltung* Nr. 137 (14. Juni 1828) u. Nr. 138 (16. Juni 1828).

Sämmtliche Schriften, 24 Bde., Leipzig/Frankfurt a. M. 1830–1834.

»Das Gelöbnis«, in: *Rheinisches Taschenbuch auf das Jahr 1830*, Frankfurt a. M. 1830.

»Liebesheirat«, in: *Urania. Taschenbuch auf das Jahr 1830*. Leipzig 1830.

Novellen, Frankfurt a. M. 1830.

»Reisen«, in: *Minerva. Taschenbuch für das Jahr 1831*, Leipzig 1831.

Ausflug an den Niederrhein und nach Belgien im Jahre 1828, 2 Thle., Leipzig 1831; Essen 1987.

Ausflug nach Köln im Jahre 1828, eingeleitet und herausgegeben von Willy Leson, Köln 1975 (Auszüge). = *An Rhein und Maas*, bearb. v. Keil, Duisburg 1987.

Meine Gross-Tante. Aus den Papieren eines alten Herrn, Stuttgart 1831.

»Lebensstellungen«, in: *Frauentaschenbuch auf das Jahr 1831*, Nürnberg 1831.

Neue Novellen, 3 Thle., Frankfurt a. M. 1832.

Lebensverhältnisse, Frankfurt a. M. 1832.

Mathilde, Frankfurt a. M. 1832.

»Der Bettler von Sankt Columba«, in: *Penelope. Taschenbuch für das Jahr 1832*, Leipzig 1832.

»Reiseerinnerungen aus früherer Zeit«, in: *Minerva. Taschenbuch für das Jahr 1833*, Leipzig 1833.

»Margaretha von Schottland«, in: *Urania. Taschenbuch auf das Jahr 1834*, Leipzig 1834.

Die Reise nach Italien, Frankfurt a. M. 1835.

Der Bettler von Sankt Columba. Margarethe von Schottland. Zwei Novellen, Frankfurt a. M. 1836.

Richard Wood. Roman, 2 Tle., Leipzig 1837.

»Eine englische Kriminalgeschichte«, in: *Rheinisches Taschenbuch auf das Jahr 1837*, Frankfurt a. M. 1837.

Johanna Schopenhauers Nachlass, hrsg. v. ihrer Tochter, 2 Bde., Braunschweig 1839. = *Jugendleben und Wanderbilder*, Braunschweig 1842.

Neuausgaben aus jüngerer Zeit: *Jugendleben und Wanderbilder*, hrsg. v. W. Drost, Barmstedt (Holst.) 1958; *Ihr glücklichen Augen. Jugenderinnerungen, Tagebücher, Briefe*, hrsg. v. Rolf Weber, Berlin 1979; *Im Wechsel der Zeiten, im Gedränge der Welt. Jugenderinnerungen, Tagebücher, Briefe*, Eschborn bei Frankfurt 1986; Düsseldorf 2000. *Youthful Life and Pictures of Travel being the Autobiography of Madame Schopenhauer.* Translated from the German, 2 Vol., London 1847.

Adele Schopenhauers Schriften (Auswahl)

»Theolinde. Eine Erzählung aus der nächsten Vergangenheit«, in:
Frauen-Spiegel. Vierteljahresschrift für Frauen, hrsg. v. Louise
Marezoll, 4. Bd., Leipzig 1840.

Haus- Wald- und Feldmärchen, 2 Bde., Leipzig 1844; Berlin 1987.

Anna. Ein Roman aus der nächsten Vergangenheit, 2 Bde., Leipzig
1845.

Eine dänische Geschichte. Roman, Braunschweig 1848.

Das Silhouettenbuch der Adele Schopenhauer, Weimar 1913.

Gedichte und Scherenschnitte: 1. Gedichte, hrsg. v. Heinrich Hubert
Houben, 2. *Scherenschnitte*, hrsg. v. Hans Wahl, Leipzig 1920.

Zitierte Werke Arthur Schopenhauers

Schopenhauer, Arthur: *Gespräche*. Neue, stark erw. Ausg., hrsg. von
Arthur Hübscher, Stuttgart/Bad Cannstatt 1971.

Ders.: *Parerga und Paralipomena*, in: ders.: Sämtliche Werke, nach
d. 1., von Julius Frauenstädt besorgten Gesamtausgabe neu bearb.
u. hrsg. von Arthur Hübscher, 7 Bde., Wiesbaden 1972, Bde. 5 u. 6.

Ders.: *Der handschriftliche Nachlaß in fünf Bänden. Vollständige
Ausgabe in sechs Teilbänden*, hrsg. v. Arthur Hübscher, München
1985. Unveränderter Nachdruck der v. Arthur Hübscher herausge-
gebenen historisch-kritischen Edition, Frankfurt a. M. 1966 bis
1975.

Ders.: *Die Welt als Wille und Vorstellung*, Gesamtausgabe nach der
Edition von Arthur Hübscher und mit einem Nachwort von Heinz
Gerd Ingenkamp, 2 Bde., Stuttgart 1987.

Verwendete Werke weiterer Autoren

Arnim, Bettina v.: *Die Günderode*, Frankfurt a. M. 1994.

Fichte, Johann Gottlieb: *Reden an die deutsche Nation*. 5., durchges.
Aufl. nach d. Erstdr. von 1808, mit neuer Einl. hrsg. v. Reinhard
Lauth, Hamburg 1978.

Fontane, Theodor: *Schach von Wuthenow. Erzählungen aus der Zeit
des Regiments Gendarmes*, mit einem Nachwort von Benno von
Wiese, Frankfurt a. M./Leipzig 1998.

Goethe, Johann Wolfgang v.: *Schriften zu Literatur und Theater*, Gesamtausgabe der Werke und Schriften in 22 Bänden, Zweite Abt.: *Schriften*, 15. Bd., hrsg. v. Walther Rehm, Stuttgart 1958.

Ders.: *Werke*, Hamburger Ausgabe in 14 Bden., hrsg. von Erich Trunz, München 1998.

Hoffmann, E. T. A.: *Die Serapionsbrüder,* Darmstadt 1995.

Kant, Immanuel: *Kritik der Urteilskraft*, hrsg. von Gerhard Lehmann, Stuttgart 1971.

ders.: *Kritik der praktischen Vernunft*, hrsg. von Joachim Kopper, Stuttgart 1998.

Klopstock, Friedrich Gottlieb: *Klopstocks Werke*, 7 Theile, Leipzig 1798–1810, Bd. 7: *Oden, Geistliche Lieder, Epigramme*, Leipzig 1809.

Knigge, Adolph v.: *Über den Umgang mit Menschen*, München 1948.

Lavater, Johann Caspar: *Physiognomische Fragmente zur Beförderung der Menschenkenntnis und Menschenliebe. Eine Auswahl mit 101 Abbildungen*, hrsg. v. Christoph Siegrist, Stuttgart 1992.

Rousseau, Jean-Jacques: *Julie oder Die neue Héloïse. Briefe zweier Liebenden aus einer kleinen Stadt am Fuße der Alpen*, München ²1988.

Sterne. Laurence: *Leben und Ansichten von Tristram Shandy*. Stuttgart 1995.

Voltaire: *Oedipus*, Ulm 1968.

Wackenroder, Wilhelm Heinrich: *Sämtliche Werke und Briefe*, hrsg. von Silvio Vietta, 2 Bde., München/Wien 1984.

Werner, Friedrich Ludwig Zacharias: *Wanda, Königin der Sarmaten. Eine Romantische Tragödie mit Gesang in Fünf Akten*, Tübingen 1810.

Ders.: *Ausgewählte Werke. Aus seinem handschriftlichen Nachlaß*, hrsg. v. seinen Freunden (J. v. Zedlitz, F. K. Schulz u. a.), 15 in 5 Bdn., Reprint d. Ausgabe 1840 bis 1841, Bern 1970.

Benutzte Lexika und Ausstellungskataloge

Biedrzynski, Effi: *Goethes Weimar. Ein Lexikon der Personen und Schauplätze*, Zürich ³1994.

Conversations-Lexikon für alle Stände. Eine Encyklopädie der vorzüglichsten Lehren, Vorschriften und Mittel zur Erhaltung des Lebens und der Gesundheit des Menschen und der nutzbaren Thiere, sowie zur Conservirung aller für die Bedürfnisse, die Bequemlichkeit und das Vergnügen der Menschen bestimmten Einrichtungen, Producte und Waaren, Leipzig/Stuttgart 1834; Nachdruck: Lachen am Zürichsee 1987.

»Das Gesicht ist der edelste Sinn ...«. Georg Friedrich Kersting – zur Porträtkunst, in: *Katalog zur Ausstellung aus Anlaß des 150. Todestages im Museum der Stadt Güstrow.* 26. September bis 15. November 1997. = Schriftenreihe des Museums der Stadt Güstrow, Bd. 6, Güstrow 1997.

Die Schopenhauer-Welt. Ausstellung der Staatsbibliothek Preuß. Kulturbesitz und Stadt- und Universitätsbibliothek Frankfurt a. M. zu Arthur Schopenhauers 200. Geburtstag. Berlin: 22. Februar 1988–9. April 1988/Frankfurt a. M.: 6. Mai 1988–1. Juni 1988, Frankfurt a. M. 1988.

Dobel, Richard (Hrsg.): *Lexikon der Goethe-Zitate*, Zürich 1968.

Genealogisches Handbuch des Adels, Bd. IV, Lüneburg 1978.

Griep, Wolfgang: »Vom Reisen in der Kutschenzeit«, in: *Ausstellung der Eutiner Landesbibliothek 24. Nov. 1989–31. Aug. 1990*, Heide in Holstein 1989.

Friedrichs, Elisabeth: *Die deutschsprachigen Schriftstellerinnen des 18. und 19. Jahrhunderts. Ein Lexikon*, Stuttgart 1981. = Repertorien zu deutschen Literaturgeschichte, Bd. 9.

Killy, Walther (Hrsg.): *Literatur Lexikon. Autoren und Werke deutscher Sprache*, 15 Bde., Gütersloh/München 1993.

Kovalevski, Bärbel (Hrsg.): Zwischen Ideal und Wirklichkeit. Künstlerinnen der Goethe-Zeit zwischen 1750 und 1850, in: *Katalog zu den Ausstellungen: Schloßmuseum Gotha, 1. April bis 18. Juli 1999 und Rosengartenmuseum in der Städtischen Wessenberg-Galerie Konstanz*, 25. August bis 24. Oktober 1999, Ostfildern-Ruit 1999.

Neuer Nekrolog der Deutschen, 19. Jg. 1938, Weimar 1840. (Todesanzeige Gerstenbergks).

Puntsch, Eberhard: *Das große Handbuch der Zitate*, Berlin 1997.

Ritter, Joachim; Gründer, Karlfried (Hrsg.): *Historisches Wörterbuch der Philosophie*, Basel 1974 ff.

Spies, Heike: *Anmerkung 79 zur Ausstellung »Schopenhauers in Weimar« vom 30.11.97–18.1.98*, Goethe-Museum Düsseldorf, Düsseldorf 1997.

Wilpert, Gero v., *Dichterlexikon*, Stuttgart 1988.

346

Personenregister

(Auswahl)

Dank

Der älteren Forschung zu Johanna Schopenhauer mit ihrem reichen Fundus an Materialien bin ich ebenso verpflichtet wie den neuesten literaturgeschichtlichen Arbeiten.

Das Buch wäre nie zustande gekommen, wenn es nicht die segensreiche Einrichtung des wissenschaftlichen Leihverkehrs gäbe. Bei Frau Carstensen-Lenz, Frau Vogt, Herrn Rothe und allen Mitarbeitern der Zentralbücherei Westküste in Husum, die meine umfangreichen Bestellungen bearbeitet und weitergeleitet haben, möchte ich mich in diesem Zusammenhang herzlich bedanken.

Für die unbürokratische Unterstützung meiner Wünsche nach Fotokopien von Autographen und hilfreiche Auskünfte möchte ich mich ferner bei Herrn PD Dr. Estermann, dem früheren Leiter des Schopenhauer-Archivs, und Herrn Stollberg, dem jetzigen Leiter des Schopenhauer-Archivs, bedanken.

Zu danken habe ich auch Frau Susanne Werner von der Forschungs- und Landesbibliothek Gotha für ihre Auskünfte und die Einsicht in Handschriftenproben von Herzog August Emil Leopold von Sachsen-Gotha und Altenburg. Frau Archivrätin Fulsche vom Thüringer Haupt- und Staatsarchiv hat mir wertvolle Hinweise hinsichtlich Gerstenbergks Kanzlerschaft in Eisenach gegeben, auf die meine Darstellung seiner amtlichen Tätigkeit nach 1829 basiert. Darüber hinaus hat sie mir durch Kopien eine im Nachlass von Großherzogin Maria Pawlowna gefundene Akte zugänglich gemacht. Für diese unbürokratische Hilfe möchte ich mich ebenfalls bedanken. Frau Rudnik vom Goethe-Schiller-Archiv Weimar schulde ich Dank für Auskünfte und Hinweise.

Den Mitarbeitern der im Verzeichnis der ungedruckten Quellen erwähnten Bibliotheken und Institutionen danke ich dafür, dass sie mir Kopien bzw. Mikrofilmaufnahmen angeforderter Handschriften zur Verfügung stellten.